ATLAS HISTORIQUE

l'histoire du monde en 317 cartes

ATLAS HISTORIQUE

l'histoire du monde en 317 cartes

Sous la direction de

GEORGES DUBY

membre de l'Institut

Larousse

17, RUE DU MONTPARNASSE, 75298 PARIS CEDEX 06

Responsable de la cartographie
Michèle BÉZILLE, cartographe E.S.C.G.

Les cartes de cet atlas sont extraites de l'Atlas historique Larousse et du Grand Dictionnaire encyclopédique Larousse. Leur mise au point a été assurée avec le concours de :

Charyar ADLE, Dimitar ANGUELOV, Jean-Paul BERTAUD, Jean-Marie BERTRAND, Jean-Charles BLANC, Henri BRUNSCHWIG, Paule BRASSEUR, Marie-Paule CANAPA, Georges CASALIS, Édith CHABRIER, François-Georges DREYFUS, Pierre DUFOURCQ, Jacques DUPÂQUIER, Marcel DURLIAT, Jean FAVIÈRE, Louis FRÉDÉRIC, Paul GAUTIER, Jean-Philippe GENET, Céline GERVAIS, René HAROT, Michel HOÀNG, Jean-René JANNOT, Paul JANSSENS, André KASPI, Joël KERMAREC, Sylvain LABOUREUR, Gilbert LAFFORGUE, Jean-François LE MOUËL, Jean LASSUS, Danièle LAVALLÉE, Jean LECLANT, Christian LEROY, Jean LE YAOUANQ, Fernand L'HUILLIER, Denys LOMBART, Claudine LOMBARD-SALMON, Ali MAHJOUBI, Jean-Claude MARCADÉ, Jean-Pierre MARTIN, José MERINO, Jean MEYER, Bernard MICHEL, Michel MOLLAT, Jean-Louis MONNERON, Suzanna MONZON, Hansjörg OSTERTAG, Gilbert Charles PICARD, Pierre PIERRARD, Anne PRACHE, Hélène ROCHE, Pierre ROUDIL, Jean-Paul ROUX, Mireille SIMONI-ABBAT, François SOUCHAL, Irénée TERRIÈRE, Pierre THIBAULT, Jean-Louis VAN REGEMORTER, Paul-Émile VICTOR, René VIÉNET, Pierre WEISS, Xavier YACONO, Witold H. ZANIEWICKI.

Les notices ont été rédigées avec le concours de :

Albert JOURCIN,
Pierre THIBAULT,
Germaine VIVIEN

et le service de Rédaction de Larousse.

Mise en pages : Guy CALKA.

ISBN 2-03-503009-9

Préface

L'*Atlas historique Larousse* est sorti des presses il y a neuf ans. Depuis lors il a reçu du public un accueil si favorable qu'il est apparu nécessaire de le rendre aujourd'hui plus accessible. En voici donc une édition moins coûteuse, destinée à répandre plus largement l'usage de cet indispensable instrument de connaissance, d'enseignement et de recherche. Allégée, la présentation conserve toute son élégance et sa clarté. Une sélection rigoureuse a permis de condenser sans l'appauvrir le texte des notices, et, si quelques cartes ont été retirées parce qu'elles ne semblaient pas d'utilité majeure, d'autres, qui manquaient, viennent ici en complément. Sous sa forme nouvelle, le livre répond ainsi aux mêmes exigences qui incitèrent naguère à le proposer aux historiens de profession, aux enseignants, à leurs élèves et à leurs étudiants, mais aussi à tous ceux qui cherchent à mieux comprendre ce qui dans le présent les surprend, les inquiète ou retient leur curiosité.

Car, d'une part, l'actualité s'éclaire par tout ce qui l'a précédée et la détermine : à tout instant, la référence à l'histoire s'impose. D'autre part, l'histoire s'inscrit sur le sol, et non seulement l'histoire politique, mais celle des institutions, des croyances, de la création artistique, celle des mœurs ou des relations économiques. Pour pousser plus avant ses investigations, le chercheur ne peut se passer de la carte, puisque la représentation graphique met en lumière des rapports imprévus entre les faits qu'il découvre. Le professeur sait bien qu'il lui faut utiliser la carte pour soutenir son discours devant ceux qui écoutent ses leçons. Et chacun d'entre nous, portant son regard sur le monde, sent le besoin, lorsqu'il voyage, lorsqu'il visite une exposition, ou bien lisant un livre, enfin pour tirer parti des multiples informations qui lui parviennent, de situer exactement dans l'espace des événements, proches ou lointains, ainsi que les mouvements profonds qui firent au cours des âges se modifier le nombre des hommes, leurs opinions, leur culture, leurs attitudes politiques, leurs manières de vivre.

Encore convient-il que les cartes soient parfaitement lisibles et qu'on puisse aisément s'y référer. Ont donc été mis en œuvre ici les procédés les plus efficaces pour exprimer les faits historiques par le trait, la couleur et la nomenclature. Un classement simple, de sobres commentaires, un index aident à se repérer parmi les figures, à exploiter sans peine les riches renseignements qu'elles procurent. L'*Atlas historique* n'a rien perdu des qualités qui firent son éclatant succès. Il est complet. Il est séduisant. Rajeuni, peut-être est-il plus pratique encore qu'il n'était.

georges duby

Le monde ancien jusqu'à l'an mille

Combe-Grenal
Soleilhac
Orgnac
Lunel-Viel
Le Vallonnet
Montmaurin
Le Lazaret
Tautavel
Terra Amata
OCÉAN
PACIFIQUE
Mgnes ROCHEUSES
AMÉRIQUE
ANDES
AMÉRIQUE
OCÉAN
ATLANTIQUE
T. du Cancer
T. du Capricorne
Cercle polaire antarctique
Équateur
Cercle polaire arctique
O. GLACIAL ARCTIQUE
Cagny
Saint-Acheul
Abbeville
Hoxne
Swanscombe
Sainte-Brelade
Torralba
Ambrona
Aridos
Pinedo
Rabat/Salé
Casablanca
Aïn-Hanech
Ternifine
Lac Karar
AFRIQUE
Pliocène et limite plio-pléistocène (5 à 1,85 million d'années)
Pléistocène ancien (1,85 million d'années à 700 000 ans)
Pléistocène moyen (700 000 à 120 000 ans)
Conquête de l'Ancien Monde par l'Homo erectus, *d'après* Y. Coppens

Le progrès récent des connaissances en préhistoire permet de faire remonter très haut l'histoire de l'homme. Au début du Miocène, les primates, regroupés sous l'appellation des Dryopithèques, se sont différenciés en Gigantopithèques, Ramapithèques, Kenyapithèques, Australopithèques, premiers primates à la bipédie permanente qui ont évolué en Afrique orientale entre 3,7 millions et 1,5 million d'années. Vers 2 millions d'années survient le genre « Homo » : *Homo habilis,* africain également, se tient plus vertical et son crâne est de plus grande capacité (il a été trouvé en premier lieu dans le site d'Olduvai, en Tanzanie).

Mais la préhistoire commence véritablement avec les premiers outils, quelques galets taillés, dont les plus anciens, trouvés en Éthiopie, datent de 2 millions et demi d'années. Ils sont attribuables aussi bien à l'Australopithèque qu'à *Homo habilis*, qui coexistèrent quelque temps.

Ensuite, *Homo habilis* différencia son outillage lithique en grattoirs, rabots, perçoirs, racloirs, etc., formant ce qu'on appelle l'Oldowayen. *Homo erectus* qui dérive de *Homo habilis*, se présente sous diverses formes. Le Sinanthrope, le plus évolué, avec un cerveau de plus de 1 000 cm³, est connu par le site de Zhoukoudian, en Chine. Le Pithécanthrope a fait son apparition à Java. L'Atlanthrope a colonisé l'Afrique du Nord, où il est apparu d'abord à Ternifine. *Homo erectus* s'est installé aussi en Europe, où il a dû s'adapter aux rigueurs d'un climat périglaciaire. Ses progrès se suivent dès lors grâce aux lieux d'apparition de l'outillage caractéristique de l'industrie acheuléenne : à Ubeidiya (Israël), il y a 900 000 ans, en Chine, à Lantian, puis à Zhoukoudian, où il s'épanouit de 700 000 à 300 000 ans. Il est arrivé tôt en France : il y a 900 000 ans à la grotte du Vallonnet, 800 000 à Solheilac, et s'est répandu dans de nombreux sites (Tautavel, Terra Amata, Lunel-Vieil, Le Lazaret, etc.). La pierre se travaille différemment, on commence à utiliser l'os et sans doute le bois. L'utilisation du feu serait apparue lors d'une glaciation (Mindel) : les premiers témoignages se rencontrent à Zhoukoudian, à Vértesszöllös et, peut-être avec un aménagement caractérisé, à Terra Amata.

Les débuts de l'aventure humaine

Dans l'Orient ancien, la médiocrité des conditions techniques explique l'importance du milieu naturel ; on distingue, du nord-est au sud-ouest, une bordure montagneuse (Zagros), une dépression irriguée par le Tigre et l'Euphrate (Croissant fertile) et un désert (Arabie). Les premiers cultivateurs sédentaires sont repérés dès le VIe millénaire (Eridou ; Our). Le critère linguistique ne donne aucune certitude concernant la civilisation de Sumer, la plus ancienne connue ; celle-ci apparaît au XXXIIe siècle, sous la forme de cités-États évoluant vers une monarchie d'abord militaire, puis théocratique ; le roi et les temples possèdent la terre, donnent son essor au commerce ; on utilise l'écriture cunéiforme ; la religion et la monarchie engendrent l'art. Une renaissance au XXIe siècle (Our) est précédée par l'installation dans le pays d'Akkad de conquérants sémites, archers venus des steppes d'Arabie ; ces nomades, sédentarisés, se constituent en royaume notamment sous l'influence de Sargon d'Akkad (v. 2325). Leur postérité est assurée.

Ayant d'abord connu un grand essor commercial grâce à ses échanges avec l'Anatolie, surtout dans sa partie cappadocienne (XIXe s.), l'Assyrie se militarise et domine un empire étendu (XIVe-XIIIe s.) ; la Babylonie, au contraire, se caractérise par son goût pour le commerce et les lois : code du roi Hammourabi [1792-1750]. Les XVIe-XVe siècles sont des « siècles obscurs ».

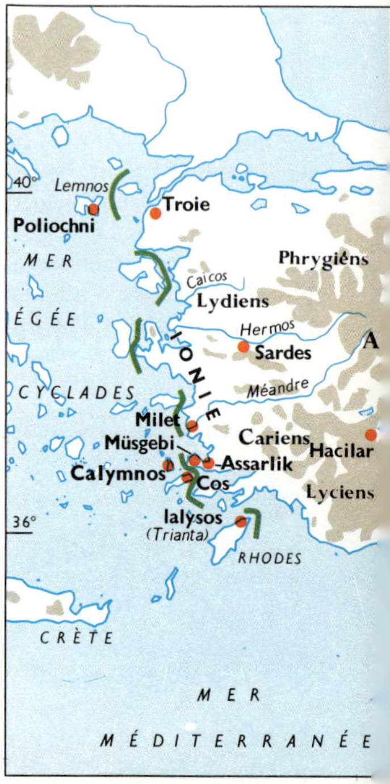

La Mésopotamie ancienne

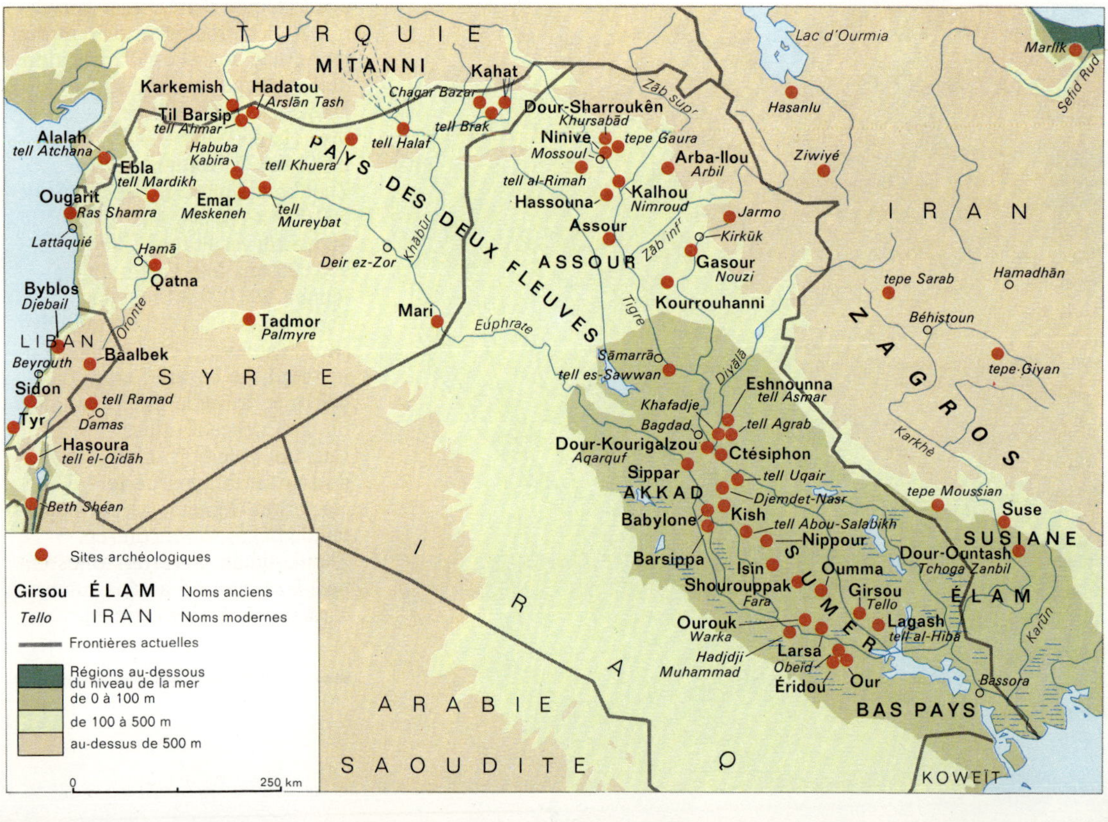

L'Anatolie ancienne

De hauts plateaux arides, quelques plaines littorales, étroites et rares, constituent l'Anatolie. Le premier établissement connu remonte au VIIe millénaire : Çatal höyük. Aux indigènes, appelés Hatti, se sont superposés des envahisseurs indo-européens, éleveurs et cavaliers, qui ont souvent constitué les aristocraties locales ; ces conquérants se sont même introduits en Iran. Les deux grandes civilisations de l'Asie Mineure sont celle des Hittites, installés dans la boucle de l'Halys, et celle des Hourrites du Mitanni, immédiatement à l'est. Des invasions, d'origine mal connue mais attestées en Anatolie (avant 1700), provoquent l'ébranlement des Hyksos vers l'Égypte et des Kassites vers la Mésopotamie ; elles sont suivies de deux siècles « obscurs » (XVIe et XVe s.). L'État hittite, qui existe dès les environs de 1650, atteint son apogée avec Souppilouliouma (XIVe s. : textes de Tell al-Amarna) ; la capitale, Hattousha, témoigne de sa richesse, en partie foncière (noblesse) ; le régime est une monarchie militaire (chars) ; la religion, vive, témoigne d'un syncrétisme avancé (divinités indigènes et indo-européennes) ; elle alimente un art imposant. Le Mitanni n'est puissant qu'au XVe siècle. Au XIIe siècle arrivent de nouveaux envahisseurs : les Ioniens développent une civilisation de très haut niveau ; les Phrygiens créent une société où se côtoient Hittites et Thraces. Au VIe siècle, la riche Lydie des Mermnades domine l'Anatolie occidentale. (V. carte p. 10.)

L'art égyptien atteint presque sa perfection dès l'Ancien Empire. Il exprime trois idées : majesté du pharaon, puissance des dieux, croyance en l'au-delà. Le caractère royal de cet art explique l'importance des capitales comme centres artistiques, Memphis et Thèbes ; il s'exprime dans les statues officielles (colosses de Ramsès II). L'aspect sacré est mieux représenté. La religion, polythéiste, est largement zoomorphe, et la magie joue un grand rôle (scarabées) ; sous le Nouvel Empire, la tentative d'Akhenaton en faveur d'Aton (le disque solaire) provoque la naissance de l'art de Tell al-Amarna (portraits de Nefertiti) ; mais, alors qu'Akhenaton échoue, on voit s'esquisser un syncrétisme entre le Rê d'Héliopolis et l'Osiris d'Abydos. Les créations sacrées les plus importantes sont les temples hypostyles de Karnak, reliés au sanctuaire de Louqsor par l'allée des Sphinx, et ceux d'Abou-Simbel. La liaison entre politique et religion est évidente dans le culte des morts, par le gigantisme des sépultures royales ; sous l'Ancien Empire, aux *mastabas* (« bancs ») succèdent les pyramides de Saqqarah, puis de Gizeh ; sous le Nouvel Empire, les temples funéraires sont distincts des tombes : Vallée des Rois, Deir al-Bahari. Le peuple est présent dans l'art égyptien, mais son rôle y est secondaire.

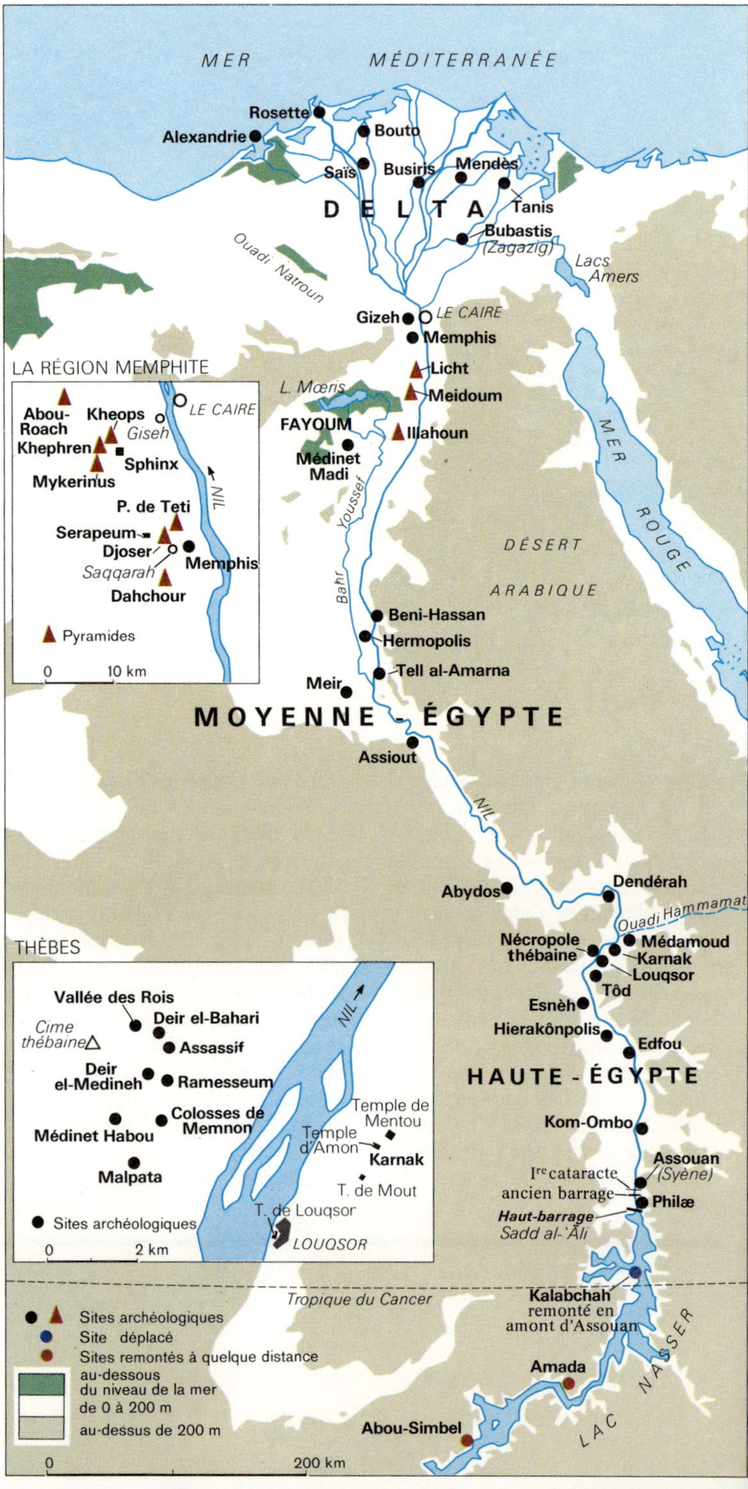

Égypte : archéologie

Du XVIe au XIe siècle, quatre puissances dominent le Proche-Orient : l'Égypte, les Hittites, l'Assyrie et Babylone ; les autres cités ou royaumes sont soumis aux uns ou aux autres, sauf en de brefs moments d'indépendance. Une première étape (XVIe-XVe s.) est marquée par la constitution d'un empire égyptien ; l'Égypte domine déjà la Nubie, mais, en représailles contre les assauts des Hyksos, elle est amenée à pénétrer en Asie et à y demeurer ; pour y parvenir, Ahmosis, Aménophis Ier et Thoutmosis Ier développent leur armée (chars et arcs légers) ; la conquête, accompagnée d'une activité diplomatique intense (tablettes de Tell al-Amarna et de Boğazköy), se heurte à l'État hourrite du Mitanni, qui résiste (XVe s.), puis s'effondre sous les coups conjugués des pharaons, des Hittites, des Assyriens. Une deuxième étape (XIVe-XIIIe s.) est marquée par deux conflits parallèles. Le premier oppose Égyptiens et Hittites ; sous Aménophis III, un certain équilibre s'instaure (v. 1365), mais Souppilouliouma relève la puissance des siens, domine Syrie, Phénicie, Mitanni ; Seti Ier, puis Ramsès II réagissent : Hittites et Égyptiens s'opposent à la bataille de Kadesh ; en 1284, la menace assyrienne contraint Hattousili III à traiter avec l'Égypte. L'Assyrie est précisément l'un des protagonistes du second conflit, qui l'oppose à Babylone ; un siècle de guerres indécises aboutit à quelque stabilité. À ce moment-là, le Proche-Orient est bouleversé par les Peuples de la Mer (v. 1191) ; les Phrygiens s'attaquent à l'Empire hittite, les Philistins menacent l'Égypte, qui les rejette mais ne peut les empêcher de se maintenir entre Gaza et le mont Carmel : le pharaon a perdu l'Asie.

Le Nouvel Empire

Peuple sémitique, les Hébreux sont longtemps nomades ; après leur sortie d'Égypte, ils s'emparent de la terre de Canaan (XIIIe s.), « où ruissellent le lait et le miel » (Deutér., XXVI, 9) : une plaine littorale précède deux lignes de collines – pauvres au sud (Judée, Samarie, Moab), plus riches au nord (Galilée) –, qui encadrent le désert de la mer Morte.

Le pays des Hébreux

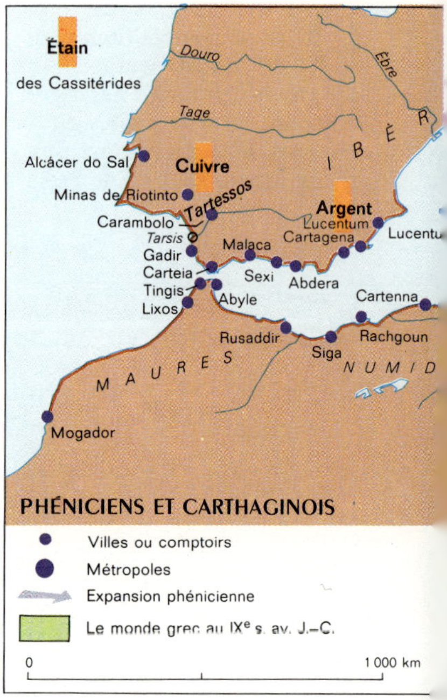

Les Phéniciens (pour Carthage, v. cartes pp. 20, 21 et 262) sont des Sémites du groupe cananéen. Ainsi qu'en témoignent les tablettes de Ras Shamra (XIVe-XIIIe s. av. J.-C.) découvertes sur le site de l'antique Ougarit, leurs cités sont gouvernées par des rois : on connaît également, au Xe siècle, Hiram de Tyr. Paysans d'abord, ils sont ensuite « ces marins rapaces qui, dans leur noir vaisseau, ont mille camelotes » (*l'Odyssée*, XV, 415). Byblos assure les relations avec l'Égypte (cèdre du Liban contre blé, papyrus) ; en Orient, on vend des produits de luxe (parfums, verrerie, bijoux, étoffes de pourpre). Tyr et Sidon s'adon-

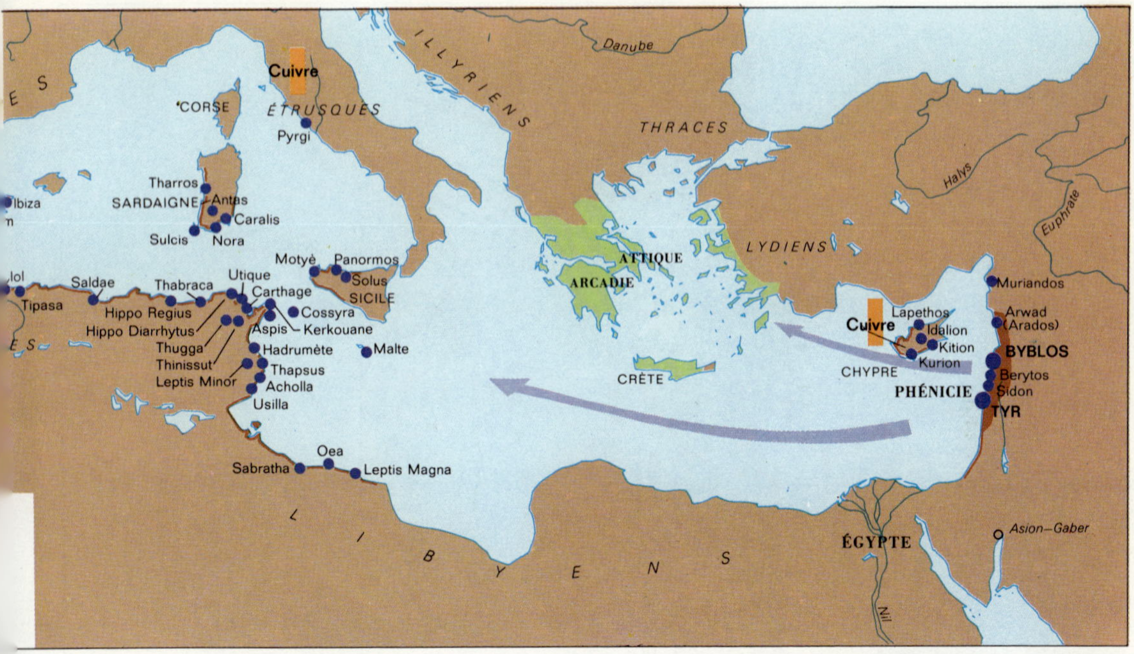

Phéniciens et Carthaginois

nent à un commerce plus lointain, avec la Sicile, l'Afrique, l'Espagne, pour y échanger des produits de luxe contre des métaux (Espagne), de l'ivoire (Afrique), des esclaves. Partout, ils répandent leurs établissements : à Chypre dès le IXe siècle ; à Rhodes au VIIe siècle ; dans l'Ouest méditerranéen surtout après la fondation d'Utique et de Carthage, d'où ils diffusent hommes, produits et cultes principalement agraires, au-delà même des Colonnes d'Hercule (auj. détroit de Gibraltar). On attachera davantage d'importance à la plus extraordinaire des inventions de ce peuple : l'alphabet.

LE BASSIN MÉDITERRANÉEN DU IXe AU IIIe SIÈCLE AV. J.-C.

Du IXe au IIIe siècle, les secteurs est et ouest du bassin méditerranéen ont eu des destins différents. En Orient, des monarchies existent de longue date : Assyrie (Assourbanipal, VIIe s.) et Babylone (Nabuchodonosor, VIe s.), sans oublier l'Égypte ; toutes succombent, et le fait majeur de la période est l'unification de la région, sous la domination perse d'abord (Cyrus II, v. 556-530 ; Darios Ier, 522-486). En Grèce, malgré l'opposition aristocratique (Sparte), la démocratie athénienne réussit un moment à dominer la scène (ligue de Délos, 477-404) ; mais la Macédoine lui impose son influence (Philippe II, 359-336), puis détruit l'Empire perse (Alexandre, 336-323 ; monarchies hellénistiques). L'Occident n'est pas encore au niveau de ces grandes constructions ; la puissance romaine, établie sur l'Italie (272, prise de Tarente), est mise en balance par celle de Carthage, puis l'emporte (guerres puniques : 218-201 ; 149-146). Au nord, les Celtes sont trop divisés pour régner. carte p. 10 →

BASSIN MÉDITERRANÉEN – ASSYRIE – BABYLONE

← notice p. 9

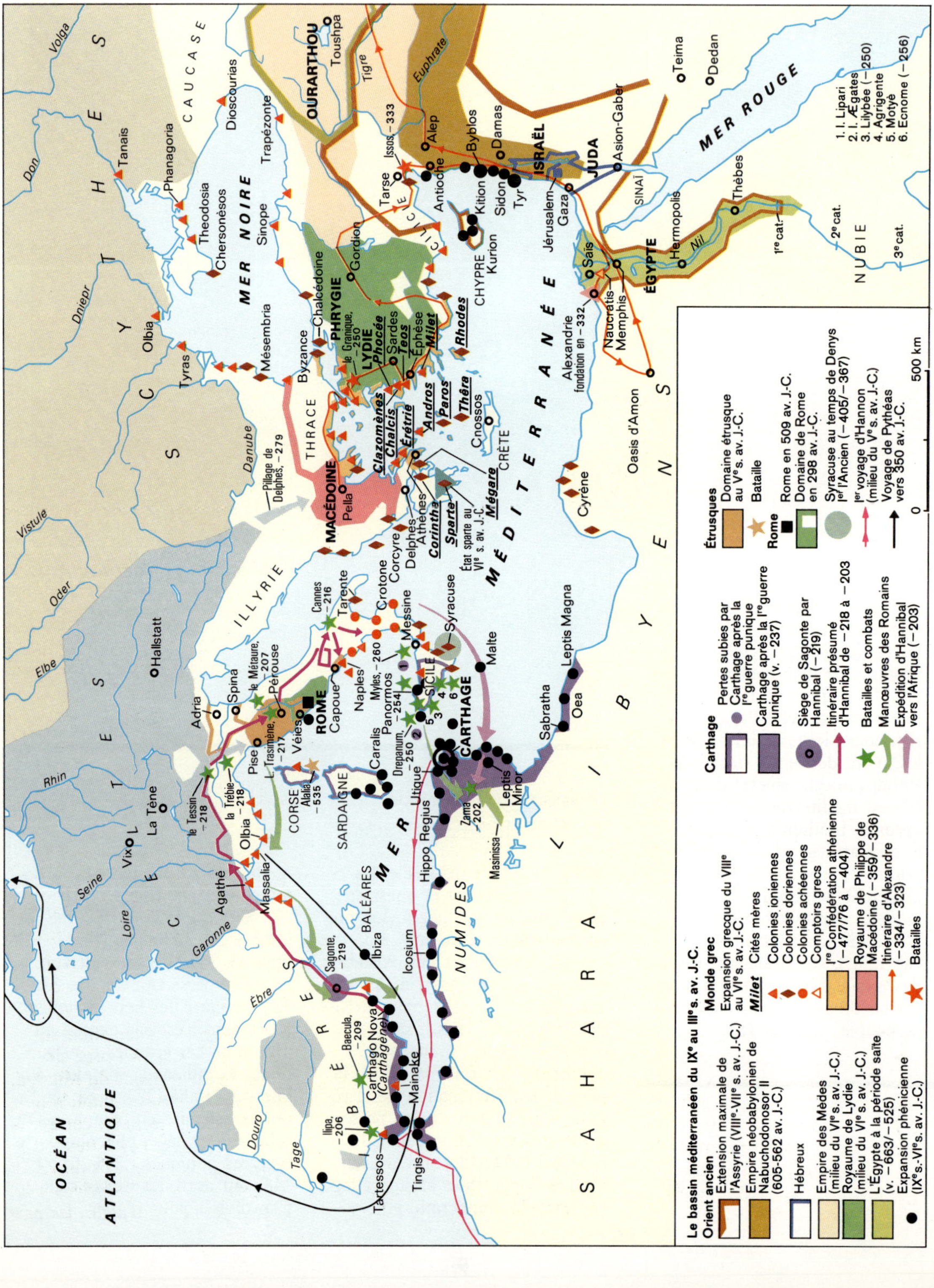

Babylone

Babylone est construite en fonction de la ziggourat (« tour de Babel ») et du temple de Mardouk ; le palais et ses terrasses ont donc un rôle secondaire, mais illustrent la civilisation néobabylonienne, qui est à son apogée sous Nabuchodonosor II (605-562).

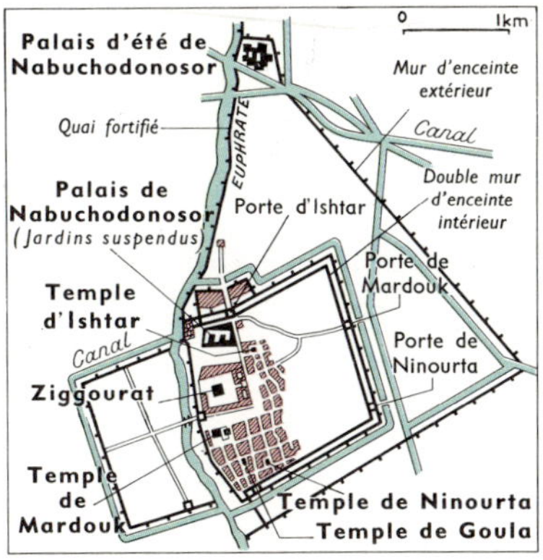

L'Assyrie expansion maximale (VIIIe-VIIe s. av. J.-C.)

L'Assyrie se constitue au XIVe siècle, à l'issue de l'effondrement du Mitanni, qui avait longtemps établi son autorité sur le pays (v. carte Mésopotamie p. 4). Les luttes contre les montagnards du Zagros habituent les Assyriens à la guerre et à ses méthodes les plus →

barbares. Le premier Empire (XIVe-XIIe s.) annexe le Mitanni, occupe un moment le pays de Babylone, puis s'amenuise sous l'effet des raids des Araméens. Du IXe au VIIe siècle, l'Assyrie ne vit que pour la guerre et se constitue ainsi un empire immense. Sous Assour-nâtsirapli II (à tort Assour-Nasirpal II) [883-859], elle attaque vers la mer Noire au nord et impose son autorité à une partie des montagnards du Zagros. L'expansion s'arrête pendant une longue période de troubles intérieurs causés par les rébellions des villes et des nobles. Puis, avec Toukoulti-apilésharra III (Téglat-Phalasar III) [746-727], elle est presque à son apogée, ayant vaincu l'Ourarthou, les Araméens (Syrie), l'Élam, la Samarie. Cette conquête a été rendue possible grâce à une armée bien équipée (arc, lance, épée longue), bien organisée (infanterie, chars, cavalerie pour les nobles ; la poliocétique est devenue une science). Le palais de Sargon II (722-705) à Khursabād est l'heureux témoin de cette grandeur : il se caractérise par le gigantisme architectural, l'abondance ornementale, cependant que Ninive offre le luxe de ses reliefs ciselés. Fin lettré et roi cruel, Assour-bân-apli (Assourbanipal) [669-626] détruit Thèbes d'Égypte en 663 : jamais l'armée d'Assour n'a été aussi loin de ses bases. Mais Babylone et les Mèdes forment une coalition et prennent Assour en 614 et Ninive en 612. La monarchie assyrienne et son armée s'effondrent définitivement peu après.

La culture assyrienne a été fortement influencée par Babylone. L'art a perpétué les techniques antérieures : villes, palais et ziggourats ont été édifiés en terre crue, sur de hauts terre-pleins.

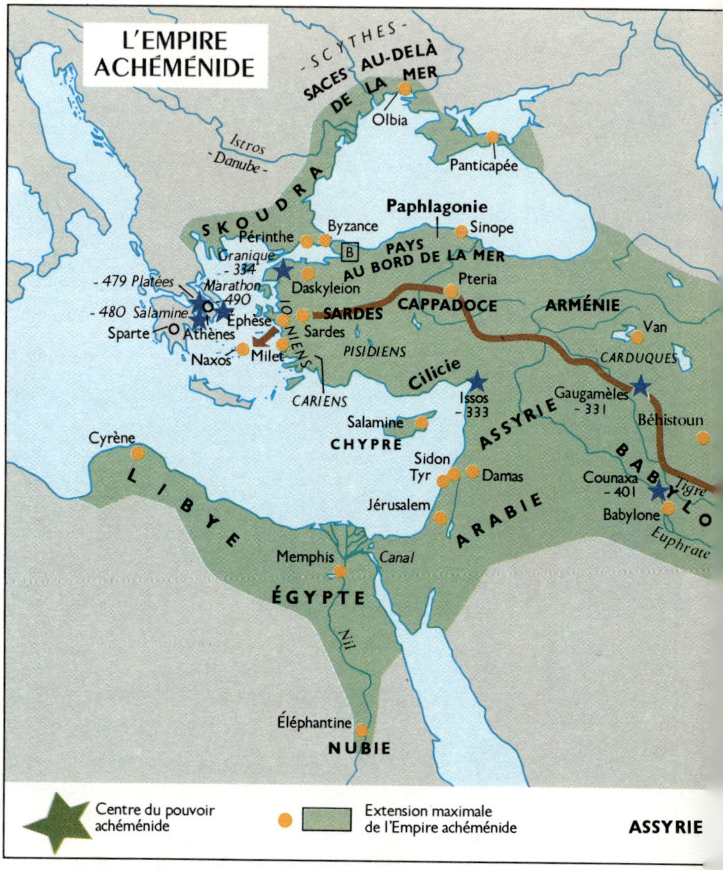

L'Empire achéménide

Mèdes et Perses sont des conquérants indo-européens arrivés peut-être dès le IIe millénaire en Iran (traces d'habitat en Susiane dès le IVe millénaire). La dynastie des Achéménides est issue du sud-ouest de l'Iran et règne sur un vaste empire grâce aux conquêtes de Cyrus II (v. 556-530) : vers l'ouest, il conquiert la Lydie (prise de Sardes en 547 ou 546), toute l'Asie Mineure (v. 540), la Mésopotamie (chute de Babylone en 539) ; à l'est, il étend son influence jusqu'à l'Indus. Outre qu'elle émane de sa personnalité, sa force repose sur la souplesse de la domination perse et l'unité morale des conquérants ; c'est le temps où se développe le mazdéisme de Zarathustra (Zoroastre), dont les mages sont les prêtres : telle est la religion officielle ; le roi, porteur d'un charisme que la victoire concrétise, rend la justice depuis son palais (il en a plusieurs ; le principal est à Suse). Cambyse II (530-522) ajoute l'Égypte (525) et la région de Cyrène à cet héritage. Darios Ier (522-486), après avoir réprimé une révolte en Babylonie, en Élam et en Perse même, mène campagne jusqu'en Inde et chez les Scythes, puis ajoute la Thrace (Skoudra) à cet empire ; mais il est surtout un organisateur : il crée une administration centrale (langue unique, l'araméen), servie par la route royale de Sardes à Suse ; une vingtaine de satrapies sont des circonscriptions pour la collecte de l'impôt et le recrutement militaire. Le souverain dispose ainsi d'une réserve d'or et d'argent, qui lui permet de payer des mercenaires et de subventionner ou corrompre les dirigeants des cités grecques. En 499, l'Ionie se révolte : ainsi débutent deux siècles de conflits gréco-perses (v. carte p. 14). L'Empire est envahi et détruit par Alexandre III le Grand en 330 av. J.-C.

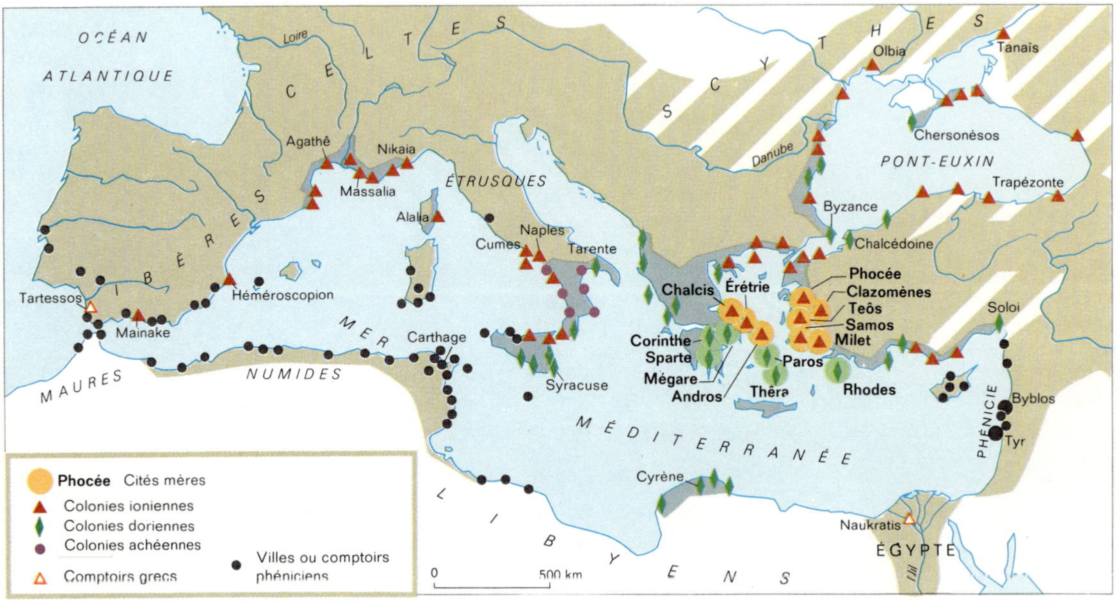

L'expansion grecque (VIIIe-VIe s. av. J.-C.)

notices p. 16 →

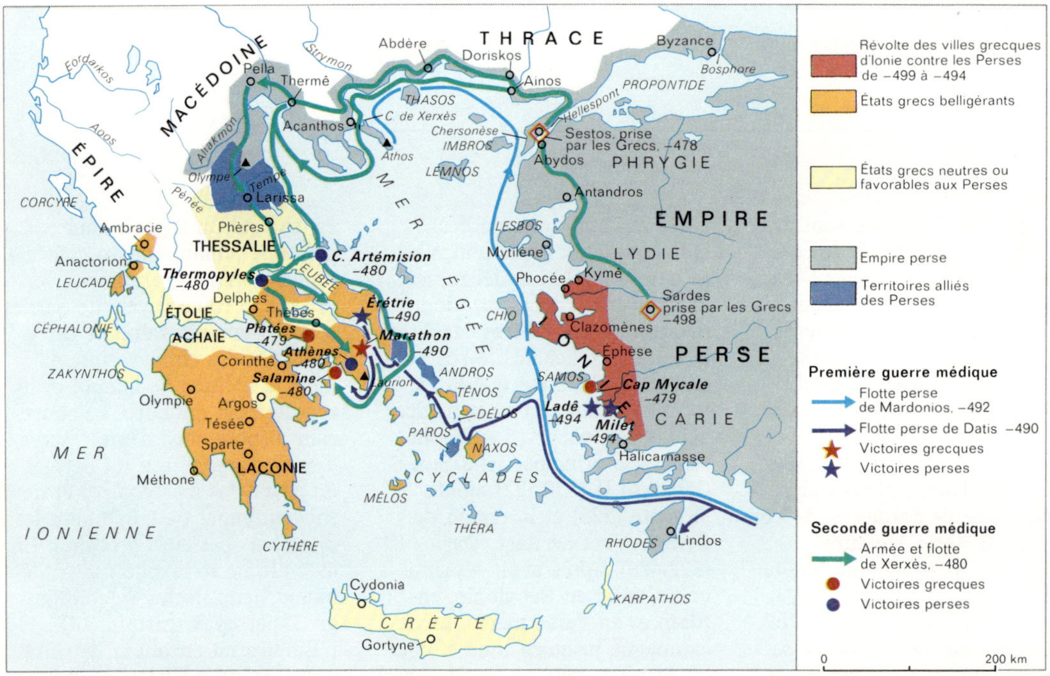

Les guerres médiques (Ve s. av. J.-C.)

La Grèce au Ve s. av. J.-C.

notice p. 16 →

Athènes

Au centre de la plaine d'Athènes, le rocher de l'Acropole domine, au sud, la ville riche et, au nord, l'Agora, le tribunal de l'Aréopage et le quartier populaire du Céramique. Cimon, puis Périclès construisent les Longs Murs, qui relient la cité au Pirée, son port depuis Thémistocle.

← cartes pp. 14-15

L'EXPANSION GRECQUE (VIIIe-VIe S. AV. J.-C.)

La colonisation est un moment privilégié de « l'aventure grecque » (P. Lévêque). L'exemple avait été donné par les Mycéniens, les Phéniciens, Ulysse ; on se demande encore si la cause principale en est la faim de terres ou l'intérêt commercial, mais il est sûr que ce mouvement a été facilité par des progrès dans l'art militaire et par le clergé de Delphes. On distingue deux grandes vagues de colonisation. Pour la première (v. 775-v. 675), les considérations agricoles semblent avoir prédominé ; les métropoles sont des cités de l'Isthme et de l'Eubée ; les pays de destination sont en Grande-Grèce. Les préoccupations commerciales ont dû avoir plus d'importance pour la seconde étape (v. 675-v. 550) ; cette fois, les métropoles sont en Grèce propre et en Asie Mineure ; les terres de colonisation sont la Gaule, l'Espagne, l'Afrique, la Thrace, le Pont (Phocée fonde Marseille, et Thêra, Cyrène ; Milet essaime autour du Pont-Euxin). Les colons sont de jeunes aventuriers menés par un *œkiste* (fondateur) promis au destin de demi-dieu ; un enrichissement rapide permet une civilisation brillante sans rupture avec la métropole.

LES GUERRES MÉDIQUES (Ve S. AV. J.-C.)

La révolte de l'Ionie contre la domination perse (499) entraîne l'intervention d'Athènes en faveur des insurgés. Darios Ier, qui fait tenter un débarquement, subit un échec (Marathon, 490) ; puis Xerxès est battu (Salamine, 480) : au terme de ces deux guerres médiques, la menace perse est écartée.

LA GRÈCE AU Ve S. AV. J.-C.

Né à la suite des guerres médiques, l'impérialisme démocratique d'Athènes fait l'unanimité chez les négociants et les prolétaires. On distingue trois phases. En 477, Aristide crée la ligue de Délos (île qui abrite l'assemblée fédérale et le trésor) ; Athènes commande l'armée et installe des clérouquies (colonies militaires), notamment en Thrace. En 454, l'alliance devient empire : la gestion du trésor, transféré sur l'Acropole, passe à l'*ecclésia* d'Athènes ; de nouvelles clérouquies sont installées sur la route des détroits : Eubée, Asie Mineure, Thrace. Mais la guerre du Péloponnèse (431-404) oppose à Athènes, cité ionienne et démocratique, l'aristocratique Sparte, ville dorienne ; après des péripéties complexes, un gouvernement oligarchique est installé en 404 à Athènes ; celle-ci ne s'en remet pas et, malgré l'installation de nouvelles clérouquies (nord de l'Égée), malgré une seconde confédération (378-338), l'Empire athénien est ruiné (guerre des alliés : 357-355).

Le monde grec du VIe au IIIe s. av. J.-C.

LE MONDE GREC (VIe-IIIe S. AV. J.-C.)

Homère nous fait connaître une Grèce gouvernée, aux IXe et VIIIe siècles, par des rois ; à ceux-ci succèdent des régimes aristocratiques, eux-mêmes en crise au VIe siècle : l'enrichissement général, l'apparition de l'hoplite font perdre leur rôle aux nobles, supplantés par des tyrans (les Cypsélides à Corinthe ; Pisistrate à Athènes) ou des législateurs (Solon, Clisthène à Athènes). Après les guerres médiques (v. carte p. 14) s'ouvre le temps des hégémonies ; chaque cité, poussée par son impérialisme propre, domine à son tour la scène. Athènes, d'abord, unit la puissance politique (v. carte p. 15), la richesse et la civilisation la plus brillante ; au temps de Périclès (444/443-429), elle est « l'école de la Grèce » (Thucydide, II, 41) : Hérodote vient d'Halicarnasse, Myron d'Éleuthères et Hippocrate de Cos. Après l'hégémonie de Sparte (404-371) et celle de Thèbes (371-362), marquée par les victoires d'Épaminondas sur les Lacédémoniens, le temps des cités est révolu : entretenant dans Athènes même un parti à sa dévotion, Philippe de Macédoine (359-336) étend sa domination sur la Grèce lorsqu'il écrase les démocraties à Chéronée (338). Son successeur, Alexandre (336-323), n'a plus à se préoccuper de la Grèce (v. carte pp. 18-19).

L'EMPIRE D'ALEXANDRE ET LE MONDE HELLÉNISTIQUE

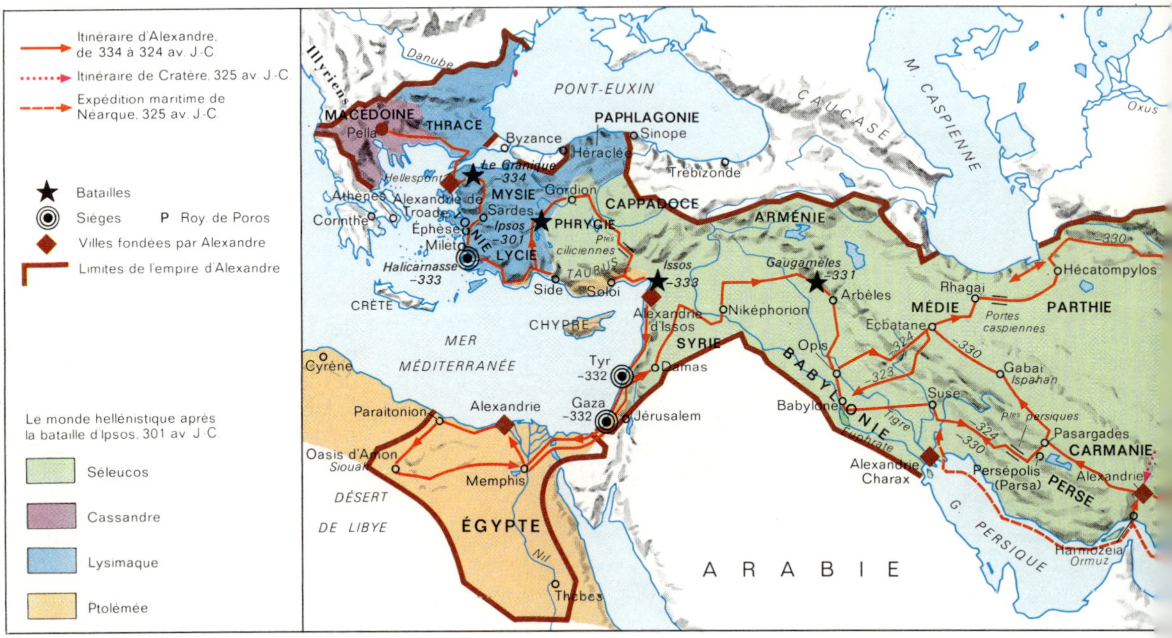

▲

L'Empire d'Alexandre et les débuts du monde hellénistique

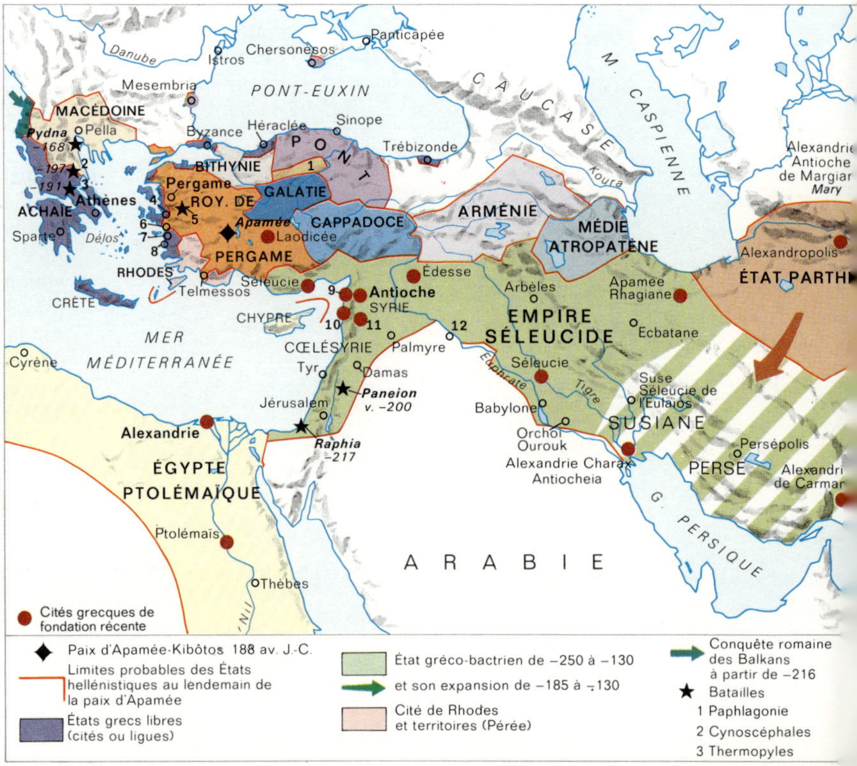

Pour réaliser des exploits héroïques sur les traces de Dionysos et achever les guerres médiques, Alexandre, grâce à la phalange et à la cavalerie macédoniennes, élargit le monde connu. Après la conquête de l'Orient méditerranéen, marquée par les victoires du Granique en 334 et d'Issos en 333, il fonde Alexandrie, s'empare des capitales perses (Gaugamèles, 331), pousse jusqu'à l'Indus, qu'il descend jusqu'à Pattala. Après un retour difficile, il meurt à Babylone (323).

Alexandre s'est efforcé de diffuser la culture grecque ; il a permis que s'ouvre une période, longtemps décriée, aujourd'hui reconnue comme la « renaissance hellénistique » (Ch. Picard) ; mais sa construction politique se désagrège tandis que cette civilisation se développe. A la mort du conquérant, Perdiccas gouverne l'Orient, Antipatros l'Occident. En 321, à la mort de Perdiccas, un premier partage se fait à Triparadisos entre les *diadoques* (successeurs), Antipatros, Séleucos et Antiganos Monophtalmos. Après la bataille d'Ipsos (301), qui élimine Antizonos, l'Empire d'Alexandre est partagé entre Séleucos, Cassandre, Lysimaque et Ptolémée.

Après la deuxième guerre punique (218-201), Rome peut intervenir dans les affaires d'Orient, mais elle ne le fait que parce que le roi de Macédoine, Philippe V (221-179), la provoque en s'alliant avec Hannibal. A deux reprises, ce souverain sauve son royaume, mais, moins heureux, son fils et successeur, Persée, est vaincu à Pydna. Conquise en 168, la Macédoine devient province romaine en 148. La Syrie résiste plus longtemps : l'ambition d'Antiochos III Mégas (223-187) effraie Rhodes et Pergame, qui appellent Rome ; le souverain séleucide est battu par les Scipions à Magnésie du Sipyle (189) et perd toute l'Asie Mineure au traité d'Apamée (188) ; puis Antiochos IV Épiphane (175-164/163) doit faire face à une révolte juive animée par les Maccabées ; en 141, les Parthes Arsacides s'emparent de la Babylonie ; à Pompée revient la tâche de réduire en province ce qui reste de la Syrie (65/64). A son tour, la riche Égypte attire d'autant plus Rome que, politiquement, elle est en complète décadence ; quand Octave l'emporte à Actium (31), Cléopâtre se suicide, et l'Égypte entre dans le monde romain (30 av. J.-C.). [Royaume de Pergame, p. 20.]

Le monde hellénistique en 188 av. J.-C. au lendemain de la paix d'Apamée

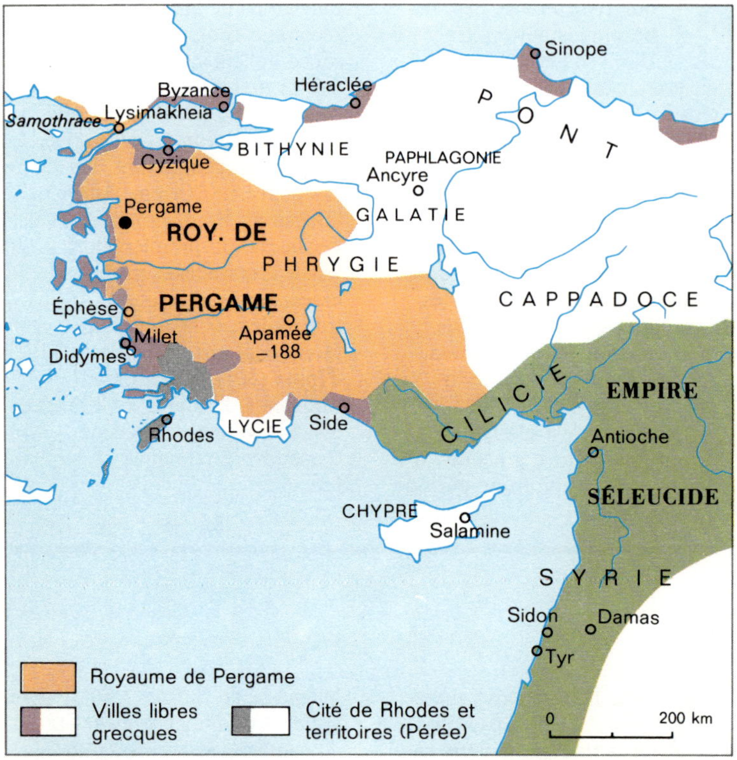

Le royaume de Pergame en 188 av. J.-C. au lendemain de la paix d'Apamée

▲

Indépendante en fait vers 282, sous le gouvernement de Philétairos, érigée en royaume par Attalos (Attale) Ier en 240, Pergame est le dernier-né des États hellénistiques. Menacé par la Macédoine à l'ouest, la Syrie et les Galates à l'est, le royaume de Pergame s'allie le plus souvent à l'Égypte et à Rome ; son apogée se place sous Eumenês (Eumène) II (paix d'Apamée, 188). Il laisse des trésors d'art (Pergame), suscités par une étonnante politique d'évergétisme (portique d'Attalos à Athènes) et par une administration rigoureuse. Attalos III, par testament, lègue en 133 ses États à Rome (province d'Asie).

L'enjeu de la première guerre punique (264-241) est la Sicile. Maîtresse de cette île, l'aristocratique Carthage abandonne sa défense à des mercenaires ; face à ceux-ci, les soldats-paysans de Rome poussent à l'intervention en faveur des mercenaires campaniens installés à Messine (contrôle du détroit). Après des succès initiaux qui montrent son adaptation à la mer (prise d'Agrigente en 262, victoire de Duilius à Myles en 260, débarquement de Regulus près de Clupea, en Afrique, en 256), Rome se heurte à des difficultés (échec en Afrique, défense de la Sicile par Hamilcar Barca, combat de Drepanum) ; mais un dernier sursaut (victoire des îles Égates) lui permet d'imposer un traité à Carthage, qui perd la Sicile, la Corse et la Sardaigne.

▼ ***La 1re guerre punique***

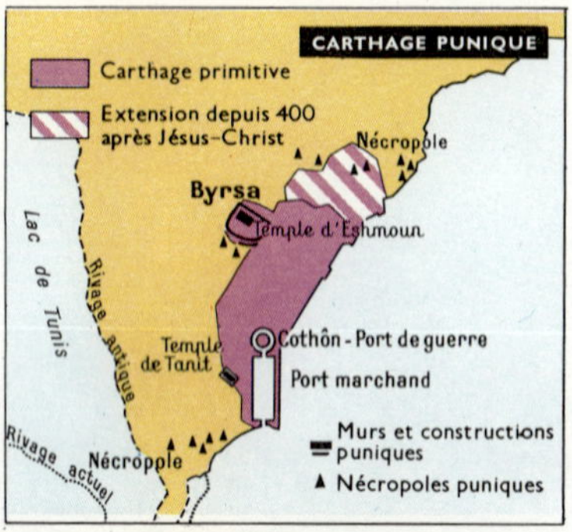

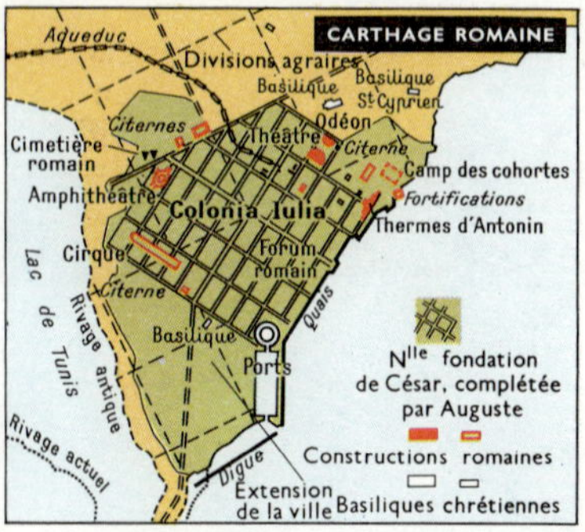

Carthage punique

Née près du « tophet » de Tanit, Carthage s'est développée entre ses ports et sa citadelle (Byrsa). Pratiquement anéantie en 146 av. J.-C., la cité bénéficie des soins de Caius Gracchus, de César et d'Auguste (centuriations). Port de l'annone, elle est peut-être, au milieu du IIIe siècle apr. J.-C., la deuxième ville de l'Empire.

Carthage romaine

La domination en Méditerranée occidentale est l'enjeu de la deuxième guerre punique (218-201). Fort des richesses ibériques, espérant les alliances gauloise et campanienne, Hannibal, ayant pris Sagonte (219), gagne les Alpes et, grâce à ses mercenaires, remporte une série de victoires en Italie (le Tessin, la Trébie, 218 ; le lac Trasimène, 217 ; Cannes, 216). Mais il hésite (« délices de Capoue ») ; Rome se renforce, contre-attaque en Espagne ; au Métaure, l'armée d'Hasdrubal est détruite (207). Critiqué par le parti pacifiste des Hannon, Hannibal est vaincu à Zama (202) par Scipion, allié à Masinissa. Carthage accepte un traité qui, la désarmant, la livre à la merci de Rome.

La 2e guerre punique

Le monde celtique

Les Celtes sont des Indo-Européens dont l'origine précise est mystérieuse ; on les cerne pour la première fois avec précision dans l'actuelle Autriche : la civilisation de Hallstatt dure de 800 à 500 av. J.-C. env. *(tumuli)* ; puis, jusqu'à l'ère chrétienne, c'est le site de La Tène (Suisse) qui sert de référence (tombes à fosse, épées longues, bijoux). Durant le Ier millénaire av. J.-C., ils émigrent par petits groupes, qui dominent, sans les éliminer, les populations vaincues, et se constituent en une sorte de « tribu royale des chefs » (T.G.E. Powell), contribuant à créer des peuples mixtes. Présents dans les régions alpines et danubiennes (Boïens de Bohême, Gaulois de Cisalpine), ils gagnent le nord de la Gaule (civilisations de Hallstatt et, aux Jogasses, de La Tène) ; de là, ils passent en Bretagne ; vers le sud, ils deviennent Celtibères en Espagne et à l'ouest du Rhône (Ensérune), Celto-Ligures à l'est du fleuve (Entremont) ; les plus audacieux se sont établis en Anatolie, en 275/274 (Galates). Pour les Anciens, ils étaient surtout des guerriers et aussi des hommes très pieux, honorant, dans les bois et sanctuaires, des dieux fort divers (personnages masculins, déesses mères, divinités animales). [L'économie est étudiée dans la notice de la carte des Celtes de Gaule p. 28.]

L'Étrurie est limitée par l'Arno, le Tibre et le rivage de la mer Tyrrhénienne. Là vivait un peuple aux origines mystérieuses (langue inconnue). Au VIe siècle, les Étrusques sont gouvernés par des tyrans ou des aristocraties et atteignent alors leur apogée : en politique, ils constituent une décapole et étendent leur influence sur le Latium, la Campanie, la plaine du Pô ; ils développent la métallurgie (fer de l'île d'Elbe, forges de Populonia et de Vetulonia, cuivre) ; les nécropoles de Tarquinia et de Caere (orfèvrerie, céramique, fresques) nous révèlent une civilisation opulente.

L'Étrurie

La conquête romaine de l'Italie

ROME SOUS LA RÉPUBLIQUE

À l'extrémité occidentale d'un plateau volcanique, sur la rive gauche du Tibre, sept collines (Capitole, Palatin, Aventin, Caelius, Esquilin, Viminal, Quirinal), encadrant une dépression *(Forum)*, ont vu naître la Ville. De peuplement italique et étrusque à l'origine, Rome remplit plusieurs fonctions : politiques *(Forum)*, économiques *(Forum ; emporium)*. Le rôle religieux est très évident (Capitole), et les lieux de loisirs sont encore peu nombreux. Très vite, l'aristocratie occupe le Palatin.

LA CONQUÊTE ROMAINE DE L'ITALIE

Rome s'impose d'abord à ses voisins latins et étrusques (siège de Véies en 406-396), bien qu'elle soit vaincue en 390 sur l'Allia par les Gaulois. Les Samnites sont ensuite vaincus au terme d'une longue lutte (Sentinum, 295). Enfin, la conquête du sud de l'Italie s'achève avec la prise de Tarente (272). Les premières acquisitions (région centrale) constituent l'*ager romanus* (les cités y sont municipes, préfectures) ; le reste du pays est l'*ager sociorum* (colonies, cités fédérées ou libres).

Les Gaulois possèdent un important réseau de pistes, parfois recouvertes de bois, qui relient entre elles leurs capitales. La plus ancienne des routes romaines en Gaule est la voie Domitienne, menant de la Provence à l'Espagne. La voie Aurélienne longe de loin la côte provençale et ligure et se poursuit vers l'Italie. Agrippa, gendre et collaborateur d'Auguste, crée les principales artères du réseau routier gaulois, à partir de 19 av. J.-C. Les voies ont un tracé très rectiligne, qui se reconnaît encore dans le paysage. Indifférentes aux accidents de la topographie, elles traversent même les Alpes. La chaussée, recouverte de grandes et lourdes dalles, supporte l'intense trafic des unités militaires en déplacement et des marchands transportant vin, huile, céramique (la céramique sigillée), métaux, tissus, produits manufacturés divers. Parmi les itinéraires les plus fréquentés se trouvent celui de la vallée du Rhône et de la Saône, par Lugdunum (Lyon), avec une longue prolongation jusqu'à Trèves et Cologne, en zone militaire, et une autre voie dirigée vers le nord-ouest pour atteindre Portus Itius.

Route et courants commerciaux en Gaule

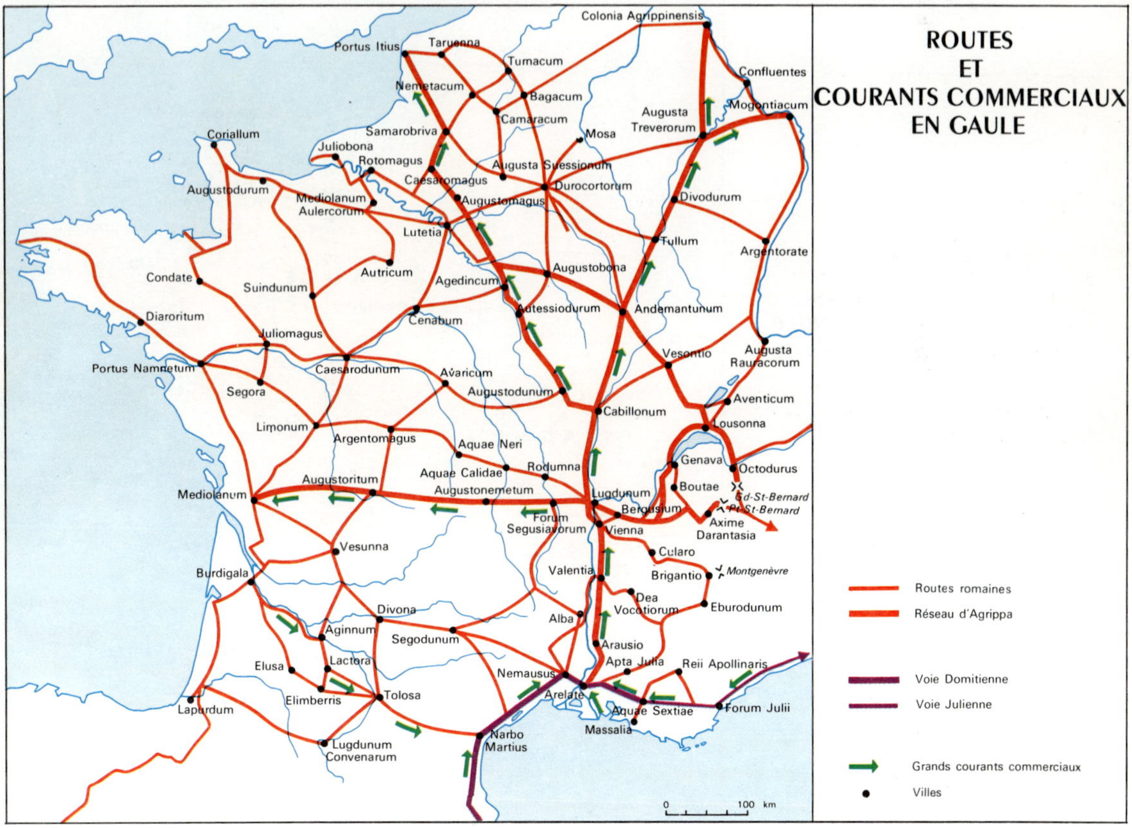

En 31 (bataille d'Actium), la guerre civile est terminée. Dès 27, Auguste impose un partage de l'Empire. Le sénat conservait les provinces pacifiées, et donc désarmées, les plus riches (Asie, Achaïe, Bétique...) ; elles étaient gouvernées par un proconsul, assisté, pour les finances, par un questeur. L'empereur gardait les provinces récemment annexées, moins riches et moins stables : les plus grandes, défendues par des légions (ex. : la Germanie, créée en 16 av. J.-C.), sont administrées par un légat impérial propréteur, secondé d'un procura-

L'Empire au temps d'Auguste

teur financier ; les plus petites n'ont pour garnison que des auxiliaires (Alpes-Grées...) et sont laissées à deux procurateurs, l'un pour l'administration, l'autre, son subordonné, pour les finances. L'Égypte fait exception : trop importante (blé), elle est en quelque sorte la propriété du prince, qui la confie à un préfet, véritable vice-roi, assisté d'une administration fiscale complexe. Les provinces ne sont plus, comme sous la République, des pays vaincus, donc des zones à exploiter.

Sa qualité de pays conquérant place l'Italie, avec Rome, sous un régime administratif ancien. L'*urbs* conserve les comices, le sénat, les magistratures (sauf la censure). Elle est par ailleurs le siège des institutions administratives récentes et de l'autorité impériale. Auguste découpe la ville en 14 régions qui dépassent de beaucoup les limites de l'époque républicaine, lesquelles débordent le tracé du mur de Servius, d'époque royale. L'Italie est divisée en 11 régions, dépourvues de représentant du pouvoir central.

En matière militaire, il existe une différence de traitement entre l'Italie et les provinces. L'Italie est considérée comme une zone démilitarisée, sauf Rome, où sont présents des gardes de l'empereur et les services publics municipaux : police et pompiers. Dans les provinces sont casernées 28 légions, puis seulement 25 après le désastre subi par le général Varus lors d'une incursion téméraire en Germanie.

Aux IIIe et IVe siècles, une triple menace pèse sur l'Empire : au nord se pressent les Germains, nombreux, instables et belliqueux ; à l'est, les Perses Sassanides, vainqueurs des Parthes Arsacides, constituent le seul État organisé face à Rome ; au sud, les nomades sahariens sont les moins dangereux. La crise est particulièrement grave de 256 à 269, quand les ennemis conjuguent leurs assauts : Châhpuhr Ier sur l'Euphrate (capture en 260, près d'Édesse, et supplice de l'empereur Valérien), les Goths sur le Danube et les Francs sur le Rhin (invasions de la Gaule en 253 et 258/259). Mais, de Claude II (268-270) à Dioclétien (284-305), les empereurs illyriens redressent la situation, en dépit de difficultés réelles (Alamans et Francs se jettent sur la Gaule en 275, etc.) : parfois ils traitent, notamment avec les Sassanides ; mais surtout Dioclétien réorganise l'armée (unités fixes aux frontières, réserve mobile à l'arrière), et ainsi Perses, Goths et Francs sont vaincus, ce qui assure un demi-siècle de tranquillité – paix renforcée grâce au caractère résolu de Valentinien Ier (364-375). Remise en cause par la crise de 376, l'œuvre du Bas-Empire s'effondre en Occident, alors qu'elle survit en Orient, où la défense romaine permet la gestation de l'Empire byzantin (v. carte pp. 42-43).

Le Bas-Empire

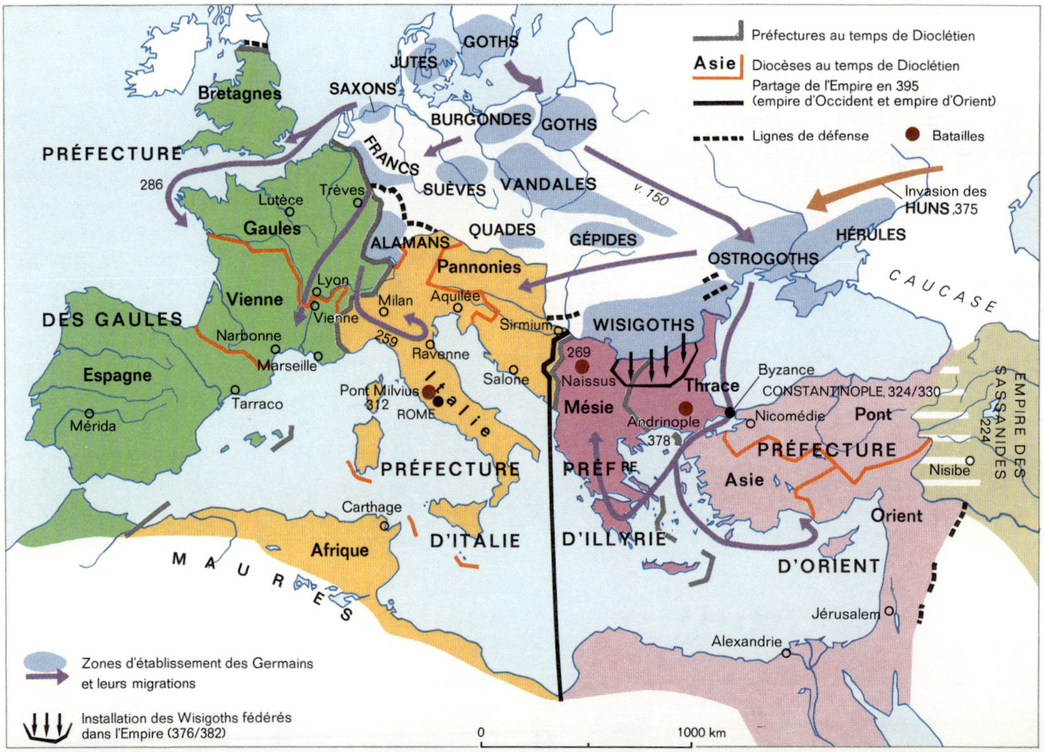

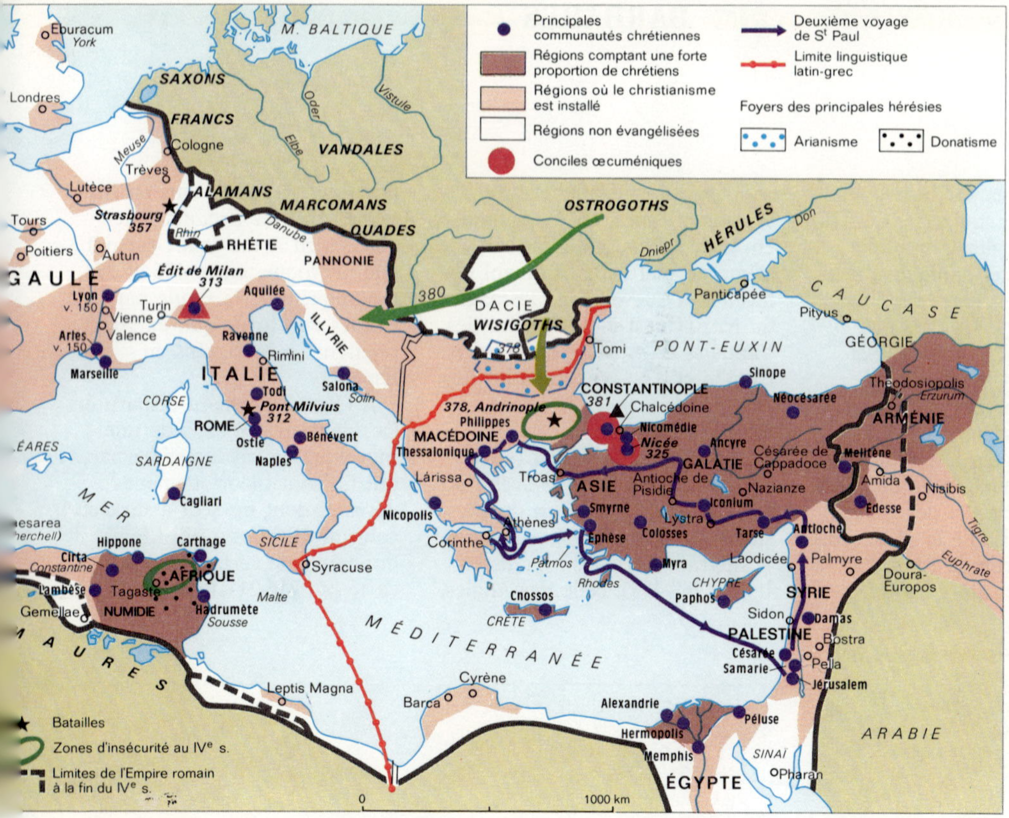

La diffusion du christianisme dans l'Empire romain jusqu'en 395

Issu du judaïsme, le christianisme s'en différencie vite (saint Paul), avant de s'opposer à lui. Toutefois, c'est souvent par le biais des synagogues qu'il pénètre dans les provinces, et, en Occident, il reste longtemps une religion d'étrangers. Il est difficile d'en faire le culte d'un groupe précis : religion des pauvres à l'origine, il atteint bientôt toutes les couches sociales ; seuls résistent les milieux ruraux (au moins en Gaule : *païen* vient de paysan) et certains cercles de sénateurs à Rome. Parti de Jérusalem, il gagne, dès le Ier siècle, la Syrie depuis Antioche, l'Asie Mineure, la Grèce, Alexandrie, Ostie et Rome. Au IIe siècle, il atteint l'Afrique, essentiellement les villes. L'Espagne et la Gaule ne sont réellement touchées que dans la seconde moitié du IIIe siècle. Chez les Barbares et hors de l'Empire, s'il rencontre relativement peu de succès en Orient, il séduit des Germains par le biais d'une hérésie (arianisme) et les Berbères par celui d'un schisme (donatisme). L'opposition de l'État (persécutions de Néron, Marc Aurèle, Dèce, Dioclétien), encouragée par les calomnies de concurrents moins heureux (cultes orientaux), s'apaise à partir de Constantin (« paix de l'Église » après la bataille du pont Milvius), et devient appui avec Théodose (379, 380, 391).

Provoquées par la poussée des Huns qui brise en 375 l'empire des Ostrogoths, les invasions germaniques déferlent en quatre vagues sur l'Empire romain.

La première, celle des Wisigoths, franchit le Danube en 376, bat l'empereur Valens qui est tué à Andrinople en 378 et atteint finalement l'Aquitaine en 418. La deuxième, celle des Vandales, des Suèves et des Alains, se rue sur la Gaule le 31 décembre 406 à travers le Rhin. Par la brèche affluent alors les Burgondes, qui s'installent entre Worms et Spire, et les Alamans, en Alsace. Plus lente, la troisième permet l'établissement définitif des Suèves dans l'Espagne du Nord-Ouest en 409, celui des Vandales en Afrique du Nord entre 429 et 439, puis dans les îles de l'Occident méditerranéen entre 455 et 468, enfin celui des Burgondes en *Sabaudia* (alias Sapaudia : Savoie et Helvétie actuelles) en 444. À la fin du ve siècle, la dernière vague entraîne la migration des Ostrogoths en Italie (489-493), celle des Angles, des Jutes et des Saxons en Bretagne, d'où les Bretons sont chassés en Armorique ; surtout elle provoque, entre 486 et 511, la conquête de la Gaule par les Francs de Clovis, qui, en 507, rejettent les Wisigoths en Espagne.

À l'Empire romain disparu en Occident en 476 succède une mosaïque de royaumes barbares qui lui sont théoriquement fédérés et dont un seul a survécu : celui des Francs à qui Clovis donnera une certaine unité. (V. carte pp. 216-217.)

Les invasions barbares au Ve s.

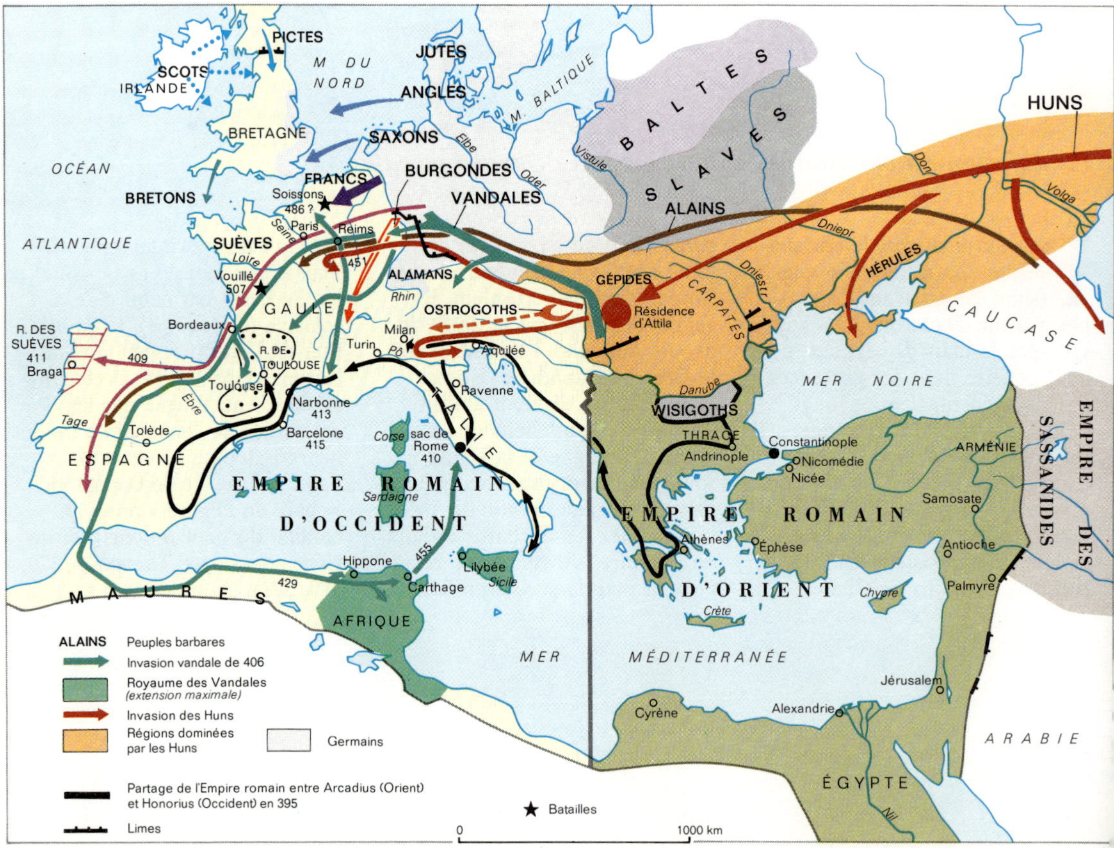

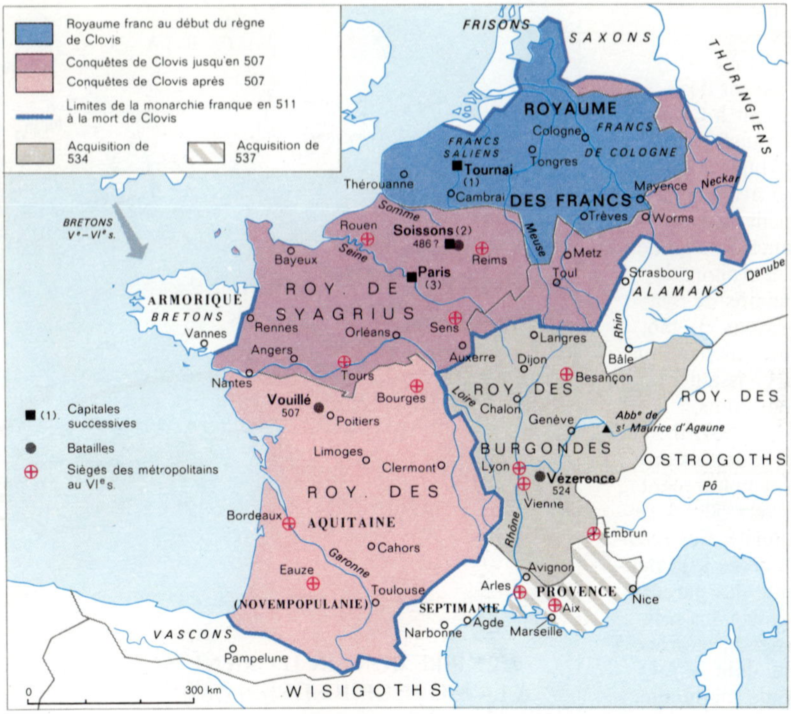

Conquête de la Gaule par Clovis et ses fils

notices pp. 38-39 →

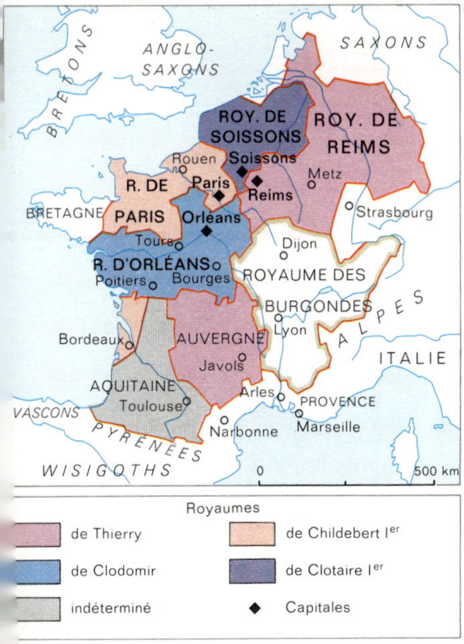

Partage de la Gaule à la mort de Clovis (511)

Partage de la Gaule à la mort de Clotaire (561)

← cartes p. 37

CONQUÊTE DE LA GAULE PAR CLOVIS ET SES FILS

Sans doute parent des princes régnant à Cambrai, à Thérouanne et à Cologne, le Mérovingien Clovis Ier n'est, à son avènement en 481-482, que le petit mais ambitieux roi des Francs Saliens de Tournai. Annexant d'abord le royaume des Romains de Syagrius, battu à Soissons en 486, brisant la puissance alémanique entre 496 et 506, chassant d'Aquitaine les Wisigoths, vaincus à Vouillé en 507, il contraint parallèlement les autres rois francs (et notamment ceux de Cologne vers 509) à reconnaître son autorité. Ces résultats sont obtenus grâce à la neutralité bienveillante des parents par alliance de Clovis, les rois burgonde et ostrogoth, et grâce à l'appui de l'Église, dont le roi franc a l'habileté de maintenir en place les cadres administratifs à la suite de sa conversion au catholicisme entre 498 et 506. Après sa mort en 511, cette œuvre territoriale est parachevée par ses fils. Vaincus à Vézéronce en 524, ceux-ci annexent pourtant le royaume des Burgondes, en 534, et se font céder la Provence ostrogothique, en 537. Amputée de la Septimanie wisigothique et de l'Armorique bretonne, mais augmentée vers 531 de la Thuringe, la Gaule a dès lors reconstitué son unité dans le cadre du *Regnum Francorum.*

L'EMPIRE ROMAIN D'ORIENT A LA MORT DE JUSTINIEN (565)

PARTAGE DE LA GAULE À LA MORT DE CLOVIS (511)

Considérant le *Regnum Francorum* comme un bien purement patrimonial, les quatre fils de Clovis : Thierry Ier (511-534), Clodomir (511-524), Childebert Ier (511-558) et Clotaire Ier (511-561), partagent son héritage en quatre lots équivalents. Comprenant chacun un quart des vieux pays francs au nord de la Loire et un quart de la riche Aquitaine au sud, les royaumes de Reims, d'Orléans, de Paris et de Soissons perdent leur unité territoriale. Seul le deuxième d'entre eux échappe à cet inconvénient que compense en partie le regroupement des quatre capitales au cœur du Bassin parisien.

PARTAGE DE LA GAULE À LA MORT DE CLOTAIRE (561)

Le nouveau partage du *Regnum Francorum* en 561 est remanié dès 567, après la mort de l'un des quatre fils de Clotaire Ier : le roi de Paris, Charibert.

Quatre entités politiques nouvelles apparaissent alors progressivement : l'Austrasie de Sigebert Ier, la Bourgogne de Gontran,

L'Empire romain d'Orient à la mort de Justinien (565)

la Neustrie de Chilpéric Ier et l'Aquitaine également partagée entre chacun d'eux mais restée profondément gallo-romaine. Malgré le maintien dans l'indivision de Paris, la dislocation du *Regnum* est concrétisée par le transfert des capitales de Reims à Metz, d'Orléans à Chalon(-sur-Saône) et de Soissons à Tournai.

L'EMPIRE ROMAIN D'ORIENT À LA MORT DE JUSTINIEN (565)

En consolidant la frontière danubienne, en mettant un terme en 532 au long conflit qui l'oppose à la Perse sassanide, l'empereur Justinien Ier (527-565) libère les forces qui vont lui permettre de reconstituer, autour de la Méditerranée, l'unité de l'Empire romain, replié depuis le ve siècle sur sa moitié orientale.

En 533, une première expédition submerge l'Afrique, puis la Sardaigne, la Corse et les Baléares. Vaincus à *Ad Decimum,* puis à *Tricamarum* par Bélisaire, les Vandales disparaissent de l'histoire. Dès 535, une deuxième expédition déferle sur l'Italie. Pris en tenaille par les forces de Mundus et par celles de Bélisaire qui occupent alors respectivement la Dalmatie et la Sicile, les Ostrogoths ne sont définitivement éliminés par Narsès qu'en 554-555. Enfin, en 554, la dernière expédition, dirigée par Liberius, meurt sur les rivages de la Bétique et de la Carthaginoise.

L'Empire romain paraît dès lors restauré dans sa plénitude méditerranéenne. La Dalmatie est rattachée à l'Illyricum ; les préfectures du prétoire d'Afrique et d'Italie sont rétablies ; les provinces de Sicile (rattachées à Constantinople) et d'Espagne sont reconstituées. En fait, l'œuvre est inachevée, donc fragile, puisqu'elle exclut la Maurétanie, l'Espagne intérieure et la Gaule.

Augmentés de l'Alamannie et de la Provence, les vieux royaumes d'Austrasie, de Neustrie et de Bourgogne constituent le cœur du *Regnum Francorum* restauré en 751 par Pépin le Bref. Dès lors débute l'expansion du *Regnum* : extension sous son règne (751-768) aux limites de l'ancienne Gaule, par l'incorporation de la Septimanie et de l'Aquitaine ; conquête par Charlemagne (768-814), à partir de son avènement, de régions d'Italie et de Germanie, dont l'annexion justifie la restauration à Rome de l'Empire en 800 ; ajustements territoriaux enfin aux confins slaves et hispaniques de l'Empire entre 800 et 814, période au cours de laquelle est achevée la mise en place d'un vaste glacis de marches : Espagne, Frioul, Pannonie, Bavière, pays des Danois, Bretagne. Ces grands commandements militaires ne peuvent d'ailleurs rendre imperméables les frontières carolingiennes aux raids de hardis aventuriers, et notamment à ceux des Normands, qui dévastent ses côtes en 810 (Frise) et en 824 (Noirmoutier). Ainsi, à la mort du conquérant en 814, la survie de l'Empire apparaît-elle déjà menacée.

Formation et partage de l'Empire carolingien

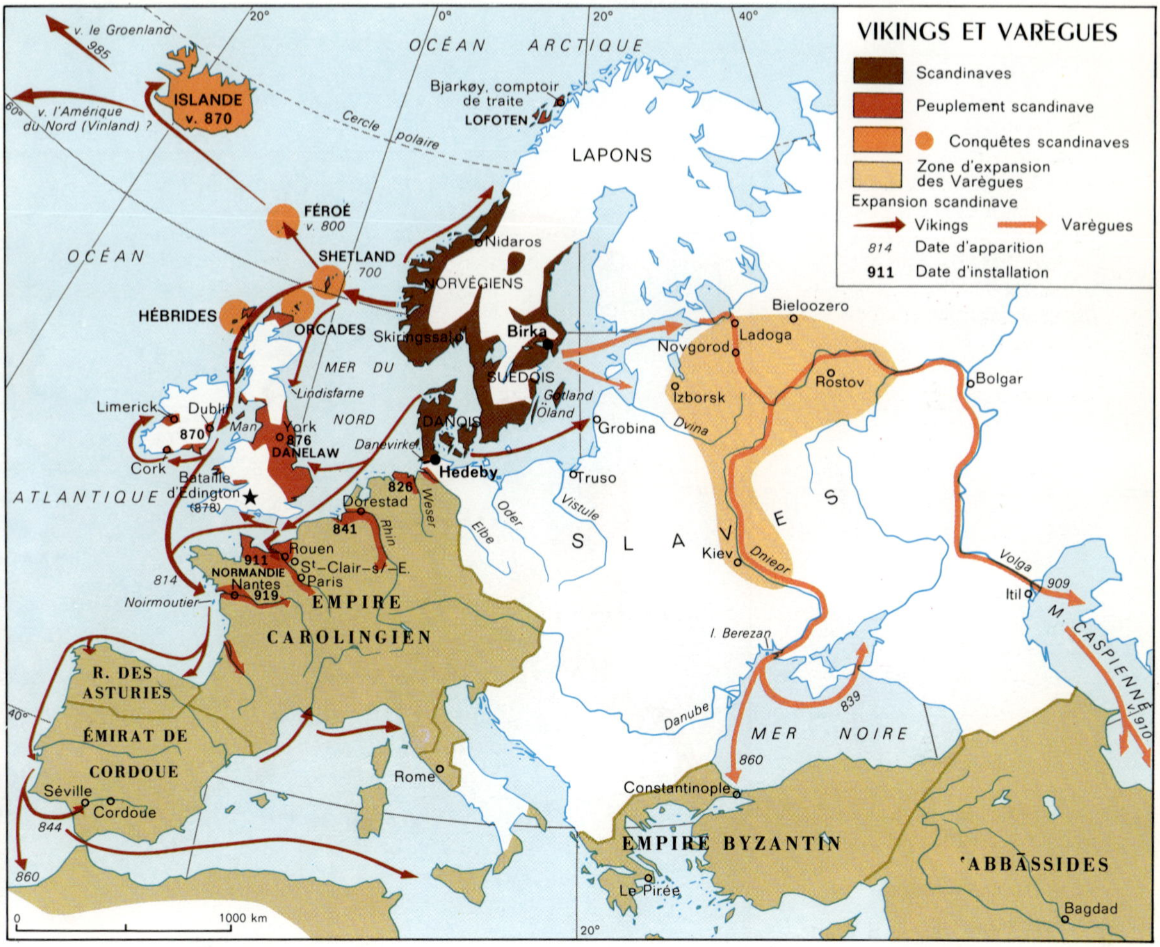

Vikings et Varègues

Vikings et Varègues sont des Germains originaires de Scandinavie où ils se sont différenciés du VIe au XIe siècle en trois peuples peu nombreux : Danois au sud, Norvégiens à l'ouest, Suédois à l'est. Les uns et les autres sont entrés en contact dès le IXe siècle avec les marchands occidentaux à Hedeby, carrefour commercial du Nord entre 804 et 1050.

À la fois pirates et marins, les Vikings sont les agents de l'expansion scandinave, qui se déploie au IXe et au Xe siècle à travers l'Atlantique, sur les rives duquel ils fondent trois principautés (dites « danoises ») en Angleterre et quatre autres (dites « normandes ») sur le continent. Au XIe siècle, ils pénètrent même en Méditerranée (Aversa, Pouille, Sicile, Antioche).

Plus spécifiquement marchands, leurs frères Varègues ont développé parallèlement le commerce fluvial le long de la Dvina, du Dniepr et de la Volga. Fondateurs, au passage, des dynasties princières de Novgorod et de Kiev, ils ont finalement rejoint les Vikings occidentaux à Constantinople, où les empereurs recrutent parmi eux leur « garde varangue ».

L'empereur Basile II a une très forte volonté et une personnalité d'homme d'État. En dépit d'une absence de formation, il sait faire face à l'adversité, acquérir des qualités de chef et affirmer son caractère. Le début de son règne est troublé par la sédition du général Bardas Sklêros, acclamé par ses troupes en 976. Ce rival menace Constantinople. Basile fait appel à un redoutable guerrier, Bardas Phokas, qui réussit à vaincre Sklêros en combat singulier, et le fait fuir avec son armée. À partir de 986, Basile se trouve moins soumis aux entraves politiques. Toutefois se poursuivent les apparitions de nouveaux prétendants au trône, expression du conflit entre monarque et aristocrates. Ces problèmes intérieurs vont durer treize ans. Le basileus se replie sur lui-même, gouverne seul, en autocrate et en adversaire de la noblesse. L'empire, à son avènement, ne gardait de consistance territoriale qu'en Asie Mineure et dans les Balkans. Encore faut-il préciser que, dans cette dernière région, la souveraineté impériale a été longtemps limitée par la présence des Bulgares, dont l'empire fut difficilement réduit, après trente ans de luttes, par l'empereur Basile II, depuis lors surnommé le *Bulgaroctone* (le « Tueur de Bulgares »).

Le monarque triomphant s'efforce désormais d'élargir à nouveau l'aire territoriale de l'Empire byzantin : à l'est, en occupant le Vaspourakan arménien, dont la conquête est conso-

L'Empire de Basile II

lidée après sa mort par celle d'Ani et d'Édesse ; à l'ouest surtout, en repoussant ou en assujettissant Slaves, Germains ou Arabes, dans le nord-ouest des Balkans, en Italie du Sud et même en Sicile, où il fait occuper Messine en 1025. Coulant ses conquêtes dans le moule administratif des *thèmes* et dans ceux des duchés et des *capétanats,* mieux adaptés à la défense des provinces frontières, il porte à son apogée l'Empire byzantin, dont la défense reste assurée par des tronçons de l'ancien limes, qui, d'ailleurs, n'a jamais été continu. Il est utile en Syrie comme sur le Danube. Un réseau de routes part de Constantinople pour diverger vers les régions frontalières, les bouches du Danube, Sirmium et Thessalonique, la Grèce et l'Adriatique. À l'est, la traversée de l'Anatolie par le sud amorce la route terrestre des Indes ; une autre, par le nord, mène en Arménie. Une certaine cohésion de l'Empire reste aussi assurée par la culture hellénique, propre à ces territoires et bien établie dès avant la période romaine. À cela s'ajoute l'existence d'une même foi chrétienne, en dépit de querelles théologiques, justement qualifiées de « byzantines ».

Au temps de Basile II, le commerce méditerranéen connaît une reprise, avec l'Italie en particulier, et en dépit de la menaçante présence arabe. Les industries de luxe sont florissantes : toiles, soieries, tapisseries, objets de métal ouvragé et décoré.

CONSTANTINOPLE

Construite de 324 à 330 apr. J.-C. sur l'ordre de l'empereur Constantin et sur l'emplacement de la colonie grecque de Byzantion, qui aurait été fondée au VIIe siècle av. J.-C., la « Nouvelle Rome » fut dotée du plan et des privilèges de l'ancienne.

Enserrée par la mer et donc facile à défendre, se dressant en outre en un lieu où se rejoignent l'Europe et l'Asie, Constantinople attire naturellement à elle les hommes, leurs produits et leurs idées.

Ville de ce fait la plus peuplée de l'Europe médiévale puisqu'elle contient au moins 400 000 habitants sous les Comnènes, Constantinople fut, pendant un millénaire, la capitale de l'Empire byzantin et l'un des foyers économique, spirituel et culturel de l'humanité. En témoignèrent l'intensité de son commerce, la qualité de sa production artisanale, la beauté de ses palais (Boukoleon, Blachernes) et de ses églises (Sainte-Sophie), l'éclat de son enseignement supérieur et le rayonnement, encore actuel, de son patriarcat sur le monde orthodoxe.

L'Europe depuis l'an mille

Cartes générales

LE MONDE OCCIDENTAL EN L'AN MILLE

Le légendaire an mille connaît des bouleversements considérables. L'Islam se décompose entre califats abbasside de Bagdad, fatimide du Caire, omeyyade de Cordoue, incapable de contenir la poussée chrétienne en Espagne et en Méditerranée orientale. Les deux autres ensembles qui ont succédé à la Romania connaissent des destins contrastés. L'Empire romain d'Orient élimine l'Empire bulgare (v. carte pp. 42-43), étendant son influence sur la principauté slave de Kiev qui ébauche les limites de la future Russie.

L'Empire carolingien se dissocie en ambitieuses principautés féodales, qui s'opposent à la royauté. Les particularismes nationaux français, polonais et hongrois commencent à s'affirmer et les États fixent leurs limites, qui seront presque les mêmes mille ans plus tard. Pourtant l'aspiration à l'unité demeure : dès 962, Otton Ier roi de Germanie, restaure l'Empire romain.

LE MONDE OCCIDENTAL AUX XIIe et XIIIe SIÈCLES

Fait majeur de cette période, l'effacement du Saint Empire romain germanique résulte des longs conflits avec la papauté, qui affirme ses prétentions théocrati ques, tandis que les villes marchandes italiennes (Gênes, Pise, Venise) s'érigent en cités-États. Dans l'Occident chrétien, l'Islam recule devant la poussée dynamique des jeunes royaumes (France, Angleterre, Castille, Aragon), aussi bien en Italie, Sicile, Espagne qu'en Hongrie. Enfin s'installent en Méditerranée orientale, provoquant l'effondrement de l'Empire byzantin, les États du Levant, assez fragiles toutefois pour que les sultans reconquièrent la Terre sainte à la fin du XIIIe siècle. Dynamiques également, les trois royaumes scandinaves et les chevaliers Teutoniques, qui repoussent vers l'est les frontières chrétiennes, malgré leur échec temporaire devant le raid mongol qui ruine Pologne et Hongrie entre 1239 et 1242.

cartes pp. 46-47 ⟶

← notices p. 45

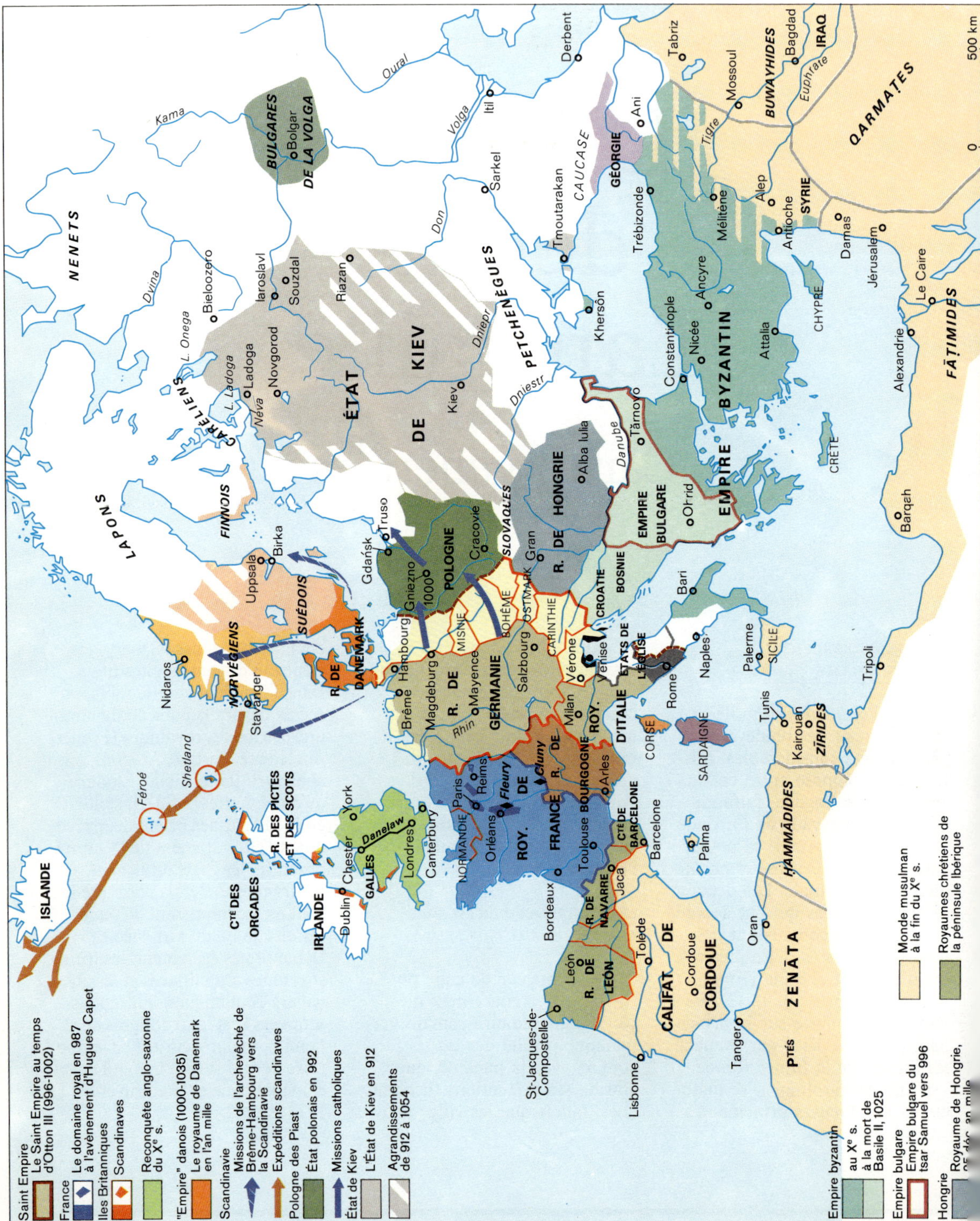
Saint Empire
Le Saint Empire au temps d'Otton III (996-1002)
France
Le domaine royal en 987 à l'avènement d'Hugues Capet
Iles Britanniques
Scandinaves
Reconquête anglo-saxonne du Xe s.
"Empire" danois (1000-1035)
Le royaume de Danemark en l'an mille
Scandinavie
Missions de l'archevêché de Brême-Hambourg vers la Scandinavie
Expéditions scandinaves
Pologne des Piast
État polonais en 992
Missions catholiques
État de Kiev
L'État de Kiev en 912
Agrandissements de 912 à 1054
Empire byzantin
au Xe s.
à la mort de Basile II, 1025
Empire bulgare
Empire bulgare du tsar Samuel vers 996
Hongrie
Royaume de Hongrie,
Monde musulman à la fin du Xe s.
Royaumes chrétiens de la péninsule Ibérique
ISLANDE
Féroé
Shetland
Cte DES ORCADES
R. DES PICTES ET DES SCOTS
IRLANDE
Dublin
GALLES
Chester
York
Danelaw
Londres
Canterbury
NORVÉGIENS
Nidaros
Stavanger
SUÉDOIS
Uppsala
Birka
R. DE DANEMARK
LAPONS
FINNOIS
CARÉLIENS
NENETS
Dvina
Kama
Oural
Volga
Itil
BULGARES DE LA VOLGA
Bolgar
L. Onega
L. Ladoga
Néva
Ladoga
Novgorod
Bieloozero
Iaroslavl
Souzdal
Riazan
ÉTAT DE KIEV
Kiev
Dniepr
Don
Sarkel
PETCHENÈGUES
Dniestr
Tmoutarakan
Khersôn
CAUCASE
GÉORGIE
Ani
Derbent
Tabriz
Mossoul
Bagdad
Tigre
Euphrate
BUWAYHIDES
IRAQ
QARMAṬES
SYRIE
Alep
Antioche
Damas
Jérusalem
Le Caire
Alexandrie
FĀṬIMIDES
Barqeh
CHYPRE
CRÈTE
Trébizonde
Mélitène
Ancyre
Constantinople
Nicée
Attalia
EMPIRE BYZANTIN
Tărnovo
Danube
EMPIRE BULGARE
Ohrid
R. DE HONGRIE
Alba Iulia
Gran
SLOVAQUES
POLOGNE
Cracovie
Gniezno
1000
Gdańsk
Truso
BOHÊME
MISNIE
OSTMARK
CARINTHIE
Hambourg
Brême
Magdeburg
R. DE GERMANIE
Mayence
Rhin
Salzbourg
Vérone
Venise
CROATIE
BOSNIE
ÉTATS DE L'ÉGLISE
Rome
Naples
Bari
Palerme
SICILE
Milan
ROY. D'ITALIE
CORSE
SARDAIGNE
Cluny
R. DE BOURGOGNE
Arles
Fleury
ROY. DE FRANCE
Paris
Reims
Orléans
NORMANDIE
Toulouse
Bordeaux
Cte DE BARCELONE
Barcelone
Palma
R. DE NAVARRE
Jaca
R. DE LEÓN
León
St-Jacques-de-Compostelle
Lisbonne
Tolède
CALIFAT DE CORDOUE
Cordoue
Tanger
PTÉS
ZENĀTA
Oran
HAMMĀDIDES
Kairouan
ZĪRIDES
Tunis
Tripoli
0
500 km

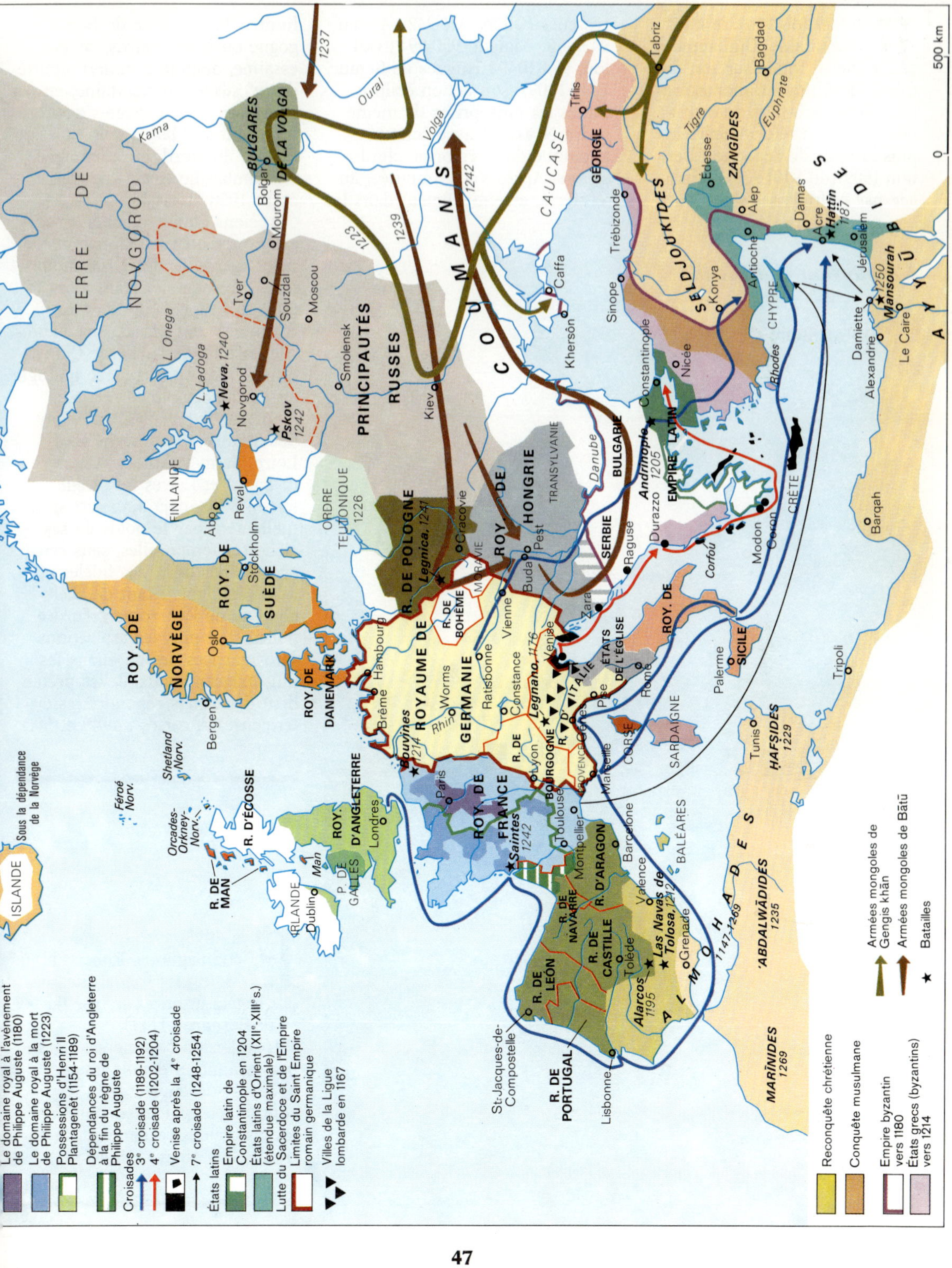
Le domaine royal à l'avènement de Philippe Auguste (1180)
Le domaine royal à la mort de Philippe Auguste (1223)
Possessions d'Henri II Plantagenêt (1154-1189)
Dépendances du roi d'Angleterre à la fin du règne de Philippe Auguste
Croisades
3e croisade (1189-1192)
4e croisade (1202-1204)
Venise après la 4e croisade
7e croisade (1248-1254)
États latins
Empire latin de Constantinople en 1204
États latins d'Orient (XIIe-XIIIe s.) (étendue maximale)
Lutte du Sacerdoce et de l'Empire
Limites du Saint Empire romain germanique
Villes de la Ligue lombarde en 1167
Reconquête chrétienne
Conquête musulmane
Empire byzantin vers 1180
États grecs (byzantins) vers 1214
Armées mongoles de Gengis khān
Armées mongoles de Bātū
Batailles
Sous la dépendance de la Norvège
ISLANDE
Féroé Norv.
Shetland Norv.
Orcades-Orkney-Norv.
R. DE MAN
Man
R. D'ÉCOSSE
IRLANDE
Dublin
P. DE GALLES
ROY. D'ANGLETERRE
Londres
ROY. DE NORVÈGE
Bergen
Oslo
ROY. DE SUÈDE
Stockholm
Åbo
FINLANDE
Reval
ROY. DE DANEMARK
TERRE DE NOVGOROD
L. Onega
L. Ladoga
Neva, 1240
Novgorod
Pskov 1242
PRINCIPAUTÉS RUSSES
Smolensk
Tver
Souzdal
Moscou
Mourom
Bolgar
BULGARES DE LA VOLGA
Kama
Oural
Volga
Kiev
COUMANS
1223
1237
1239
1242
CAUCASE
Caffa
Khersōn
Tiflis
GÉORGIE
Tabriz
Bagdad
Tigre
Euphrate
ORDRE TEUTONIQUE 1226
R. DE POLOGNE
Legnica, 1241
Cracovie
MORAVIE
R. DE BOHÊME
ROY. DE HONGRIE
TRANSYLVANIE
Buda
Pest
Danube
BULGARIE
SERBIE
Raguse
Zara
ROYAUME DE GERMANIE
Brême
Hambourg
Worms
Rhin
Ratisbonne
Constance
Vienne
Bouvines 1214
Legnano, 1176
Venise
R. D'ITALIE
ÉTATS DE L'ÉGLISE
Pise
Gênes
Rome
ROY. DE SICILE
Palerme
CORSE
SARDAIGNE
R. DE BOURGOGNE
Lyon
PROVENCE
Marseille
ROY. DE FRANCE
Paris
Saintes 1242
Toulouse
Montpellier
Barcelone
BALÉARES
R. D'ARAGON
R. DE NAVARRE
R. DE CASTILLE
Tolède
Valence
Las Navas de Tolosa, 1212
Grenade
Alarcos 1195
R. DE LEÓN
St-Jacques-de-Compostelle
R. DE PORTUGAL
Lisbonne
ALMOHADES 1147-1269
'ABDALWĀDIDES 1235
MARĪNIDES 1269
ḤAFṢIDES 1229
Tunis
Tripoli
Barqah
Durazzo
Corfou
Modon
Coron
CRÈTE
Andrinople 1205
EMPIRE LATIN
Constantinople
Nicée
Sinope
Trébizonde
SELDJOUKIDES
Konya
Rhodes
CHYPRE
Antioche
Alep
Édesse
ZANGĪDES
Damas
Acre
Hattīn 1187
Jérusalem
AYYŪBIDES
Mansourah 1250
Damiette
Alexandrie
Le Caire
0
500 km

En 909 (ou 910), le duc d'Aquitaine, Guillaume le Pieux, fonde sur son domaine de Cluny un monastère bénédictin, à la tête duquel il place l'un des réformateurs les plus ardents de l'époque : Bernon (909 [ou 910]-926). Prolongée par celle de ses saints successeurs (Odon, 926-942 ; Aymar, 943-965 ; Maïeul, 950-994 ; Odilon, 994-1049 ; Hugues de Semur, 1049-1109), son action éclipse toutes les entreprises de même ordre et assure avec éclat le triomphe de la réforme clunisienne. Après s'être imposée, au xe siècle, essentiellement dans les limites du royaume de Bourgogne ou à ses abords, celle-ci essaime, dans la première moitié du xie siècle, en Aquitaine, en Provence et en Espagne, avant de se diffuser largement en France du Nord, en Allemagne, en Lombardie et en Angleterre, entre 1050 et 1100.

Anciens établissements agrégés au groupe ou fondations entièrement nouvelles, les 1 100 monastères clunisiens existant alors (800 en France, 300 hors du royaume) sont placés sous l'autorité absolue de l'abbé de Cluny, unique maison directrice qui agit en particulier par le relais de cinq grands prieurés, Souvigny, Sauxillanges, La Charité-sur-Loire, Saint-Martin-des-Champs (à Paris) et Lewes (en Angleterre). Mais, déjà appauvri spirituellement par le poids de ses richesses temporelles, sans cesse accrues des dons des fidèles et dont témoignent tant de chefs-d'œuvre de l'art roman, l'ordre ne satisfait plus les aspirations réformatrices des chrétiens les plus exigeants, auxquelles prétendent désormais répondre les cisterciens. (V. cartes pp. 49 et 50.)

L'expansion clunisienne

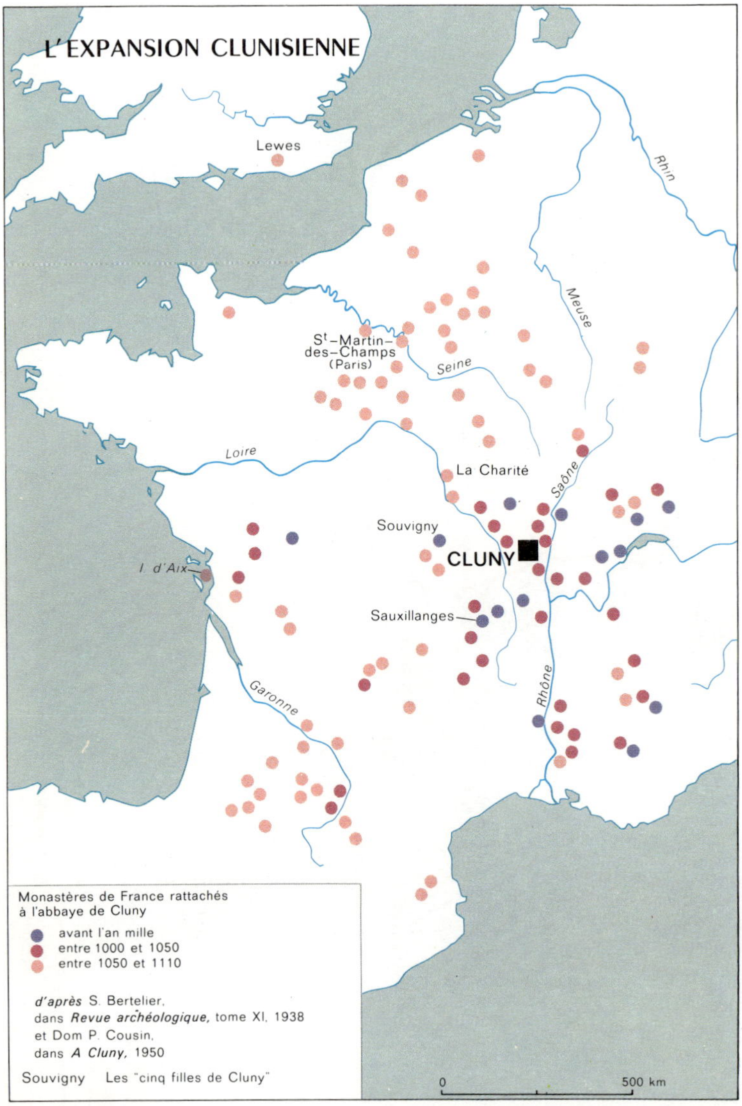

En 1098, avec quelques compagnons, Robert de Molesmes fonde Cîteaux, qui végète jusqu'à l'arrivée de saint Bernard (1111).

L'expansion commence alors, par essaimage, depuis les abbayes surpeuplées vers les zones encore incultes, puisque les cisterciens recherchent la solitude. Des quatre « filles »

L'expansion de l'ordre de Cîteaux au XIIe s.

- Clairvaux : 80 filles
- Cîteaux : 28 filles
- Morimond : 28 filles
- Pontigny : 16 filles
- La Ferté : 5 filles
- Zone de densité monastique

En tout : 525 abbayes à la fin du XIIe siècle

de Cîteaux, la plus prolifique est Clairvaux, par l'action de son premier abbé, saint Bernard. De son abbatiat (1115-1153) date le grand essor de l'ordre. Il se prolonge pendant trois décennies et reste très vif dans le nord-est de la chrétienté. Au début du XIIIe siècle, le monachisme cistercien domine encore la spiritualité de l'Europe ; cependant, les avant-gardes se situent désormais dans d'autres mouvements religieux. Le triomphe des ordres mendiants, franciscain et dominicain, se prépare.

L'art roman, s'épanouit à la fin du xe siècle, encouragé par la croissance économique et par les donations des souverains les plus puissants. Ses foyers créateurs se situent alors dans l'Empire ottonien (Saxe, Rhénanie, Italie du Nord), dans les royaumes de France (Tournus, Saint-Benoît-sur-Loire) et d'Angleterre, ainsi qu'en Catalogne, où l'audacieuse architecture mozarabe l'influence. Après 1050, ce sont les grandes institutions monastiques, riches des aumônes des fidèles, qui multiplient les chefs-d'œuvre, en particulier Cluny dont la congrégation rayonne dans le sud de la chrétienté (Bourgogne, Auvergne, Poitou, Suisse romande, nord de l'Espagne). L'Italie et l'Allemagne perpétuent longtemps l'esthétique romane alors que dans la France du Nord triomphe l'art gothique.

L'art gothique naît au milieu du XIIe siècle, en l'église abbatiale de Saint-Denis. À la fois religieux et civil, il affirme la maîtrise technique de l'homme sur la matière : arcs brisés, hautes voûtes sur croisées d'ogives, effacement des parois murales avec fenêtres ouvertes sur la clarté. Les cathédrales sont les premiers chefs-d'œuvre gothiques en Île-de-France, Champagne, Picardie et Angleterre, préparant la voie à l'équilibre classique de Chartres et au style rayonnant de Reims, d'Amiens et de la Sainte-Chapelle au XIIIe siècle. Puis l'art gothique se diversifie dans le sud de la France, où les ordres mendiants le font pénétrer. Enfin il se diffuse dans toute l'Europe occidentale et même jusqu'au Levant, grâce à la puissance capétienne et à l'extension des routes internationales de commerce.

Une forte pression démographique due à un certain reflux de la mortalité, la multiplication des centres urbains, en particulier en Flandre et en Italie et les exigences nouvelles d'une bourgeoisie dynamique et influente en pleine extension expliquent l'effort de l'Occident pour augmenter et diversifier les produits alimentaires, textiles et minéraux répondant aux nouveaux besoins.

Les paysans étendent les terres céréalières depuis la Vieille-Castille jusqu'au nord de l'Europe : froment sur les meilleures terres, seigle rustique, qui pousse partout, orge, avoine essentielle pour le cheval. La vigne se développe là où le climat le permet, mêlée à l'olivier en terres méditerranéennes. Le sel, extrait des mines de l'Europe continentale ou fourni par les salins des côtes atlantiques ou méditerranéennes, répond à une demande accrue. Quant à la culture des plantes tinctoriales (safran, pastel) et à l'élevage du mouton à laine, ils s'étendent à la mesure des nécessités nouvelles de l'artisanat textile.

L'essentiel reste pour les pro-

Les productions du monde occidental au XIIIe s.

ducteurs la proximité d'un fleuve ou d'une mer, seuls aptes à transporter les pondéreux que commercialisent les marchands occidentaux (Italiens, Flamands, Allemands surtout).

Ces marchands se hasardent désormais fort loin, rapportant du Levant et de son arrière-pays asiatique, au sud, le sucre de canne, les épices, la soie, l'alun. Ils diffusent aussi les richesses du monde baltique, au nord : hareng, miel, bois, fourrures.

Enfin les marchands répandent les métaux précieux (or, argent) ou les produits utiles (charbon, étain, cuivre, fer, plomb), dont l'Europe centrale accélère l'extraction, la Sicile fournissant le soufre. Deux grandes régions de concentration artisanale, la Flandre et l'Italie du Nord et du Centre, connaissent alors un remarquable essor. Spécialisées surtout dans la draperie, elles profitent de la convergence des courants commerciaux. Celle-ci entraîne la concentration urbaine et la multiplication des places d'affaires, où domine une riche bourgeoisie avide de luxe alimentaire ou de faste vestimentaire. (V. carte pp. 54-55.)

LE COMMERCE AU XIIIe S.

Les courants commerciaux de l'Occident sont stimulés par la croissance de la production et des besoins (v. carte pp. 52-53).

Deux faits majeurs conditionnent au XIIIe siècle leur renouvellement : l'incorporation à l'Occident de l'Orient méditerranéen, au bénéfice des marchands italiens, et la pénétration profonde de la Hanse en Scandinavie et dans les pays slaves. Le personnage du marchand professionnel s'affirme alors dans la société médiévale, toujours prêt au risque, sur mer notamment, mais bénéficiaire d'une étonnante fortune.

Deux grandes régions commer-

Les relations commerciales dans le monde occidental au XIIIe s.

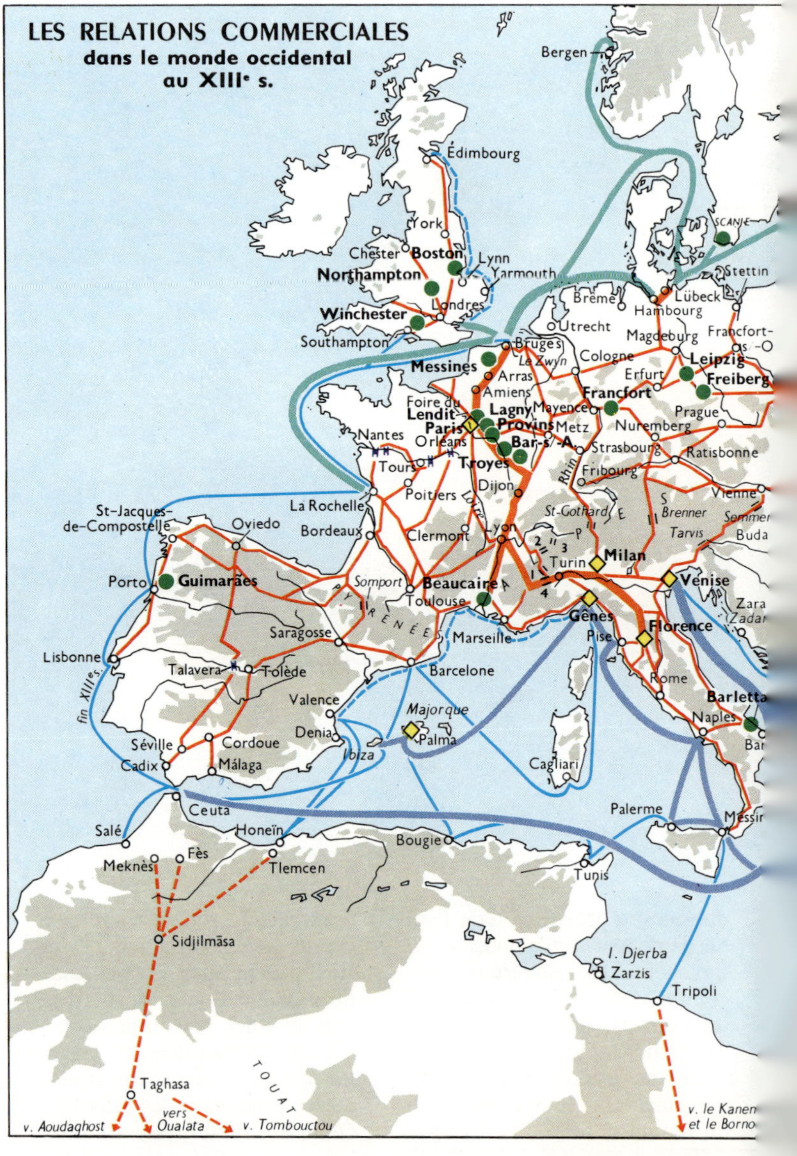

ciales, essentiellement maritimes, se définissent alors. Celle de la Baltique et de la mer du Nord, avec son prolongement atlantique, commande les échanges allant de La Rochelle ou de Bordeaux jusqu'à Novgorod, avec embranchement sur l'Angleterre. C'est, dans un sens, la route du vin, du sel, des poissons, des draps, et, dans l'autre, celle du bois, des fourrures et du grain. La région méditerranéenne comprend deux grandes orientations : de Venise, Gênes ou Palerme, on emporte vers le Levant, l'Égypte ou le Pont-Euxin, du bois, des armes, du fer, des draps en échange d'alun, de soie, de coton, de blé, de sucre et d'épices ; du Maghreb vers les Baléares, Barcelone, Naples ou la Sicile sont transportés, presque à sens unique, les peaux, l'or, les laines, le corail. À partir de 1278, Gibraltar va s'animer du trafic des Génois qui, pour éviter le coût des routes terrestres, gagnent Southampton et Bruges par l'Atlantique.

Entre ces deux grandes aires commerciales maritimes circulent sur des routes médiocres, les marchands attachés aux deux grands pôles économiques de l'Europe que sont la Flandre et l'Italie. Les voies d'eau sont souvent préférées, pour leur plus grande sécurité et leur gros tonnage. Sur les routes, les marchandises circulent à dos d'homme, de mulets bâtés ou dans les chariots rendus plus efficaces par les perfectionnements d'attelage. Les foires de Champagne (Troyes, Provins, Lagny, Bar-sur-Aube) sont les lieux de rencontre privilégiés et ininterrompus de ce grand commerce.

Ainsi se trouvent stimulés les échanges interrégionaux, qui enrichissent assez l'Europe (surtout par l'exportation des draps en Orient) pour que sa balance commerciale positive contribue à la reprise de la frappe de l'or.

Les premières croisades (XIe-XIIe s.)

Entamé en Espagne, où il revêt dès 1064 un caractère interrégional grâce à la participation de guerriers venus d'outre-Pyrénées à la prise de Barbastro, qui marque le début de la Reconquista (v. cartes pp. 47 et 110), facilité par l'occupation de la Sicile par les Normands également aux dépens de l'Islām (1050-1091), le mouvement des croisades prend réellement naissance à Clermont, le 28 novembre 1095, à l'appel du pape Urbain II.

Précédée par les foules de la croisade populaire, massacrée par les Turcs en Asie Mineure dès 1096, la croisade des barons emprunte des itinéraires uniquement terrestres qui convergent à Constantinople. Aboutissant à la libération des Lieux saints et à l'organisation des quatre États latins du Levant, cette expédition s'oppose, en tous points, aux deux suivantes.

Dirigées cette fois par des souverains qui se sont croisés au lendemain de graves échecs

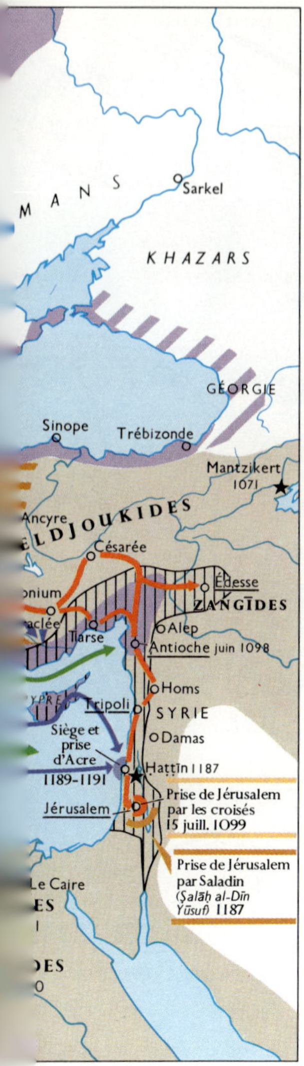

subis par les Latins – perte d'Édesse en 1144, chute de Jérusalem en 1187 –, elles échouent l'une et l'autre, la dernière au terme d'un long périple maritime dont le seul fruit fut la conquête en 1191 par Richard Cœur de Lion de l'île byzantine de Chypre, dont hérita Gui de Lusignan en 1192.

Isolés au sein de l'Islām hostile, dépourvus de toute cohésion territoriale et juridique, faiblement colonisés et donc difficiles à défendre, les quatre États latins du Levant n'ont pas résisté aux assauts de leurs adversaires. Trop en flèche, le comté d'Édesse succombe le premier en 1144-1146. Accrochés au rivage, disposant depuis 1192 d'une base inexpugnable, le royaume de Chypre, les trois autres États ne font que survivre pendant un siècle à la défaite de Ḥaṭṭīn et à la prise de Jérusalem par Saladin en 1187. En 1291, en conquérant Acre, les Mamelouks effacent deux siècles de présence latine en Terre sainte.

L'Orient latin (XIIe-début du XIIIe s.)

L'Empire des Comnènes

Rétracté à ses seuls territoires balkanique et asiatique, ayant perdu en outre à l'est le contrôle de l'Anatolie au profit des Turcs, l'Empire byzantin était en 1118 dans une situation diamétralement inverse à celle qu'avait connue Basile II en 976, alors que l'Asie Mineure était solidement tenue, mais l'Empire bulgare profondément implanté dans la Romanie d'Europe (v. carte pp. 42-43).

Sur les frontières de l'Empire assiégé se pressaient au nord, les peuples de la steppe, Petchenègues, Oghouz et Coumans ; à l'est, les Turcs Seldjoukides ; à l'ouest et, depuis 1098, au sud-est, les Normands de Sicile et d'Antioche.

Aussi la tentative de restauration impériale se développa-t-elle en trois temps. En 1122, élimination définitive des Petchenègues par Jean II : la frontière danubienne est colmatée ; de 1135 à 1138, contre-offensive en Orient : les Turcs Dānichmendites sont vaincus, la Cilicie soumise, Antioche réduite par les armes ; de 1149 à 1171, enfin, retour en force des Byzantins en Occident,

où Manuel II reconquiert le nord-ouest des Balkans. Mais cette restauration s'avéra fragile : impossible en Italie en raison de l'hostilité de Venise, elle fut gravement compromise en Orient par la défaite que les Turcs infligèrent aux Byzantins à Myriokєphalon le 17 septembre 1176. Ruiné, l'Empire tomba sous l'assaut des croisés en 1204.

Destinée par Innocent III à frapper la puissance musulmane en Égypte, la 4e croisade est détournée, en 1202-1203, vers Constantinople par les Vénitiens. Aussi aboutit-elle paradoxalement, en 1204-1205, à la dislocation de l'Empire byzantin défaillant en trois principautés indépendantes, à la création de l'Empire latin de Constantinople et à celle de trois autres États francs en Romanie, enfin à l'extension de l'empire commercial et maritime de Venise. Du moins le schisme de l'Église grecque est-il théoriquement terminé, et les positions franques en Orient sont-elles apparemment renforcées en vue de nouvelles croisades (v. cartes pp. 57 et 148-149).

La 4e croisade

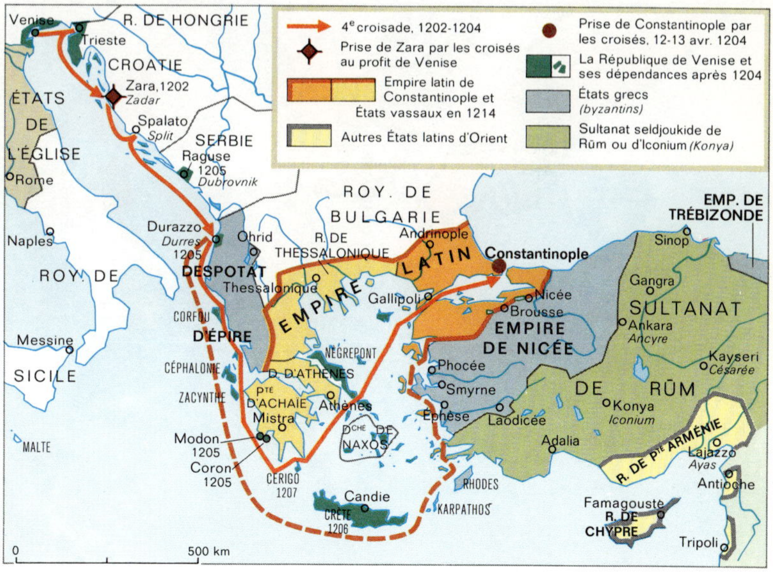

LE MONDE OCCIDENTAL XIIIe-XVe S. – MÉDITERRANÉE

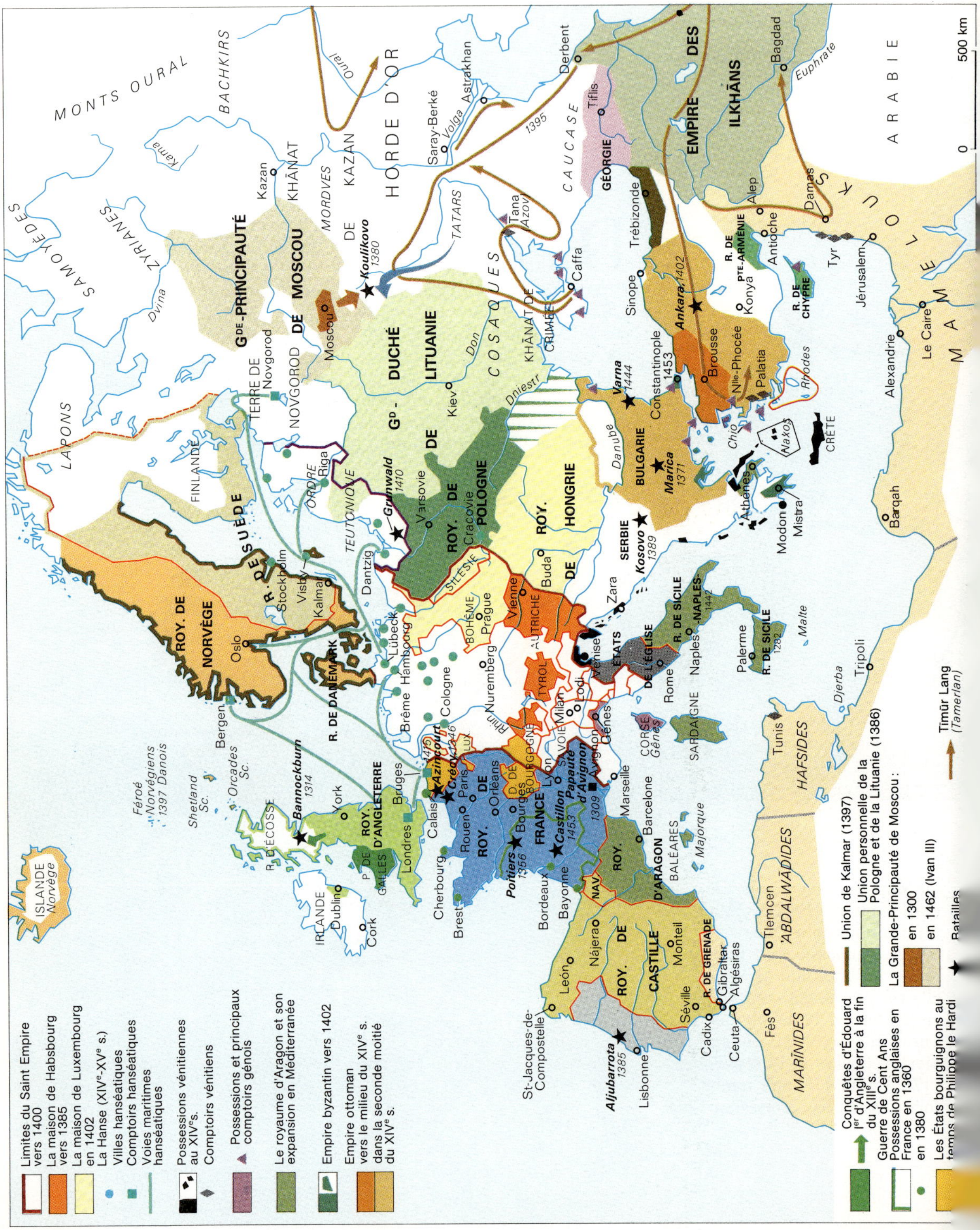

Limites du Saint Empire vers 1400
La maison de Habsbourg vers 1385
La maison de Luxembourg en 1402
La Hanse (XIVe-XVe s.)
Villes hanséatiques
Comptoirs hanséatiques
Voies maritimes hanséatiques
Possessions vénitiennes au XIVe s.
Comptoirs vénitiens
Possessions et principaux comptoirs génois
Le royaume d'Aragon et son expansion en Méditerranée
Empire byzantin vers 1402
Empire ottoman vers le milieu du XIVe s. dans la seconde moitié du XIVe s.
Conquêtes d'Édouard Ier d'Angleterre à la fin du XIIIe s.
Guerre de Cent Ans
Possessions anglaises en France en 1360
en 1380
Les États bourguignons au temps de Philippe le Hardi
Union de Kalmar (1397)
Union personnelle de la Pologne et de la Lituanie (1386)
La Grande-Principauté de Moscou :
en 1300
en 1462 (Ivan III)
Batailles
Timūr Lang (Tamerlan)
0
500 km
MONTS OURAL
BACHKIRS
SAMOYÈDES
ZYRIANES
LAPONS
ISLANDE Norvège
Féroé Norvégiens 1397 Danois
Shetland Sc.
Orcades Sc.
ROY. DE NORVÈGE
R. DE SUÈDE
FINLANDE
R. DE DANEMARK
ROY. D'ANGLETERRE
R. D'ÉCOSSE
IRLANDE
GALLES
ROY. DE FRANCE
ROY. DE CASTILLE
ROY. D'ARAGON
NAV.
R. DE GRENADE
BALÉARES
CORSE Gênes
SARDAIGNE
ÉTATS DE L'ÉGLISE
R. DE SICILE -NAPLES- 1442
R. DE SICILE 1282
ROY. DE HONGRIE
ROY. DE POLOGNE
GD-DUCHÉ DE LITUANIE
GDE-PRINCIPAUTÉ DE MOSCOU
TERRE DE NOVGOROD
ORDRE TEUTONIQUE
BOHÊME
SILÉSIE
AUTRICHE
TYROL
BOURGOGNE
LUX.
SERBIE
BULGARIE
KHÂNAT DE CRIMÉE
COSAQUES
TATARS
HORDE D'OR
KHÂNAT DE KAZAN
MORDVES
CAUCASE
GÉORGIE
EMPIRE DES ILKHĀNS
R. DE PTE-ARMÉNIE
R. DE CHYPRE
MAMELOUKS
ARABIE
HAFSIDES
'ABDALWĀDIDES
MARĪNIDES
CRÈTE
Bannockburn 1314
Crécy 1346
Azincourt 1415
Poitiers 1356
Castillon 1453
Aljubarrota 1385
Grunwald 1410
Koulikovo 1380
Kosovo 1389
Marica 1371
Varna 1444
Ankara 1402
Papauté d'Avignon 1309
Londres
Paris
Lisbonne
Rome
Venise
Gênes
Constantinople 1453
Moscou
Novgorod
Kiev
Bagdad
Le Caire
Jérusalem
Tunis
Palerme
Naples
Prague
Vienne
Buda
Cracovie
Varsovie
Lübeck
Hambourg
Brême
Cologne
Bruges
Bergen
Oslo
Stockholm
Visby
Kalmar
Riga
Dantzig
Tana (Azov)
Caffa
Trébizonde
Sinope
Saray-Berké
Astrakhan
Derbent
Tiflis
Alep
Damas
Antioche
Konya
Brousse
Nlle-Phocée
Palatia
Rhodes
Chio
Naxos
Athènes
Mistra
Modon
Zara
Malte
Djerba
Tripoli
Barqah
Alexandrie
Tyr
Tlemcen
Fès
Ceuta
Gibraltar
Algésiras
Cadix
Séville
Monteil
Najera
León
St-Jacques-de-Compostelle
Bordeaux
Bayonne
Marseille
Barcelone
Majorque
Avignon
Lyon
Milan
Lodi
Nuremberg
Orléans
Bourges
Rouen
Calais
Cherbourg
Brest
Dublin
Cork
York
Volga
Oural
Kama
Dvina
Don
Dniestr
Danube
Rhin
Euphrate

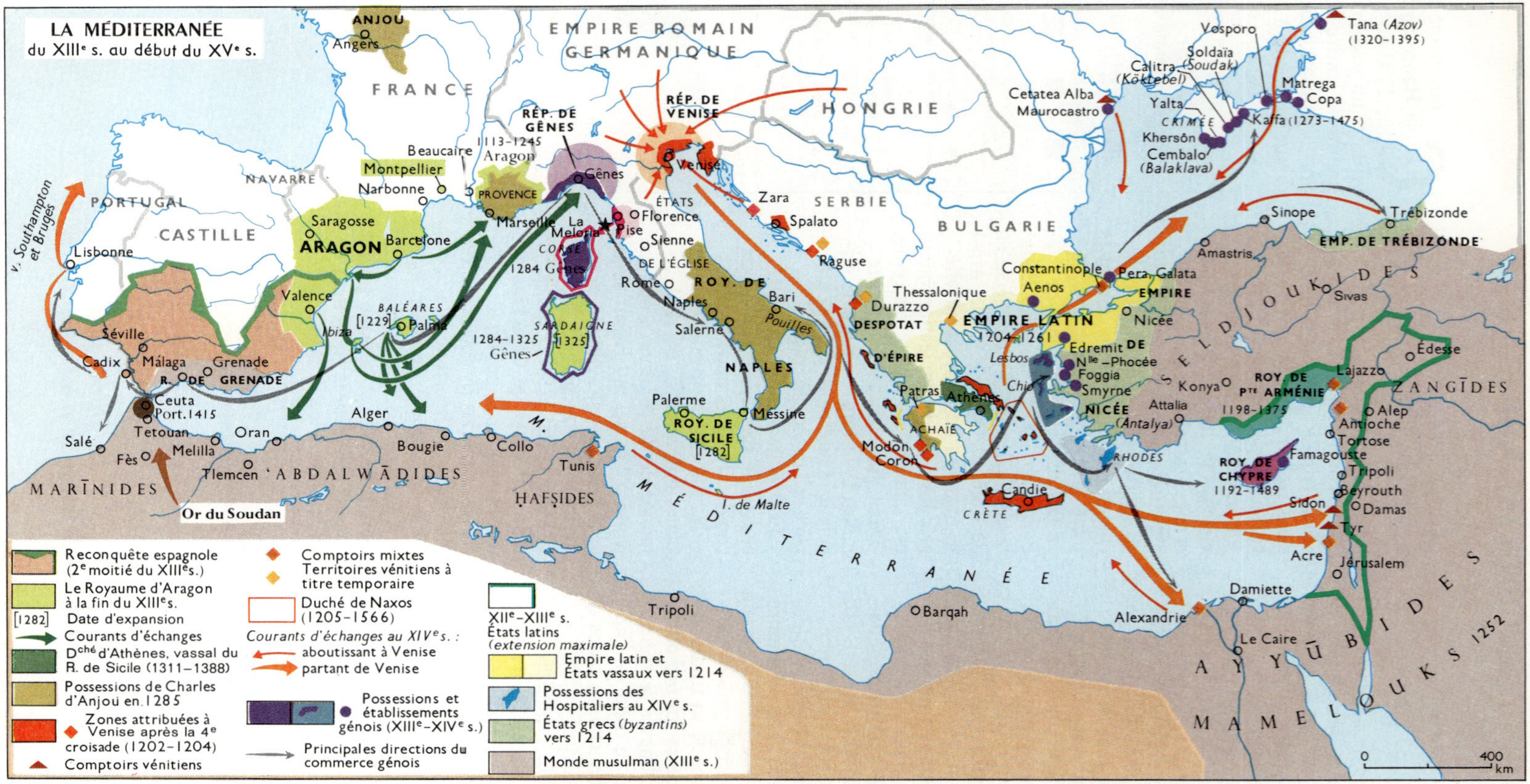

La Méditerranée du XIIIe s. au début du XVe s.

notices p. 62 →

← *cartes pp. 60-61*

LE MONDE OCCIDENTAL (1270-1454)

En moins de deux siècles, l'Occident enfante l'Europe moderne dans la douleur provoquée par le malheur des temps (famines, peste noire, conflits internationaux, guerres civiles, ultime invasion asiatique à l'est). Les puissances traditionnelles s'effacent : Saint Empire et papauté en Allemagne et en Italie, devant la montée des villes, tandis que l'Empire byzantin disparaît après la prise de Constantinople par les Turcs (1453).

Les protagonistes de l'Europe nouvelle sont alors en place : à l'ouest, l'Angleterre, quoique vaincue, et la France, victorieuse, sortent renforcées de la guerre de Cent Ans. Au sud, l'Espagne, en marche vers l'unité, maîtrise le bassin occidental de la Méditerranée, face à l'Empire ottoman qui en domine le bassin oriental. La Russie moscovite s'agrandit, forte de sa tradition byzantine et de sa foi orthodoxe. Les pays scandinaves se regroupent au nord. Au cœur de l'Europe, l'Autriche jette les bases de sa future puissance.

Reste à établir l'équilibre instable de ces forces nouvelles.

LA MÉDITERRANÉE DU XIIIe AU DÉBUT DU XVe SIÈCLE

Lieu privilégié de rencontre mais aussi de conflit des trois civilisations musulmane, byzantine et latine, la Méditerranée retrouve son unité au XIIe et surtout au XIIIe siècle, lorsque l'ardeur évangélisatrice des croisés, les appétits territoriaux de leurs chefs, l'âpreté au gain des marchands occidentaux entraînent le recul de l'Islām en Espagne et en Orient, l'effondrement de Byzance et la création des États latins du Levant au XIIe siècle et de Romanie au XIIIe siècle. Ainsi se trouvent de nouveau privilégiés les axes de navigation ouest-est, que prolonge vers l'Extrême-Orient, jusqu'en 1368, la route mongole le long de laquelle circulent les missionnaires occidentaux et la soie chinoise.

La Méditerranée est à cette époque le théâtre de nombreux conflits. Les uns opposent les villes italiennes entre elles : Gênes enlève ainsi, en 1261, le monopole du commerce en mer Noire à Venise, qui l'avait acquis en 1204, puis elle élimine définitivement la concurrence pisane à la Meloria, en 1284. D'autres font s'affronter les Capétiens et les Aragonais, la politique d'expansion des premiers en Méditerranée se heurtant à la volonté des seconds de contrôler exclusivement son bassin occidental. Le but est presque atteint au soir des Vêpres siciliennes qui chassent les Franco-Angevins de Sicile en 1282.

Communauté économique, la Hanse compte à partir de 1350 au moins 129 villes et un seul prince, le grand maître de l'ordre Teutonique. Son organisation assez lâche donne primauté à Lübeck, où se

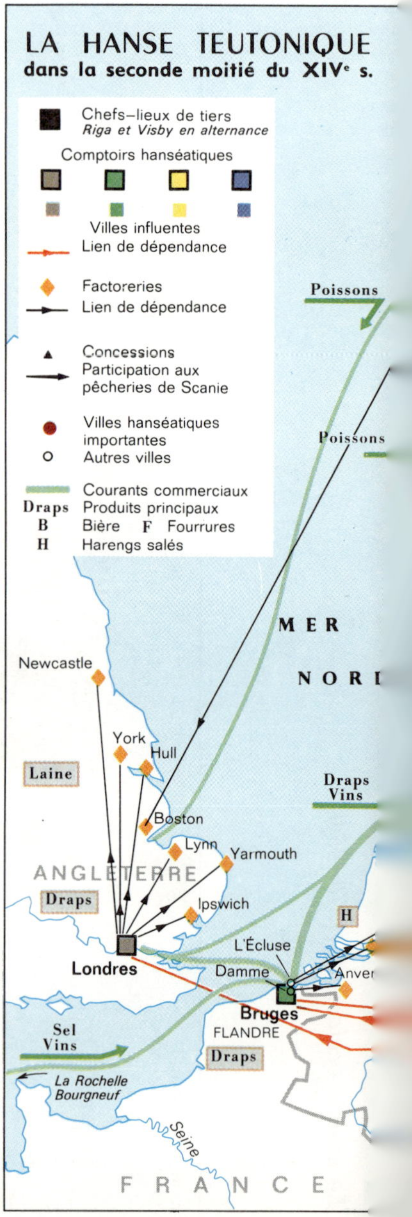

La Hanse teutonique dans la seconde moitié du XIVe s.

tient en général le *Hansetag*, et aux villes où se tiennent les assemblées de tiers : Visby, Riga, Dortmund. Elle prétend au monopole du commerce maritime baltique, de Novgorod à Londres, par Riga, Lübeck et Bruges, de là son contrôle militaire et financier sur le Sund (1370). Sa puissance économique s'appuie sur les anciens privilèges que ses membres maintiennent dans les quatre comptoirs hors d'Allemagne, où ils entretiennent des factoreries locales : Novgorod, Bergen, Londres et, surtout, Bruges, où s'échangent les produits du Nord et de l'Est (bois, fourrures, poissons...) avec ceux d'Occident, de Méditerranée et d'Orient.

Le Moyen Âge ajoute peu au monde connu des Anciens, bien qu'au XIIIe siècle le Vénitien Marco Polo, qui traverse l'Asie, fasse connaître Cathay (la Chine) et Cipango (le Japon), avant son retour par l'Inde et l'île Saint-Laurent (Madagascar).

Au XIVe siècle, on ne commerce guère qu'en Méditerranée ou sur la côte atlantique, Génois et Dieppois ayant fondé quelques comptoirs sur la côte d'Afrique. Avec le XVe siècle débutent les grandes découvertes, suscitées par le prosélytisme religieux, le désir d'atteindre les Indes (pays des épices), puis l'appât de l'or et d'un commerce fructueux, enfin par la curiosité scientifique.

Avec leurs coques solides, leurs voiles carrées et latines, les caravelles des navigateurs européens, rapides, maniables, défient les tempêtes.

Poussés par l'infant Don Henri, les Portugais s'aventurent d'abord de plus en plus loin sur les côtes d'Afrique (cap Bojador en 1434, cap Vert en 1445, cap de Bonne-Espérance en 1487). Grâce à Vasco de Gama, qui atteint les Indes (1497-98), le Portugal va placer sous son contrôle toutes les routes de l'océan Indien, y créant une cinquantaine de comptoirs. Chargé d'une expédition en Inde, le navigateur Cabral atteint en 1500 la côte du Brésil. Dans l'intervalle, Christophe Colomb, Génois au service de l'Espagne, a découvert l'Amérique. Pensant que la Terre était ronde, il voulait joindre les Indes par l'Occident, mais il sousestimait leur distance par rapport à l'Espagne. Le 12 octobre

1492, il aborde à Guanahani, puis à Cuba et Haïti ; en 1493-1494, il atteint les Petites Antilles et la Jamaïque. En 1498, il visite la Trinité et suit la côte nord de l'Amérique du Sud. Lors de son quatrième voyage (1502-1504), cherchant toujours un passage vers l'Inde, il explore le fond du golfe, et meurt sans se douter qu'il a trouvé un continent. Amerigo Vespucci, voyageur florentin, parle le premier d'un « nouveau monde », que des savants lorrains baptisent « Amérique » (1507). L'erreur de Christophe Colomb apparaît clairement après la découverte du Pacifique par Balboa, qui traverse l'isthme de Panamá en 1513. En 1520, Magellan trouve enfin la route de l'Inde par l'ouest.

Bien que le monde soit encore aux trois quarts inconnu, le pape Alexandre VI le partage par une bulle de 1493, démarcation confirmée par le traité de Tordesillas (1494) : les pays à l'ouest des Açores (Amériques et Pacifique) sont réservés à l'Espagne, les pays à l'est (Orient, Inde, Afrique, Asie) au Portugal. Dans l'Atlantique Nord des pêcheurs de morue anglais, français, espagnols et portugais arrivent dans les parages de Terre-Neuve.

Vers la fin du XVIe siècle, la période des grandes découvertes se termine. Les Espagnols ont trouvé le pays de l'or, les Portugais celui des épices. Cortés a conquis pour l'Espagne le Mexique, Pizarro et Almagro le Pérou et le Chili. Quant aux Portugais, tombés sous la domination de l'Espagne, ils voient leur immense et fragile empire côtier grignoté par les Hollandais, explorateurs à leur tour.

Les grandes découvertes (XVe-XVIe s.)

Héritier des Habsbourg, dont la dynastie avait, depuis 1438, constamment occupé le trône impérial, Charles Quint recueille entre 1506 et 1519 trois héritages qui font de lui le maître d'un domaine sans pareil en Europe. De son père, descendant du Téméraire, il reçoit l'Artois, la Flandre, le Brabant, le Luxembourg, la Franche-Comté. Par sa mère, écartée comme incapable, il est roi d'Aragon et de Castille, avec leurs dépendances d'Italie (Sardaigne, Sicile, Naples), auxquelles s'ajoute l'immense Amérique. De son grand-père Maximilien, il hérite les domaines familiaux des Habsbourg, c'est-à-dire les archiduchés de Haute-Autriche et Basse-Autriche et leurs annexes (Styrie, Carniole, Carinthie, comté du Tyrol, landgraviat de Haute-Alsace). Élu empereur en 1519, il rêve d'unifier les 400 États allemands, de rogner les « libertés germaniques », puis d'étendre encore sa puissance territoriale, déjà redoutable, selon la fière devise « Toujours plus outre », enfin de diriger la chrétienté en établissant son hégémonie sur les autres princes d'Europe.

Pour la France, qui est un obstacle à la réunion de ses deux morceaux d'Europe, il représente une menace d'encerclement et de démembrement, car il souhaite récupérer les éléments de l'héritage bourguignon annexés par Louis XI à la mort du Téméraire (duché de Bourgogne et Picardie). De là les guerres défensives menées par François Ier et Henri II, guerres devenues générales quand la France s'allie aux Ottomans et aux princes protestants d'Allemagne (ligue de Smalkalde) et quand l'Angleterre d'Henri VIII, soucieuse d'équilibre européen, évolue d'un camp à l'autre. François Ier, battu et fait prisonnier à Pavie (1525), est sauvé par la victoire, à Mohács, du sultan Soliman sur le roi de Hongrie Louis II, beau-frère de l'empereur, et, en 1529, par la

L'Empire de Charles Quint

paix des Dames (ou de Cambrai), traité par lequel Charles Quint doit renoncer à ses prétentions sur la Bourgogne. La défaite écrasante des protestants allemands à Mühlberg (1547), sera, elle, effacée par l'entrée des Turcs à Buda, par la perte des Trois-Évêchés (occupation française en 1552) et par la paix d'Augsbourg, qui assure la liberté de culte aux princes luthériens d'Allemagne. Enfin, si Charles Quint réussit à contenir le danger ottoman, écarté des côtes d'Espagne par son expédition en Afrique du Nord (occupation de Tlemcen en 1531, de Tunis en 1535), il échoue malgré tout devant Alger (1541) et renonce définitivement à sa politique musulmane et méditerranéenne. En Amérique, il confirme l'installation espagnole en déléguant ses pouvoirs aux deux vice-rois de Mexico (1535) et de Lima (1544), l'argent et l'or commençant à arriver du Mexique, de Colombie et du Pérou à partir de 1545. Pourtant, Charles Quint avait échoué dans son aspiration à la monarchie universelle, non faute de qualités personnelles, mais à cause de moyens insuffisants : États trop dispersés, peuples peu sûrs, ressources financières encore médiocres tant que les mines d'Amérique ne parviennent pas à leur plein rendement. L'âge, la lassitude, une vive piété conduisent Charles Quint à renoncer à un pouvoir devenu trop lourd et à se retirer au monastère, après avoir abdiqué ses différentes dignités et partagé l'Empire entre son fils et son frère cadet.

Philippe II reçoit les pays bourguignons, l'Aragon, la Castille, la Sicile, ainsi que les Nouvelles Indes. Ferdinand Ier, outre la dignité impériale, conserve les possessions traditionnelles des Habsbourg. Ainsi est consacrée la scission entre domaines allemands d'une part, domaines espagnols et italiens d'autre part, malgré la persistance des liens d'intérêt et de famille.

Annoncé en Italie par Pétrarque au XIVe siècle, l'humanisme s'épanouit à partir du concile de Florence (1439), lorsque la pensée de Platon fait « renaître » les penseurs, qui se croient plus proches de l'homme, « humaniores » ; les humanistes sont les érudits, ou, plus généralement, ceux qu'exaltent les valeurs proprement humaines. L'expansion de l'humanisme est rapide dans un Occident prêt à le recevoir, au moment où se diffuse l'imprimerie, dont l'essor, parti de la vallée du Rhin, se répand dans toute l'Europe occidentale. Sans doute imprime-t-on d'abord les ouvrages favoris du Moyen Âge, mais, bientôt, les humanistes italiens, allemands, français demandent des éditions « classiques ». Malgré la modération d'Érasme et de Budé cherchant à harmoniser hellénisme et christianisme, l'humanisme aide à la Réforme.

La « Pré-Réforme », en France, a moins d'influence que les réformateurs : Zwingli, en Suisse ; Luther, en Allemagne du Nord, Scandinavie, Finlande ; Calvin à Genève, puis aux Pays-Bas, en Écosse, dans la plupart des communautés françaises, enfin en Amérique du Nord. Le mouvement s'affaiblit en se fragmentant : anglicanisme d'Henri VIII, presbytérianisme des Écossais et nombreuses sectes. La Réforme laisse l'Europe divisée en une moitié nord, partagée entre des confessions rivales, et une moitié sud, restée fidèle à Rome, qui reconquiert après 1540 une partie de l'Allemagne et la Belgique actuelle. La France, restée catholique, accepta le dualisme de l'édit de Nantes, forme alors unique de tolérance.

Renaissance et humanisme

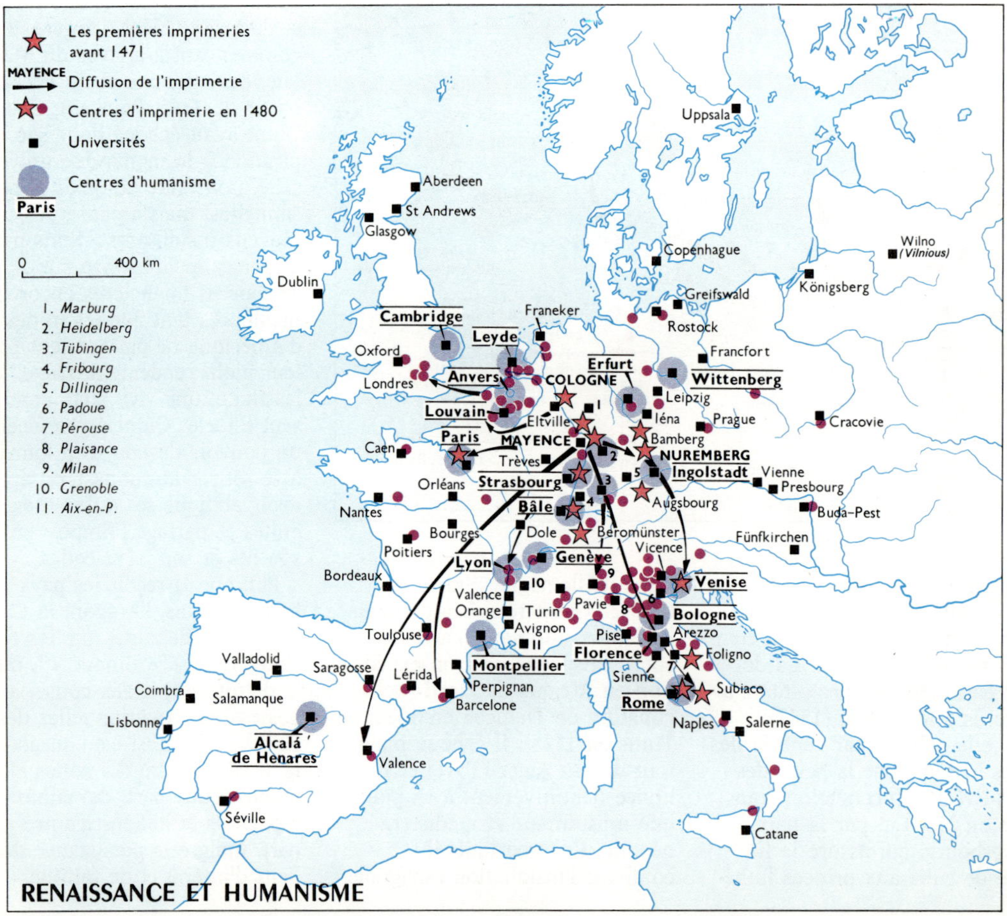

La diffusion de la Réforme au XVIe s.

Cercle polaire
ISLANDE
au Danemark
1550
0
100 km
Shetland
Orcades
OCÉAN
ATLANTIQUE
MER DU NORD
MANCHE
M. BALTIQUE
M. ADRIATIQUE
Église presbytérienne
Aberdeen
ROY. D'ÉCOSSE
1560
St Andrews
Glasgow 1577
Édimbourg
ULSTER
Armagh
Dublin
IRLANDE
York
ROY. D'ANGLETERRE
1534
Église anglicane
Oxford 1571
Cambridge 1571
Londres
Canterbury
ROY DE NORVÈGE
sous la dépendance du Danemark
1537
ROYAUME DE SUÈDE
1527
Uppsala 1593
Västera
Stockholm
L. Vener
L. Vätter
FINLANDE
ESTONIE
Riga
COURLANDE
LITUANIE
Königsberg 1544
PRUSSE
ROY. DE DANEMARK
1536
Copenhague
Greifswald 1539
Rostock 1564
1585 Franeker
Emden
PAYS-BAS
Leyde 1575
Anvers
Louvain
Münster
Elbe
Rhin
Francfort 1540
WITTENBERG 1520
SAXE
Leipzig, 1542
Wartburg
Marburg 1529
Erfurt, 1521
Iéna, 1558
Smalkalde
Cologne
ROYAUME DE POLOGNE
Oder
Vistule
Prague
BOHÊME
MORAVIE
Worms
Spire 1588
Heidelberg
Ratisbonne
Danube
Vienne
Sedan, 1573
Strasbourg 1521
Tübingen 1535
Augsbourg
AUTRICHE
Bâle
Constance
Zurich
Innsbruck
Graz
Buda
Pest
HONGRIE
Drave
Save
CANTONS SUISSES
GENÈVE 1559
Trente
EMPIRE OTTOMAN
Dieppe
Rouen
Noyon
Compiègne
Meaux
Seine
Poissy
Paris
ROYAUME DE FRANCE
Nantes
Édit de Nantes 1598-1685
Saumur 1598
Blois
Orléans
Loudun
Loire
Poitiers
La Rochelle
Cognac
Lyon
Rhône
Bordeaux
Die 1604
VAUDOIS
Milan
Pô
Venise
CROATIE
Ferrare
Gênes
Nérac
Agen
Montauban 1561
Orthez 1566
1598
Nîmes
Orange 1573
Garonne
Toulouse
Montpellier 1596
NAVARRE
ÉTATS DE L'ÉGLISE
Florence
Rome
R. DE NAPLES
CORSE
ROYAUME D'ESPAGNE
"Pré-Réforme" (groupe de Meaux)
Principaux centres de diffusion de la Réforme
Luthéranisme
Calvinisme
Anglicanisme
Zwinglianisme
Autres centres
Zones principalement atteintes par le protestantisme
1534 Adhésion officielle des États au protestantisme
Régions touchées par les idées réformées ou le catholicisme est resté prédominant
Principales universités protestantes (académies)
1520 Date de fondation ou de conversion au protestantisme
Pays demeurés catholiques
Gains de la Contre-Réforme
Succès partiels de la Contre-Réforme
Populations chrétiennes dans l'Empire ottoman
Frontières des États au XVIe s.
Limites du Saint Empire au XVIe s.
0
500 km

LES OTTOMANS EN EUROPE

En sollicitant l'aide des Ottomans contre les Serbes dès 1344-45, les Byzantins les attirent en Europe. Établis en 1354 à Gallipoli, les Osmanlis battent les Serbes à Kosovo (1389). La Bulgarie est occupée (1383-1393), la Valachie soumise au tribut (1395), les croisades de secours sont battues à Nicopolis (1396) et à Varna (1444). Enfin Constantinople tombe le 29 mai 1453. L'Empire byzantin disparaît de l'histoire. Achevant la conquête de la Grèce (Morée, 1460) et les Balkans au sud de la Save et des Carpates, éliminant des Génois de la mer Noire (1461-1475), les Ottomans vont menacer directement l'Occident. Ils occupent un temps Otrante (1480-81), éliminent les Hongrois à Mohács en 1526, vassalisent la Transylvanie. Mais le reflux s'amorce après la victoire de Chypre (1571). Vaincus par la chrétienté coalisée à Lépante (1571) et à Saint-Gotthard (1664), les Ottomans échouent au siège de Vienne face au roi de Pologne Jean III Sobieski, en 1683, et sont rejetés au sud de la Save et du Danube par les

Expansion et retrait de la puissance ottomane en Europe (XIVe-XVIIIe s.)

Habsbourg (Karlowitz, 1699 ; Passarowitz, 1718 ; Belgrade, 1739). En 1774 et 1792, les Romanov leur ôtent la Crimée et la Bessarabie. Avec l'arrivée des Russes, protecteurs naturels des Slaves orthodoxes, aux bouches du Danube, s'ouvre la question d'Orient.

Né dans l'État pontifical où la réforme catholique affirme après 1570 son triomphalisme face au puritanisme de la réforme protestante, le baroque s'impose à Rome grâce au Bernin, à Borromini et à Guarini. Se diffusant plus particulièrement dans les États habsbourgeois, en particulier à l'initiative des jésuites, il s'épanouit dès le XVIIe siècle dans la péninsule Ibérique, puis marque de son empreinte au XVIIIe siècle les pays germaniques, où il prend naturellement une forme plus sévère dans les États protestants qui n'ont pu résister à sa contagion. Se caractérisant par une recherche esthétique qui vise à toucher les sens par l'organisation de l'espace architectural, par la somptuosité et la surabondance des formes décoratives qui font de lui, par excellence, l'art de la fête mystique, le baroque donne des rapports de l'homme et de Dieu une conception nouvelle, qui imprègne profondément les arts plastiques jusque dans la seconde moitié du XVIIIe siècle.

L'art baroque en Europe

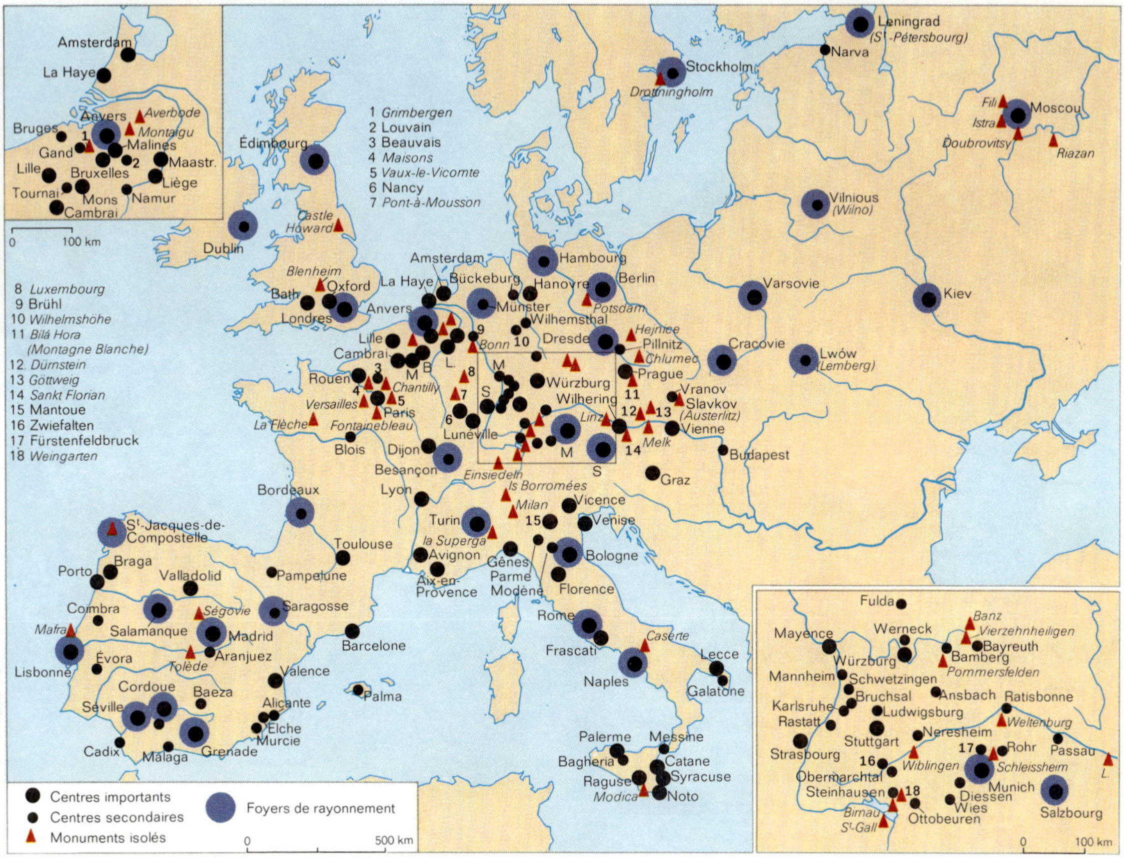

Malgré leur échec au XVIe siècle, les Habsbourg de Vienne et ceux de Madrid reprennent au XVIIe siècle leurs rêves d'Empire héréditaire et de domination catholique universelle. Le conflit, purement allemand au début, devient européen avec l'intervention du Danemark et de la Suède. L'empereur Ferdinand II parut sur le point d'atteindre à l'hégémonie quand il eut écrasé la Bohême, vaincu le Danemark, proclamé en 1629 par l'édit de Restitution l'obligation faite aux protestants de rendre les terres qu'ils avaient sécularisées, et repoussé les Suédois (mort de Gustave Adolphe, 1632). En 1635, l'empereur paraît dominer en Allemagne.

C'est alors que Richelieu, après avoir restauré l'autorité royale,

La guerre de Trente Ans et ses prolongements (1618-1660)

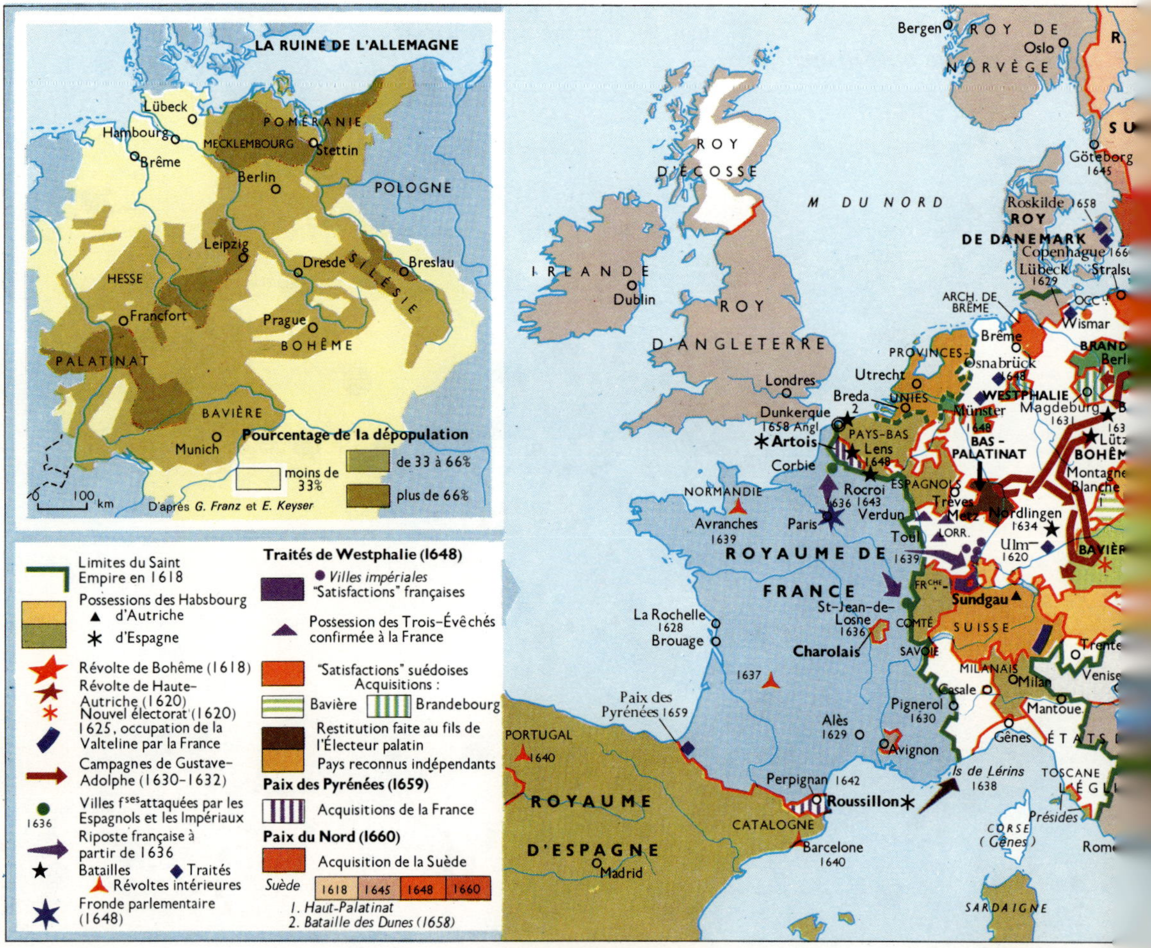

lance la France dans la guerre afin de briser l'encerclement du royaume, après avoir conclu alliance avec la Suède, les princes protestants allemands et les Provinces-Unies. Les victoires françaises, après des débuts difficiles, permettent l'occupation de l'Artois, de l'Alsace et du Roussillon, obligeant l'empereur à signer les traités de Westphalie (1648), charte du droit public européen jusqu'à la Révolution. Étendant la liberté de conscience aux calvinistes, proclamant l'égalité entre protestants et catholiques, accordant aux princes l'autorité suprême en matière religieuse, ces traités faisaient de l'Allemagne un « tout inorganique ».

L'empereur élu était désarmé devant l'oligarchie princière dans une Allemagne où triomphaient les « libertés germaniques ». Les Habsbourg de Vienne étaient vaincus. La France obtenait les droits et les possessions de la maison d'Autriche en Alsace et la reconnaissance officielle de son installation dans les Trois-Évêchés et à Pignerol.

Il fallut à l'Allemagne, champ de bataille de l'Europe, plus d'un siècle pour réparer ses ruines matérielles (chute démographique, terres incultes, famine) et se relever de son affaiblissement intellectuel et moral (tradition nationale brisée, mœurs devenues brutales).

La France, d'abord paralysée par les Frondes, ne put imposer sa victoire sur les Habsbourg de Madrid que cinq ans plus tard. Mazarin poursuivit la politique de Richelieu ; ayant encerclé les Pays-Bas en obtenant l'alliance anglaise et en formant la ligue du Rhin, il imposa le traité des Pyrénées (1659), après les victoires décisives de Turenne. L'Espagne abandonnait à la France l'Artois (moins Aire-sur-la-Lys et Saint-Omer), la haute Cerdagne et le Roussillon, et quelques places de Flandre, du Hainaut et du Luxembourg. Consacrant la toute-puissance et l'habileté diplomatique de Mazarin, l'Europe demanda alors à la France d'arbitrer la paix du Nord, qui fut favorable à son alliée la Suède (v. carte p. 102).

L'idée d'équilibre général a remplacé au XVIIIe siècle les prétentions des Habsbourg puis, après eux, des Bourbons à l'hégémonie. Par ailleurs, à côté des puissances anciennes entrent en lice deux puissances nouvelles : la Prusse et la Russie, dont les ambitions compliquent la situation internationale. Aussi, pendant cinquante ans, l'Europe est-elle troublée par des guerres dites « de succession », dans lesquelles sont engagés tous les pays, inquiets des agrandissements territoriaux qui risqueraient d'accroître la puissance de l'un d'entre eux.

Aux conflits continentaux s'ajoutent par ailleurs les rivalités maritimes et coloniales entre la France et l'Angleterre, qui étendent la guerre au monde entier. Au cours de ces luttes, les

L'Europe au temps de la prépondérance britannique

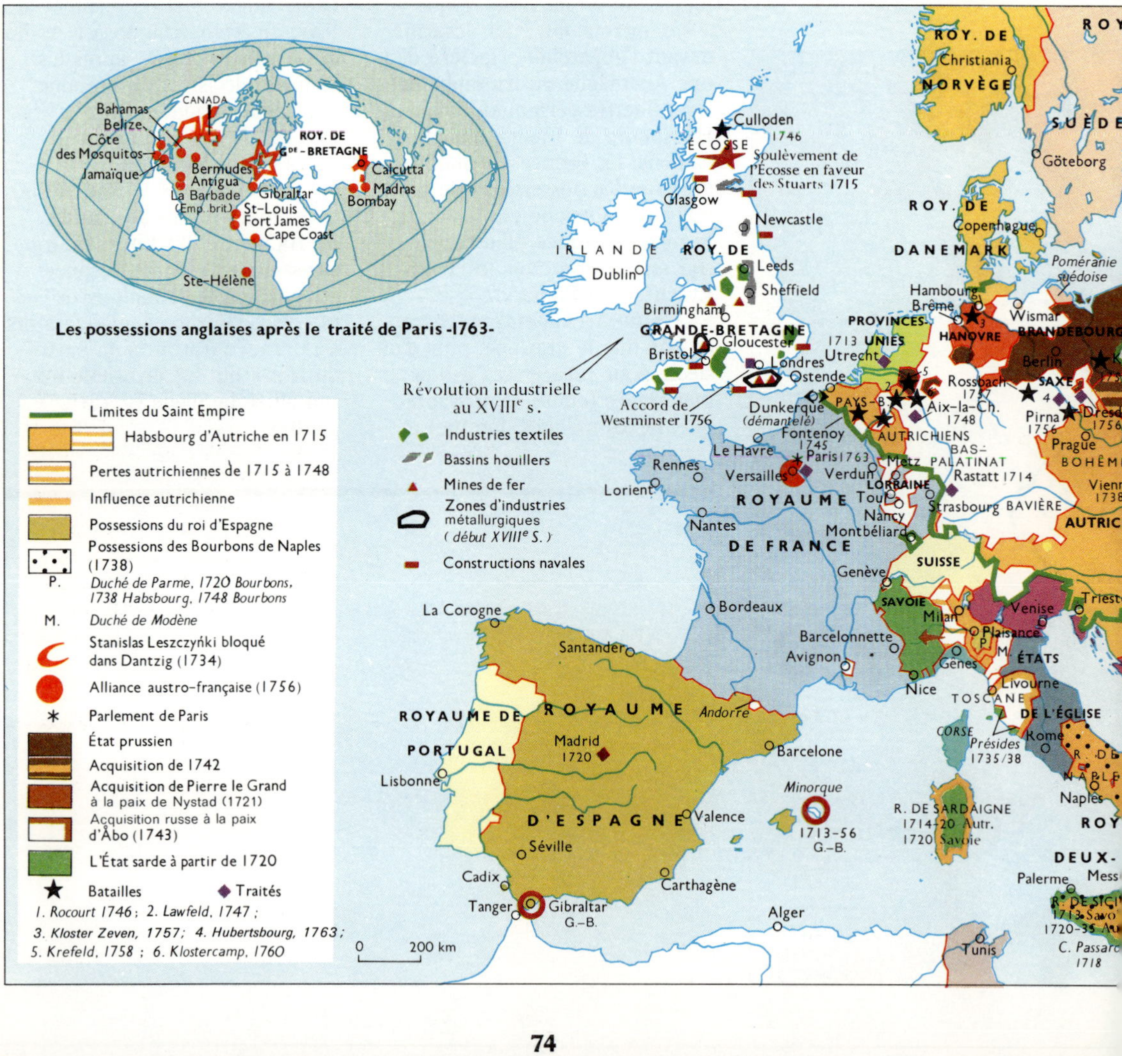

puissances, disposant de forces à peu près égales, recherchent des alliés pour réaliser leurs desseins au mieux de leurs intérêts.

En 1717, afin de contrecarrer les dangereuses ambitions de l'Espagne, la France, l'Angleterre et la Hollande signent la Triple-Alliance pour maintenir les traités d'Utrecht. En 1733, s'ouvre la succession de Pologne, qui oppose la France à l'Autriche, alliée de la Russie : la Pologne est placée avec Auguste III sous l'autorité austro-russe, mais la France s'assure la réunion de la Lorraine, soustraite à l'Empire, après la mort de Stanislas Leszczyński. La guerre de la Succession d'Autriche oppose Frédéric II de Prusse à l'impératrice Marie-Thérèse d'Autriche : l'Autriche alliée à l'Angleterre lutte contre la France, alliée de la Prusse, qui, en conservant la Silésie, est la grande bénéficiaire du conflit. Enfin la guerre de Sept Ans (1756-1763) partage à nouveau l'Europe en deux camps, les alliances s'étant renversées : Prusse et Angleterre contre France, Autriche et Russie.

Les traités de Paris et d'Hubertsbourg (1763) marquent la défaite de l'Autriche et de la France, qui perd la plus grande partie de son empire colonial en Amérique et en Asie au profit de l'Angleterre, tandis qu'en apparence le statu quo est restauré en Europe continentale.

Bien qu'elle ne soit qu'une île, l'Angleterre s'est alors haussée en Europe au rang d'arbitre par sa puissance maritime et coloniale et par les immenses réserves de richesses qu'annonce la révolution industrielle dans laquelle elle est la première engagée. L'Angleterre aurait voulu abaisser la France au second rang : celle-ci reste pourtant le plus puissant État d'Europe par sa population et ses armées, mais souffre de discordes intérieures. La Prusse est devenue la première puissance en Allemagne du Nord ; avec une armée forte et disciplinée et un trésor bien garni, Frédéric II enlève dans l'Empire la prépondérance à l'Autriche. Celle-ci, qui a subi de lourdes défaites, tourne désormais ses ambitions vers l'Orient et la Pologne, tout en continuant à dominer, avec l'Espagne, une Italie où le sentiment d'unité tarde à s'affirmer. Les anciens États de l'Europe de l'Est et du Nord, Suède et Pologne, doivent désormais compter avec la Russie, rénovée par Pierre le Grand en État moderne, en façade du moins.

Avec l'énergique Catherine II, la Russie, brusquement transformée, devient une force européenne de premier plan. Ainsi l'équilibre européen est totalement bouleversé par des données nouvelles.

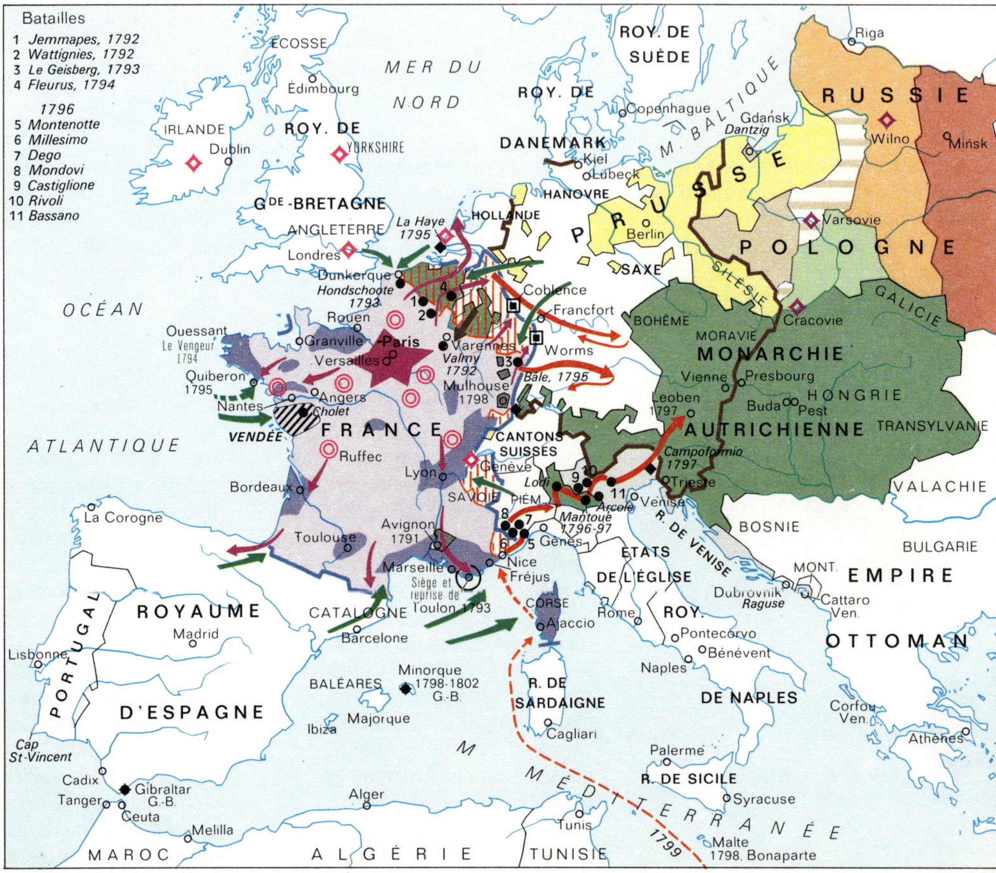

La révolution en Europe (1789-1799)

L'ascension de la bourgeoisie, la poussée des idées libérales, le mécontentement populaire déclenchent en France une révolution. Devenu violent par l'intervention du peuple des villes et des masses paysannes (la Grande Peur), ce mouvement inquiète les souverains étrangers, impressionnés par la propagande des émigrés. Cette hostilité et les difficultés intérieures françaises expliquent la déclaration de guerre à l'Autriche (20 avril 1792), alliée à la Prusse.

L'invasion austro-prussienne est arrêtée à Valmy, le 20 septembre 1792, mais, en 1793, la radicalisation de la Révolution et l'entrée des armées françaises en Belgique suscitent une coalition générale. Attaquée de toutes parts, minée par les insurrections vendéenne et fédéraliste, la nouvelle république n'est sauvée, à partir de l'été 1793, que par la Terreur : la mobilisation politique, économique et surtout militaire qu'elle suscite permettent en effet la victoire sur tous les fronts.

Après la dislocation de la coalition en 1795, trois armées sont lancées en 1796 contre l'Autriche. Bonaparte mène en Italie une rapide et brillante campagne. La route de Vienne ouverte, l'Autriche doit, au traité de Campoformio, renoncer à la Rhénanie et à ses possessions italiennes, sauf la Vénétie.

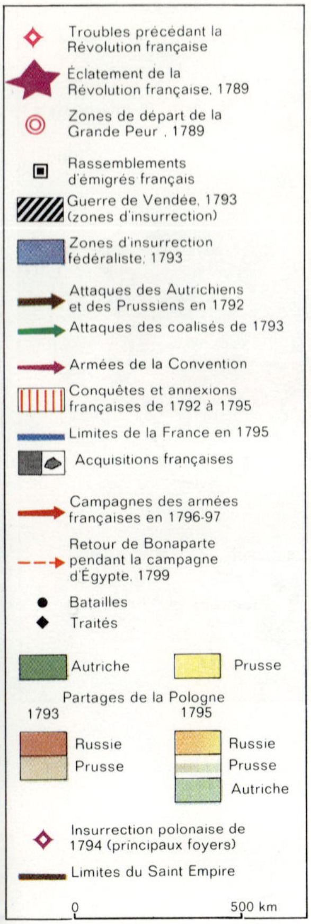

A vec le retour au pouvoir des modérés, en 1794, la « croisade de la liberté contre les tyrans » ne couvre plus qu'une politique d'annexion (Belgique et rive gauche du Rhin intégrées à la République) ou de vassalisation : les « républiques sœurs », aux institutions calquées sur celles de la France. Menée au mépris des vœux des populations et accompagnée d'un pillage organisé, cette politique mécontente même les révolutionnaires étrangers, mais paraît un regain d'expansion révolutionnaire aux souverains, qui ripostent par la deuxième coalition.

Les républiques sœurs

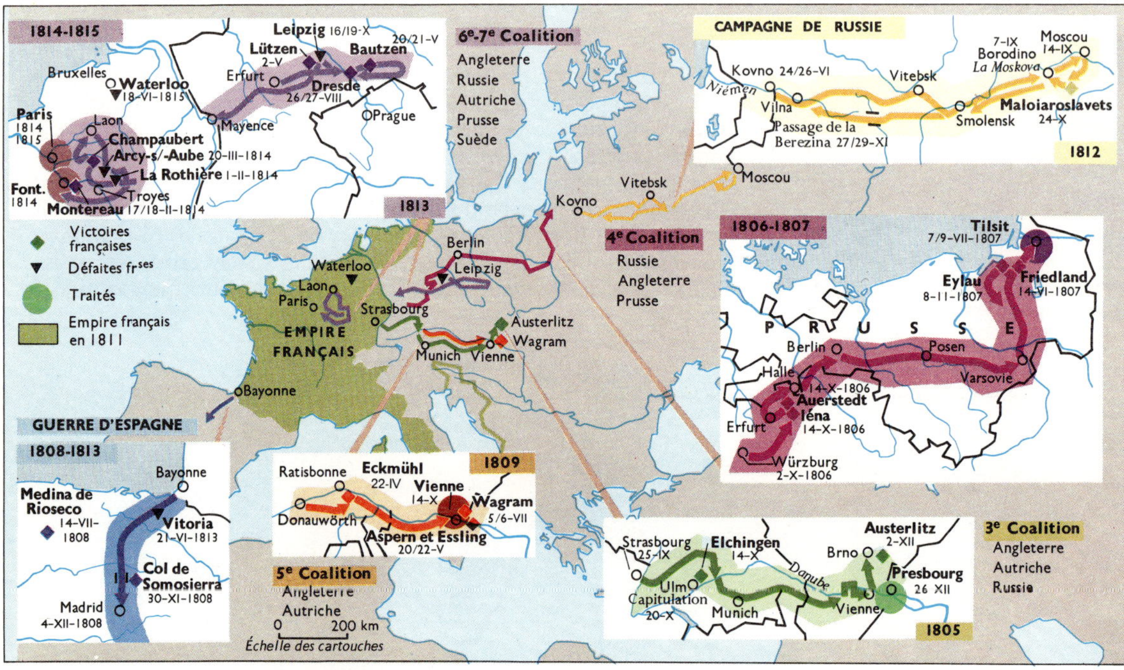

Les guerres du premier Empire

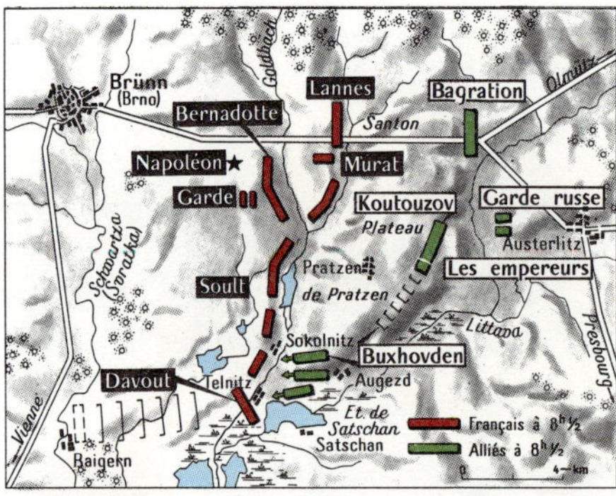

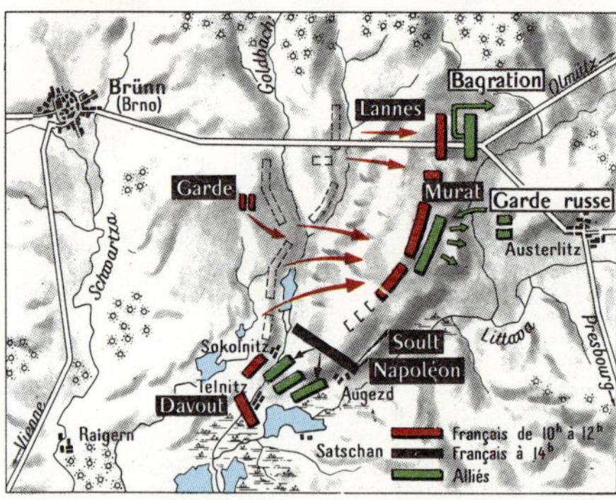

Bataille d'Austerlitz.
A l'aile droite,
Davout attire l'ennemi
vers la route
de Vienne.
À l'aile gauche,
Lannes et Murat
refoulent Bagration.
Au centre,
Soult prend de flanc
les régiments
en marche
vers Telnitz.
Dans les glaces
de ce marais
rompues
par la canonnade
française,
l'artillerie russe
s'engloutira.

Bataille d'Austerlitz (1805)

LES GUERRES DU PREMIER EMPIRE

Reprenant la guerre dès 1803, l'Angleterre organise des coalitions, avec l'Autriche et la Russie (1805), la Russie et la Prusse (1806-1807), l'Autriche et les insurgés espagnols (1809). Elles sont vaincues par l'efficace stratégie napoléonienne (division des adversaires, battus par de rapides mouvements tournants).

Napoléon occupe le Portugal en 1807 et remplace le roi d'Espagne par Joseph Bonaparte (1808). Mais, dès 1809, le rapport de forces s'inverse. La population espagnole résiste. Les Anglais réoccupent le Portugal, libèrent l'Espagne (1812) et envahissent la France (1814). Après la rupture de l'alliance franco-russe en 1811, la campagne de Napoléon en Russie (dès juin 1812) échoue face à la stratégie russe de recul et de « terre brûlée ». Après l'occupation de Moscou, la Grande Armée en retraite est décimée par la « grande guerre patriotique » des Russes, l'hiver et la faim. Au cours de la sixième coalition, la France, qui perd l'Allemagne en 1813, est envahie en 1814. Malgré la brillante campagne de février, Paris capitule le 30 mars et l'Empereur abdique le 6 avril à Fontainebleau.

Le Code civil, promulgué en 1804, traduit en règles juridiques l'évolution individualiste et libérale de la société française, qu'accélère la victoire de la bourgeoisie : égalité formelle devant la loi, liberté individuelle, propriété sacralisée. Ce Code se répand dans tous les pays soumis à l'hégémonie française, d'où un contraste durable entre une Europe de l'Ouest, où sont en place les bases juridiques de la révolution libérale et de l'essor du capitalisme, et une Europe centrale et orientale, encore féodale.

Diffusion du Code civil. Code Napoléon

L'Europe napoléonienne en 1811

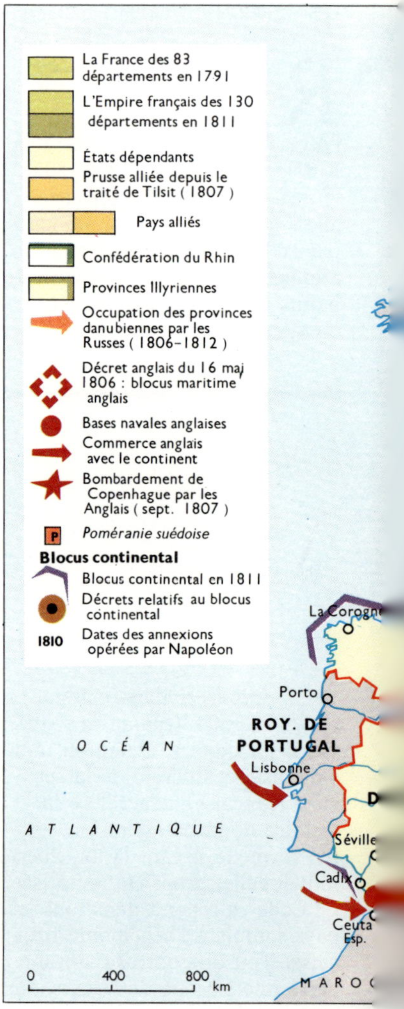

En 1811, toute l'Europe subit l'influence de Napoléon, sauf l'Angleterre et le Portugal (que l'Angleterre occupe en partie), la Sardaigne, la Sicile et Malte. Pour abattre l'Angleterre, maîtresse des mers depuis Trafalgar (1805), l'Empereur a cru pouvoir l'asphyxier économiquement en retournant contre elle l'arme du blocus qui prohibe les marchandises ennemies. Il doit donc contrôler toute l'Europe. De là, l'annexion ou l'administration directe des zones côtières.

Après l'occupation des États de l'Église et l'annexion de la Hollande, l'Empire français compte ainsi 130 départements. Certains États sont personnellement gouvernés par Napoléon : le royaume d'Italie, où le prince Eugène le représente comme vice-roi, les Provinces illyriennes (Dalmatie, Istrie, Haute-Carinthie, Carniole, Frioul et Croatie), dont Marmont est gouverneur.

Instituant un système familial, Napoléon a établi ses proches parents sur les trônes européens. Les « Napoléonides » gouvernent ainsi le royaume de Naples (Murat, son beau-frère), le grand-duché de Toscane (Élisa, sa sœur), le royaume de Westphalie (Jérôme, son frère), le grand-duché de Berg (Napoléon-Louis, son neveu, le royaume d'Espagne (Joseph, son frère).

L'Allemagne de l'Ouest et du Centre, dont les 36 États sont rassemblés dans la Confédération du Rhin, est placée sous le protectorat officiel de Napoléon. En Suisse, celui-ci est médiateur de la Confédération helvétique. Le grand-duché de Varsovie est placé sous sa tutelle.

D'autres États sont, de gré ou de force, officiellement ses alliés : ainsi, le Danemark et la Russie, malgré une alliance quelque peu ébranlée en 1808 par l'attitude du tsar à Erfurt.

Enfin certains États se rapprochent de la France ou cherchent à obtenir son amitié : la Prusse, sous l'influence de son ministre Hardenberg, s'engage dans une alliance avec la France ; l'Autriche, après le mariage de Napoléon avec Marie-Louise, s'apprête à fournir un contingent ; la

Suède, qui a pris pour roi le maréchal français Bernadotte, semble, après une longue hostilité, témoigner de dispositions favorables. Réserve faite de l'Angleterre et de l'Empire ottoman où, après la mort du sultan Sélim III, l'influence française recule, l'Empereur semble n'avoir en Europe que des amis ou des alliés, malgré l'incertitude de l'alliance russe. Le prestige de Napoléon et ses alliances donnent aux idées françaises une incomparable force d'expansion. Mais l'arme du blocus apparaît vite inefficace face à la contrebande qui part des bases anglaises, favorisée par l'hostilité de la bourgeoisie française et surtout par celle des populations européennes, pénalisées économiquement et opprimées politiquement.

L'Europe du congrès de Vienne

Pour les vainqueurs, la chute de Napoléon doit substituer l'ère de la Sainte-Alliance à celle de la Révolution. Ils réorganisent donc l'Europe, au mépris des vœux des peuples, selon les principes de légitimité, de restauration et de solidarité des princes, que tempère le souci d'un équilibre européen au profit des grandes puissances : les survivances médiévales d'Allemagne et d'Italie disparaissent ; le Saint Empire est remplacé par la Confédération germanique de trente-huit États ; les grandes puissances agrandissent leurs domaines (la Prusse en Rhénanie, l'Autriche en Italie et dans les Balkans, la Russie en Pologne), l'Angleterre se contentant de bases maritimes ; la France, coupable de révolution, est surveillée par deux États tampons renforcés, les Pays-Bas et le royaume de Sardaigne.

Refusant pour son pays un destin si cruel, redoutant pour lui-même un exil plus lointain que l'île d'Elbe, où il a « régné » du 4 mai 1814 au 26 février 1815, Napoléon Ier tente, lors des Cent-Jours (20 mars-8 juillet 1815), de remettre en cause l'œuvre du congrès de Vienne, avant même que celle-ci ne soit validée par l'Acte final du 9 juin 1815.

Consacrée le 18 à Waterloo par la défaite de l'Empereur, qui s'embarque, le 15 juillet, près de Rochefort sur le *Bellerophon,* cette œuvre du congrès de Vienne établit un équilibre des forces en Europe, qui, pour l'essentiel, ne fut pas remis en cause avant la signature du traité de Versailles le 28 juin 1919. (V. carte pp. 92-93.)

En 1846-1848, une crise économique affaiblit les gouvernements et cristallise le mécontentement des bourgeoisies libérales et des masses réduites à la misère. Dès 1846 s'amorce un mouvement révolutionnaire qui, à partir des insurrections de Paris et de Vienne, balaie toute l'Europe. D'inspiration démocratique en France et libérale dans les pays autocratiques, le mouvement prend un sens national dans l'Empire d'Autriche, où les nationalités réclament leur autonomie, en Allemagne et en Italie, où aspirations libérales et unitaires se mêlent.

Ce « printemps des peuples » est bref. La réaction l'emporte en France (mai 1849) et en Italie, avec la réinstallation des Bourbons à Naples, du pape à Rome et la défaite du Piémont par l'Autriche (mars 1849). La répression est cruelle à Vienne, en Bohême et en Hongrie. Enfin, lors de l'humiliante reculade d'Olmütz, en novembre 1850, le gouvernement de Vienne ruine le rêve d'une Allemagne unifiée par la Prusse. [V. cartes pp. 104 et 182.]

Les révolutions de 1848 et la réaction

L' EUROPE DES NATIONS
1850-1914
SUÈDE
DANEMARK
SCHLESWIG
Kiel
1895
HOLSTEIN
LAUENBG
HANOVRE
PAYS-BAS
P R U S S E
Berlin
BRANDEBOURG
RUHR
Rhin
Anvers
BELGIQUE
Liège
Ems
SAXE
SILÉSIE
Sadowa
Prague
Francfort
Heidelberg
BAVIÈRE
LUX.
Paris
Sedan
Metz
Strasbourg
BADE
WURT.
Hohenzollern
FRANCE
Plombières
Zurich
SUISSE
Lausanne
Lyon
SAVOIE
1860
Nice
Marseille
BOHÊME
TCHÈQUES
Vienne
ALLEMANDS
Leitha
AUTRICHE
Gastein
TRENTIN
SLOVÈNES
Trieste
Zagreb
CROATIE
Fiume
ISTRIE
Venise
VÉNÉTIE
Novare
Milan
Turin
LOMBARDIE
PIÉMONT
Gênes
Parme
Modène
ROMAGNE
ÉTATS
DE L'ÉGLISE
Florence
TOSCANE
CORSE
ROY. DE SARDAIGNE
SARDAIGNE
Rome
Mentana
Pontecorvo
Gaète
Bénévent
Naples
ROY. DES
DEUX-SICILES
Palerme
SICILE
Messine
Tunis
Malte G.-B.
R U S S I E
Varsovie
POLOGNE
Kiev
UKRAINE
Cracovie
POLONAIS
RUTHÈNES
Lwów
(Lemberg)
SLOVAQUES
Budapest
MAGYARS
HONGRIE
ROUMAINS
Iași
MOLDAVIE
Odessa
1878
Sébastopol
Panslavisme russe et visées sur les Détroits
ROUMANIE
VALACHIE
Bucarest
Danube
Belgrade
BOSNIE-
HERZÉGOVINE
Sarajevo
SERBIE
Varna
Plevna
BULGARIE
ROUMÉLIE ORLE
1885
THRACE
Andrinople
BOSPHORE
Constantinople
San Stefano
MONTÉNÉGRO
ALBANIE
1913 ind.
1913
MACÉDOINE 1913
1881
DARDANELLES
EMPIRE
OTTOMAN
Athènes
GRÈCE
DODÉCANÈSE
1912/20 Italie
CRÈTE
CHYPRE
1878, G.-B.
Empire ottoman
L'Empire ottoman avant 1878 (congrès de Berlin)
Annexions balkaniques :
ce qui devient la Bulgarie
ce qui devient la Serbie
ce qui devient la Grèce
ce qui devient la Roumanie
L'Empire ottoman en 1913
N Sandjak de Novi Pazar
Empire d'Autriche
Extension de l'Empire d'Autriche en 1850
Après 1867 :
Cisleithanie
Transleithanie
Bosnie-Herzégovine
1878, occupation. 1908, annexion
Axe d'expansion
Limites de la conféd. germanique
Allemagne
La Prusse en 1861
États intégrés dans la Confédération de l'Allemagne du Nord (1867)
Limite sud de cette confédération
États de l'Allemagne du Sud intégrés au Reich en 1871
Alsace-Lorraine, terre d'Empire (1871)
Le Reich en 1871
Italie
Royaume de Piémont-Sardaigne
Annexion de l'Italie centrale (1859-mars 1860)
Annexion du roy. de Naples et formation du roy. d'Italie (1861)
Acquisition de la Vénétie (1866)
Rome (1870)
1. Magenta
2. Solferino
3. Custozza
4. Villafranca
0
300 km

L'Europe des nations (1850-1914)

Les Balkans (1912-1913) ▲

De 1850 à 1914, le principe d'État-nation l'emporte sur celui de légitimité. Le Piémont réalise l'unité italienne, la Prusse de Bismarck l'unité de l'Allemagne (guerres contre l'Autriche en 1866 ; contre la France en 1870). L'Autriche doit accepter le dualisme austro-hongrois (1867), l'Empire ottoman subit la poussée des nationalités balkaniques aidées par les grandes puissances.

Profitant des révoltes des populations chrétiennes de Bulgarie et de Bosnie, la Russie intervient en 1877 contre la Turquie, mais se voit imposer un partage des zones d'influence dans les Balkans par l'Autriche et la Grande-Bretagne. En 1912, les petits États des Balkans infligent une défaite à l'Empire ottoman, mais la guerre reprend en 1913 entre la Bulgarie et ses anciens alliés.

cartes pp. 86-87 →

L'EMPIRE COLONIAL PORTUGAIS

A la fin du XVe siècle, les Portugais fondent un empire colonial (Brésil, comptoirs d'Asie, possessions africaines). Après la perte de leurs comptoirs d'Asie, puis l'indépendance du Brésil (1822), ils étendent leurs possessions africaines, qu'ils conservent jusqu'en 1974.

L'EMPIRE COLONIAL ESPAGNOL

Jusqu'à l'indépendance des colonies américaines (début du XIXe s.), cet empire est immense. En Afrique, où l'implantation est plus tardive, l'Espagne perdra en 1956, 1958 et 1976 ses territoires au Maroc et au Sahara.

L'EMPIRE COLONIAL FRANÇAIS

Au XVIIe siècle, la France colbertiste crée un vaste empire aux Antilles, en Amérique du Nord et en Inde. L'Angleterre en hérite aux traités de Paris (1763) et de Vienne (1815). Le « second empire », édifié à partir de 1830, est démantelé par les guerres d'Indochine (1947-1954), d'Algérie (1954-1962) et l'émancipation pacifique du reste de l'Afrique.

L'EMPIRE BRITANNIQUE

Édifié en Amérique du Nord et en Inde au XVIIIe siècle, rogné en 1763 par la perte des États-Unis, cet empire est marqué à la fin du XIXe siècle par le projet d'une Afrique anglaise « du Cap au Caire » et la création de l'« Empire des Indes ». La création du Commonwealth en 1931 a permis une décolonisation sans trop de heurts.

← notices p. 85

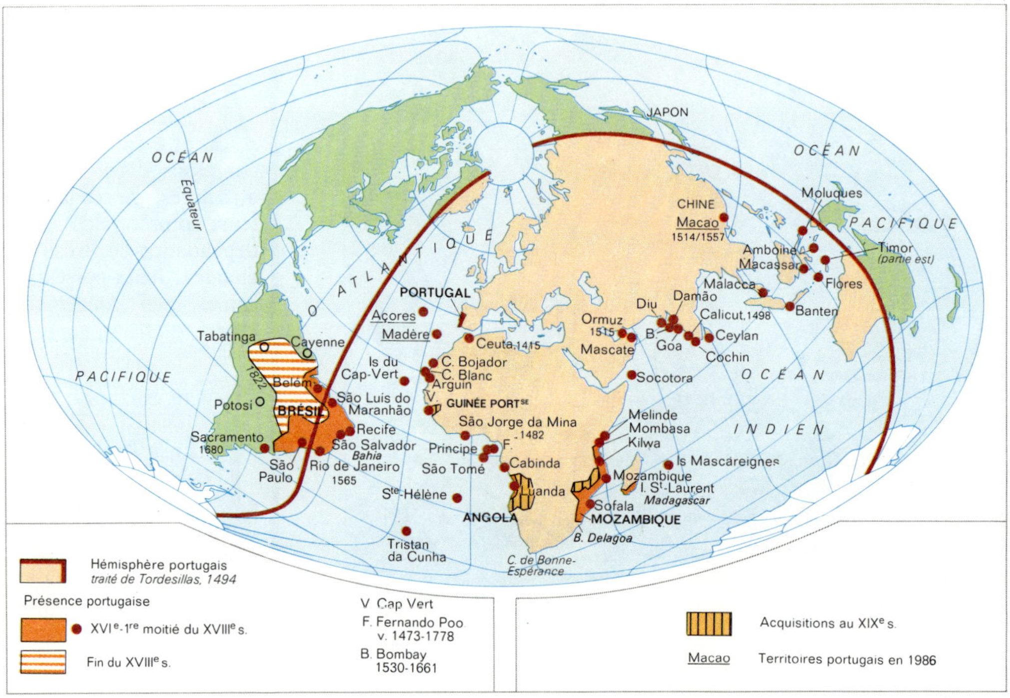

Empire colonial portugais

Empire colonial espagnol

← notices
p. 85

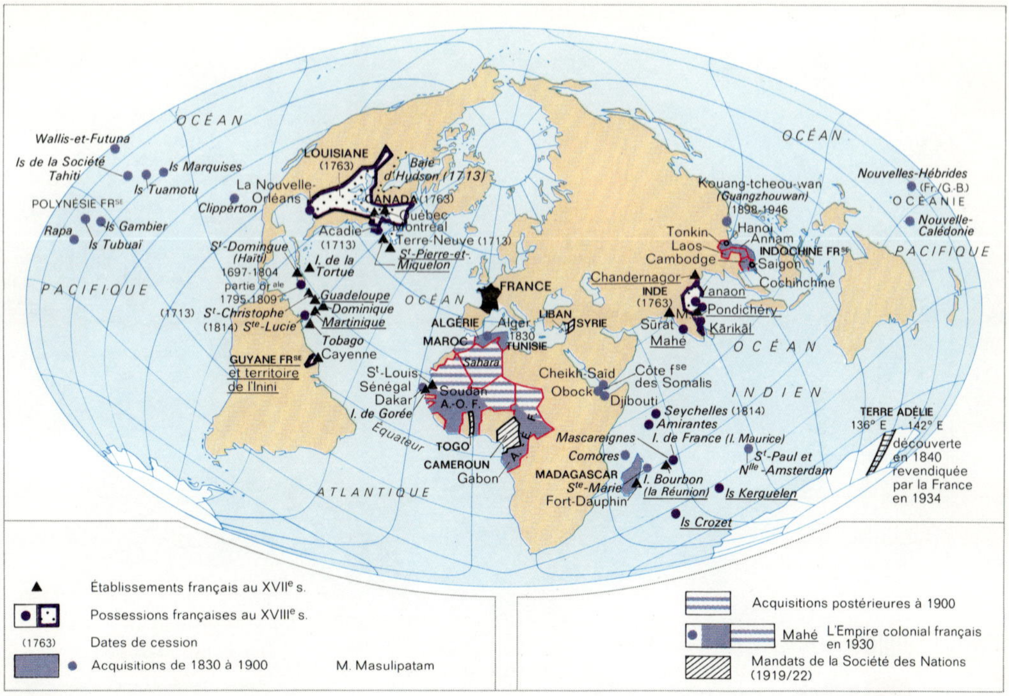

Empire colonial français

Empire britannique

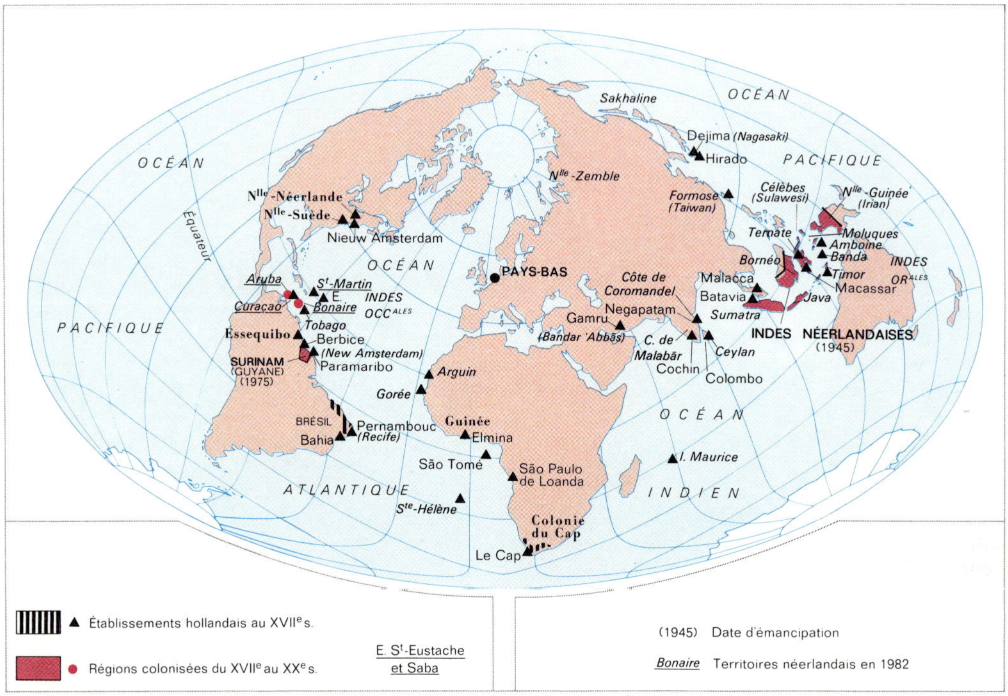

Empire colonial néerlandais

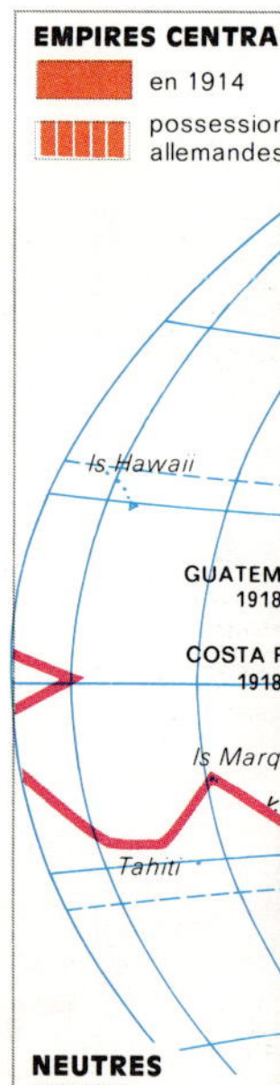

Empire colonial italien

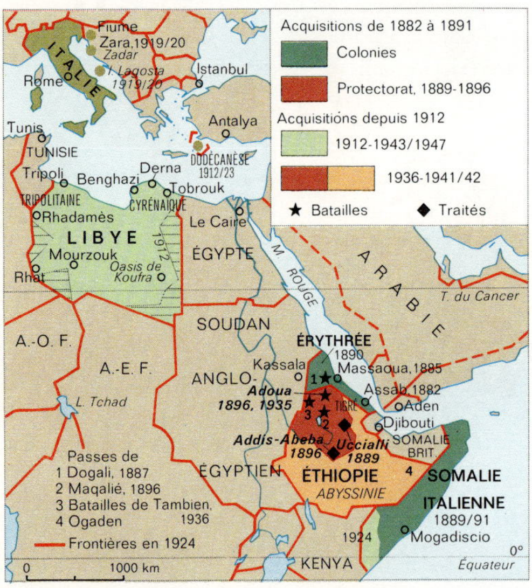

L'EMPIRE COLONIAL ITALIEN

Tardivement unifiée, l'Italie s'engage dans la colonisation alors que l'Afrique offre de moindres possibilités : en Éthiopie, elle échoue, en Libye son occupation (1911) reste limitée. Le régime fasciste reprend une politique annexionniste : la conquête de l'Éthiopie (1936) et celle de l'Albanie (1939), en précipitant la Seconde Guerre mondiale, entraînent l'écroulement du régime et de son empire.

L'EMPIRE COLONIAL NÉERLANDAIS

Après leur émancipation (1579), les Provinces-Unies créent une véritable thalassocratie aux dépens des puissances ibériques. Les compagnies des Indes établissent des comptoirs le long des grandes routes maritimes, assurant au XVIIe siècle la primauté commerciale des Hollandais aux Antilles et en Asie du Sud-Est.

Mais l'Angleterre, à la faveur des guerres révolutionnaires et napoléoniennes, retire à la Hollande ses points d'appui. Limitée aux Indes orientales, la colonisation prend au XIXe siècle un aspect d'exploitation capitaliste. Le mouvement d'émancipation nationale mené par Sukarno et stimulé par l'occupation japonaise de 1942 à 1945 aboutit finalement à l'indépendance de l'Indonésie (1954).

LA GUERRE DANS LE MONDE (1914-1918)

La montée des nationalismes, l'impérialisme économique et naval de l'Allemagne, l'antagonisme germano-slave dans les Balkans et la course aux armements de la Triple-Entente (France, Grande-Bretagne, Russie) et de la Triple-Alliance (Allemagne, Autriche-Hongrie, Italie) font de l'Europe de 1914 une « poudrière ». L'assassinat par un étudiant bosniaque de l'archiduc François-Ferdinand d'Autriche (Sarajevo, 28 juin 1914) déclenche la Première Guerre mondiale : ce conflit « total » (industriel, économique, psychologique), qui gagne les colonies des États européens, le Japon (1914), les États-Unis, la Chine et divers États sud-américains (1917), entraînera la mort de 8 millions d'hommes avant de se terminer, le 11 novembre 1918, par la signature de l'armistice par l'Allemagne, à Rethondes.

La guerre dans le monde (1914-1918)

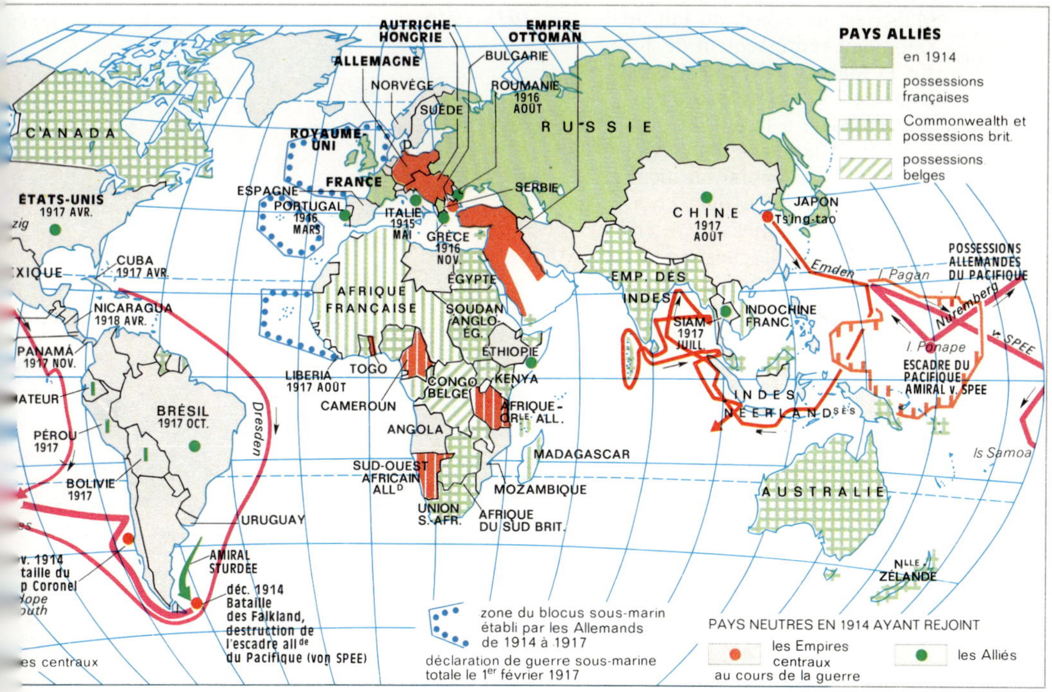

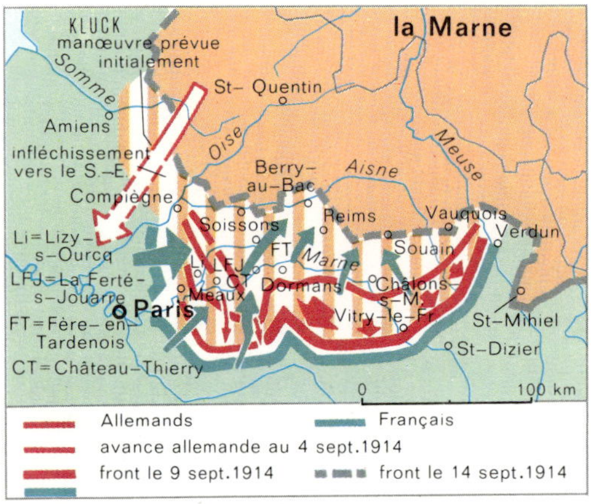

La Marne

Fronts français

1915-1916

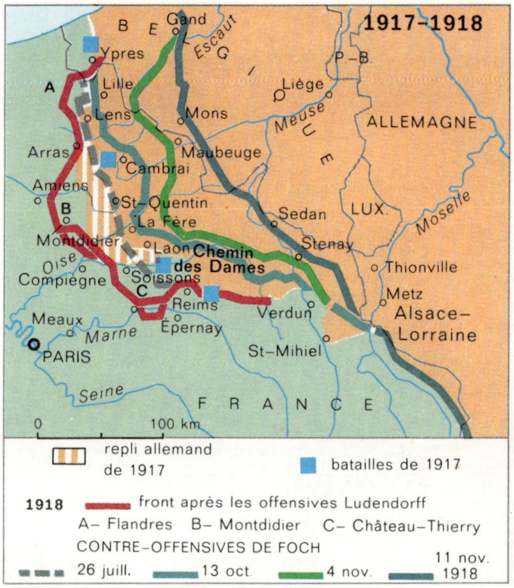

1917-1918

C'est sur le front français que, de 1914 à 1918, se joue le sort de la guerre. Suivant le plan conçu par Schlieffen face à l'alliance franco-russe, Moltke fonde sa manœuvre sur la rapidité et l'ampleur du mouvement de ses forces à travers la Belgique. Mais c'est un échec, du fait de l'étonnant redressement de Joffre sur la Marne. À Noël 1914, un front de 750 km s'étend de la mer du Nord à la Suisse, laissant aux Allemands une région vitale pour l'économie française.

D'où l'effort des Alliés, en 1915-1917, pour libérer ce territoire. En 1916, la guerre d'usure est érigée en système par Falkenhayn, pour épuiser les effectifs français (bataille de Verdun). De la Picardie à la Champagne, Ludendorff lance (mars-juill. 1918) cinq « coups de boutoir » sur le front français, pour forcer la victoire avant l'engagement massif des Américains. Mais les Alliés, aux ordres de Foch, reprennent l'initiative des opérations à Villers-Cotterêts (18 juill.), et la garderont jusqu'à la victoire décisive, consacrée par l'armistice du 11 novembre, qui scelle l'effondrement du IIe Reich.

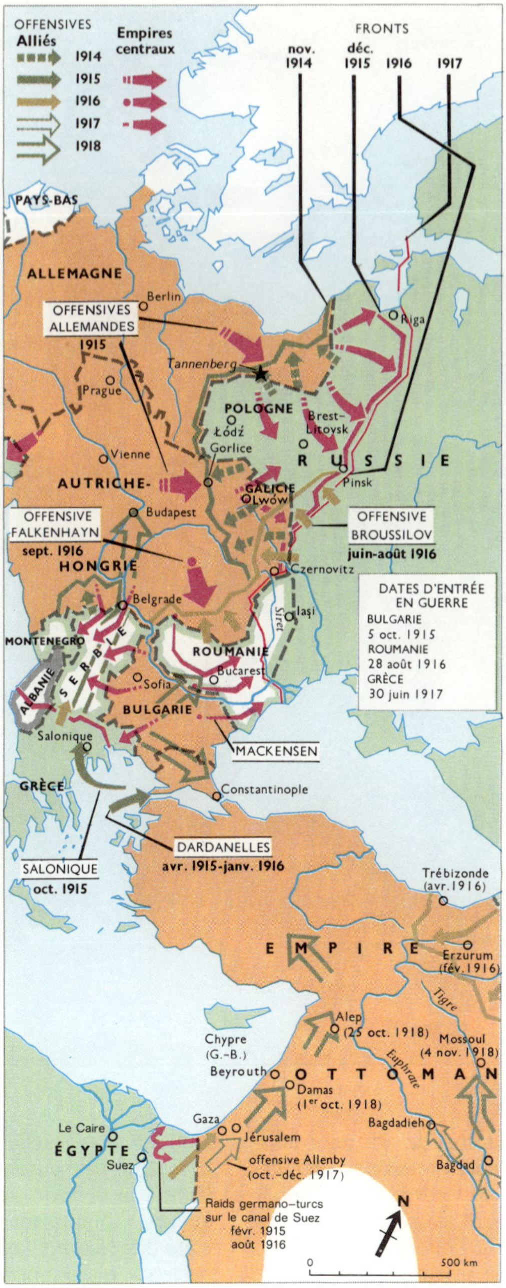

Fronts d'Europe et du Moyen-Orient

Sur le front d'Europe orientale, l'offensive russe (août 1914) est stoppée par Hindenburg à Tannenberg, mais les Autrichiens sont battus ; puis le front se stabilise. En 1915-1917, l'expédition des Dardanelles et le débarquement de Salonique, organisés par les Alliés pour aider les Russes et les Serbes et éliminer la Turquie, sont un échec. En 1916, les armées du tsar percent le front autrichien, mais la prise du pouvoir par Lénine, en novembre 1917, entraîne la défection des Russes et l'armistice de Brest-Litovsk (déc.). L'année 1918 est décisive : offensive alliée dans les Balkans et rupture du front bulgare.

Au Moyen-Orient, l'offensive anglaise en Égypte et en Palestine doit protéger le canal de Suez. Arrêtés par les Turcs (Gaza, 1917), les Anglais fomentent la révolte arabe contre la domination ottomane, et le chérif Hussein soutient leur campagne en Palestine (entrée à Jérusalem, déc. 1917 ; à Damas, sept. 1918). Bagdad est occupée en mars 1917. En 1918, le front de Palestine étant rompu par les Anglais, les Ottomans signent l'armistice de Moudros (30 oct.).

Les traités de 1919-20 fondent la paix sur le « droit des peuples à disposer d'eux-mêmes », affirmé par les « Quatorze Points » du président Wilson, qui consacrent l'achèvement du mouvement des nationalités : démembrement des Empires austro-hongrois et ottoman, indépendance des pays Baltes, de la Finlande, de la Pologne. Mais les craintes ou les ambitions contradictoires des grandes puissances, représentées par Clemenceau, Lloyd George et Orlando, compliquent les règlements concernant l'Allemagne et la Russie. La première, objet d'un affrontement franco-anglais, est désarmée, coupée en deux par le « corridor de Dantzig », humiliée mais non abattue. Pour la Russie, un « cordon sanitaire » doit rejeter le plus à l'est possible les frontières du bolchevisme. Mais la rivalité des jeunes nationalismes, la division des vainqueurs, l'impuissance de la Société des Nations favorisent les projets « révisionnistes » : dès 1919, D'Annunzio s'oppose au statut de Fiume. En 1923, la Turquie impose à Lausanne la révision totale du traité de Sèvres et ampute la Grèce de Smyrne et de la Thrace.

Après avoir rétabli le service militaire en 1935, Hitler déclenche une série de coups de force en Europe. Ceux-ci réussissent d'autant mieux que la France et l'Angleterre, privées depuis la remilitarisation de la Rhénanie de tout moyen de coercition à l'égard du Reich, s'avèrent incapables de toute réaction autre que verbale (Munich). Après la signature du pacte avec Staline, Hitler se jette sur la Pologne, mais, cette fois, Paris et Londres ne peuvent plus reculer : c'est la guerre.

L'Europe de 1919 à 1923

L'expansion hitlérienne de 1935 à 1939

La guerre dans le monde (1939-1945)

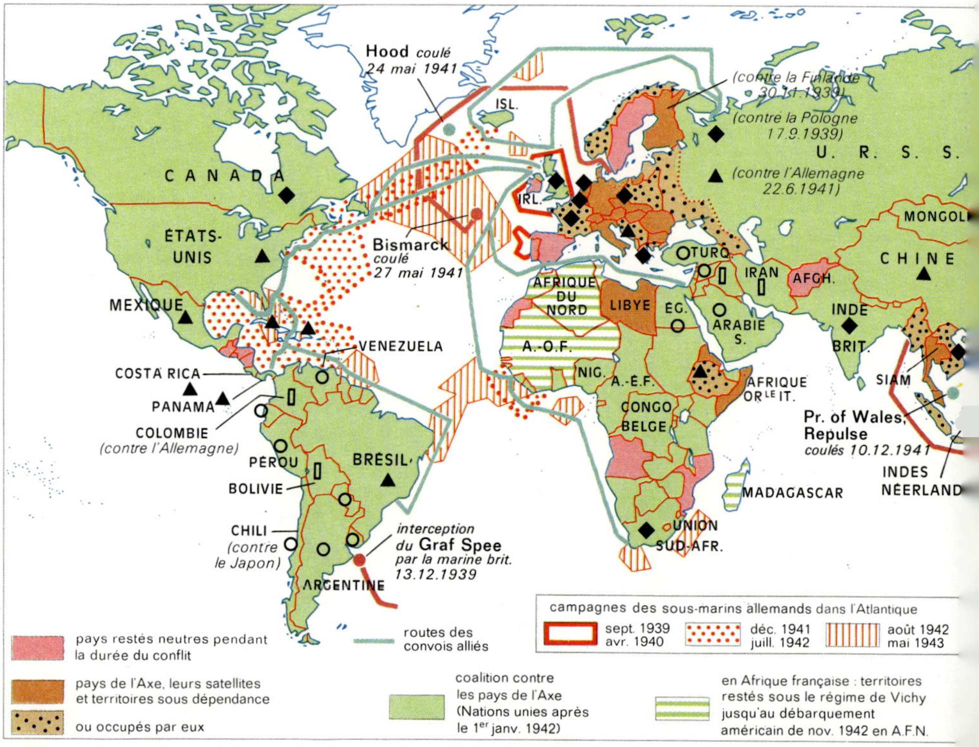

L'affaire de Dantzig sert de prétexte à Hitler pour déclencher un conflit qui doit affranchir le IIIe Reich du « diktat » de Versailles et lui permettre de dominer l'Europe. À partir de 1941, le conflit embrase le monde, à la seule exception de la neutralité, maintenue jusqu'en 1945, entre l'U.R.S.S. et le Japon. Il oppose les puissances démocratiques alliées aux puissances totalitaires de l'Axe, qui atteignent le maximum de leur puissance expansive au cours de l'été 1942. La guerre se caractérise ensuite par la reprise de l'initiative par leurs adversaires, et ne se termine qu'en 1945, après l'apocalypse d'Hiroshima et de Nagasaki.

La guerre en Europe (1939-1942)

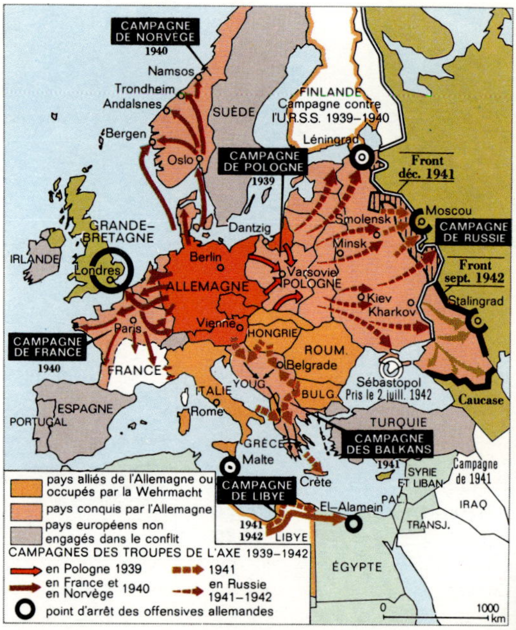

Grâce au couple avion-char, la guerre-éclair *(Blitzkrieg)* procure au Reich trois ans de succès. Après la conquête de la Pologne (1er-26 sept. 1939), du Danemark, de la Norvège, la Wehrmacht lance une offensive générale à l'ouest, le 10 mai 1940. Six semaines plus tard, Pays-Bas et Belgique ont capitulé. La France voit s'écrouler son front Aisne-Somme, et l'Italie, neutre jusqu'alors, lui déclarer la guerre. Signés par Pétain, les armistices (22-24 juin) consacrent l'occupation des trois cinquièmes du sol français. Après la conquête de la Yougoslavie et de la Grèce, la Wehrmacht s'attaque à l'U.R.S.S. le 22 juin 1941. Mais, pour la première fois, les Allemands doivent reculer devant Moscou. Après leur seconde offensive (juin 1942), la contre-attaque soviétique lancée à Stalingrad marque la fin de la guerre-éclair.

Inquiets de l'influence croissante du Japon dans le Pacifique, les États-Unis ripostent par l'embargo total des exportations vers ce pays. Assuré de la neutralité soviétique, le Japon attaque par surprise la flotte américaine à Pearl Harbor (7 déc. 1941) et les États-Unis entrent dans la guerre. Pendant six mois, le Japon obtient en Extrême-Orient des succès considérables. Il conquiert les Philippines (déc. 1941-mai 1942), la Malaisie et Singapour (janv.-févr. 1942), l'Indonésie et la Birmanie (janv.-mars 1942). Au début de l'été, une ultime avance permet aux Japonais de débarquer aux Aléoutiennes, à Guadalcanal et en Nouvelle-Guinée. Leurs avions, qui ont bombardé l'Australie et Ceylan, attaquent l'Alaska et l'île canadienne de Vancouver (20 juin). Tokyo est alors maître de la moitié du Pacifique.

La guerre dans le Pacifique (1941-1942)

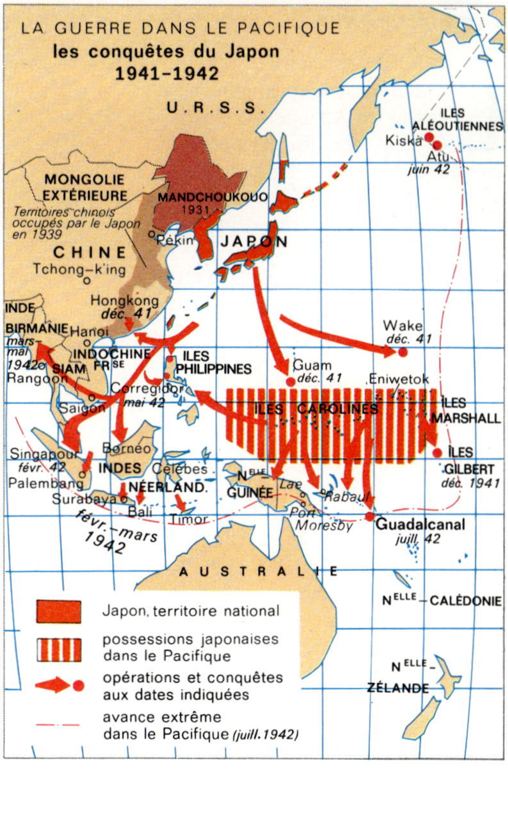

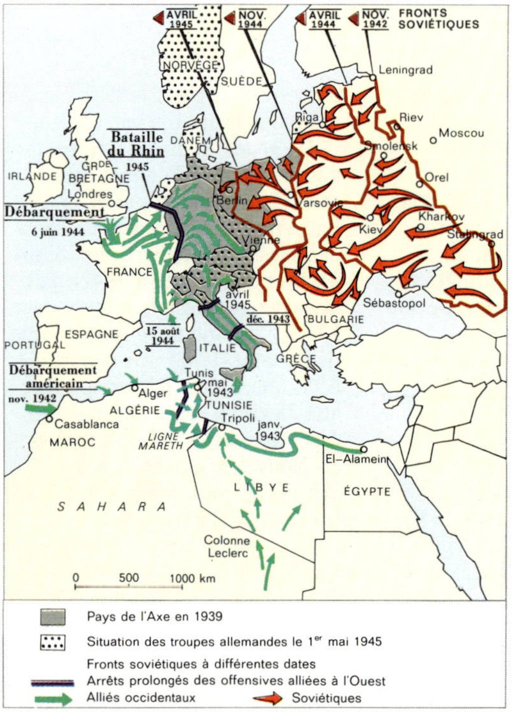

La guerre en Europe (1942-1945)

Le débarquement anglo-saxon en Afrique du Nord (8 nov. 42), qui permet à la France de rentrer en guerre, entraîne la reconquête du sud et du centre de l'Italie, qui capitule dès septembre 1943. De leur côté, les Soviétiques refoulent en dix-huit mois la Wehrmacht de la Volga au Dniestr, pénètrent en Pologne et en Roumanie. Le débarquement anglo-américain en Normandie (6 juin 1944) rompt le front allemand à Avranches (1er août), libère Rennes, Paris, Verdun, Lille, Bruxelles, Anvers (25 août-4 sept.) et rejoint près de Dijon celui de Provence. Dès février 1945, c'est en Allemagne qu'est livrée l'ultime bataille. Après la prise de Berlin et de Vienne, l'Armée rouge rencontre les Alliés sur l'Elbe (25 avril). Le 8 mai 1945, c'est la reddition inconditionnelle de l'Allemagne.

Après la libération de Guadalcanal (févr. 1943), les offensives américaines se portent sur les îles Gilbert (déc. 1943), Mariannes (juin 1944) et sur la Nouvelle-Guinée. La flotte nipponne est pratiquement détruite sur l'île de Leyte (oct. 1944). Les Philippines sont attaquées, puis les abords mêmes du Japon, lequel est dans une situation désespérée après ses défaites en Birmanie. Les 6 et 9 août 1945, les bombes atomiques américaines détruisent Hiroshima et Nagasaki. Le 8 août, l'U.R.S.S. déclare la guerre au Japon, qui capitule le 2 septembre, en rade de Tokyo.

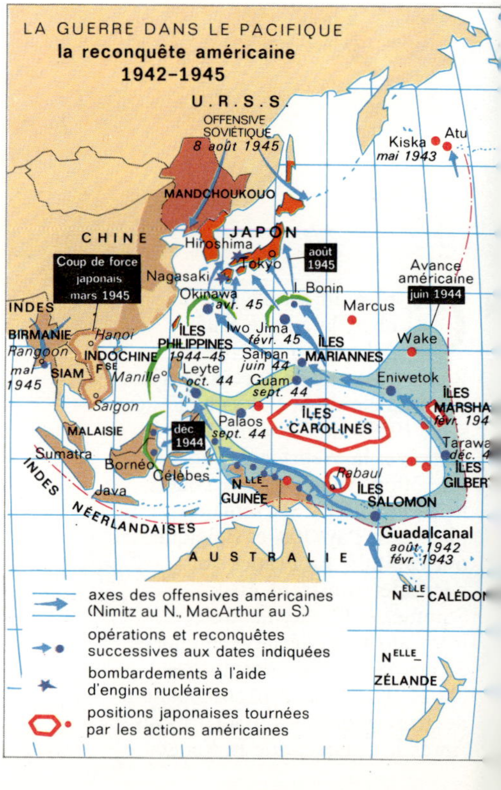

La guerre dans le Pacifique (1942-1945)

L'EUROPE AU LENDEMAIN DE LA SECONDE GUERRE MONDIALE

L'Europe au lendemain de la Seconde Guerre mondiale

Les accords de Yalta (4-12 févr. 1945), entre les États-Unis, l'U.R.S.S. et la Grande-Bretagne, définissent des zones d'influence dans l'Europe d'après-guerre. La conférence de Potsdam (juillet-août 1945) partage l'Allemagne, administrée en commun, en quatre zones d'occupation alliées. Berlin reproduit ce schéma. Les traités marquent une nouvelle avance des Slaves vers l'ouest : l'Italie (1947) cède l'Istrie à la Yougoslavie, Trieste devient ville libre. La Pologne s'étend jusqu'à la ligne Oder-Neisse et cède la moitié de ses territoires à l'est à l'U.R.S.S., qui gagne également les États baltes, la Carélie sur la Finlande, la Bessarabie sur la Roumanie.

Les pays d'Europe

S sacré et proclamé *rex Francorum* à Aix-la-Chapelle le 8 août 936, prenant à Pavie le 23 septembre 951 le titre de *rex Langobardorum* (ou *Italicorum*), également à l'instar de Charlemagne, exerçant depuis 937 une tutelle de fait sur le royaume de Bourgogne, Otton Ier étend dès lors son autorité sur les deux tiers de l'ancien Empire carolingien, à l'exclusion de la *Francia occidentalis.* Auréolé du prestige du vainqueur des Hongrois et des Slaves au Lechfeld et sur la Recknitz les 10 août et 16 octobre 955, il reçoit à Rome la couronne impériale des mains du pape Jean XII le 2 février 962. Relayant l'Empire carolingien dans sa prétention à assurer l'héritage de l'Empire romain et donc à imposer aux autres royaumes chrétiens d'Occident un *dominium mundi* idéal mais irréalisable, le *Sacrum Imperium* est déjà dans les faits romain germanique. Flanquée, à l'est, de marches constituées en pays slave et évangélisées à partir de Magdeburg, cette construction politique apparaît très fragile, les souverains ne pouvant exercer leur autorité que s'ils contrôlent les six ducs nationaux. Retenant le droit de lever l'armée, ceux-ci jouent un rôle essentiel dans l'élection des rois de Germanie. En 1002, la mort d'Otton III scelle l'échec du rêve d'un Empire universel.

Le Saint Empire au Xe s.

Le Saint Empire au temps des Hohenstaufen (XIIe-XIIIe s.)

Au XIIe et au XIIIe siècle, le Saint Empire est le champ clos des rivalités de deux familles : celle des ducs de Bavière, puis de Saxe, les *Welfs* (*al.* guelfes), qui n'accèdent qu'épisodiquement à l'Empire (Otton IV de Brunswick, 1198/1209-1218) ; celle des ducs de Souabe, les *Staufen* (ou Waiblingen, *al.* gibelins), adversaires irréductibles du Saint-Siège, auquel ils disputent le *dominium mundi,* dans le cadre de la querelle du Sacerdoce et de l'Empire. L'insuffisance et la dispersion de leurs biens patrimoniaux ainsi que le mirage italien, qui séduit même Otton IV, ne permettent pas aux rois de Germanie de juguler les ambitions des princes : l'Allemagne se pulvérise en une multitude de petits États, vassaux en droit, indépendants en fait des empereurs. Qu'ils appuient leurs actions sur ce royaume (Frédéric Ier Barberousse, 1152-1190) ou sur la Sicile, que le mariage d'Henri VI (1190-1197) fait passer entre les mains de Frédéric II (1197-1250), que leurs troupes soient vaincues à Legnano en 1176 ou victorieuses à Cortenuova en 1237, les Staufen ne peuvent maîtriser la coalition qui, autour de la ville nouvelle d'Alexandrie, lie la papauté aux communes italiennes unies au sein des ligues lombardes de 1167 et de 1226. Humiliée à Venise par le pape en 1177, à Constance par les villes en 1183, l'autorité impériale ne survit pas à la mort, en 1250, de Frédéric II et à l'émiettement de la souveraineté de part et d'autre des Alpes. En apparence, tout au moins, le triomphe du Sacerdoce sur l'Empire est assuré.

Les princes et la Réforme

En proclamant que les biens du clergé appartiennent à chacun, Luther avait déchaîné une tempête de convoitises, exacerbées par l'inflation : la Réforme sombrait dans l'anarchie. Elle fut sauvée par les princes, qui, après avoir écrasé les masses des hobereaux et des paysans (v. carte p. 67), sécularisèrent les biens d'Église. L'Électeur de Saxe, Jean-Frédéric Ier, et Philippe de Hesse voulaient fonder un Empire évangélique et n'hésitèrent pas à combattre Charles Quint quand il ordonna de rétablir le passé ; leur ligue de Smalkalde est à l'origine de ce que l'on a appelé le « protestantisme militaire et politique », car la politique l'emporta : la Ligue accepta la France et la Bavière catholiques, le Pape même ! Ce protestantisme armé brisa, plus que ne le firent François Ier et Henri II, la tentative d'hégémonie des Habsbourg. La paix d'Augsbourg fut la victoire des princes luthériens : les biens sécularisés leur restèrent, et la religion du prince fut désormais celle de ses sujets, selon le principe *cujus regio, ejus religio.*

Deux héritages heureux (Clèves en 1614, Prusse en 1618), un traité bénéfique (Westphalie, 1648) permettent aux Hohenzollern de constituer dès le XVIIe siècle, tout autour de l'électorat de Brandebourg, un État certes discontinu, mais qui s'étire en écharpe à travers la plaine de l'Allemagne du Nord, des rives du Niémen à celles du Rhin. Consacrée par l'octroi d'une couronne royale « en » Prusse, c'est-à-dire « hors » du Saint Empire, le 18 janvier 1701, cette œuvre territoriale est parachevée par Frédéric II (1740-1786).

En 1763, au terme d'une longue et parfois dangereuse lutte contre l'Autriche, ce souverain annexe définitivement la Silésie. Cette possession fait de l'État des Hohenzollern une grande puissance, à laquelle le triple partage de la Pologne, en 1772, en 1793 et en 1795, assure à la fois cohésion géographique et vocation à réaliser l'unité allemande aux dépens des Habsbourg, mais il faudra attendre 1871 pour qu'elle devienne réalité. (V. carte p. 103.)

Brandebourg-Prusse (XVIIe-XVIIIe s.)

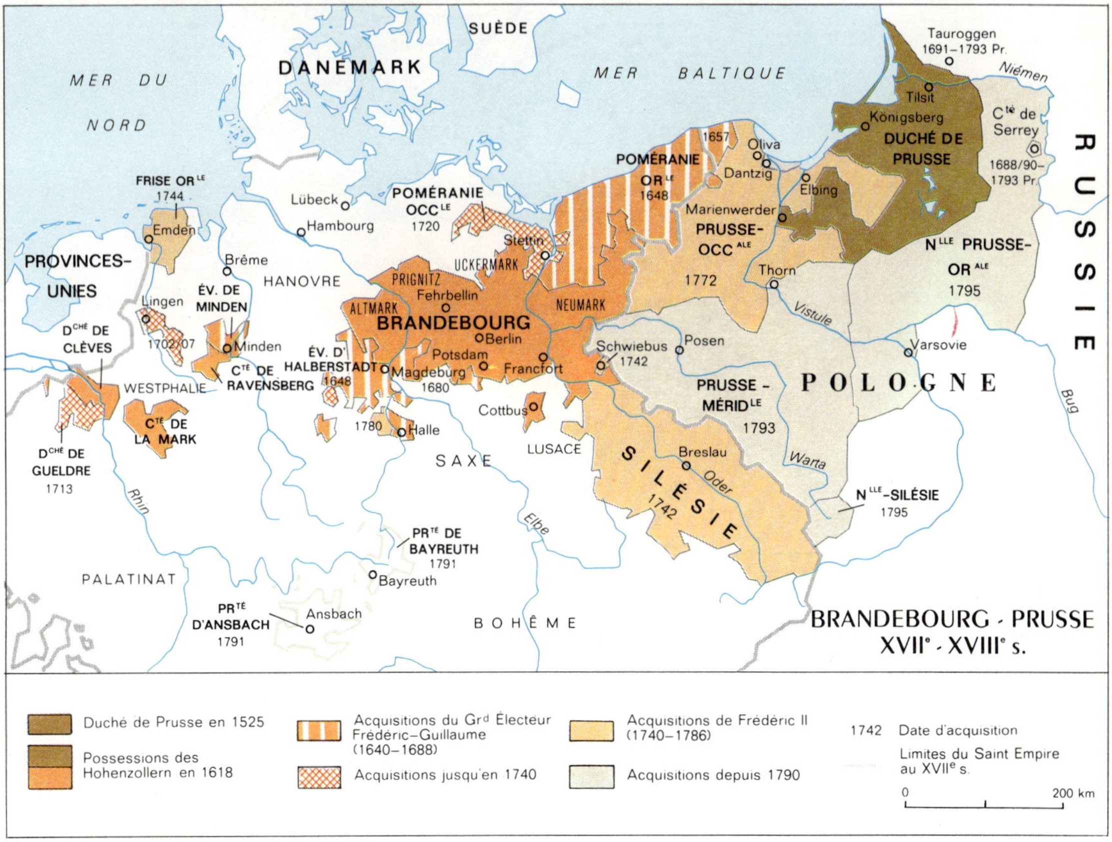

Ferdinand II tenta de réaliser par les armes ses desseins d'hégémonie. Pour commander ses bandes de mercenaires, il eut deux bons généraux : Tilly, un Wallon, Wallenstein, un Tchèque. Tilly écrasa l'insurrection de la Bohême à la Montagne Blanche et battit, à Lutter, Christian IV de Danemark, que Wallenstein coupa, à Dessau, des Transylvains et des Turcs. L'irruption, en 1630, de Gustave-Adolphe transforma la guerre : une armée nationale, un armement léger, des formations en ordre mince. Tilly fut vaincu et tué, et Wallenstein battu à Lützen, mais Gustave-Adolphe périt dans l'action. La victoire de Ferdinand sur les Suédois à Nördlingen en 1634 lui rendit la prépondérance dans l'Empire. La France entra alors dans la guerre. Condé et Turenne furent vainqueurs à Fribourg-en-Brisgau en 1644 et à Nördlingen en 1645 ; la jonction de Turenne avec les Suédois à Zusmarshausen menaça directement Vienne et contraignit l'empereur à négocier (traités de Westphalie, 1648) ; l'état de dévastation quasi totale de l'Allemagne ne lui laissait d'ailleurs que ce choix. (V. carte pp. 72-73.)

L'Allemagne pendant la guerre de Trente Ans (1618-1648)

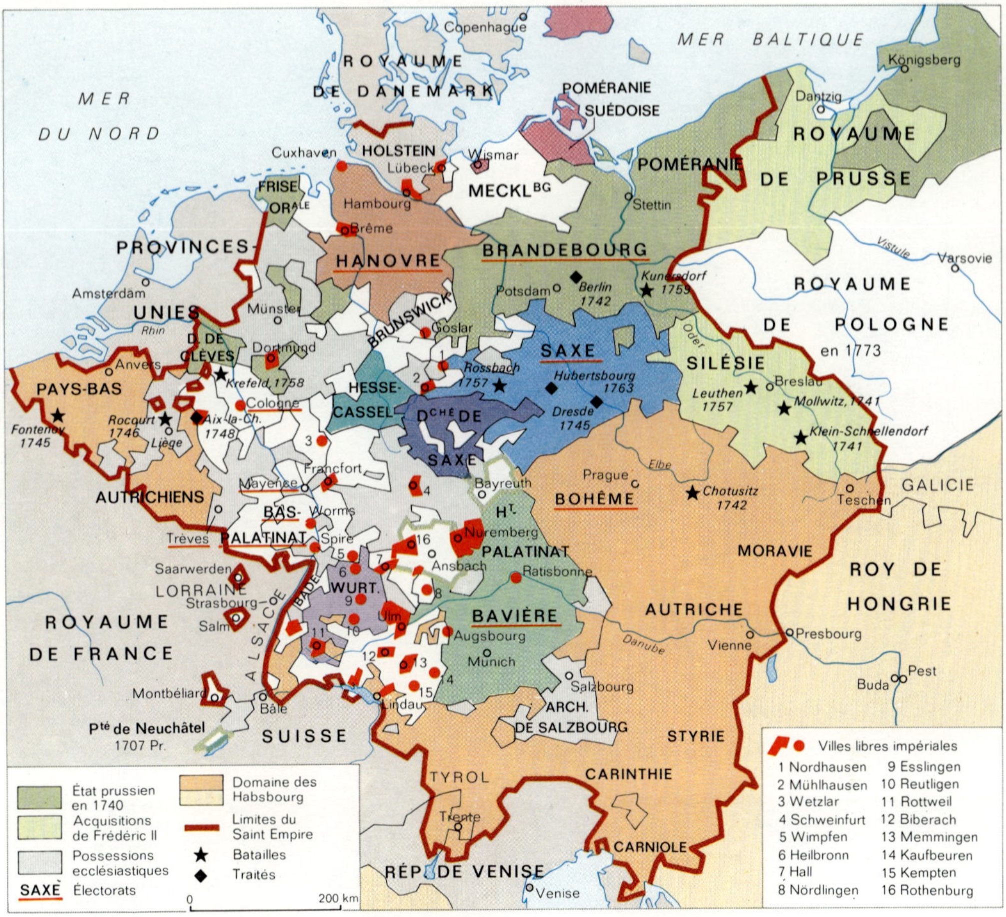

Les Allemagnes à la fin du XVIII**^e^ **s. (1786)

Réduit depuis 1273 au seul royaume de Germanie, mais pulvérisé en plus de 400 États princiers et urbains, le Saint Empire n'est plus, au XVIIIe siècle, qu'une institution prestigieuse sans contenu réel. A la Diète (Reichstag), trois collèges rivaux (neuf électeurs, princes, villes) s'affrontent, opposés par leur statut juridique, leur condition économique et sociale, leur religion, leurs intérêts politiques, sans jamais aboutir à l'unanimité réglementaire. Ainsi, le Habsbourg de Bohême et d'Autriche, le Hohenzollern du Brandebourg, le Welf de Hanovre, respectivement rois en Hongrie, en Prusse et en Grande-Bretagne, mènent des politiques discordantes. Ainsi s'aggravent l'anarchie et le particularisme, au moment où l'Aufklärung favorise la naissance du despotisme éclairé et du sentiment national allemand. Enfin Habsbourg et Hohenzollern engagent pour la Silésie un long combat dont l'enjeu est la réunification des Allemagnes, qui ne se réalisera qu'en 1871 au profit de la Prusse. (V. carte p. 105.)

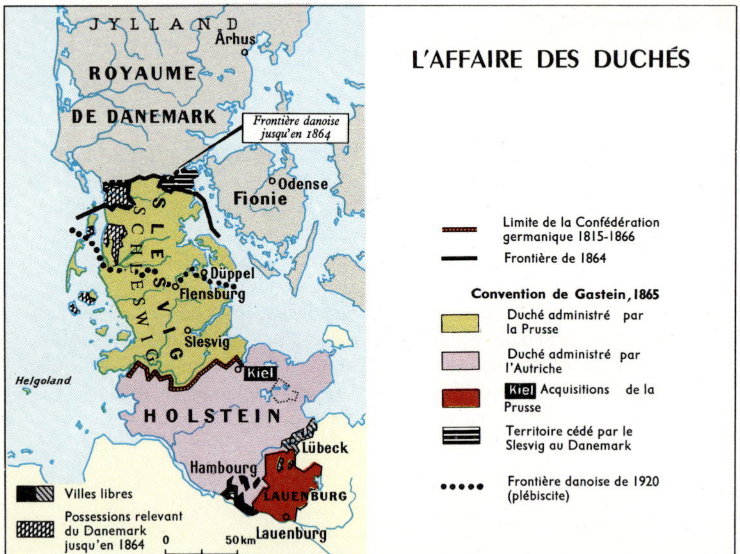

La Confédération germanique (1815-1866)

◀ L'« affaire des duchés » est la première étape de la politique prussienne d'unification de l'Allemagne. Ces trois territoires, surtout peuplés d'Allemands, ont été incorporés au Danemark en 1863 : se posant en champion du nationalisme allemand, la Prusse entraîne l'Autriche dans une guerre rapidement menée, qui aboutit (convention de Gastein), à un partage des duchés favorable à la Prusse (qui construit le canal de Kiel).

L'affaire des duchés

L'EMPIRE ALLEMAND

Le congrès de Vienne organise les États d'Europe centrale en une Confédération germanique qui remplace le Saint Empire. Cette association, citadelle du particularisme, défend surtout les intérêts des Habsbourg et ceux des petits États. Malgré la tentative d'union économique (Zollverein, 1834), la Confédération est vite anachronique. Le réveil des idées nationales en 1848, puis la politique unitaire prussienne ruinent la Confédération, dont l'Autriche, vaincue, se retire en 1866.

L'unité allemande

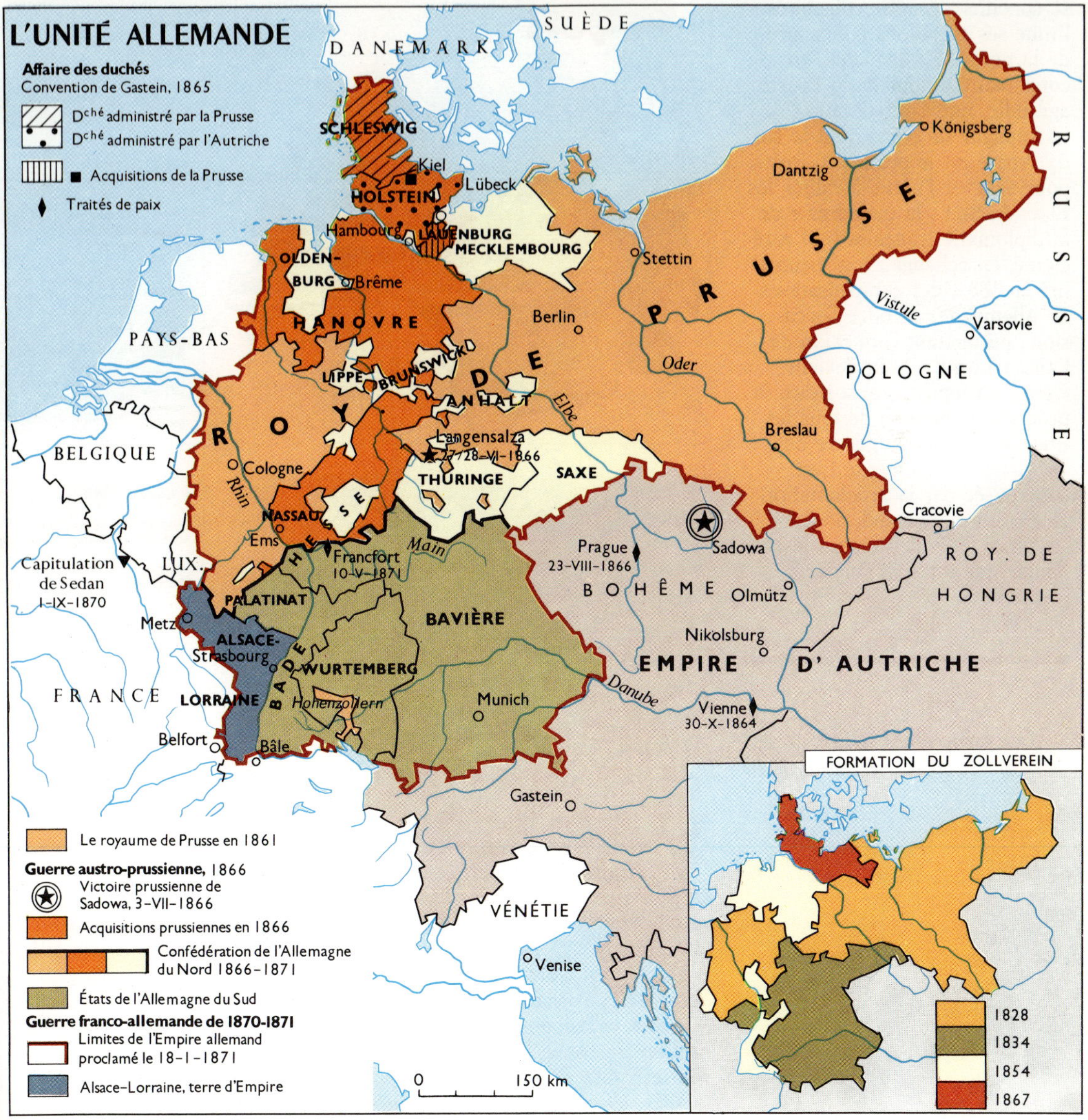

L'UNITÉ ALLEMANDE

Commencée dès 1834 au plan économique par une union douanière *(Zollverein)* qui renforce la primauté de la Prusse en Allemagne du Nord, l'unification politique de l'Allemagne passe désormais par l'élimination de l'Autriche. Fort de l'appui de la bourgeoisie rhénane, des milieux nationalistes et même des libéraux, gagnés par un projet de réorganisation de la Diète, Bismarck rompt avec l'Autriche dès 1866 ; l'armée prussienne, modernisée et « rodée » par la guerre des Duchés, bat rapidement les alliés de l'Autriche à Langensalza et défait celle-ci à Sadowa. Mais, soucieux de se concilier l'Empire, Bismarck limite ses ambitions à l'exclure de la nouvelle Allemagne, en constituant, autour de la Prusse agrandie, une Confédération de l'Allemagne du Nord dont le roi de Prusse est le président. Reste, pour achever l'unité, à rallier les États du Sud : la maladresse de la diplomatie française (qui a réclamé, en échange de sa neutralité en 1866, des compensations en Allemagne) en offre l'occasion ; permettant l'annexion de l'Alsace-Lorraine, qui devient « terre d'Empire », c'est-à-dire la propriété commune de tous les États allemands, la guerre de 1870 cimente l'unité, qui est concrétisée par la proclamation de l'Empire allemand, dont la structure fédérale ménage le particularisme du Sud. (V. carte p. 136.)

Les frontières allemandes depuis 1914

Vaincue en 1918, l'Allemagne est contrainte (traité de Versailles, 28 juin 1919) de restituer l'Alsace-Lorraine à la France, Eupen et Malmédy à la Belgique, le Schleswig du Nord aux Danois, de céder la Posnanie et la haute Silésie à la Pologne. Le couloir de Dantzig coupe l'Allemagne de son territoire de Prusse-Orientale. Hitler remilitarise la Rhénanie (1936), annexe l'Autriche, démembre la Tchécoslovaquie, envahit la Pologne (1939). L'Allemagne de 1945, ramenée à ses frontières de 1937 (moins la Poméranie, la Prusse-Orientale et la Silésie), est divisée en zones d'occupation anglaise, américaine, française et soviétique. En 1949, les trois premières forment la R.F.A., la zone soviétique devenant la R.D.A.

L'Allemagne au lendemain de la Seconde Guerre mondiale

Après la capitulation de l'Allemagne (8 mai 1945), l'autorité de l'État revient au Conseil de contrôle quadripartite, chargé de limiter la puissance industrielle du pays et de procéder à sa démilitarisation, sa dénazification et sa démocratisation. Mais, en déclenchant la « guerre froide » en 1947, l'U.R.S.S. accélère la socialisation économique de sa zone. Les alliés occidentaux favorisent alors le redressement économique de leurs propres zones d'occupation. D'où le blocus de Berlin-Ouest par les Soviétiques (24 juin 1948-12 mai 1949), qui conduit à la coupure définitive de l'Allemagne en deux (République fédérale, République démocratique), matérialisée par la construction du mur de Berlin (12-13 août 1961).

V. AUTRICHE p. 183
BELGIQUE p. 161
BULGARIE pp. 192-193
CHYPRE pp. 57, 189
DANEMARK pp. 178-179

L'Espagne wisigothique

Chassés du sud de la Gaule – sauf de Septimanie – par Clovis (Vouillé, 507), les Wisigoths réduisent leur domination à l'Espagne, dont Tolède devient, vers 554, la capitale politique et spirituelle. Fixant l'essentiel de leur peuple en Vieille-Castille, ils annexent en partie le royaume des Vascons (578), celui des Suèves (585), et chassent au VIIe siècle les Byzantins du sud-est du royaume. Affaibli par les intrigues successorales et aristocratiques, celui-ci est submergé de 711 à 714 par les Maures islamisés de Ṭāriq.

La conquête musulmane

En 711, l'invasion berbéro-musulmane franchit les colonnes d'Hercule (futur détroit de Gibraltar) et écrase le roi Rodrigue près de Cadix. En 713, toute la Péninsule, soumise au gouverneur du Maghreb, Mūsā ibn Nuṣayr, forme un émirat au sein du califat. Mais des territoires chrétiens indépendants subsistent au nord (Pyrénées) et au nord-ouest (Asturies) de l'Espagne. Après le coup d'arrêt donné à cette invasion par Charles Martel en Gaule franque (Poitiers, 732), les Maures se replient en deçà des Pyrénées.

La Reconquête au XIe s.

Au début du XIe siècle, les États créés au nord de l'Espagne (Navarre, Aragon) s'ouvrent à l'influence française : celle des pèlerins de Saint-Jacques-de-Compostelle et celle des chevaliers qui participent aux raids des princes espagnols contre les 25 royaumes musulmans nés de la disparition du califat de Cordoue (1031). De 1035 à 1065, le roi de Castille, puis de León, Ferdinand Ier, mène la « Reconquête » et vassalise les souverains de Badajoz, Saragosse, Tolède, Séville. Une grande expédition est menée dans la vallée de l'Èbre (1063-1064). Cette « croisade » chrétienne est surtout castillane : Alphonse VI prend Tolède (1085), le Cid Campeador constitue à son profit la seigneurie de Valence (1094-1102). Mais l'arrivée des Almoravides en Espagne, vainqueurs d'Alphonse VI (1086), freine déjà la Reconquête.

La Reconquête au XIIIe s.

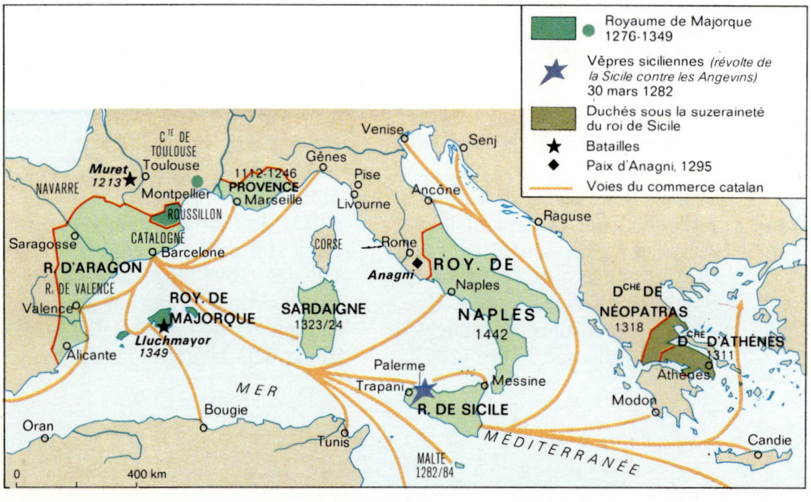

Expansion de l'Aragon en Méditerranée

Les possessions espagnoles en Europe jusqu'en 1714

LA RECONQUÊTE AU XIIIe SIÈCLE

Créé en 1139-1143, le royaume du Portugal est, au XIIe siècle, le seul gain des États chrétiens face à l'Islām des Almohades. Affaiblie par ses luttes contre le León, la Castille est battue à Alarcos (1195), mais le traité de Cazola (1179) relance la Reconquête (victoire de Las Navas de Tolosa, 1212). Refoulés au-delà de la sierra Morena, les musulmans ne s'accrochent plus, après 1232, qu'au royaume nasride de Grenade.

EXPANSION DE L'ARAGON EN MÉDITERRANÉE

Après la défaite de Muret devant la France (1213), qui met fin à son rêve occitan, l'Aragon se tourne vers l'Espagne (conquête de Palma de Majorque en 1229, de Valence en 1238), puis la Méditerranée. Les Vêpres siciliennes (1282) chassent les Angevins de Sicile, et Pierre III en est proclamé roi. Par la paix d'Anagni (1295), Jacques II obtient le droit de conquérir la Corse et la Sardaigne, mais il renonce à la Sicile et à Majorque.

LES POSSESSIONS ESPAGNOLES EN EUROPE JUSQU'EN 1714

A la paix des Pyrénées (1659), l'Espagne cède à la France le Roussillon et l'Artois, et consent au mariage de l'infante Marie-Thérèse avec Louis XIV, qui gagnera une partie de la Flandre (1668) et la Franche-Comté (1678). Dès 1701, la non-renonciation du nouveau roi d'Espagne, Philippe V, petit-fils de Louis XIV, à ses droits à la couronne de France, coalise l'Europe contre les Bourbons ; En 1703, l'archiduc d'Autriche, Charles de Habsbourg, est reconnu roi d'Espagne. Animée par son père, l'empereur Léopold Ier, et surtout par l'Angleterre, la guerre de la Succession ruine la France et l'Espagne, sauvées par les victoires de Villaviciosa et de Denain. A Utrecht et à Rastatt, la présence des Bourbons à Madrid est confirmée, mais les Habsbourg d'Autriche et la Savoie se partagent les Pays-Bas et l'Italie espagnols, et l'Angleterre obtient la maîtrise des mers.

Guerre civile d'Espagne (1936-1939)

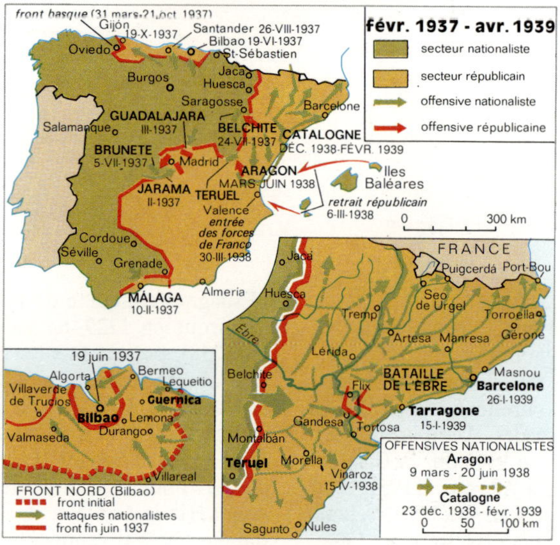

La victoire, aux élections de février 1936, du *Frente popular,* accompagnée d'une vague d'agitation sociale (réclamation d'une réforme agraire, mouvements anarchistes), alarme les grands propriétaires fonciers et la bourgeoisie, solidement appuyés sur l'armée et l'Église. Le soulèvement organisé le 18 juillet par les généraux Sanjurjo et Franco ne réussit pourtant que partiellement, en raison de la résistance populaire organisée par le gouvernement socialiste, avec l'appui des syndicats ouvriers, des salariés agricoles, des autonomistes basques et catalans.

La guerre civile s'internationalise bientôt en raison de l'importance stratégique de l'Espagne et de l'enjeu idéologique de la guerre (dictature ou démocratie ; fascisme ou socialisme). Mais les forces sont inégales entre les nationalistes de Franco, puissamment aidés par l'Italie fasciste et l'Allemagne nazie, et les gouvernementaux, qui ne reçoivent que des secours limités (rôle surtout des brigades internationales) : après l'écrasement du Pays basque durant l'été 1937, une offensive nationaliste en Aragon coupe en deux la zone gouvernementale. La contre-offensive désespérée sur l'Èbre ne peut empêcher la chute de la Catalogne en janvier 1939. En mars, la prise de Madrid par les franquistes achève une guerre qui a fait au moins 636 000 morts, entraîné le départ en exil d'environ 350 000 Espagnols, et ruiné un pays dont le territoire a servi de base d'essai aux armements et aux troupes des protagonistes de la Seconde Guerre mondiale.

V. FINLANDE pp. 178-179

Coïncidant avec le déclin de l'Empire carolingien, les invasions, normandes et sarrasines au IXe siècle, hongroises au Xe siècle, convergent au cœur de la *Francia occidentalis,* n'épargnant que les régions éloignées des côtes et à l'écart des fleuves.

Apparus vers 810 au nord et à l'ouest, multipliant à partir de 834 leurs raids depuis leurs bases (Angleterre, Noirmoutier), remontant la Seine, la Loire... sur leurs légers *snekkja,* poursuivant à cheval leur pénétration à l'intérieur du royaume, les Normands contraignent les souverains à leur verser de lourds tributs, puis à reconnaître l'existence des États qu'ils créent sur leurs territoires (Nantes, 919-937 ; duché de Rouen, 911).

S'orientant du sud vers le nord depuis la Méditerranée dès 828, mais ne devenant systématiques qu'avec la constitution de la base de *Fraxinetum* près de Saint-Tropez (v. 890-972/973), les raids des Sarrasins ravagent les Alpes jusqu'aux abords du lac de Constance, où ils recoupent les rapides chevauchées des Hongrois qui, venus de l'est, sèment la désolation de la Lorraine au Languedoc entre 917 et 955. Ils porteront un coup fatal à la puissance carolingienne, qui ne s'en relèvera pas.

Les invasions en France aux IXe et Xe s.

Si la force des armes et la vertu d'un traité (Saint-Clair-sur-Epte, 911) sont à l'origine du duché de Normandie, celui-ci se distingue par la vigueur de son particularisme régional, voire ethnique et linguistique. Un même particularisme caractérise toutes les principautés périphériques qui se sont constituées entre 880 et 920 : duchés d'Aquitaine et de Bourgogne ; comtés de Bretagne, de Barcelone, de Toulouse et de Flandre.

Plus petites, plus tardivement émancipées sont les principautés comtales du cœur de la *Francia* (Anjou et Maine, Vermandois, Blois et Chartres, Troyes et Meaux). Elles restent soumises à l'autorité des ducs de France, les descendants de Robert le Fort. L'un d'eux, Hugues Capet, est élu roi, contre le Carolingien Charles, à Senlis en 987. Il se hâte d'associer, par le sacre, à la magistrature royale son fils aîné Robert. Ainsi commence la dynastie capétienne.

La France à la fin du Xe s.

LA FRANCE À LA FIN DU Xe s.

Le domaine royal sous Louis VI

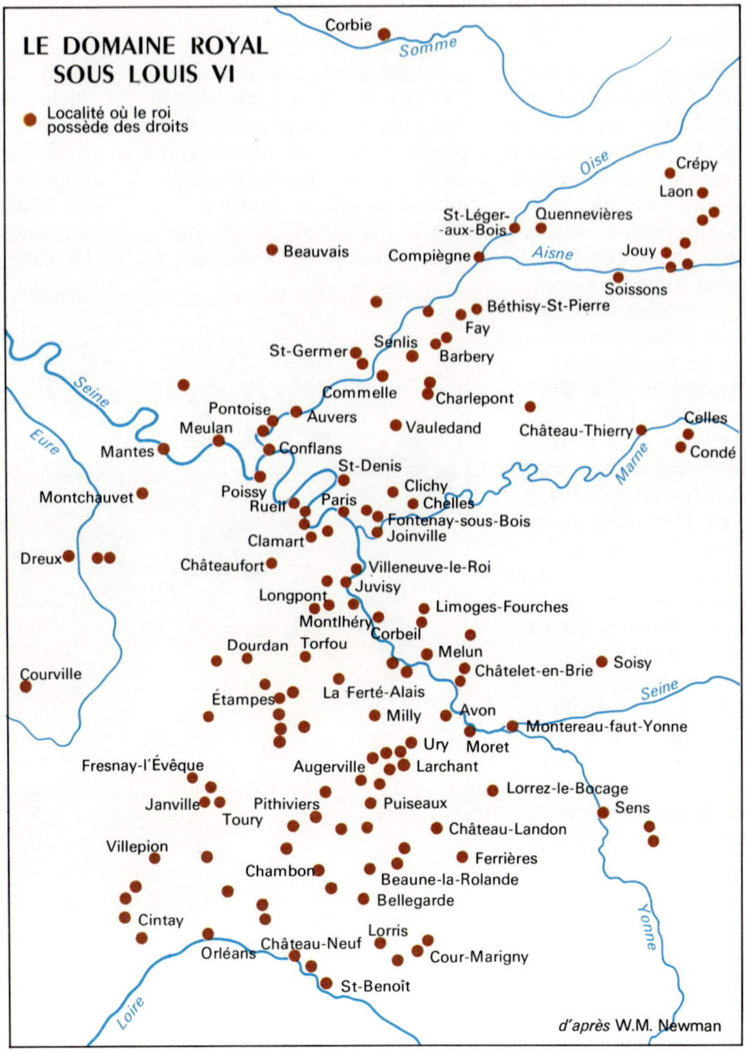

Hérité en partie des Carolingiens (palais royaux de Compiègne, d'Attigny, etc.), et en partie des Robertiens, le domaine royal est constitué de trois ensembles territoriaux principaux : autour d'Orléans et de Sens au sud, Paris au centre, Senlis au nord ; il dispose en outre, dès l'origine, d'un débouché sur la mer (Montreuil-sur-Mer). Au XIe siècle, il s'adjoint les comtés du Gâtinais et du Vexin, la vicomté de Bourges, et des droits sur les grandes abbayes de Corbie et de Saint-Denis.

De superficie modeste mais sans cesse accrue, le domaine royal est sans doute plus vaste et plus riche que ceux de tous les grands vassaux, à l'exception du duc des Normands. Des châtelains, tels les seigneurs de Montlhéry, de Montmorency, tentent d'y créer des principautés indépendantes : Philippe Ier et Louis VI s'acharnent à les ramener à la soumission. La politique d'expansion des comtes de Blois-Champagne menace le domaine. Mais, joint au prestige du sacre et aux prérogatives féodales du souverain, le domaine royal forme l'assise de la puissance capétienne.

La puissance capétienne s'affirme réellement à l'aube du XIIIe siècle, lorsque Philippe II Auguste réussit à tripler, pour le moins, la superficie du domaine royal par les moyens les plus divers : acquisitions matrimoniales (Artois, 1180, avec, au traité de Boves, en 1185, la reconnaissance par les barons de la possession d'Amiens et du Vermandois) ; commise féodale en 1202 des terres d'un vassal félon, le roi d'Angleterre, Jean sans Terre et, en dépit de périodes critiques (défaites de Fréteval en 1194 et Courcelles en 1198 infligées par Richard Cœur de Lion, qui meurt à Châlus en 1199), occupation progressive des fiefs de ce dernier par la force des armes (Normandie, Maine, Anjou, Touraine, Terre d'Auvergne). En brisant la coalition anglo-germano-flamande de 1214 à La Roche-aux-Moines et à Bouvines, où Jean sans Terre et l'empereur Otton IV de Brunswick sont tour à tour vaincus, Philippe II Auguste consolide ses conquêtes, affaiblit de manière décisive la dangereuse puissance des Plantagenêts à l'intérieur du royaume de France et, par contrecoup, affirme la sienne propre à l'égard des autres grands vassaux : l'avenir de la dynastie est assuré, à tel point que son fils et successeur, Louis VIII le Lion (1223-1226), rompant avec une tradition qui remontait à Hugues Capet, ne se fait pas couronner du vivant de son père, mais trois semaines après la mort de celui-ci. (V. carte p. 141.)

La France au temps de Philippe Auguste (1180-1223)

Maîtres d'un royaume riche de 12 à 16 millions d'habitants ainsi que d'un domaine qui en englobe désormais les deux tiers – et qui s'accroît en 1349 de Montpellier et du Dauphiné –, les Valois disposent dès 1338 de moyens incomparablement supérieurs à ceux des Plantagenêts. L'Angleterre n'est, en effet, peuplée que de 4 millions d'habitants, et les possessions continentales de ses rois sont réduites au Ponthieu et à la Guyenne, terres pour lesquelles ces derniers voudraient être déliés de tout hommage à l'égard du roi de France, dont ils revendiquent par ailleurs la couronne.

La médiocrité politique et militaire des premiers Valois et la crise économique et monétaire française permettent à Édouard III d'Angleterre de l'emporter progressivement, grâce à des alliances avec le Hainaut, Berg, Clèves, le Brabant, le Limbourg, et avec l'aide des Flamands (à partir de 1340) puis celle, dès 1341, des Bretons de Jean de Montfort, pour des motifs dynastiques. La supériorité militaire des Anglais est plus marquée encore, grâce à l'enrôlement des montagnards aguerris venant du pays de Galles et d'Écosse. Le roi Edouard est vainqueur sur mer, le 24 juin 1340 à l'Écluse, sur terre, le 26 août 1346 à Crécy et le 4 août 1347 à Calais, qu'il transforme en tête de pont économique et militaire en France du Nord. La guerre peut reprendre.

Les débuts de la guerre de Cent Ans de 1338 à 1350

Conquête anglaise et reconquête française de 1356 à 1380

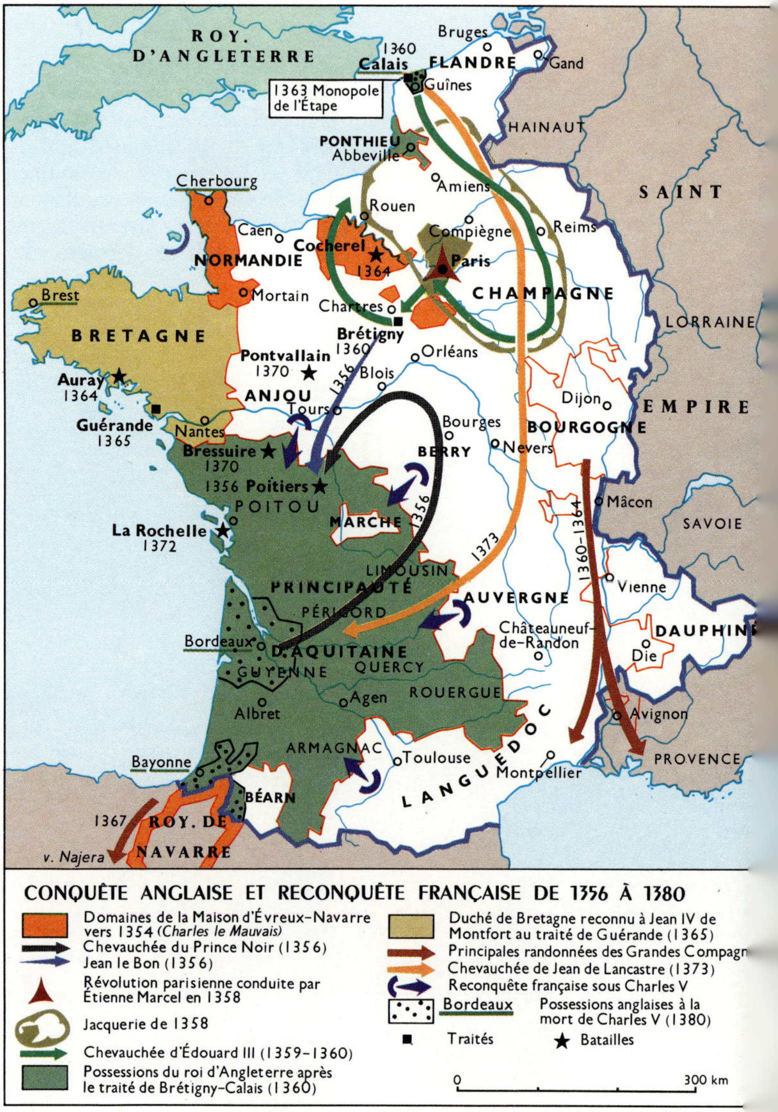

Trois bases territoriales (Bordelais, Ponthieu, Calaisis), l'appui des maisons de Montfort en Bretagne, d'Évreux-Navarre en Normandie, tels sont les atouts dont dispose Édouard III lorsque le prince de Galles Édouard (le Prince Noir) fait prisonnier Jean II le Bon près de Poitiers en 1356, contraignant ce souverain à signer en 1360 le traité de Brétigny-Calais. Cette victoire assure la possession de l'Aquitaine aux Plantagenêts, dont l'empire continental est partiellement reconstitué à l'heure où les Valois sont affaiblis par la révolution parisienne d'Étienne Marcel et par l'insurrection paysanne des Jacques.

La crise intérieure surmontée dès 1358, Charles V et du Guesclin renversent la situation : Charles le Mauvais est vaincu à Cocherel en 1364 ; la Bretagne rentre dans la vassalité française par le traité de Guérande en 1365 ; la France est libérée des Grandes Compagnies qui sont envoyées en 1367 en Castille, laquelle devient son alliée ; les Anglais, enfin, vaincus à Pontvallain et à Bressuire en 1370, sont rejetés hors du royaume, où ils ne contrôlent plus en 1380 que cinq ports : Calais, Cherbourg, Brest, Bordeaux et Bayonne. La reconquête française semble alors parvenue à son terme.

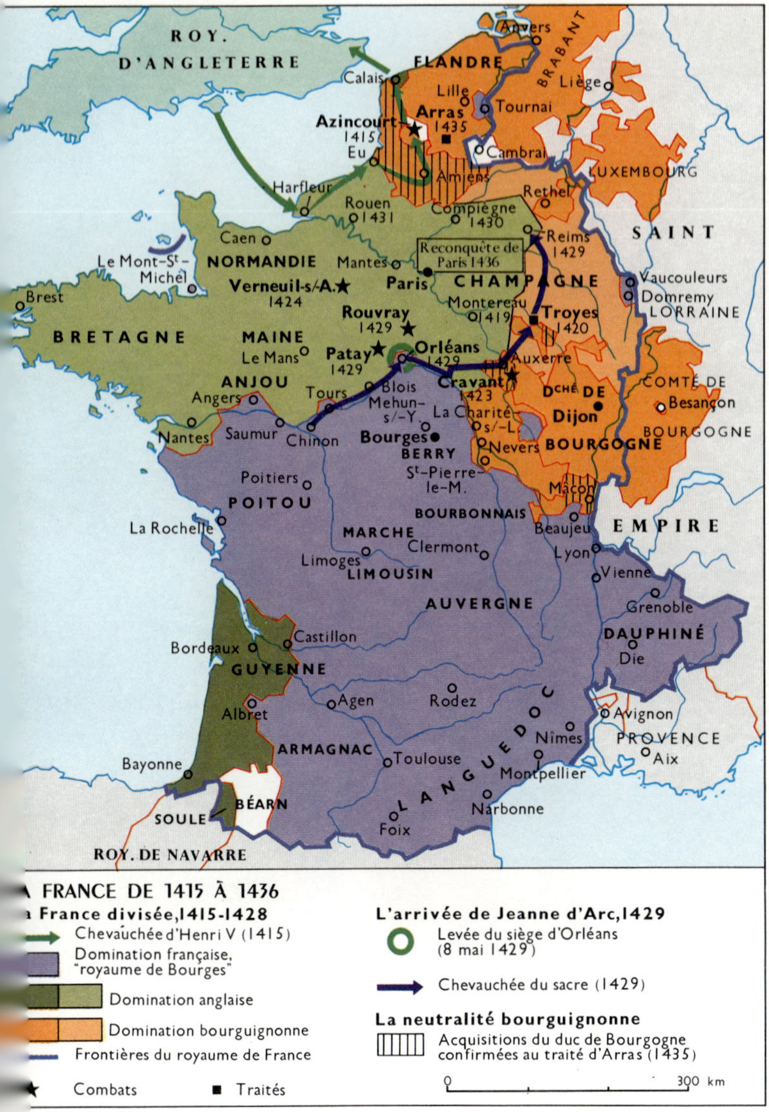

La France de 1415 à 1436

Longtemps retardée en France par la folie de Charles VI, par la querelle des Armagnacs et des Bourguignons, en Angleterre par la crise dynastique de la fin du XIVe siècle, la reprise des hostilités est provoquée en 1411 par l'appel du duc de Bourgogne, Jean sans Peur, à Henri IV de Lancastre.

La victoire décisive de son successeur, Henri V, à Azincourt le 25 octobre 1415, l'occupation de la Normandie par ses troupes de 1415 à 1419, l'assassinat de Jean sans Peur à Montereau par les hommes du Dauphin entraînent, le 21 mai 1420, la signature du traité de Troyes. Celui-ci rend possible l'avènement d'Henri VI de Lancastre au trône de France le 21 octobre 1422 et consacre la division du royaume entre les trois dominations, anglaise, bourguignonne (Philippe le Bon), delphinale (Charles VII).

L'intervention de Jeanne d'Arc renverse alors la situation : Orléans est sauvée le 8 mai 1429, et Charles VII sacré à Reims le 17 juillet. L'exécution de l'héroïne à Rouen, le 30 mai 1431, pour hérésie, bloque un moment la reconquête. Favorisée par la paix franco-bourguignonne d'Arras du 21 mai 1435, celle-ci aboutit à la reprise de Paris par les troupes de Charles. Le destin des Lancastre en France est scellé.

Les acquisitions de Louis XI

But essentiel de la politique de Louis XI, le renforcement de l'autorité monarchique dans les domaines économique et politique se traduit par les résultats suivants : création de foires franches à Lyon, à Caen et à Rouen, afin de favoriser l'enrichissement du royaume ; rétablissement de la paix avec l'Angleterre par la trêve de Picquigny, qui met pratiquement fin à la guerre de Cent Ans le 29 août 1475 ; adjonction, enfin, au domaine royal des biens de la maison de Bourgogne, après la défaite et la mort de Charles le Téméraire devant Nancy en 1477 (duché de Bourgogne, Picardie et Boulonnais) et de l'héritage angevin dans (Anjou, 1480 ; Maine, 1481) et hors du royaume (Provence, 1481), à la mort du roi René en 1480 et à celle de Charles du Maine en 1481. Bien que Charles VIII rétrocède à l'Aragon en 1493 la Cerdagne et le Roussillon occupés depuis 1475 et bien qu'il restitue aussi aux Habsbourg en 1493 l'Artois et le « comté » de Bourgogne, également occupés depuis 1477, l'essentiel des acquisitions territoriales de Louis XI reste aux mains de la monarchie.

Relevant soit de l'Empire, soit du royaume de France, l'État fondé par Philippe le Hardi se caractérise à l'origine par une triple hétérogénéité, politique, économique et surtout géographique, 200 kilomètres séparant ses deux blocs constitutifs. Désireux de les rendre plus cohérents, Philippe le Bon s'efforça d'abord d'unifier les Pays-Bas sous son autorité directe (Brabant, Luxembourg) ou indirecte (Liège, Cambrai). Puis Charles le Téméraire tenta de les souder en un seul ensemble géopolitique soit en imposant à Louis XI l'abandon de la Champagne à un prince dévoué à ses intérêts (Charles de France, en 1468), soit en occupant de gré ou de force les terres lotharingiennes jusqu'au Rhin (Lorraine, en 1473). Mais le triple échec subi devant Neuss en 1474-75, en Suisse en 1476 et près de Nancy en 1477 scella le destin des Valois-Bourgogne dont la seule héritière, Marie de Bourgogne, légua aux Habsbourg le rêve impérial en épousant Maximilien d'Autriche.

L'État bourguignon

Les guerres de Religion (1562-1577)

Les protestants avaient d'abord été des réformateurs, puis ils fondèrent une Église séparée, obtenant par le premier édit d'Amboise (1560) une liberté de conscience illimitée et une liberté de culte limitée. Enfin, ils s'organisèrent en parti politique dirigé par Antoine de Bourbon, le prince de Condé, son frère, et l'amiral de Coligny. Mais le parti catholique s'était uni derrière la famille des Guise, dont la nièce, Marie Stuart, avait épousé le jeune roi François II. S'ouvrit alors l'« ère des révoltes, combats, traités », la reine mère, Catherine de Médicis, cherchant vainement la conciliation. Il y eut huit guerres civiles. Durant les six premières, les protestants furent le plus souvent battus (à Saint-Denis, Jarnac, Moncontour). Mais les « paix » leur rendaient les libertés de 1560, parfois accrues : paix d'Amboise, de Longjumeau, de Saint-Germain (ils obtinrent quatre « places de sûreté »), de La Rochelle, de Beaulieu (la plus avantageuse : huit places de sûreté), de Bergerac (1577). Une république protestante s'était peu à peu créée au sein du royaume. Mais tous n'admettaient pas son existence.

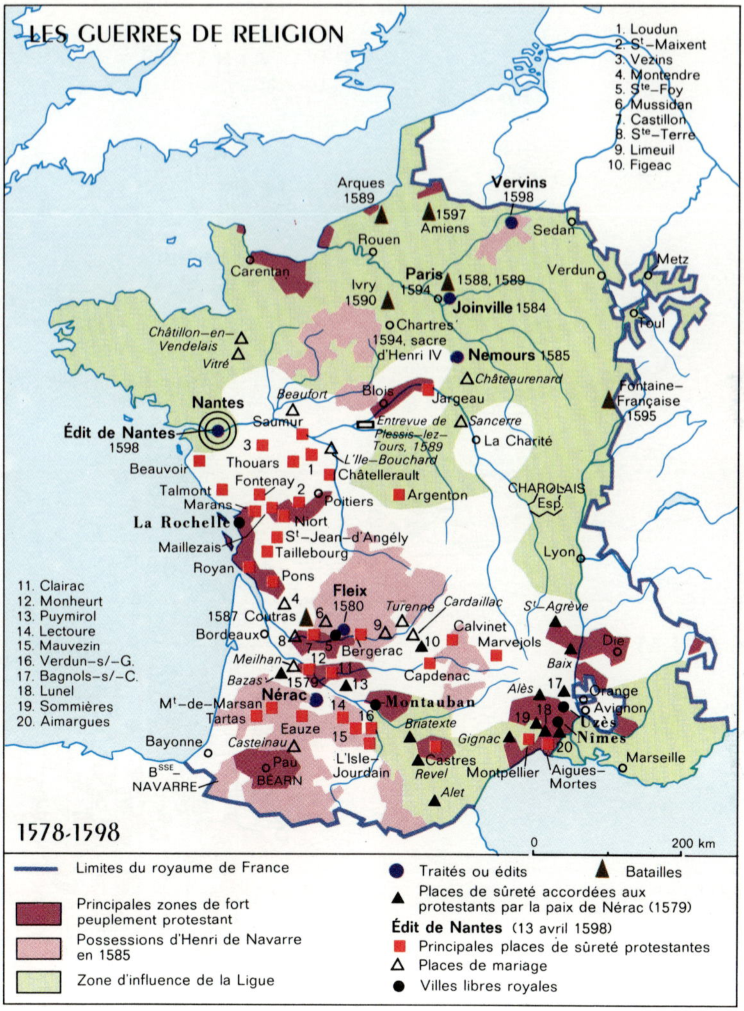

Les guerres de Religion (1578-1598)

Après la septième guerre, ce « feu de paille » (1579-1580), s'ouvre la huitième guerre (1585-1598), dite « des Trois Henri » (Henri III, Henri de Navarre, Henri de Guise), qui voit triompher les protestants (Coutras). Le vainqueur, Henri de Navarre, fils d'Antoine de Bourbon et futur Henri IV, devient le prétendant légitime après l'assassinat d'Henri III, mais le parti catholique (la Ligue, dirigée par le duc de Mayenne) refuse de le reconnaître. Il doit alors faire la conquête de son royaume (bataille d'Arques, d'Ivry, siège de Paris), jusqu'au moment où les excès des ligueurs, les inquiétudes provoquées par l'intervention de l'Espagne (qui prétend mettre sur le trône l'infante Isabelle, nièce d'Henri III) et la lassitude entraînent un mouvement général de soumission à Henri IV, qui a abjuré le protestantisme (1593). L'édit de Nantes (1598) assure la paix intérieure en garantissant aux protestants la liberté complète de conscience, une centaine de places de sûreté, l'égalité des droits civils et politiques et la liberté partielle de culte : tolérance unique en Europe !

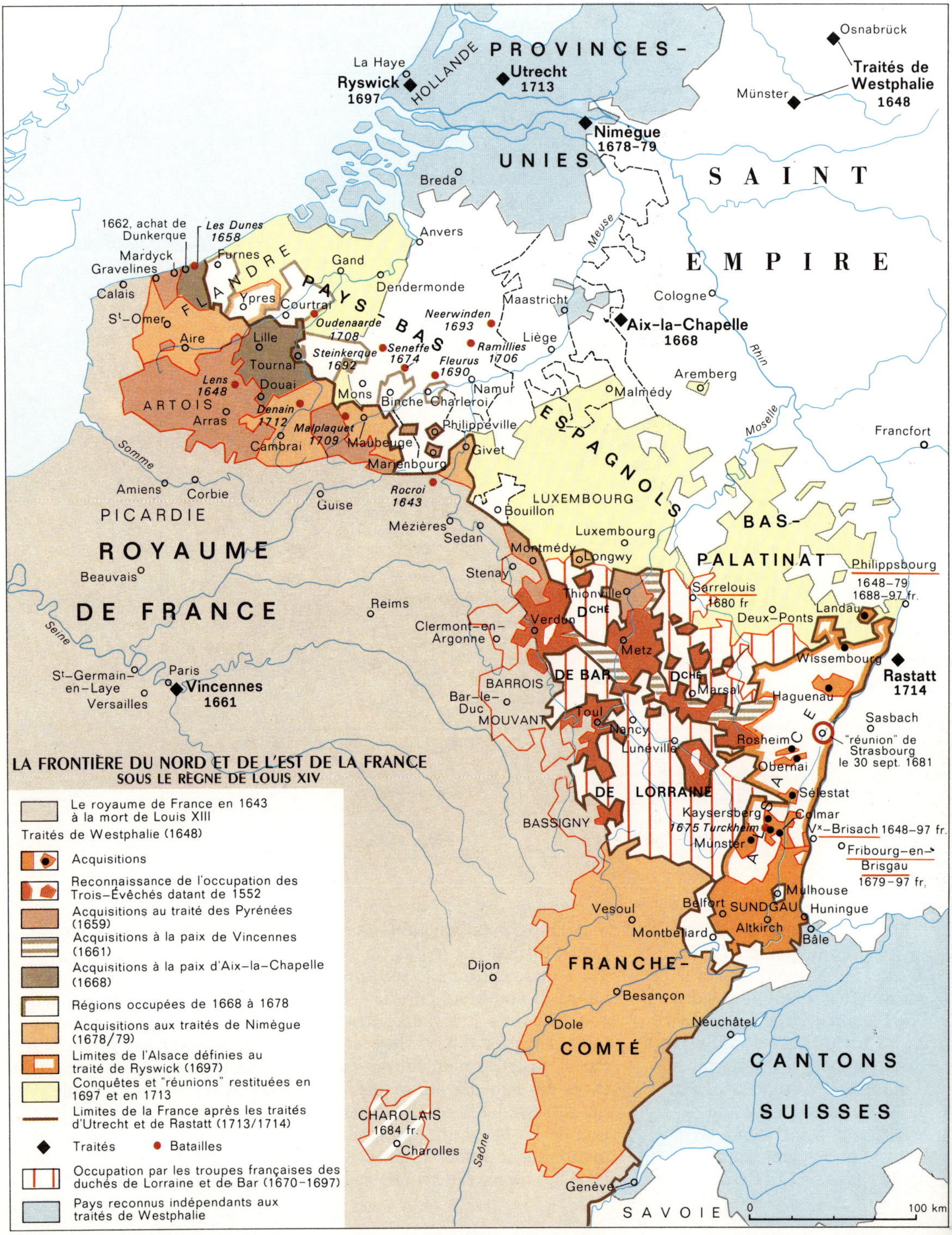

LA FRONTIÈRE DU NORD ET DE L'EST DE LA FRANCE SOUS LE RÈGNE DE LOUIS XIV

Les traités de Westphalie et des Pyrénées n'avaient fait qu'améliorer les mauvaises frontières de l'Est et du Nord : l'Espagne en Franche-Comté, l'Alsace sans Strasbourg, la Lorraine occupée mais non annexée, les plaines sans défense des Pays-Bas espagnols d'où débouchent les routes d'invasion de la Lys, de l'Escaut, de la Sambre. Dès 1662, Louis XIV acheta Dunkerque à Charles II d'Angleterre. A Aix-la-Chapelle, il acquit une partie de la Flandre maritime et gallicante, avec Lille ; et, pour servir soit de bases de départ soit de monnaie d'échange, il obtint, en outre, des enclaves au nord (Oudenaarde, Ath, Binche, Charleroi). Ces enclaves furent échangées, à Nimègue, contre douze villes, dont Saint-Omer, Cambrai, Valenciennes, Maubeuge qui fermaient les voies d'invasion ; l'Espagne cédait la Franche-Comté. En pleine paix, Louis XIV « réunit » Strasbourg *(Gallia Germanis clausa)* et d'autres positions avancées, qu'il fallut rendre au traité de Ryswick ; mais Strasbourg resta française ; en outre, la Lorraine retournait à son duc. Ainsi, les frontières actuelles au nord étaient à peu près atteintes. Elles restèrent intactes, malgré les défaites de la guerre de la Succession d'Espagne ; mais, par le traité d'Utrecht, l'Angleterre obtint en 1713 la destruction des forts et du port de Dunkerque : ainsi renforça-t-elle sa prépondérance dans la Manche et en mer du Nord.

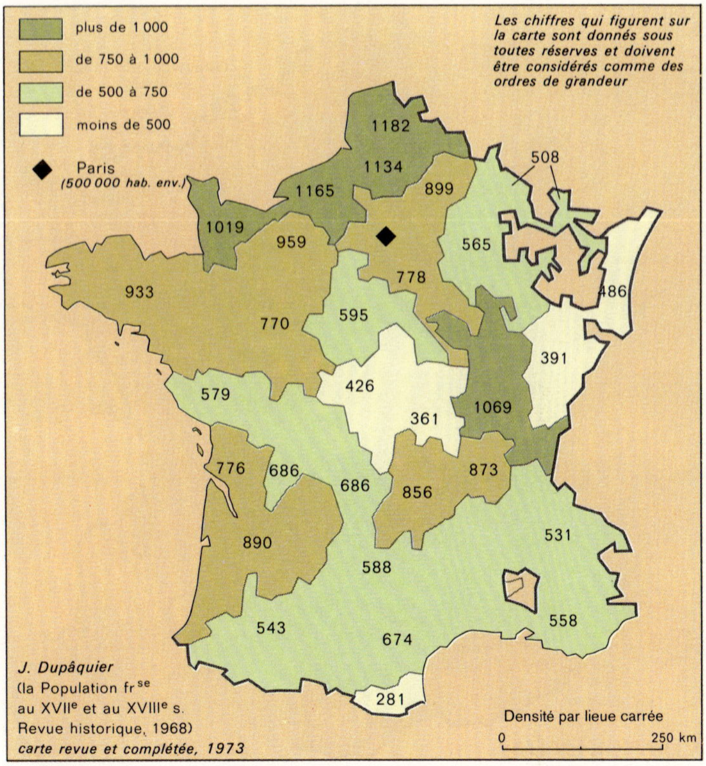

Répartition de la population française vers 1700

Cette carte a été établie d'après les dénombrements de la période 1695-1699 et ceux de 1709 à 1713, dont les résultats, confrontés, ont permis d'éliminer un certain nombre de chiffres invraisemblables.

Malheureusement, la superficie des intendances n'étant connue avec précision que pour la fin du XVIIIe s., les calculs ont dû être faits dans le cadre administratif de la fin de l'Ancien Régime, qui a subi de profondes modifications de 1770 à 1787, avec la création des intendances d'Auch et de Pau.

Vers 1700, on peut distinguer deux zones de haute pression démographique : la région du Nord-Nord-Ouest, entre Dunkerque et Avranches, et la région Bourgogne-Auvergne ; et trois zones de basse pression : l'Est, le sud du Bassin parisien (Berry-Bourbonnais) et le Roussillon. A noter que la ville de Paris n'a pas été prise en compte pour le calcul de la densité de sa généralité : sur une carte plus détaillée, l'Île-de-France apparaîtrait entourée d'une couronne de pays faiblement peuplés (sauf au nord de Paris).

La frontière du nord et de l'est de la France sous le règne de Louis XIV

La France en 1789

L'absolutisme, qui définit théoriquement un pouvoir sans limites et fortement centralisé, est en fait limité par le maintien de « privilèges » sociaux et territoriaux. C'est ce qui explique l'absence d'unité nationale véritable : aux pays d'élection, où la centralisation est très forte (notamment au point de vue fiscal), s'opposent les pays d'états, dans les régions périphériques les plus récemment réunies : dans ces derniers, l'existence d'états provinciaux, aux importantes attributions administratives et fiscales (ils lèvent eux-mêmes la taille « réelle »), limite le pouvoir des intendants. Ils disparaîtront en 1789.

Les premières défaites dans la guerre commencée le 20 avril 1792 ont provoqué en été (10 août) une radicalisation du mouvement révolutionnaire qui aboutit à la proclamation de la république le 21 septembre. Ce sursaut permet d'arrêter l'invasion austro-prussienne à Valmy dès le 20 septembre et même de pénétrer en Belgique (victoire de Jemmapes). Mais les succès mêmes de la Convention, qui semble défier l'Europe par l'exécution du roi le 21 janvier 1793, provoquent une coalition des pays voisins, dont les armées bousculent les troupes françaises, souvent mal commandées (trahison de Dumouriez après son échec à Neerwinden le 18 mars). La nouvelle poussée à gauche qui en résulte suscite des révoltes intérieures, attisées et utilisées par les Anglais : celle des paysans de l'Ouest, solidement encadrés par leurs seigneurs et par un clergé fanatisé, contre la levée de 300 000 hommes décrétée par la Convention le 24 février ; celle de la bourgeoisie « girondine » éliminée du pouvoir le 2 juin 1793 et qui appelle à une insurrection des provinces contre le Paris des « sans-culottes ». L'extrême péril de l'été 1793 explique la formation du gouvernement révolutionnaire qui, mobilisant les énergies par la Terreur, écrase dans le sang (surtout à Lyon, à Nantes, en Vendée) les révoltes intérieures, avant de passer à l'offensive à l'extérieur : la victoire de Fleurus permet l'occupation des Pays-Bas et de la rive gauche du Rhin.

La France sous la Convention

LA FRANCE SOUS LA CONVENTION
Limites de la France en 1792
Attaques des coalisés de 1793
Villes assiégées par les coalisés
V Valenciennes
Armées de la Convention
Victoires françaises 1793-1794
Traités
Défaite française
Conquêtes et annexions de 1792 à 1795
I. Texel
HOLLANDE
Amsterdam
La Haye 1795
Nimègue
HOLLANDAIS
ANGLAIS
Londres
ANGLETERRE
Anvers
Meuse
Rhin
Dunkerque
Bruxelles
18 mars 1793
Neerwinden
Hondschoote 6-8 sept. 1793
PICHEGRU
AUTRICHIENS PRUSSIENS
Tourcoing 18 mai 1794
Jemmapes 6 nov. 92
Liège
Lille
Fleurus 26 juin 1794
Coblence
Le Quesnoy
Maubeuge
Wattignies 16 oct. 1793
BELGIQUE
Mayence
JOURDAN
Moselle
Amiens
Rouen
Is. Anglo-Normandes
Landau
Caen
Varennes
NORMANDIE
Pacy-s-Eure
Wissembourg
Le Geisberg 26 déc. 1793
Ouessant
Le Vengeur
Valmy
Granville 14 nov.
HOCHE
Brest
PARIS
Dol
Seine
Salm
BRETAGNE
Fougères
Mayenne
ALSACE
Laval
Rennes
Le Mans 12 déc.
Mulhouse
HOCHE
Orléans
Montbéliard
Bâle 1795
Quiberon juin 1795
Savenay 23 déc.
Angers
Loire
Dijon
Département du Mt-Terrible 1793-1800
Royalistes venus d'Angleterre
Nantes
Cholet 17 oct.
Saumur
Machecoul
Bourges
Nevers
ANGLAIS
VENDÉE
Bressuire
Bocage
Gâtine
Luçon
Parthenay
KELLERMANN
Marais poitevin
Niort
Genève
SAVOIE
Lyon (Ville-Affranchie)
Bordeaux
Garonne
SARDES
Valence
Rhône
Cté DE NICE
Monaco 1793
Nîmes
Avignon
Arles
PROVENCE
Nice 1793
MONCEY
Toulouse
Aix
Bayonne
juillet 1794
Montpellier
BONAPARTE
St-Sébastien
Marseille (Ville-sans-Nom)
Toulon (Port-la-Montagne)
BARRAS
Siège et reprise de Toulon-1793
ESPAGNOLS
DUGOMMIER
ROUSSILLON
1er mai 1794
Le Boulou
Perpignan
Rosas
ANGLAIS
Calvi
CATALOGNE
Figueras
Corte
ESPAGNOLS
CORSE
Ajaccio
Guerre de Vendée
Zones d'insurrection et zones de troubles épisodiques
Armées républicaines
Trajet de l'armée vendéenne en 1793
Grandes défaites des Vendéens en 1793
Villes insurgées
Principales zones d'insurrection fédéraliste
0
200 km

Les « sections » parisiennes, simples circonscriptions électorales en 1790, deviennent vite des organismes politiques permanents, regroupant les éléments les plus avancés de la « sans-culotterie », dont les soulèvements périodiques organisés par la puissante Commune (installée après le 10 août 1792), jouent un rôle essentiel dans l'accélération de la Révolution.

Ce rôle de Paris s'explique d'abord par son poids démographique : dans l'enceinte des Fermiers généraux s'entassent déjà environ 550 000 personnes, inégalement réparties entre les faubourgs (encore de gros villages, principalement à l'ouest) et le centre surpeuplé (ce qui y explique l'acuité du problème des subsistances). D'ailleurs, hormis les faubourgs de l'ouest, Paris est une ville populaire (280 000 personnes vivent du salariat) : le centre et le nord, fortement ou-

Paris pendant la Convention

vriers (avec des entreprises relativement grandes), apparaissent curieusement moins « remuants » que les faubourgs de l'est (Saint-Antoine) et du sud (Saint-Marceau), dont la population plus composite comprend des petits artisans, des compagnons, et surtout des indigents (un habitant sur trois dans le faubourg Saint-Antoine). La sansculotterie est moins une classe qu'un groupe social hétérogène, pour qui le droit de manger et l'égalité des propriétés sont les revendications essentielles. Son action politique sera, en fait, de courte durée.

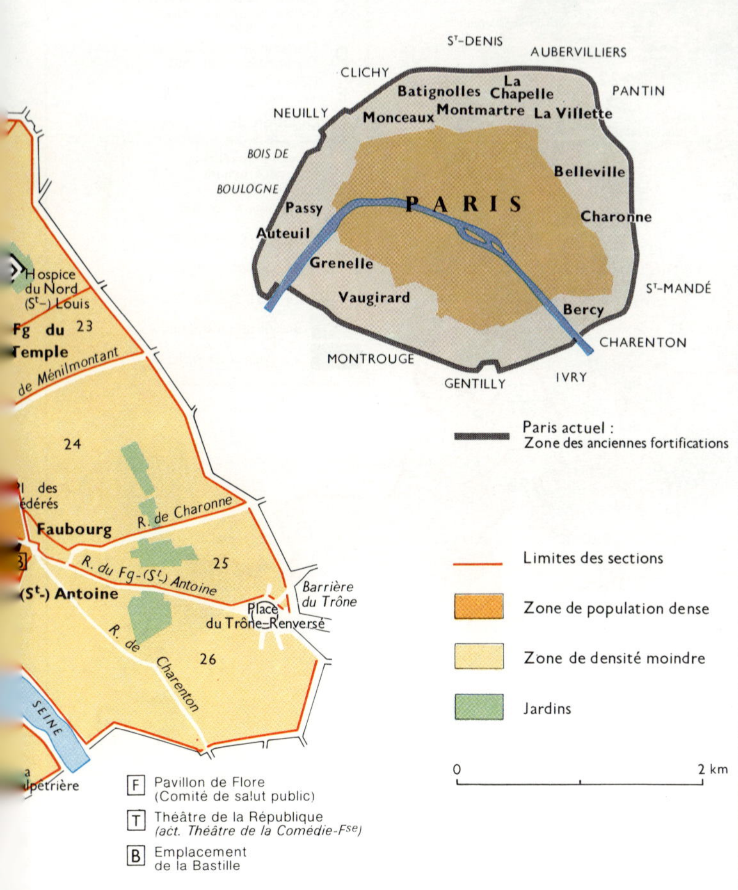

de l'Homme Armé (1793)
du Roi de Sicile / des Droits de l'Homme (1792)
de l'Hôtel de Ville / de la Maison commune (1792) /
de la Fidélité (1794)
de la place Royale / des Fédérés (1792) /
de l'Indivisibilité (1793). 34. de l'Arsenal
de l'Ile / de la Fraternité (1792)
de Notre-Dame / de la Cité (1791 et 1794) /
de la Raison (1793). 37. d'Henri IV /
du Pont-Neuf (1792) / Révolutionnaire (1793)
des Invalides. 39. de la Fontaine de Grenelle
des Quatre-Nations / de l'Unité (1793)
du Théâtre-Français (1790 et 1794) /
de Marseille (1792) / de Marat et Marseille (1793)
42. de la Croix-Rouge / du Bonnet-Rouge (1793) / de l'Ouest (1794)
43. du Luxembourg (1790 et 1794) / de Mutius Scevola (1793)
44. des Thermes de Julien (1790 et 1794) / de Beaurepaire (1792) / Régénérée (1792) / de Chaslier (1793)
45. de (Sainte-)Geneviève / du Panthéon français (1792)
46. de l'Observatoire. 47. du Jardin des Plantes (1790 et 1794) / des Sans-Culottes (1792)
48. des Gobelins / du Finisterre (1792 et 1794) / de Lazouski (1793)

carte p. 130 →

LES DÉPARTEMENTS AUX ÉPOQUES RÉVOLUTIONNAIRE ET IMPÉRIALE

La loi du 22 décembre 1789, qui vise à unifier l'administration sur une base territoriale, découpe la France en départements. Leur nombre va évoluer au rythme des circonstances politiques et des conquêtes : 83 en 1790, 86 en 1793, 87 en 1808, et finalement 130 sous l'Empire, à l'apogée du système continental (1811). Le recensement de 1806, effectué à des fins économiques et militaires, souffre de l'imperfection des méthodes utilisées, mais éclaire certaines données permanentes de la géographie humaine de l'Europe occidentale : fortes concentrations autour des capitales (Paris, Amsterdam, Aix-la-Chapelle, Rome), dans les grandes régions industrielles du textile (Flandre, haute Normandie, Toscane) ou du charbon (Flandre, Saône-et-Loire), dans les zones agricoles les plus riches (Picardie, Île-de-France, basse Normandie, Alsace) ou de forte natalité (Bretagne) ; faible peuplement ailleurs, sauf dans quelques départements isolés (Gironde et Dordogne viticoles, Isère industrielle) ; sous-peuplement enfin dans les départements montagnards (Alpes méridionales, Lozère, Hautes-Pyrénées) et dans les pays pauvres que les Italiens (Ombrone) et les Néerlandais (est des Provinces-Unies) n'ont pas encore aménagés systématiquement. (V. cartes pp. 77 et 81.)

← *notice p. 129*

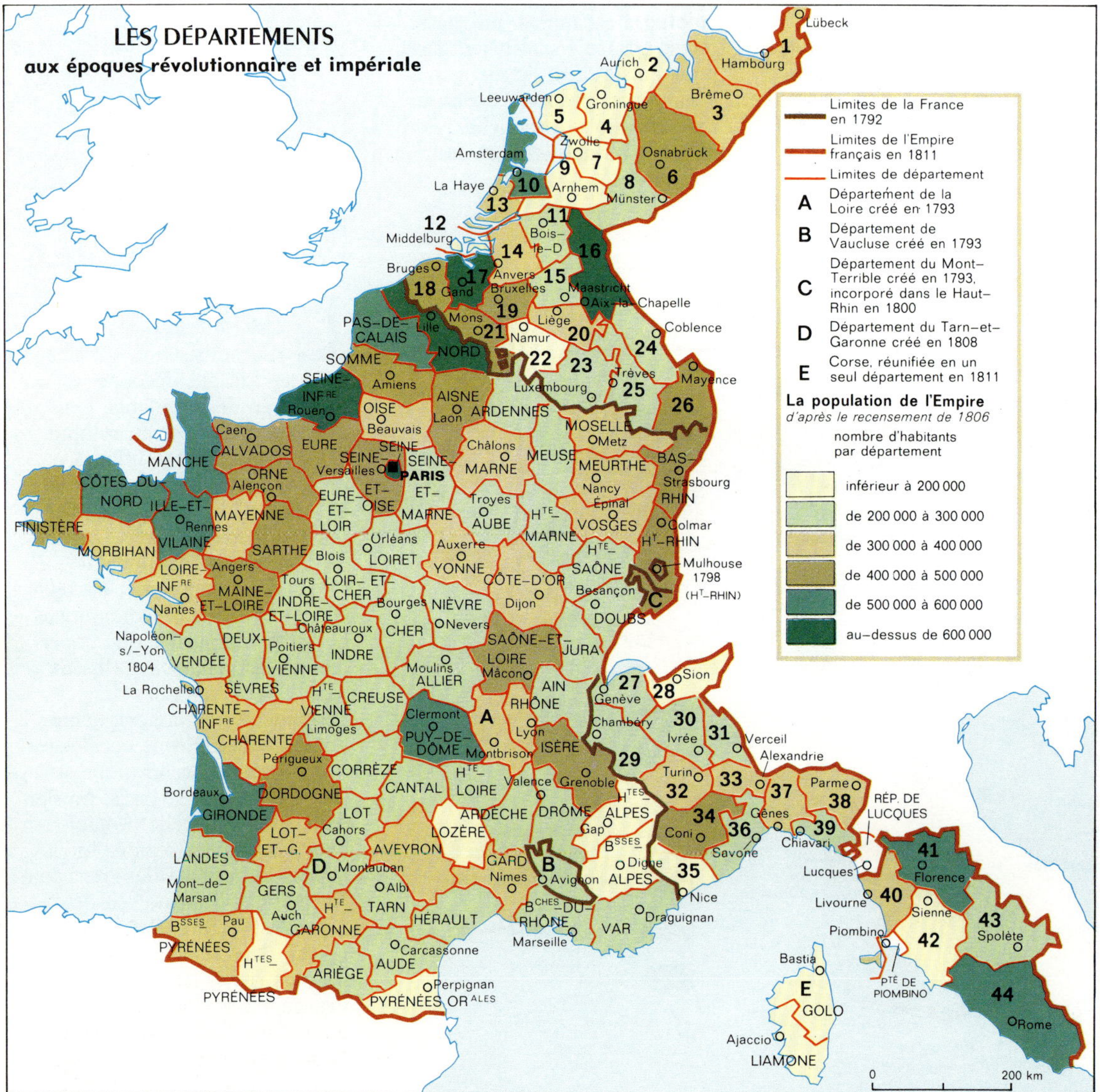

Départements hors de France

1. Bouches-de-l'Elbe
2. Ems Oriental
3. Bouches-du-Weser
4. Ems Occidental
5. Frise
6. Ems-Supérieur
7. Bouches-de-l'Yssel
8. Lippe
9. Yssel-Supérieur
10. Zuiderzee
11. Bouches-du-Rhin
12. Bouches-de-l'Escaut
13. Bouches-de-la-Meuse, 1810
14. Deux-Nèthes
15. Meuse-Inférieure
16. Roer
17. Escaut
18. Lys
19. Dyle
20. Ourthe
21. Jemmapes
22. Sambre-et-Meuse
23. Forêts
24. Rhin-et-Moselle
25. Sarre
26. Mont-Tonnerre
27. Léman
28. Simplon
29. Mont-Blanc
30. Doire
31. Sésia
32. Pô
33. Marengo
34. Stura
35. Alpes-Maritimes
36. Montenotte
37. Gênes
38. Taro
39. Apennins
40. Méditerranée
41. Arno
42. Ombrone
43. Trasimène
44. Tibre

Malgré le principe de l'obligation et de la gratuité de l'enseignement primaire proclamé par la Révolution, la scolarisation est médiocre en 1830, l'école renvoyant l'image d'une société archaïque : un adulte sur deux est analphabète. Une ligne Saint-Malo-Genève partage le pays en deux zones inégales de scolarisation. Plus urbanisée et ouverte sur l'extérieur, dotée d'une industrie rurale qui élargit l'« horizon mental » des villageois, la France du Nord est déjà bien scolarisée (740 816 élèves pour 13 millions d'habitants). En tête viennent la région parisienne, la Lorraine et la Normandie. Plus exclusivement rurale, confinée dans des activités agricoles, la France de l'Ouest et du Sud apparaît comme un désert scolaire (375 931 élèves pour 18 millions d'habitants). Partout, les taux de fréquentation estivale (mai-novembre) sont inférieurs, parfois des deux tiers, à ceux d'hiver. A ces insuffisances, la loi Guizot du 28 juin 1833 sur l'enseignement primaire apporte un premier remède, qui reste insuffisant. Il faudra attendre Victor Duruy et surtout Jules Ferry pour voir reculer l'analphabétisme.

L'analphabétisme au début de la monarchie de Juillet

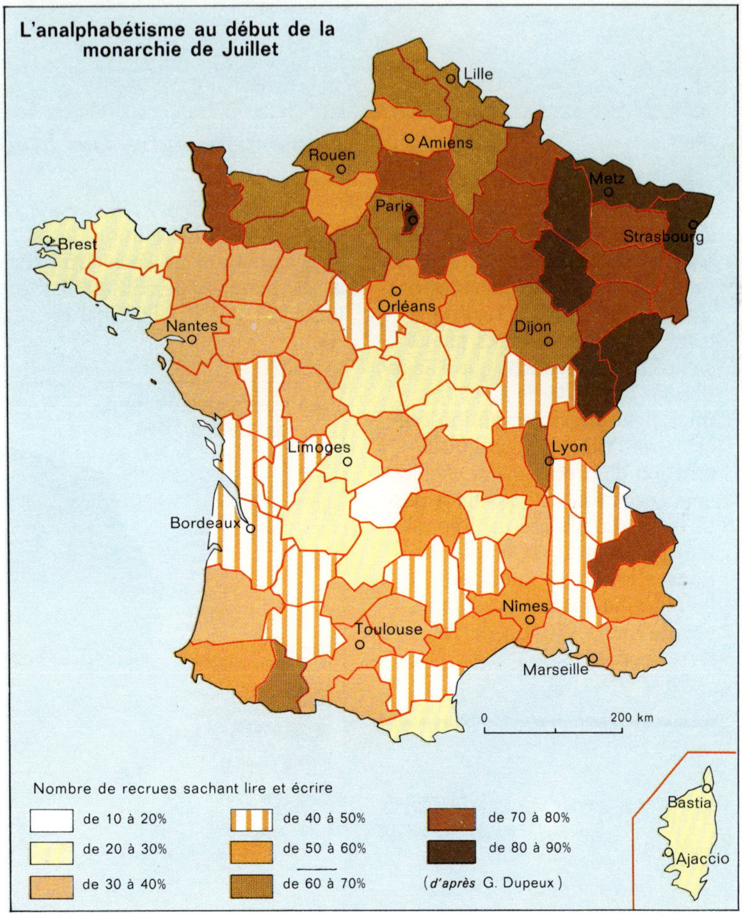

◀ *Les départements aux époques révolutionnaire et impériale*

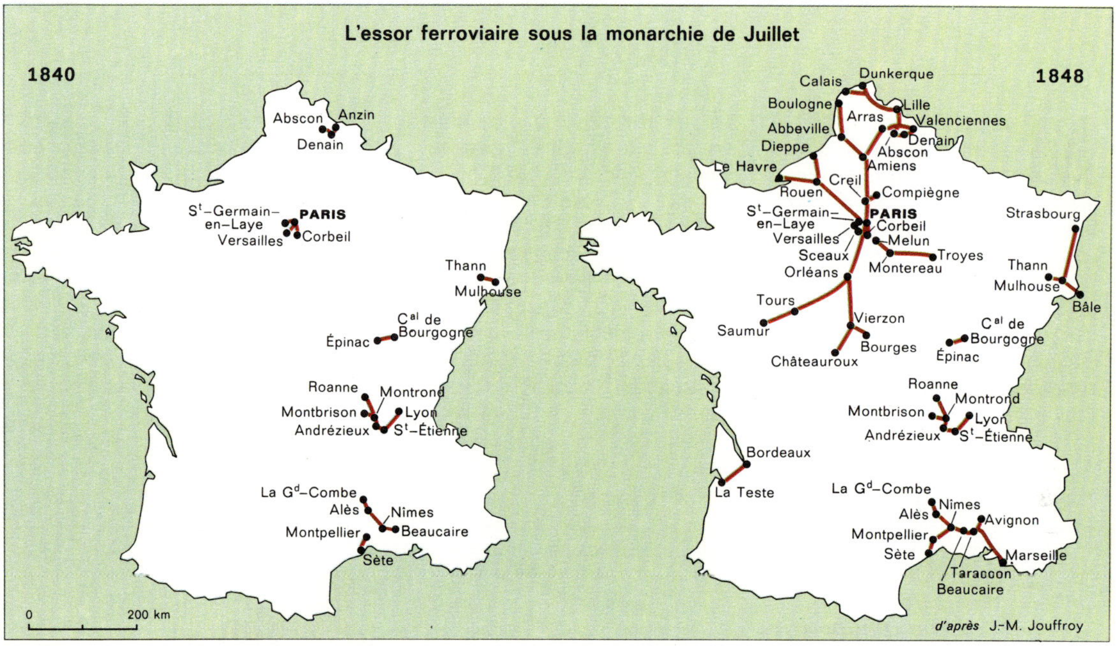

L'essor ferroviaire sous la monarchie de Juillet

À l'origine, les chemins de fer ont une fonction exclusivement industrielle : les transports charbonniers (d'où la précocité des lignes dans les bassins houillers). Mais l'action d'entrepreneurs inspirés par le saint-simonisme ainsi que l'adoption de la charte de 1842 (premier signe de l'intervention officielle de l'État) permettent la création d'un réseau qui esquisse déjà l'organisation radiale à partir de Paris. Malgré un important programme de constructions, stimulé par un boom boursier, la France ne compte encore que 1 930 km de voies ferrées en 1848.

Après la Révolution, la population de Paris croît fortement : de 550 000 habitants en 1801 à 1 000 000 en 1848. Le centre, déjà surpeuplé, se gonfle de miséreux (début de l'exode rural), surtout dans les quartiers est (faubourg Saint-An-

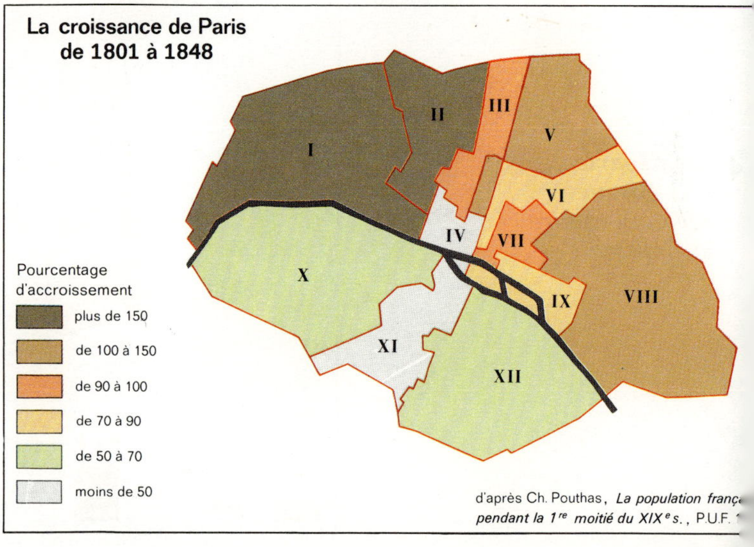

La croissance de Paris de 1801 à 1848

toine), qui se prolétarisent de plus en plus. Mais ce sont les quartiers ouest de la rive droite qui connaissent la plus forte croissance, la moindre densité et les aménagements napoléoniens y attirant la bourgeoisie parisienne et les notables venus de province.

Face à l'extraordinaire croissance de la population (121 000 personnes entre 1851 et 1856), Napoléon III décide une modernisation complète de Paris, réalisée par le préfet Haussmann. Assainissement de la ville par la destruction des îlots insalubres du centre, par l'achèvement du réseau d'égouts, par l'organisation des espaces verts ; meilleur ravitaillement en eau et en nourriture (reconstruction des Halles) ; moyens de communication plus aisés (chemin de fer de ceinture, service d'omnibus, dégagement des six grandes gares) : les préoccupations sociales et économiques sont évidentes ; la recherche du prestige aussi. Mais la réorganisation de la voirie (percement des grands axes du centre, création de rocades unissant les divers arrondissements) répond autant au désir d'empêcher les barricades et d'expulser les éléments populaires vers la périphérie qu'à la volonté de faciliter les communications.

Paris, plan Haussmann

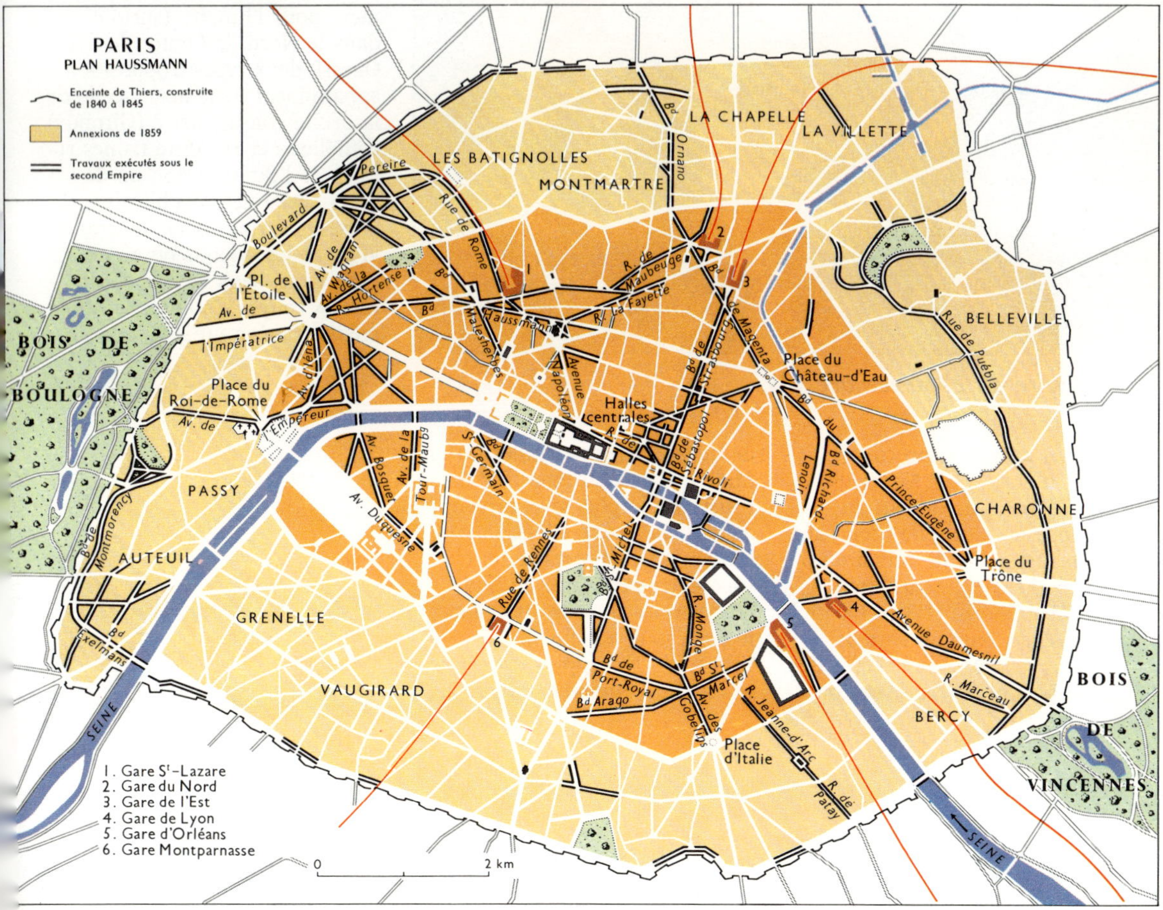

Plébiscite du 21 novembre 1852

Un an après son coup d'État, Louis Napoléon Bonaparte obtient un triomphe au plébiscite proposant le rétablissement de l'empire : 17 p. 100 seulement d'abstentions (2 millions) et 3 p. 100 d'opposants, recrutés surtout dans les milieux républicains des grandes villes (Paris, Lyon) ou de quelques zones rurales du Midi, qui avaient manifesté la résistance la plus vive au coup d'État. Mais cette adhésion collective laisse apparaître un clivage entre la France du Sud, plus rurale, où le mythe napoléonien joue à plein, et la France du Nord, plus urbanisée et instruite, moins enthousiaste.

PLÉBISCITE DU 8 MAI 1870 ▶

Dix-huit ans plus tard, un autre plébiscite, malgré son ambiguïté, semble consolider le régime impérial chancelant (7 358 000 « oui », 1 572 000 « non », 113 000 bulletins nuls et près de 2 000 000 d'abstentions). Pourtant, si les paysans votent encore massivement pour l'Empire (surtout dans le Nord, le Centre, le Sud-Ouest), deux types d'opposition apparaissent nettement : celle de la droite conservatrice (Gironde), catholique et royaliste (zones rurales de l'Ouest breton ou de l'Est) ; celle des républicains, présents surtout dans les grandes villes et les régions ouvrières, mais aussi dans des zones rurales « rouges » comme le Midi méditerranéen ou le Limousin.

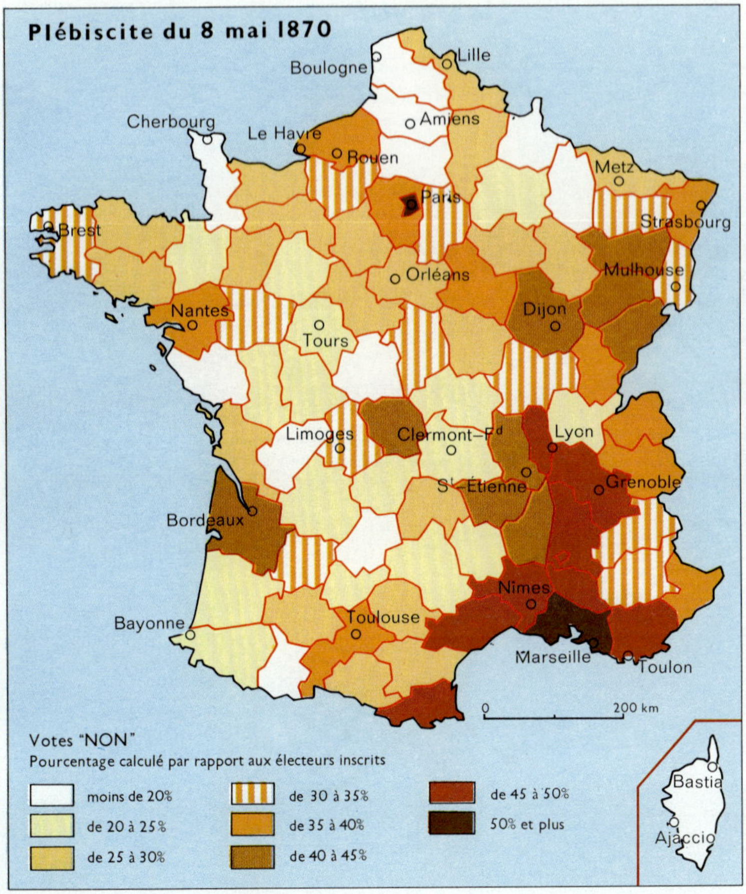

Plébiscite du 8 mai 1870

LA GUERRE FRANCO-ALLEMANDE (1870-1871)

Née de la volonté prussienne d'achever l'unité allemande et du désir de Napoléon III de restaurer le prestige de l'Empire, la guerre franco-allemande s'engage le 19 juillet 1870 dans les plus mauvaises conditions possibles pour la France : isolement diplomatique, impréparation militaire, infériorité du matériel, du commandement et de la stratégie, face à une armée allemande moderne, entraînée, plus rapide dans ses mouvements. Le résultat en est l'écrasement rapide des armées impériales du 13 août au 3 septembre 1870 : l'Alsace est abandonnée en dix jours ; l'armée de Lorraine doit s'enfermer dans Metz par suite de l'indécision et des arrière-pensées politiques de Bazaine ; et la lenteur du mouvement tournant opéré par Mac-Mahon, à partir de Châlons-sur-Marne, pour débloquer Metz assiégé, aboutit au désastre. Piégée à Sedan, la dernière armée française est capturée le 2 septembre, Napoléon III à sa tête. Libres de leurs mouvements, les armées allemandes peuvent alors occuper tout l'Est, mettre le siège devant Belfort, puis Orléans et surtout Paris (18-19 septembre), tandis que Bazaine capitule honteusement le 27 octobre.

Dans ces conditions, l'effort entrepris par le Gouvernement (provisoire) de la Défense nationale, proclamé le 4 septembre à l'annonce du désastre de Sedan, tourne bientôt court : malgré l'activité de Gambetta, malgré un sursaut national inattendu, les armées nouvelles mises sur pied dans le Nord (Faidherbe), sur la Loire (d'Aurelles de Paladines, puis Chanzy), enfin dans l'Est (Bourbaki) ne peuvent remporter que des succès partiels vite interrompus. Dès janvier 1871, la résistance semble désespérée.

Tous les efforts déployés n'ont pu débloquer Paris. Irritée par les échecs des tentatives de sortie, affamée, soumise à un bombardement intensif, la population s'agite de plus en plus ; c'est finalement la crainte d'un soulèvement populaire (qui éclatera, en effet, le 18 mars 1871 avec la Commune) qui décide le gouvernement provisoire à signer l'armistice le 28 janvier 1871 et à sacrifier l'armée de l'Est. Libérée de la guerre, jouant d'un sentiment national exacerbé par la perte de l'Alsace-Lorraine, détenant la majorité à l'Assemblée nationale élue le 8 février 1871, la France rurale et conservatrice décide de briser le Paris populaire et révolutionnaire de la Commune.

carte p. 136 ⟶

← notice p. 135

La guerre franco-allemande (1870-1871)

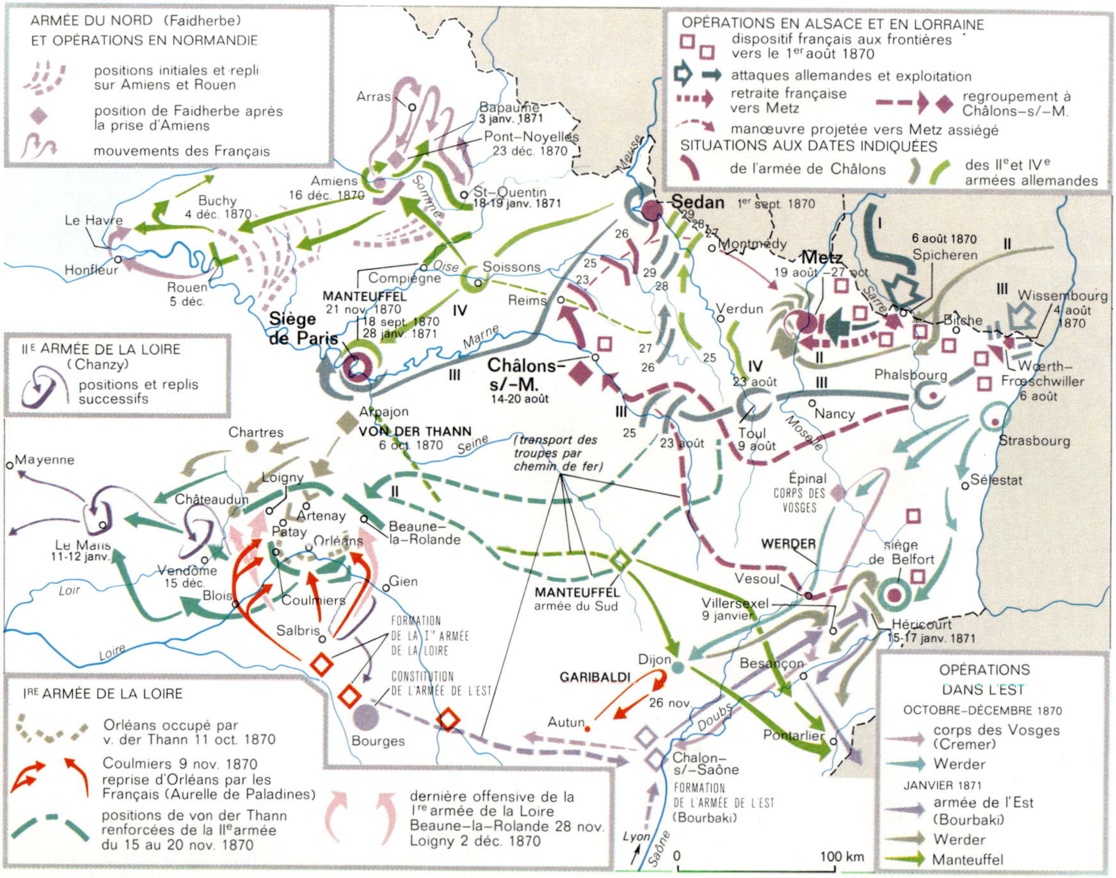

CARTEL DES GAUCHES (1924)

Victorieux en 1924, le Cartel des gauches (radicaux et socialistes), ne survit pas à ses contradictions internes et aux difficultés financières, qui provoquent le retour au pouvoir de Poincaré, le 23 juillet 1926.

FRONT POPULAIRE (1936)

Dans un climat international tendu par les premiers succès des dictatures, les élections de 1936 voient s'opposer deux France. La gauche radicale, socialiste et communiste du Front populaire (régions ouvrières, rurales de petite propriété et laïques) l'emporte avec 386 sièges.

ÉLECTION PRÉSIDENTIELLE (1965)

Aux élections de 1965, le général de Gaulle, dont le « charisme » tend à s'estomper (fin du problème algérien, plan de stabilisation de 1963), est mis en ballottage par F. Mitterrand. La carte du gaullisme s'identifie plus nettement à celle de la droite.

ÉLECTION PRÉSIDENTIELLE (1981)

François Mitterrand remporte les élections du 10 mai 1981 avec 51,75 p. 100 des suffrages exprimés, contre 48,24 p. 100 pour le président sortant, V. Giscard d'Estaing. La dissidence des électeurs chiraquiens, qui, au second tour, se sont abstenus ou ont reporté leurs voix sur F. Mitterrand, explique en partie la relative ampleur de ce succès.

cartes →

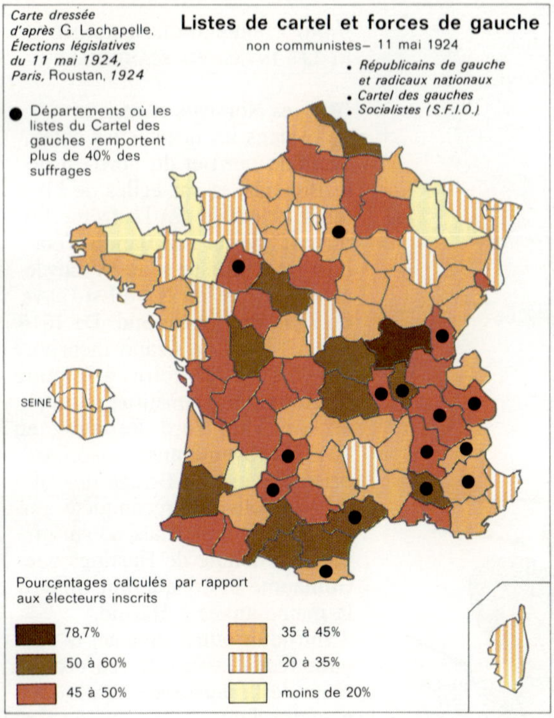
Carte dressée d'après G. Lachapelle, Élections législatives du 11 mai 1924, Paris, Roustan, 1924
Listes de cartel et forces de gauche
non communistes– 11 mai 1924
• Républicains de gauche et radicaux nationaux
• Cartel des gauches
• Socialistes (S.F.I.O.)
● Départements où les listes du Cartel des gauches remportent plus de 40% des suffrages
SEINE
Pourcentages calculés par rapport aux électeurs inscrits
78,7%
50 à 60%
45 à 50%
35 à 45%
20 à 35%
moins de 20%

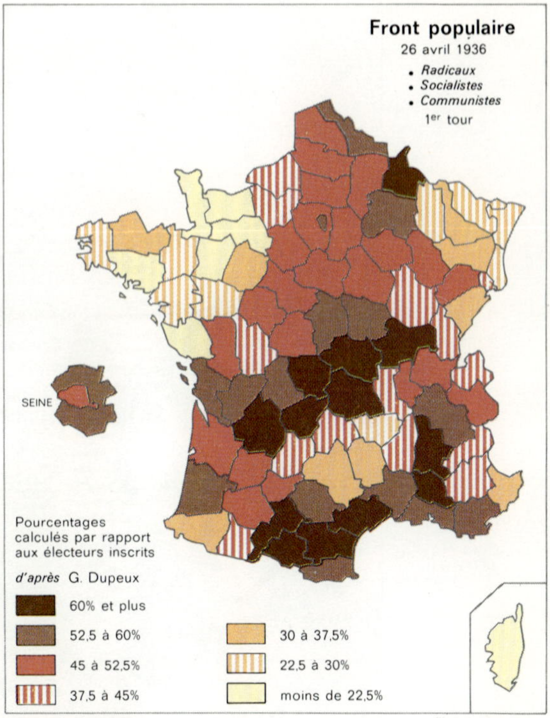
Front populaire
26 avril 1936
• Radicaux
• Socialistes
• Communistes
1er tour
SEINE
Pourcentages calculés par rapport aux électeurs inscrits
d'après G. Dupeux
60% et plus
52,5 à 60%
45 à 52,5%
37,5 à 45%
30 à 37,5%
22,5 à 30%
moins de 22,5%

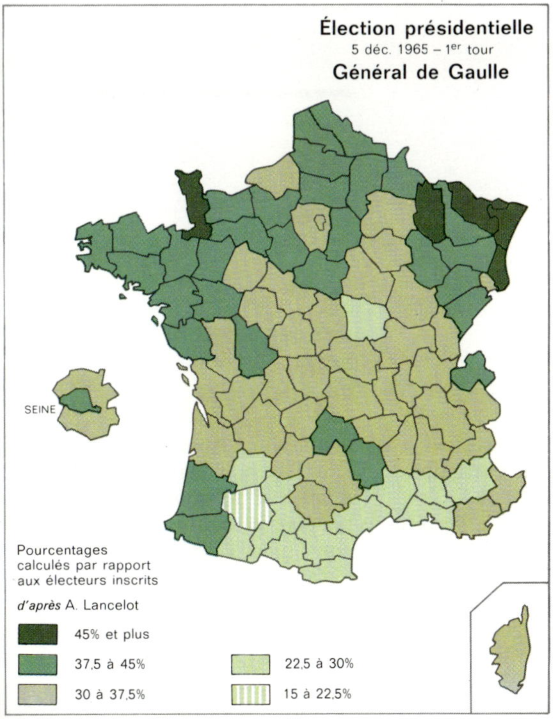
Élection présidentielle
5 déc. 1965 – 1er tour
Général de Gaulle
SEINE
Pourcentages calculés par rapport aux électeurs inscrits
d'après A. Lancelot
45% et plus
37,5 à 45%
30 à 37,5%
22,5 à 30%
15 à 22,5%

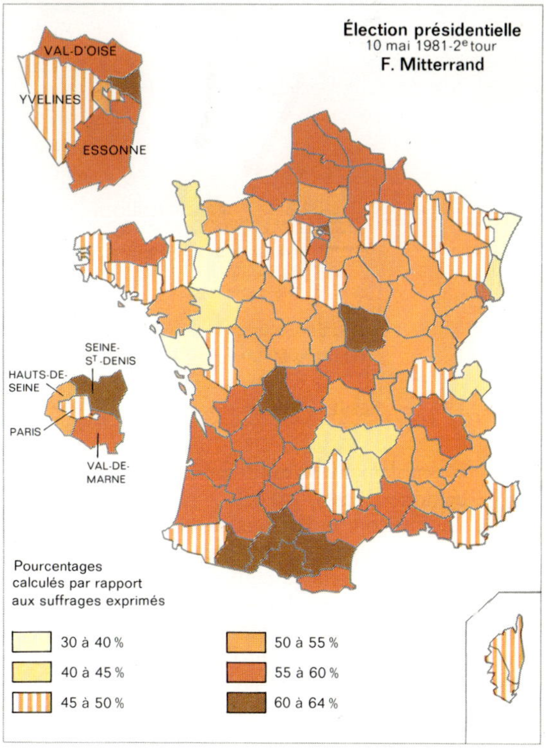
Élection présidentielle
10 mai 1981-2e tour
F. Mitterrand
VAL-D'OISE
YVELINES
ESSONNE
SEINE-ST-DENIS
HAUTS-DE-SEINE
PARIS
VAL-DE-MARNE
Pourcentages calculés par rapport aux suffrages exprimés
30 à 40 %
40 à 45 %
45 à 50 %
50 à 55 %
55 à 60 %
60 à 64 %

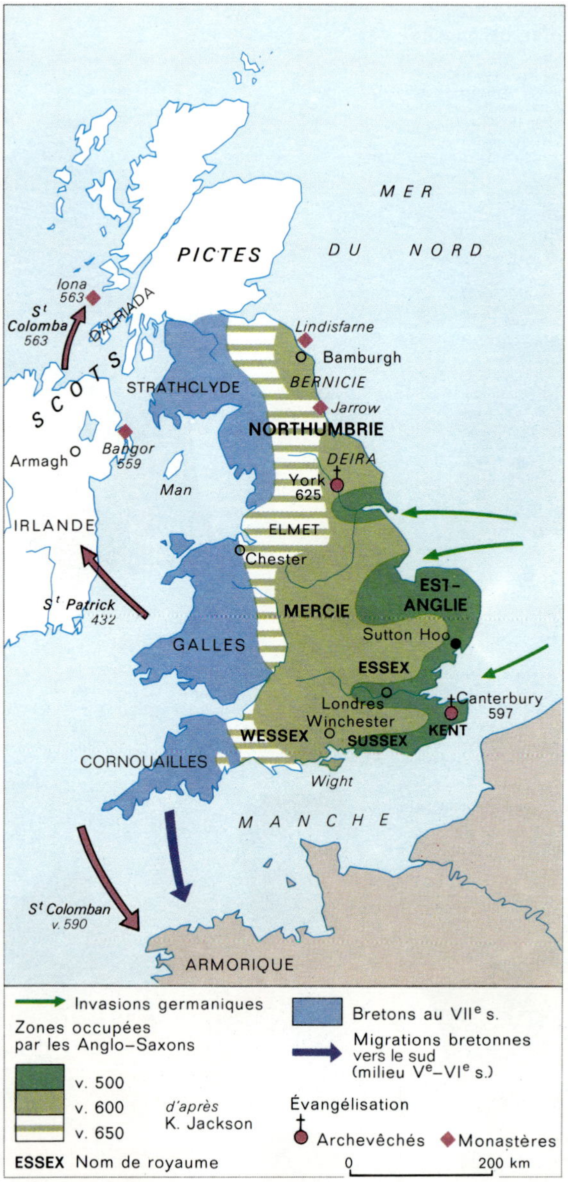

Les invasions germaniques en Angleterre

Au peuplement primitif préceltique (Pictes) ou celtique (Scots et Bretons) s'ajoute une occupation romaine qui marque fortement la culture du sud du pays. Mais, dès le début du Ve siècle, les dernières troupes de l'Empire quittent l'île. Les envahisseurs d'origine germanique arrivent peu après dans le Sud-Est. Les Saxons, originaires du nord de la Germanie, se distinguent à partir du IIIe siècle par leurs actes de piraterie en mer du Nord. Ils s'installent à partir du milieu du Ve siècle dans l'Essex, le Sussex et le Wessex. Les Angles, probablement originaires du pays d'Angeln, dans le Schleswig, colonisent surtout le centre de l'île. Les Jutes participent également à la colonisation. Ces trois peuples, de culture voisine, constituent l'ensemble appelé anglo-saxon. Tandis que leur occupation progresse d'est en ouest, une partie de la population ancienne se réfugie en Armorique.

L'ANGLETERRE ANGLO-SAXONNE ET LES INVASIONS SCANDINAVES

Les Norvégiens arrivent dans les îles sur les côtes du nord et du nord-est de la Bretagne et sur celles de l'Irlande orientale dès l'extrême fin du VIIIe siècle. Les Danois s'établissent à leur tour au IXe siècle en Angleterre du Nord-Est (pays du *Danelaw*) et du Sud. De 1016 à 1035, Knud le Grand incorpore ces derniers territoires à l'empire maritime qu'il constitue autour de la mer du Nord. Restaurée en 1042, la royauté anglo-saxonne brise à Stamford Bridge une ultime tentative de reconquête norvégienne (1066), mais ne survit pas à la défaite de Hastings que Guillaume le Conquérant inflige la même année à Harold.

Introduit outre-Manche, le régime féodal assure le renforcement de la puissance royale anglaise dont la supériorité s'affirme à l'égard du pouvoir capétien, un moment miné par la féodalisation.

L'Angleterre anglo-saxonne et les invasions scandinaves

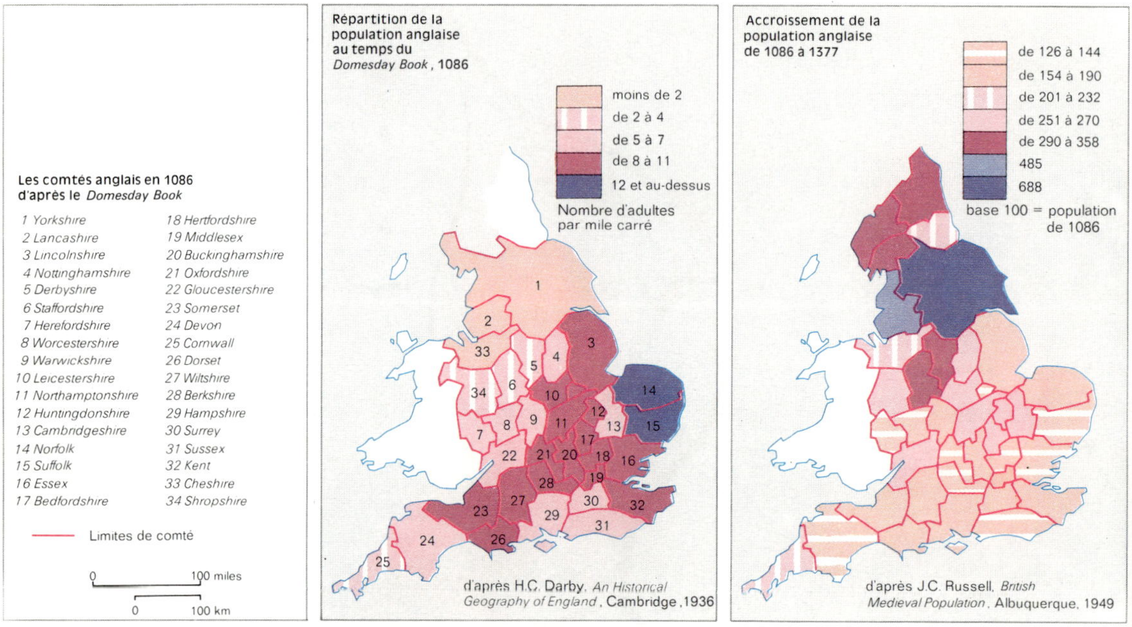

Évolution de la population en Angleterre (XIe-XIVe s.)

Le *Domesday Book* est le livre du « Jugement dernier », ou « Sans appel », selon l'expression familière de l'époque. Ce livre, que l'on appelle également la *Description de l'Angleterre,* est un recueil cadastral contenant un résumé des situations fiscales de toutes les terres du royaume, avec les valeurs des propriétés, le nom des propriétaires successifs, les droits et charges, les surfaces, le nombre de tenanciers et d'ouvriers, les moulins, les étangs et toute chose pouvant fournir un profit. Il a été exécuté sur ordre de Guillaume le Conquérant, de 1086 à 1090 environ, et il ne donne qu'un résumé d'une immense enquête, qui, d'ailleurs, provoqua l'irritation des populations. Ce fut le plus célèbre ouvrage administratif de son temps. C'est aujourd'hui un instrument précieux pour les historiens. Son analyse permet d'évaluer à 1 500 000 le nombre des habitants de l'Angleterre à cette époque ; la plupart vivant dans l'East Anglia et le bassin de Londres ; la Cornouailles, les confins anglais du pays de Galles et de l'Écosse sont de deux à six fois moins peuplés.

Il n'en est plus de même au début du XIVe siècle ; ces régions frontalières, longtemps vides d'hommes, ont été les grandes bénéficiaires, par voie de migrations intérieures, d'un croît démographique biséculaire. Dû sans doute à une nuptialité précoce et à un taux de natalité supérieur à 50 p. 1 000, celui-ci a porté la population anglaise à 3 500 000 habitants et déterminé les progrès de l'urbanisation, dont ont profité surtout les villes-marchés et les ports, notamment Londres qui aurait compté 34 900 habitants en 1377. Le déclin démographique provoqué par la famine des années 1315 et 1316 et surtout par la peste noire de 1348-49 et ses séquelles ne réduit pas entièrement les effets de cette croissance : on estime à 2 200 000 habitants la population de l'Angleterre d'après le recensement des personnes assujetties à la *poll tax* en 1377.

L'Angleterre et ses dépendances continentales au XIIe et au XIIIe s.

L'Anjou tire profit au XIIe siècle du mariage de Geoffroi V le Bel (1131-1151) avec Mathilde, fille et unique héritière du roi d'Angleterre et duc de Normandie Henri Ier Beauclerc.

Premier de sa dynastie à porter le nom de Plantagenêt, Geoffroi V installe, dès 1144, son fils Henri à la tête du duché de Normandie. Comte d'Anjou en 1151 à la mort de son frère, duc d'Aquitaine en 1152 par son mariage avec Aliénor, roi d'Angleterre en 1154 après la disparition d'Étienne de Blois, dominant enfin le comté de Bretagne grâce au mariage de son fils Geoffroi en 1166, Henri II d'Angleterre étend sa puissance des frontières de l'Écosse à celles de l'Espagne.

Sa situation de vassal du roi de France, sur le continent, est à l'origine des deux guerres dites « de Cent Ans » (1154-1258/59 et 1337-1475) qui opposent les Plantagenêts aux Capétiens. Philippe II Auguste réussit à réduire le domaine continental des Plantagenêts au sud-ouest.

Marquées de victoires, défaites et trêves, les guerres aboutissent au début du XVe siècle à un éphémère retour en force des rois anglais sur le continent. À la fin du XVe siècle, ceux-ci ne possèdent plus en France que Calais. (V. cartes pp. 116 à 119.)

GRANDE-BRETAGNE – ANGLETERRE

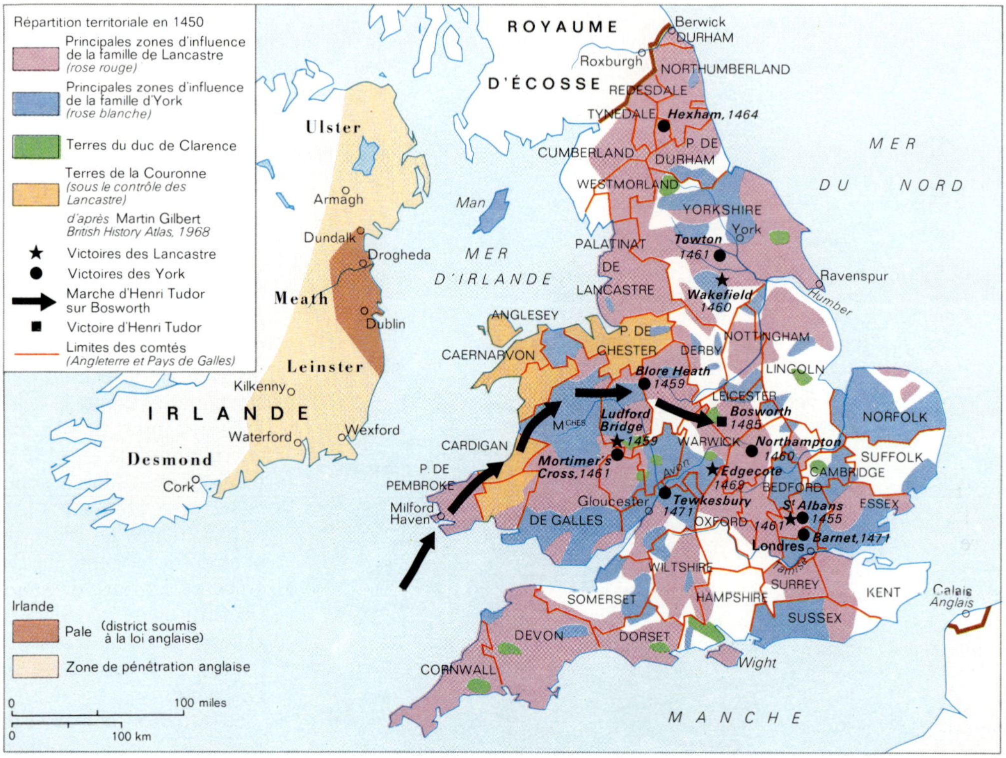
Répartition territoriale en 1450
Principales zones d'influence de la famille de Lancastre (rose rouge)
Principales zones d'influence de la famille d'York (rose blanche)
Terres du duc de Clarence
Terres de la Couronne (sous le contrôle des Lancastre)
d'après Martin Gilbert British History Atlas, 1968
Victoires des Lancastre
Victoires des York
Marche d'Henri Tudor sur Bosworth
Victoire d'Henri Tudor
Limites des comtés (Angleterre et Pays de Galles)
Irlande
Pale (district soumis à la loi anglaise)
Zone de pénétration anglaise
0
100 miles
0
100 km
ROYAUME D'ÉCOSSE
Berwick
DURHAM
Roxburgh
NORTHUMBERLAND
REDESDALE
TYNEDALE
Hexham, 1464
P. DE DURHAM
CUMBERLAND
WESTMORLAND
YORKSHIRE
York
Towton 1461
Wakefield 1460
PALATINAT DE LANCASTRE
Ravenspur
Humber
MER DU NORD
Man
MER D'IRLANDE
Ulster
Armagh
Dundalk
Drogheda
Meath
Dublin
Leinster
Kilkenny
IRLANDE
Waterford
Wexford
Desmond
Cork
ANGLESEY
CAERNARVON
P. DE CHESTER
DERBY
NOTTINGHAM
LINCOLN
Blore Heath 1459
LEICESTER
Bosworth 1485
NORFOLK
Ludford Bridge 1459
MARCHES
CARDIGAN
Mortimer's Cross, 1461
WARWICK
Northampton 1460
SUFFOLK
Avon
Edgecote 1469
CAMBRIDGE
P. DE PEMBROKE
BEDFORD
Milford Haven
Gloucester
Tewkesbury 1471
St Albans 1455
ESSEX
DE GALLES
OXFORD
1461
Barnet, 1471
Londres
Tamise
WILTSHIRE
SURREY
KENT
Calais Anglais
SOMERSET
HAMPSHIRE
SUSSEX
DEVON
DORSET
Wight
CORNWALL
MANCHE

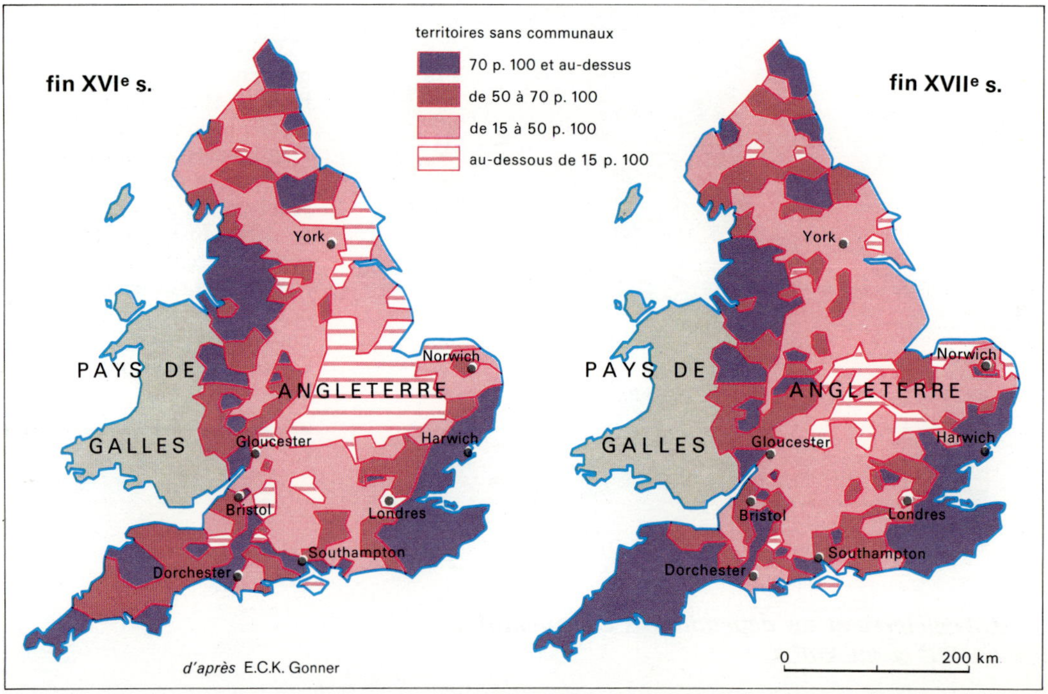
territoires sans communaux
70 p. 100 et au-dessus
de 50 à 70 p. 100
de 15 à 50 p. 100
au-dessous de 15 p. 100
fin XVIe s.
fin XVIIe s.
York
PAYS DE GALLES
ANGLETERRE
Norwich
Gloucester
Harwich
Bristol
Londres
Southampton
Dorchester
d'après E.C.K. Gonner
0
200 km

La guerre des Deux-Roses (1450-1485)

Affrontement entre les maisons de Lancastre (rose rouge) et d'York (rose blanche) qui, descendant toutes les deux d'Édouard III, se disputent la couronne, la guerre des Deux-Roses est la dernière des guerres féodales en Angleterre. Les York l'emportent d'abord. Richard d'York devient « protecteur du royaume » après la victoire de Saint Albans (1455), mais la guerre reprend, ponctuée de défaites et de succès. Les York paraissent devoir l'emporter (Édouard IV est reconnu en 1471 par presque toute l'Angleterre), malgré la restauration temporaire d'Henri VI de Lancastre.

Henri VII Tudor, l'héritier des deux maisons, met un terme (1485) à une guerre civile qui laisse l'Angleterre affaiblie économiquement et démographiquement ; mais la monarchie en sort renforcée.

Né dès la fin du XIVe siècle, le mouvement des enclosures permet de remembrer les terres et de séparer les cultures des pâtures. Ruinant les petits paysans, mais améliorant les rendements, le mouvement est ralenti par le Parlement qui le condamne en 1515 mais lève son opposition en 1656. Dès la fin du XVIIe siècle, l'openfield recule largement.

L'essor des enclosures (fin du XVIe s.-fin du XVIIe s.)

En 1603, l'avènement du roi d'Écosse Jacques Ier Stuart au trône d'Angleterre assure l'union des deux royaumes antérieurement ennemis. Mais la politique absolutiste des Stuart en matière financière et religieuse mécontente les Britanniques. En 1642, le Parlement anglais prend la tête de la guerre civile. Vaincu, Charles Ier est exécuté (1649). Olivier Cromwell instaure alors le Commonwealth, reconquiert l'Irlande, repousse le prétendant Charles II et assure la primauté maritime et commerciale de l'Angleterre sur les Provinces-Unies. Fragile, le nouveau régime s'effondre après la mort de son fondateur. Charles II est restauré (1680-1685). Les imprudences de Jacques II (1685-1688) provoquent une seconde révolution au bénéfice de son gendre, Guillaume III d'Orange, qui, reconnu roi d'Angleterre en 1689, doit accepter un régime constitutionnel.

Les îles Britanniques au XVIIe s.

La révolution industrielle (1750-1850)

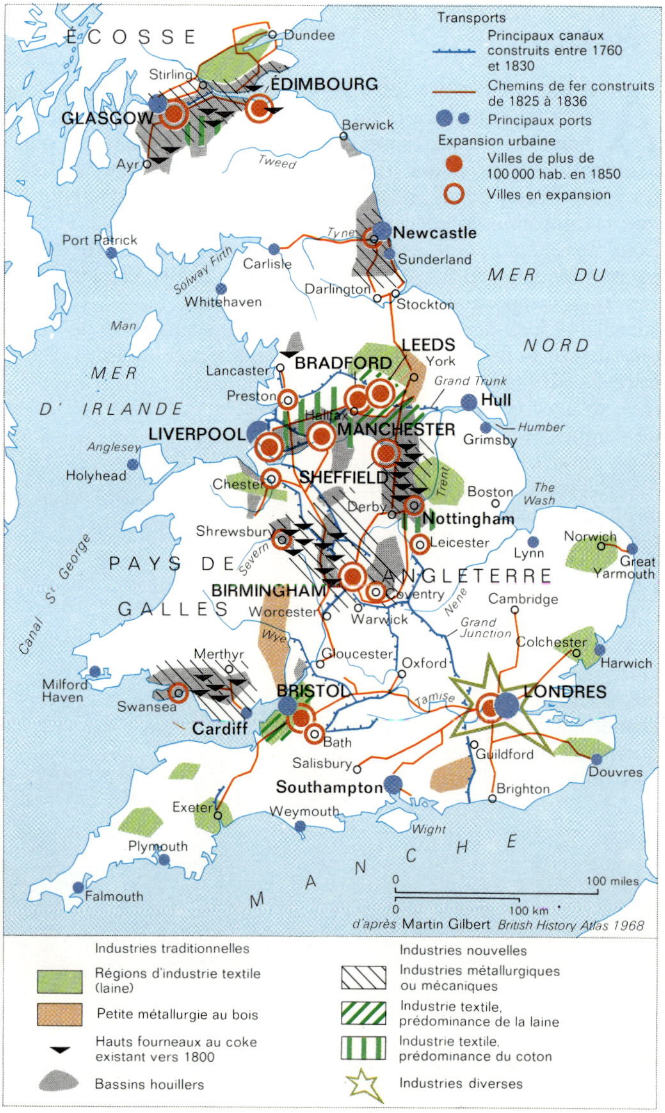

Au XVIIIe siècle, l'Angleterre bénéficie de circonstances exceptionnellement favorables à l'essor du machinisme, caractéristique essentielle de la « révolution industrielle » : une forte augmentation de la population (de 6 millions à 28 millions entre 1750 et 1850), un accroissement de la production et de la productivité agricole, la maîtrise du commerce mondial qui assure l'afflux des matières premières (coton) et l'accumulation d'un capital qui s'investit habilement dans l'industrie, enfin une maturité intellectuelle favorable à l'éclosion de nombreuses inventions.

Les régions riches en houille ou proches des grands ports deviennent des centres industriels florissants, reliés entre eux par des canaux dès 1760, puis par des voies ferrées à partir de 1825.

Les industries textiles bénéficient les premières des inventions (navette de John Kay, 1733 ; machine à filer d'Arkwright, 1768...) et connaissent une croissance rapide (production lainière et cotonnière accrue de 150 p. 100 au XVIIIe siècle). La mise au point du procédé de fonte au coke par Abraham Darby (1709-1713) et celle de la machine à vapeur par James Watt (1769) font la fortune des industries charbonnières et sidérurgiques. Avec près d'un siècle d'avance sur les autres pays, l'Angleterre passe de l'âge artisanal à l'ère industrielle. Capable de produire des articles de bonne qualité à bien meilleur marché, elle s'enrichit et devient « l'atelier du monde », sa prépondérance restant incontestée jusqu'en 1914.

La population britannique passe dans cette période de 32 à 48,7 millions d'habitants. En 1931, avec 150 habitants au kilomètre carré, la Grande-Bretagne est en tête de tous les grands pays européens pour la densité de sa population. Stimulée par l'expansion économique, la croissance démographique reste forte jusque vers 1914 (plus de 1 p. 100 d'accroissement annuel), avant de décliner à partir de 1921 ; cette croissance rapide résulte de l'excédent des naissances sur les décès (34 p. 100 en 1875, 25 p. 100 en 1930).

La vie industrielle entraîne d'importants déplacements de population. L'exode rural vide les campagnes pauvres (Highlands d'Écosse, massif gallois, Irlande surtout) pour gonfler les grandes agglomérations et surtout les régions industrielles, où s'opère une distinction entre zones de vieille industrie textile (Lancashire, Cotswolds), à faible croissance, et zones d'industries métallurgiques et minières, plus dynamiques (Lowlands, Cumberland, sud du pays de Galles, Midlands et région de Birmingham). La croissance de Londres est exceptionnelle depuis 1850 : la City perd ses habitants (129 000 en 1801, 13 000 en 1901) au profit de la banlieue, le « Greater London » passant de 6 581 000 habitants en 1851 à 7 476 000 en 1921. Enfin il faut noter la forte émigration britannique : de 1815 à 1920, la Grande-Bretagne a ainsi perdu 10 millions d'habitants environ.

Évolution de la population britannique et irlandaise de 1871 à 1931

L'ITALIE BYZANTINE ET LOMBARDE

Érigée en préfecture en 554 et débarrassée des derniers Ostrogoths par les Byzantins en 555, la péninsule est envahie dès 568 par les Lombards qui constituent un royaume ainsi que les duchés de Spolète et de Bénévent. Mais les Byzantins s'accrochent à l'exarchat de Ravenne dont l'autorité s'exerce en théorie sur le reste de l'Italie byzantine. A Rome, l'indépendance de fait de la papauté, réelle sous Grégoire le Grand (590-604), est consolidée en 756, Pépin le Bref donnant alors à « saint Pierre » ses conquêtes.

FORMATION DE L'ÉTAT PONTIFICAL

Les États de l'Église sont fondés en 756 lorsque Pépin Ier le Bref fait don à « saint Pierre » des territoires conquis sur les Lombards : l'exarchat de Ravenne et une partie de la Pentapole. Un étroit couloir (Pérouse) les relie au Patrimoine de Saint-Pierre. Au VIIIe siècle, les États s'accroissent de nouvelles donations carolingiennes.

L'Italie byzantine et lombarde

Formation de l'État pontifical

LES ÉTATS DE L'ÉGLISE DU XIe AU XIIIe SIÈCLE

Pour consolider les États de l'Église, les papes tentent de leur ajouter les terres de Toscane léguées par la comtesse Mathilde en 1077. Mais les empereurs disputent à l'Église sa souveraineté temporelle, afin de mieux contrôler l'Italie. L'indépendance temporelle des États reste un enjeu de la longue lutte qui oppose le Sacerdoce à l'Empire (1154-1250).

L'ITALIE AU XIIe ET AU XIIIe SIÈCLE

Si le nord de la Péninsule est soumis à l'autorité de l'empereur, qui est à la fois roi de Germanie et roi d'Italie, les États de l'Église échappent, en fait, à l'autorité de ce souverain grâce à l'appui des Normands de Sicile et à celui des communes lombardes. Frédéric Ier Barberousse (Roncaglia, 1158), puis, plus tard, Frédéric II (Cortenuova, 1237) imposent leur volonté à la Ligue lombarde constituée en 1167. Le double avènement de Henri VI à l'Empire (1190) et en Sicile (1194) rend les Hohenstaufen, un bref moment, maîtres de la Péninsule, mais Charles d'Anjou, investi de la Sicile par Urbain II, vainc les derniers des Hohenstaufen à Bénévent (1266) et à Tagliacozzo (1268). Leur disparition assure la survie des États de l'Église. La lutte entre L'Eglise et l'Empire prend fin.
(V. carte p. 99.)

Les États de l'Église du XIe au XIIIe s.

L'Italie au XIIe et au XIIIe s.

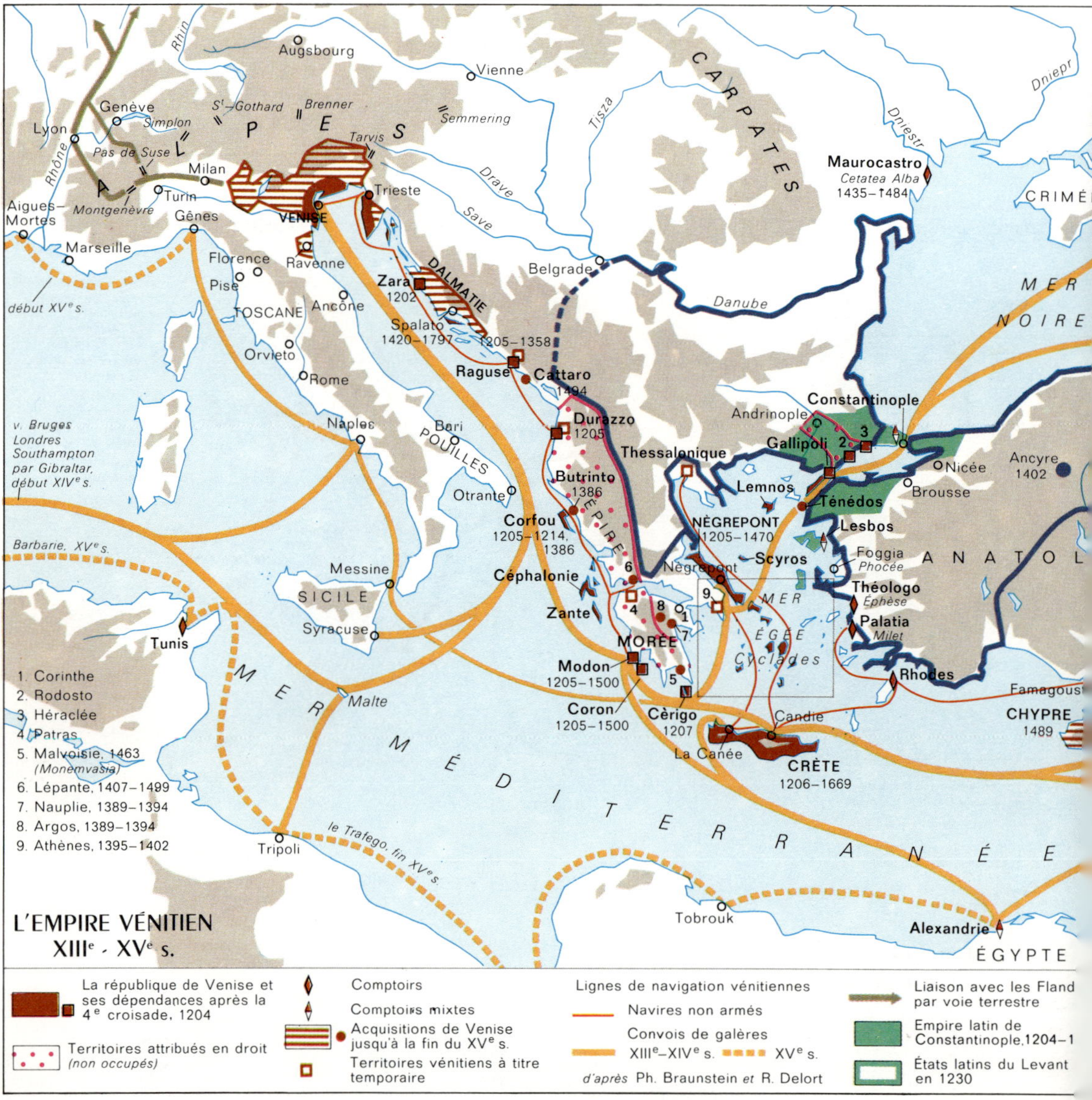
Augsbourg
Vienne
Rhin
CARPATES
Tisza
Dniepr
Dniestr
Genève
Simplon
St-Gothard
Brenner
Semmering
Lyon
ALPES
Pas de Suse
Tarvis
Rhône
Milan
Turin
Montgenèvre
Trieste
Drave
Save
Maurocastro
Cetatea Alba
1435–1484
CRIMÉE
Aigues-Mortes
Gênes
VENISE
Marseille
Florence
Ravenne
Belgrade
Danube
MER NOIRE
Pise
Zara
1202
DALMATIE
début XVe s.
TOSCANE
Ancône
Spalato
1420–1797
1205–1358
Orvieto
Raguse
Cattaro
1494
Rome
Constantinople
Andrinople
v. Bruges
Londres
Southampton
par Gibraltar,
début XIVe s.
Naples
Bari
POUILLES
Durazzo
1205
Gallipoli
Thessalonique
Ancyre
1402
Nicée
Brousse
Otrante
Butrinto
1386
ÉPIRE
Lemnos
Ténédos
Corfou
1205–1214,
1386
NÉGREPONT
1205–1470
Lesbos
Barbarie, XVe s.
Messine
Scyros
Foggia
Phocée
ANATOLIE
Céphalonie
Négrepont
SICILE
Théologo
Éphèse
Zante
MER ÉGÉE
Cyclades
Palatia
Milet
Tunis
Syracuse
MORÉE
Modon
1205–1500
Rhodes
Famagouste
MER MÉDITERRANÉE
Malte
Coron
1205–1500
Cèrigo
1207
Candie
CHYPRE
1489
La Canée
CRÈTE
1206–1669
1. Corinthe
2. Rodosto
3. Héraclée
4. Patras
5. Malvoisie, 1463
(Monemvasia)
6. Lépante, 1407–1499
7. Nauplie, 1389–1394
8. Argos, 1389–1394
9. Athènes, 1395–1402
Tripoli
le Trafego, fin XVe s.
Tobrouk
Alexandrie
ÉGYPTE
L'EMPIRE VÉNITIEN
XIIIe - XVe s.
La république de Venise et ses dépendances après la 4e croisade, 1204
Territoires attribués en droit (non occupés)
Comptoirs
Comptoirs mixtes
Acquisitions de Venise jusqu'à la fin du XVe s.
Territoires vénitiens à titre temporaire
Lignes de navigation vénitiennes
Navires non armés
Convois de galères
XIIIe–XIVe s.
XVe s.
d'après Ph. Braunstein et R. Delort
Liaison avec les Fland
par voie terrestre
Empire latin de
Constantinople,1204–1
États latins du Levant
en 1230

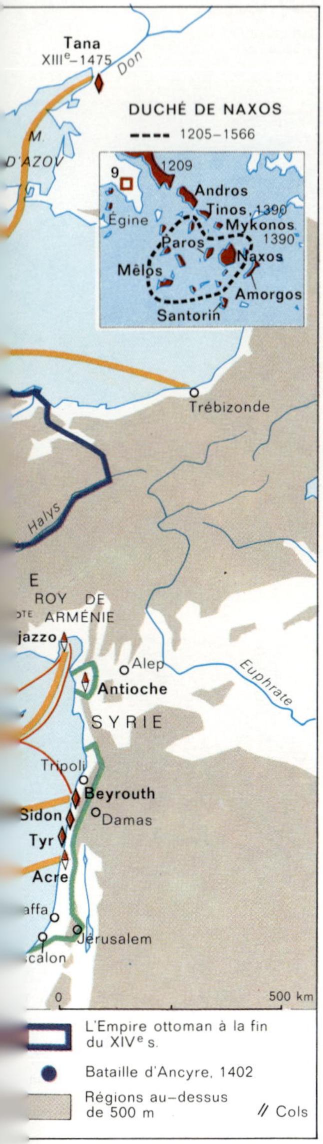

L'Empire vénitien (XIIIe-XVe s.)

Évincée de l'Empire byzantin en 1171, Venise s'y réintroduit au XIIIe siècle en participant à la quatrième croisade et à la prise de Constantinople (1204). Son doge, Enrico Dandolo, promoteur de l'expédition, obtient ainsi pour Venise la plupart des îles grecques, une partie de la Thrace et le Péloponnèse. Renonçant à coloniser ses possessions, à l'exception de la Crète, la « Sérénissime » les cède soit à des étrangers (Morée, 1209), soit à des seigneurs vénitiens (Naxos...). Mais elle occupe les bases navales et les regroupe en trois secteurs administratifs : Haute Romanie (Constantinople), Basse Romanie et Archipel (Candie), Morée et îles Ioniennes (Corfou). Depuis 1211, des convois annuels les unissent à leur métropole, qui dispose d'escales et d'entrepôts sur la route de l'Orient. Perdant le monopole du commerce de la mer Noire en 1261, menacée, en outre, par les Ottomans dès la fin du XIVe siècle, Venise acquiert Chypre en 1489 et recherche des marchés de substitution en Afrique du Nord. Parallèlement, elle entretient des relations régulières avec l'Occident par les passes alpestres et, depuis le XIVe siècle, par voie de mer.

La puissance de Venise, édifiée au prix d'incessantes luttes avec ses rivales Pise et Gênes, se matérialise en 1284 par la frappe d'une pièce d'or, le ducat, qui est, pendant trois siècles, avec le florin de Florence, l'étalon monétaire du monde méditerranéen occidental.

Au début du XVe siècle, le développement des grandes puissances territoriales en Italie risquant d'entraver le ravitaillement de la ville, dont la population dépasse 100 000 habitants, Venise entreprend, sous l'impulsion du doge Francesco Foscari, la conquête d'un État de Terre Ferme, riche et agricole, grâce à une armée de mercenaires. La paix de Lodi (1454), conclue entre Milan, Florence et Venise, rend les Vénitiens maîtres du Frioul, de Trévise, Padoue et Vérone.

A l'heure où s'affirme la montée des puissances ottomane à l'est, et atlantiques à l'ouest, Venise se trouve ainsi entraînée au cœur des conflits européens. (V. cartes pp. 59, 60, 150 et 151.)

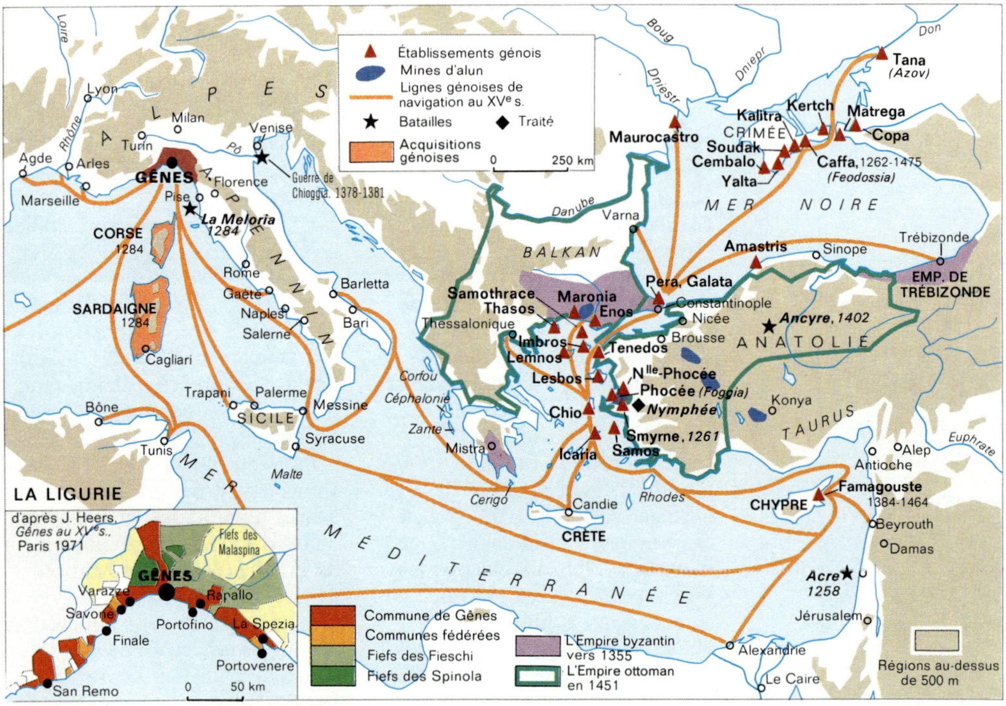

Gênes du XIIIe au XVe s.

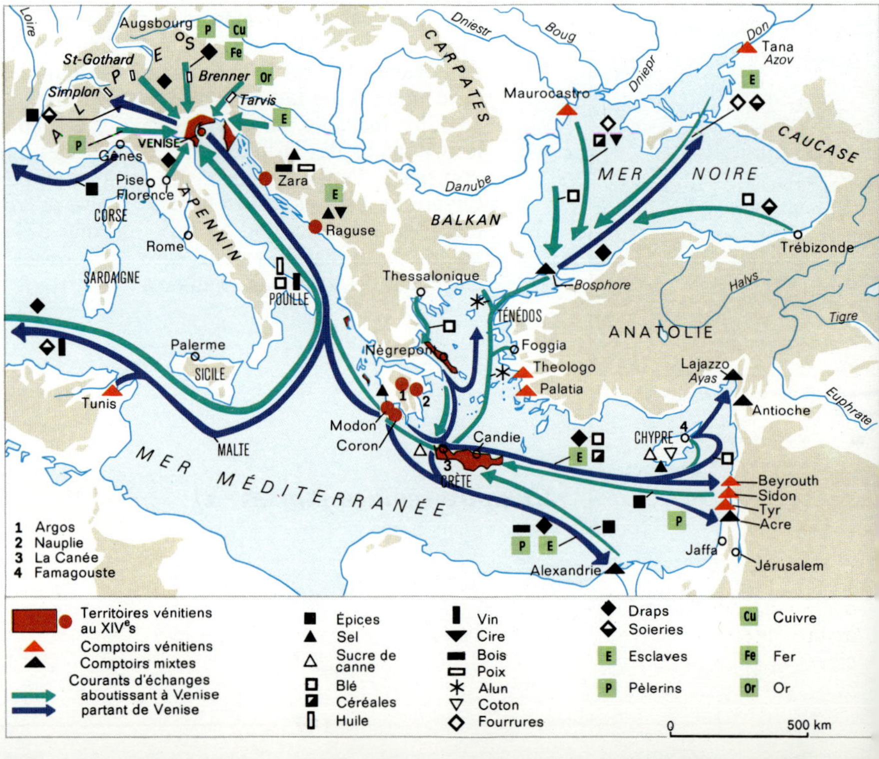

Le commerce vénitien au XIVe s.

GÊNES DU XIIIe SIÈCLE AU XVe SIÈCLE

Puissance maritime fondée dès la fin du xe siècle (premiers comptoirs en Terre sainte), Gênes hérite, en 1284, des droits de Pise sur la Sardaigne et la Corse (victoire de La Meloria). Battus à Acre par les Vénitiens, leurs rivaux pour le monopole du commerce méditerranéen (1258), les Génois obtiennent (1261) Smyrne, Pera et Galata de leur allié Michel VIII, qui a détruit l'Empire latin. Le contrôle de l'empire de Trébizonde leur donne accès aux marchés d'Extrême-Orient, dont ils distribuent les produits précieux en Europe, tout en créant les premières assurances maritimes et en fournissant des flottes à tous les souverains.

L'ITALIE APRÈS LA PAIX DE LODI (1454)

En Italie, délivrée de fait de la tutelle impériale depuis 1250, le regroupement des nombreux petits États de la Péninsule est achevé pour l'essentiel vers 1450. Au nord, la maison de Savoie obtient en 1416 le titre ducal ; au sud, celle d'Aragon recrée en 1443 l'unité des Deux-Siciles au détriment des Angevins. Dans la plaine du Pô et en Toscane, les communes ont dû céder la seigneurie aux seules puissances capables de s'assurer les coûteux services des *condottieri* (chefs mercenaires). C'est le cas de Venise, de Milan (dont le condottiere Francesco Sforza est duc en 1450), et de Florence (dont Cosme de Médicis étend le territoire à toute la Toscane, sauf Sienne). Signée entre ces trois États, la paix de Lodi (1454) prélude à la conclusion, pour vingt-cinq ans, de la Très Sainte Ligue unissant les États italiens sous l'égide du pape (1455).

LE COMMERCE VÉNITIEN AU XIVe SIÈCLE

Dès le début du xive siècle, Venise est au cœur des grands courants d'échanges maritimes. Des marchands allemands acheminent vers le sud, par le col du Brenner, le fer et le cuivre d'Europe centrale, stockés et négociés au *fondaco dei Tedeschi.* Des convois annuels relient Venise à Londres, Southampton, Bruges (draps), d'autres à ses comptoirs de Méditerranée et de mer Noire. Elle revend ainsi au monde entier les produits d'Orient (soie, épices...) et du monde slave (bois, fourrures...), exporte ceux des îles et de la Terre Ferme (blés, vins, fruits...), des Pouilles et de Dalmatie. Elle assure aussi le transport des esclaves et des pèlerins.

L'Italie après la paix de Lodi (1454)

Les guerres d'Italie

Le morcellement politique de la Péninsule, des conflits intérieurs qui traditionnellement suscitent l'appel des Italiens à l'étranger, facilitent les interventions françaises en Italie. Celles-ci sont justifiées par les droits que Charles VIII fait valoir sur Naples et Louis XII sur Milan, en tant qu'héritiers respectifs des maisons d'Anjou et d'Orléans-Visconti.

Parcourant triomphalement l'Italie (1494-1495), Charles VIII doit céder devant la Sainte Ligue des princes italiens, brusquement effrayés par ses succès trop rapides. Il rapatrie son armée victorieuse à Fornoue, mais il ne peut sauver de la capitulation la garnison française de Naples encerclée à Atella par Gonzalve de Cordoue (1496).

Plus prudent, allié de nombreux princes italiens et des Suisses, Louis XII occupe Milan à deux reprises (1499 et 1500), ainsi que Naples ; mais, pressées par Gonzalve de Cordoue sur les bords du Garigliano, ses forces sont chassées du royaume dès 1504. Victorieuses de celles de Venise à Agnadel et de celles du pape et de l'Espagne à Ravenne, elles doivent pourtant évacuer le Milanais après la défaite de Novare, victimes des incessants retournements d'alliance de Jules II.

Plus modeste, François Ier limite ses ambitions au Milanais : Marignan et les Suisses le lui donnent en 1515 ; La Bicoque en 1522 et, plus encore, Pavie en 1525 le lui retirent. Charles Quint le contraint à renoncer définitivement à ses ambitions italiennes, au profit de l'Espagne, par les traités de Madrid (1526) et de Cambrai (1529). [Voir carte p. 67.]

L'Italie de 1714 à 1748

La paix de Lodi (1454) n'a pas mis fin aux luttes entre princes et cités oligarchiques. L'habitude de faire appel à l'étranger a livré l'Italie aux ambitions de l'Espagne, de l'Autriche et de la France. Après le traité du Cateau-Cambrésis (1559), elle ne parvient plus à contester la domination espagnole, qui dure plus d'un siècle, jusqu'à la guerre de la Succession d'Espagne (1701-1713). Les traités d'Utrecht et de Rastatt attribuent alors à l'empereur Charles VI de Habsbourg le Milanais, Naples, la Sardaigne et Mantoue. Le duc de Savoie reçoit la Sicile, qui sera échangée en 1720 contre la Sardaigne.

Jusqu'en 1748, l'Italie est intéressée par les derniers épisodes de la lutte entre les Bourbons et les Habsbourg. Après le mariage de Philippe V d'Espagne avec la Parmesane Élisabeth Farnèse, l'Espagne tente de réviser le traité d'Utrecht. Le fils aîné d'Élisabeth, le futur Charles III d'Espagne, obtient la succession de Parme, Plaisance et Naples. Mais l'Espagne est trop faible pour pouvoir intervenir dans ses possessions. Si la Savoie parvient à accroître ses territoires aux dépens du Milanais, les Autrichiens renforcent leur domination. À l'extinction des Médicis, la Toscane est ainsi attribuée à l'époux de Marie-Thérèse, François III de Lorraine, qui la fait passer sous l'influence de l'Autriche.

L'Italie de 1815 à 1848

Dominée par l'Autriche après 1815, l'Italie voit naître une opposition libérale d'inspiration romantique (Risorgimento), dont le Piémont devient le foyer. Les insurrections de 1820 (Naples), 1821 (Piémont), 1831 (Romagne, Marches...), 1834 (Savoie) sont réprimées une à une. Charles-Albert, roi du Piémont, qui lance en mars 1848 la guerre de libération nationale par les Italiens (« Italia fara da se »), est battu à Custoza (23-25 juillet 1848) et à Novare (23 mars 1849). L'ordre ancien triomphe en Italie, où le Piémont apparaît seul capable de cristalliser le mouvement nationaliste.

Fondés en 756, les États de l'Église, qui prennent ensuite la Péninsule en écharpe de l'Adriatique à la Tyrrhénienne, acquièrent leurs pleines fonctions sous le pontificat de Jules II. Après de nombreuses vicissitudes entre 1797 et 1849, ils sont amputés en 1860 (Romagne, Marche, Ombrie) au profit du royaume d'Italie. Celui-ci les annexe enfin, à la seule exception de la Cité du Vatican, dont la loi des Garanties (13 mai 1871) reconnaît au pape la possession en toute souveraineté. (V. cartes pp. 146-147.)

Les États de l'Église du XVIe au XIXe s.

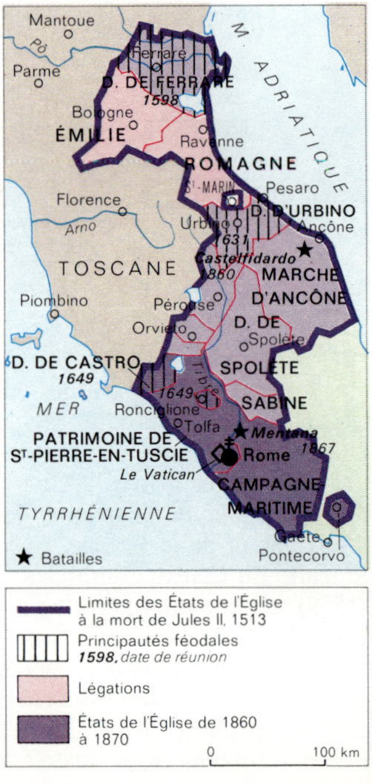

Les débuts de l'unité italienne

L'Italie de 1860 à 1870

Après la guerre victorieuse menée contre l'Autriche avec l'appui de la France (1859), Cavour, président du Conseil du royaume sarde, organise en 1860 des plébiscites qui unissent l'Italie centrale au Piémont, et consacrent la cession à la France de la Savoie et de Nice. Durant l'été, après avoir aidé l'expédition des Mille de Garibaldi, qui occupe la Sicile, il organise celle qui s'empare des Marches et de l'Ombrie, et confisque à Naples la victoire des républicains. Le nouveau royaume d'Italie est proclamé en 1861.

Pour régler le problème vénitien, l'Italie s'allie à la Prusse, le 8 avril 1866, par l'entremise de Napoléon III, et selon une stratégie éprouvée en 1858-59. A l'issue de la guerre austro-prussienne de 1866, elle peut donc récupérer la Vénétie, malgré les défaites de Custoza et de Lissa. Mais, après l'échec de Garibaldi à Mentana en 1867, échec dû à l'intervention armée de Napoléon III, soucieux de conserver intact l'appui des catholiques, les Italiens doivent attendre 1870 pour recouvrer Rome. L'Unité italienne est alors achevée.

V. LUXEMBOURG pp. 157-160
NORVÈGE pp. 178-179

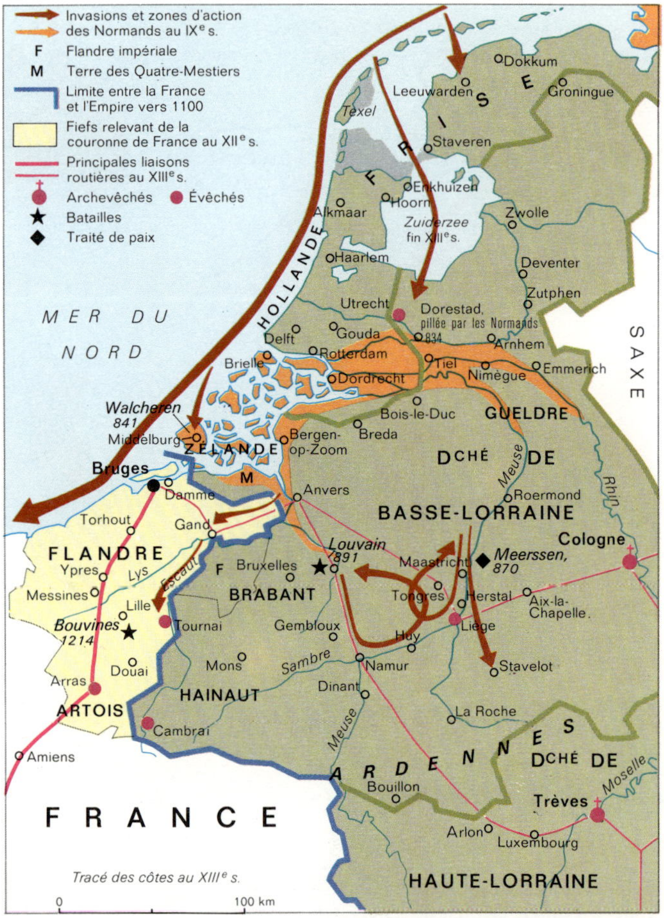

Les Pays-Bas du IXe au XIIIe s.

Plus profondément pénétrés par la mer que de nos jours au sud, moins au nord, où le lac Flevo ne s'est élargi qu'à la fin du XIIIe siècle dans le vaste Zuiderzee, les Pays-Bas ont été le premier terrain de l'expansion franque. Originaires de l'Austrasie, les Carolingiens établissent sur ses lisières la capitale impériale, Aix-la-Chapelle ; l'aristocratie laïque et religieuse y poursuivant la colonisation agricole, une intense activité batelière s'y développe, assurant les échanges entre le continent, l'Angleterre et la Scandinavie. Les Vikings y multiplient leurs incursions au IXe siècle ; Arnulf de Carinthie les repousse à Louvain en 891.

Partagés en 870 en vertu du traité de Meersen entre la *Francia occidentalis* et la *Francia orientalis,* les Pays-Bas se décomposent en plusieurs principautés : à l'ouest, les comtés de Flandre, d'Artois et de Boulogne relèvent de la mouvance capétienne ; à l'est, le duché de Basse-Lotharingie, divisé en 959 en duchés de Haute-et de Basse-Lorraine, appartient au Saint Empire.

Continue du XIe au XIIIe siècle, l'expansion démographique favorise alors le renforcement des États, la disparition du servage, la création de *polders,* le défrichement des terres pauvres des *kampen,* le développement des villes et des ports à la confluence des fleuves (Gand), à la tête des estuaires (Anvers), à l'abri des digues. Bien situées au point d'aboutissement des itinéraires qui, venant d'Italie, traversent les foires de Champagne, les villes d'Artois et de Flandre bénéficient d'un grand essor commercial (foires de Messines) et artisanal (draperie d'Ypres, de Gand) ; Bruges est un grand carrefour de l'Europe du Nord-Ouest, à la fin du XIIIe siècle. (V. cartes pp. 41, 52 et 54.)

De Charles Quint les Pays-Bas étaient la patrie : il était né à Gand et abdiqua à Bruxelles. Avec une opiniâtreté invincible, malgré son éloignement et son immense empire, il a réalisé les ambitions de ses ancêtres bourguignons : unification et centralisation. De 1521 à 1549, il a : 1° acquis Tournai et le Tournaisis, la seigneurie de Frise, la principauté d'Utrecht et l'Overijssel, la seigneurie de Groningue et la Drenthe, le duché de Gueldre et le comté de Zutphen ; 2° rompu, par le traité de Madrid (1526) et par la paix de Cambrai (1529), les liens parfois très anciens de ces pays avec la couronne de France ; 3° satellisé les principautés épiscopales de Liège et de Cambrai ; 4° organisé les « dix-sept provinces » en cercle de Bourgogne, État centralisé dont la puissance résultait autant de sa situation géographique que de son économie : draps, mines, agriculture, pêche, marché international d'Anvers. Gouvernés par sa tante Marguerite d'Autriche (1518-1530) puis par sa sœur Marie de Hongrie (1531-1555), bien administrés par des magistrats issus essentiellement de la bourgeoisie belge, les Pays-Bas sont, par contre, déchirés par les querelles religieuses. L'humanisme, l'imprimerie avaient, en effet, favorisé la pénétration des idées réformées dans ces populations laborieuses, sensibles à la doctrine nouvelle de la glorification du travail et du succès dans l'entreprise. En déclenchant des persécutions contre leurs adeptes, Charles Quint affaiblit un régime auquel la durée semblait pourtant assurée.

Les Pays-Bas au temps de Charles Quint

Les Pays-Bas de 1555 à 1648

Prince espagnol ignorant des réalités néerlandaises au contraire de Charles Quint, Philippe II (1555-1598) pratique à l'égard des Pays-Bas une politique de centralisation et de répression religieuse (Inquisition). Brisée en 1566 par Marguerite de Parme (1559-1567), la révolte des ouvriers du textile d'Armentières justifie l'instauration en 1567 par le duc d'Albe (1567-1573) d'un Conseil des troubles. Des têtes tombent en 1568 : celles des comtes d'Egmont et de Hornes. Les calvinistes répondent par un nouveau soulèvement : la guerre de Quatre-Vingts Ans commence. Rapidement maîtresse du Nord, s'imposant même dans le Sud après le premier sac d'Anvers par les Espagnols en 1576, l'insurrection semble obtenir satisfaction par la pacification de Gand, le 8 novembre. Les maladresses de Guillaume d'Orange, l'intolérance des réformés provoquent une rupture définitive. Dans les provinces catholiques de l'Union d'Arras (6 janvier 1579), l'université de Douai et les Jésuites assurent désormais le triomphe de la Contre-Réforme ; dans les sept provinces de l'Union d'Utrecht (23 janvier 1579), par contre, les universités de Leyde, puis d'Utrecht renforcent la cohésion doctrinale des calvinistes. Ainsi naissent les Provinces-Unies. Au terme d'une longue lutte, l'Espagne reconnaît leur indépendance *de facto* en 1609, puis *de jure* en 1648 par le traité de La Haye, qui les accroît officiellement des bouches de l'Escaut et des pays de la Généralité, devenus biens communs de l'État.

Les Pays-Bas et les Provinces-Unies de 1648 à 1715

Au traité de La Haye (1648), l'Espagne reconnaît la souveraineté des Provinces-Unies et leur abandonne les bouches de l'Escaut et les pays de la Généralité. Les Provinces-Unies se voient, en outre, confirmer la possession des colonies enlevées au Portugal et à l'Espagne. Désormais séparées, les deux parties des Pays-Bas vont vivre leur destin propre jusqu'à la réunification de 1815. Théâtre des guerres de Louis XIV, les Pays-Bas espagnols sont amputés, au profit de la France, de l'Artois, perdu dès 1640 (traité des Pyrénées, 1659), de la Flandre gallicante (traité d'Aix-la-Chapelle, 1668), de la Flandre maritime et de Valenciennes (paix de Nimègue, 1678). A la mort de Charles II d'Espagne, les Pays-Bas reviennent au duc d'Anjou, petit-fils de Louis XIV. Les Hollandais et les Anglais s'opposent à leur occupation par les Français. A l'issue de la guerre de la Succession d'Espagne, les Pays-Bas sont remis à l'Autriche, qui doit cependant, pour préserver la liberté des Provinces-Unies, entretenir des garnisons hollandaises dans les places de la Barrière.

La solidarité des Provinces-Unies ne joue que face aux menaces extérieures, l'Union d'Utrecht (1579) ayant préservé les libertés municipales et provinciales. Elles doivent affronter les ambitions de Louis XIV et les projets de Colbert, qu'inquiète leur puissance commerciale et maritime (guerre de Hollande, 1672-1676 ; guerre de la ligue d'Augsbourg, 1688-1697 ; guerre de la Succession d'Espagne, 1701-1714).

L'occupation française en Belgique, conquise une première fois en 1792-93, y est perçue comme une libération vis-à-vis de la tutelle autrichienne. Incorporée à la France, la Belgique est dotée d'une législation libérale, qui permet l'essor des manufactures. Par contre, la transformation des Provinces-Unies en une « république sœur », puis en royaume de Hollande, mécontente les populations : le Blocus continental lèse les intérêts commerciaux néerlandais.

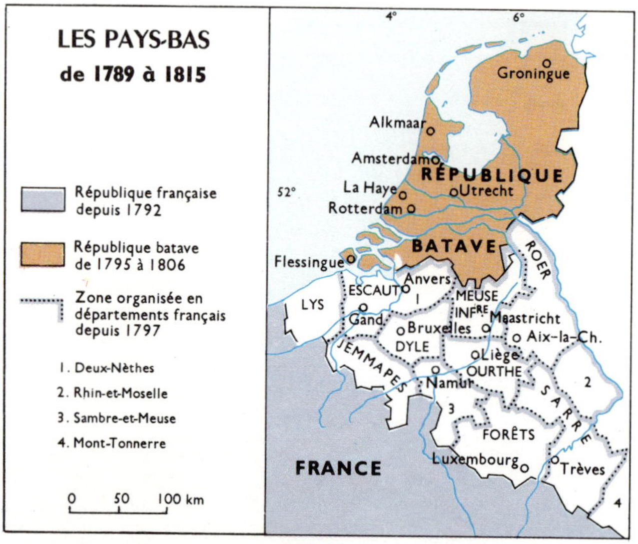

Les Pays-Bas de 1789 à 1815

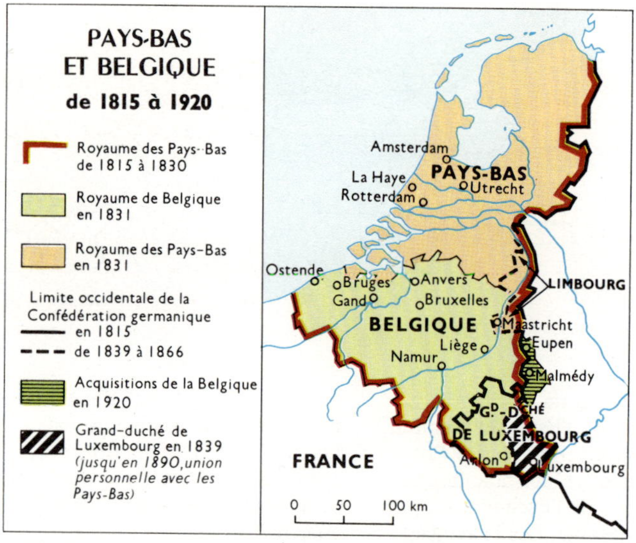

Pays-Bas et Belgique de 1815 à 1920

Créé en 1815 comme « État tampon » contre la France, le royaume des Pays-Bas unit deux peuples séparés par leurs convictions religieuses, leur rivalité économique, leur tempérament national propre, forgé par deux siècles et demi d'histoire. Malgré les efforts du roi Guillaume Ier pour souder politiquement et économiquement les deux parties du royaume, une coalition se forme en 1828 entre catholiques flamands et libéraux wallons francophiles. L'émeute du 25 août 1830 à Bruxelles débouche sur la proclamation de l'indépendance de la Belgique, qui sera reconnue en 1839 par les Pays-Bas. Le grand-duché de Luxembourg voit sa partie occidentale incorporée au royaume de Belgique, sa partie orientale restant propriété personnelle du souverain. A la mort de Guillaume III d'Orange-Nassau en 1890, le grand-duché devient pleinement indépendant sous le règne d'Adolphe de Nassau. De 1914 à 1918, les Allemands respectent la neutralité des Pays-Bas, mais non celle du Luxembourg et de la Belgique. Cette dernière est occupée presque entièrement. A l'issue du conflit, elle obtient Eupen et Malmédy

Née d'une volonté nationale commune, la Belgique a longtemps ignoré le problème linguistique malgré la coexistence de quatre régions linguistiques différentes (de langue française, néerlandaise, allemande, Bruxelles étant bilingue). La question n'est posée qu'après 1870, le parti catholique, marqué par le nationalisme flamand, obtenant l'emploi du néerlandais dans l'administration de l'État (1878), des provinces et des communes flamandes (1921). Enfin, les lois de 1932-1935 imposent (sauf à Bruxelles) l'unilinguisme administratif, judiciaire et scolaire, de part et d'autre d'une limite qui fixe le néerlandais au nord, le français au sud. La montée des générations unilingues flamandes issues de ces lois fait renaître, dans les années 1960, la tension linguistique. Une Flandre sociale-chrétienne, prospère économiquement et démographiquement, s'oppose à une Wallonie socialiste touchée de plein fouet par la crise de la sidérurgie. Dès 1960, les Flamands exigent une coupure définitive entre les deux pays. Depuis 1972 la Belgique est divisée en 3 régions, Flandre, Wallonie et Bruxelles. Les nouvelles lois linguistiques entraînent des affrontements violents, dont la querelle des Fourons – commune francophone rattachée au Limbourg néerlandophone – est le symbole toujours d'actualité.

Belgique. Régions linguistiques

La Pologne des Piast au Xe et au début du XIe s.

Le duc Mieszko (v. 960-992), premier ancêtre connu des princes polanes de Gniezno, donne au premier État polonais une extension territoriale correspondant approximativement à celle de la République populaire (v. carte p. 168). Les Allemands, les Slaves de Bohême et de Kiev menacent de toutes parts ce pays de plaines, aux frontières mal fixées. Un sentiment national très vif, le baptême de Mieszko en 996, ainsi que l'appui de l'Église et de l'empereur Otton III assurent le destin de la Pologne, constituée en l'an 1000 en province ecclésiastique autonome. L'unité du pays autour des rois de Pologne Boleslas Ier et Boleslas II lui permet de survivre à des échecs nombreux au XIe siècle : perte du glacis de l'Elbe au Bug, querelles dynastiques, troubles intérieurs, déposition en 1079 de Boleslas II. Mais le partage du royaume en quatre duchés héréditaires au profit des fils de Boleslas III Bouche-Torse (1102-1138) entraîne le morcellement et l'affaiblissement de la Pologne.

LES ÉTATS DE LA MAISON DES JAGELLONS (XIVe-XVIe SIÈCLE)

Grands-ducs héréditaires de Lituanie (1377-1392 et 1440-1572), les Jagellons conservent la couronne élective de Pologne de 1386 à 1572. Ladislas II Jagellon, fondateur de la dynastie, reçoit très rapidement l'hommage des princes de Moldavie (1387), de Valachie (1389) et de Bessarabie (1396). Il devient donc maître d'un immense empire catholique, constitué aux dépens de l'Église orthodoxe, celle-ci n'espérant plus convertir les Lituaniens désormais catholiques, mais aussi au détriment des chevaliers Teutoniques : la défaite de Grunwald (1410) ôte à ceux-ci la Samogitie ; la paix de Torún, un demi-siècle plus tard, leur enlève la Poméranie et Gdańsk. L'ordre se reconnaît alors vassal de la Pologne pour ses autres possessions (1466). Accédant à la Baltique, les Jagellons s'assurent aussi les couronnes de Bohême (1471-1526) et de Hongrie (1490-1526). Dès 1503, le tsar Ivan III reconquiert le tiers des terres russes du grand-duché. Privés de tout accès à la mer Noire par les Ottomans (1475-1485), les Jagellons vont perdre les couronnes de Bohême et de Hongrie (défaite de Mohács, 1526). Le déclin s'amorce, consacré, en 1569, par l'Union de Lublin, qui fond Russie et Pologne en une « république commune », dont Varsovie est capitale. Désormais élective, la fonction grand-ducale devient l'enjeu des enchères diplomatiques européennes. Celles-ci sont ouvertes dès 1572, par la mort de Sigismond II Auguste, dernier des Jagellons. (V. cartes pp. 46, 60, 62, 98 et 170.)

ROY. DE SUÈDE
MER BALTIQUE
Kalmar
LIVONIE
1561 polonaise
TERRE DE NOVGOROD
Piltyń
Riga
Chevaliers Porte-Glaive
COURLANDE
1561 polonaise
SAMOGITIE
Dvina
Tver
Volga
MOSCOVIE
Moscou
1326
Królewiec (Königsberg)
Fischhausen
Miedniki
Niémen
Kowno (Kaounas)
Połock
Wiaźma
Witebsk
Russes
Gdańsk (Dantzig)
PRUSSE
Lidzbark Warmiński (Heilsberg)
1387
Wilno (Vilnious)
Krewo, 1385
Dniepr
Smoleńsk
1470 arch.
1514
Oka
Toula
Malbork (Marienburg)
Chełmno 1243 (Kulm)
Grunwald 1410 (Tannenberg)
Mińsk
GRAND-DUCHÉ DE LITUANIE
N
Toruń (Thorn), 1466
Nowogródek (Novogroudok)
Brańsk (Briansk)
Włocławek
MAZOVIE
PODLACHIE
Desna
Poznań
Gniezno
GDE POLOGNE
Płock
Bug
ROY. DE
Varsovie
Brześć (Brest)
Pińsk
Turów
Pripet
1569
Nowogród Siewierski (Novgorod-Severski)
Sieradz
Warta
SILÉSIE
Lublin 1569
Czernihów (Tchernigov)
Kursk
Wrocław (Breslau)
PTE POLOGNE
Sandomierz
Chełm
Włodzimierz (Vladimir)
VOLHYNIE
Horodło 1413
Łuck
ROY. DE BOHÊME
1471–1526
Wiślica
Vistule
Kijów (Kiev)
Cracovie
POLOGNE
1353, 1377
Przemyśl
Lwów (Lemberg) 1364
UKRAINE
Donets
Brno (Brünn)
RUTHÉNIE ROUGE
Dniepr
PODOLIE LITUANIENNE
Halicz
PODOLIE
Cosaques du Don
Koszyce (Kassa)
1375
Kamieniec Podolski (Khmelnitski)
Bracław (Brastlav)
CHAMPS SAUVAGES
Esztergom (Gran)
BUCOVINE
Boug
Cosaques Zaporogues
Danube
Siret 1370
Buda
Pest
ROYAUME DE HONGRIE
1440–1444
1490–1526
Suczawa (Suceava) 1401
PRTÉ DE MOLDAVIE
Fălticeni 1418
Iaşi
Dniestr
Kalocsa
KHĀNAT DE CRIMÉE
Perekop
Turcs
Mohács 1526
Cluj (Kolozsvár)
Cetatea Alba (Bielgorod Dniestrowski)
TRANSYLVANIE
Prout
Kilia
1475 Turcs
Caffa
VALACHIE
Le royaume de Pologne en 1370, à la mort de Casimir III le Grand
Grand-duché de Lituanie (XIVe–XVe s.)
Expansion de l'ordre Teutonique jusqu'à la bataille de Grunwald (1410)
Territoires reconquis sur l'ordre Teutonique
par la Lituanie en 1410
par la Pologne en 1466 (paix de Toruń)
Union polono-lituanienne
Territoire polono-lituanien en 1466
Duchés vassaux de Mazovie rattachés à la Couronne en 1526
Vassaux de la Couronne
Union de Lublin (1569)
Nouvelle frontière entre le royaume et le grand-duché unis en une seule république
N Nieszawa (Nessau)
Autres États de la maison des Jagellons (XVe–XVIe s.)
État russe au début du XVIe s.
Batailles
Traité de paix
Raids tatars
0 250 km
Église catholique
Archevêchés
Principaux évêchés
1386 Date d'érection
Église orthodoxe
Métropoles
Archevêchés
Évêchés
1401 Date d'érection

Les États de la maison des Jagellons (XIVe-XVIe s.)

Après l'« âge d'or », la Pologne connaît un « âge de fer ». Ce déclin est dû à l'absence de frontières naturelles, à la constitution de l'État (à la fois république, monarchie élective et oligarchie), qui est surtout une anarchie organisée, et à l'esprit national de croisés des Polonais. Sous la dynastie suédoise des Vasa (1587-1668), ceux-ci occupent Moscou (1610-1612), combattent la Suède, restent neutres pendant la guerre de Trente Ans, refoulent les Turcs. Mais, sous Jean II Casimir, Russes, Suédois et Ottomans ravagent le pays. Jean III Sobieski (élu roi en 1674) écrase les Turcs sous les murs de Vienne en 1683, mais les pertes territoriales sont lourdes : l'Électeur de Brandebourg devient indépendant en Prusse, les Suédois occupent la Livonie (paix d'Oliwa, 1660), les Russes enfin acquièrent Smolensk et Kiev. Seule la Podolie est reprise aux Turcs (1699). (V. cartes pp. 70 et 179.)

La Pologne au XVIIe s.

Les partages de la Pologne au XVIIIe s.

La Suède en déclin, la France retenue par la guerre de Sept Ans, puis par la Révolution, ne peuvent empêcher la Russie, la Prusse et l'Autriche de se livrer à trois partages successifs de la Pologne. En 1772, Catherine II obtient la Russie Blanche à l'est de la Dvina et du Dniepr ; Frédéric II, la Prusse polonaise ; Marie-Thérèse, la Galicie. L'adoption de la Constitution révolutionnaire (1791) provoque un second partage, entre Russie et Prusse. Après l'insurrection nationale de 1794 enfin, la Russie annexe la Courlande et la Lituanie, la Prusse, la Mazovie avec Varsovie, l'Autriche, Cracovie et la Mazovie méridionale (1795).

La Pologne de 1807 à 1815

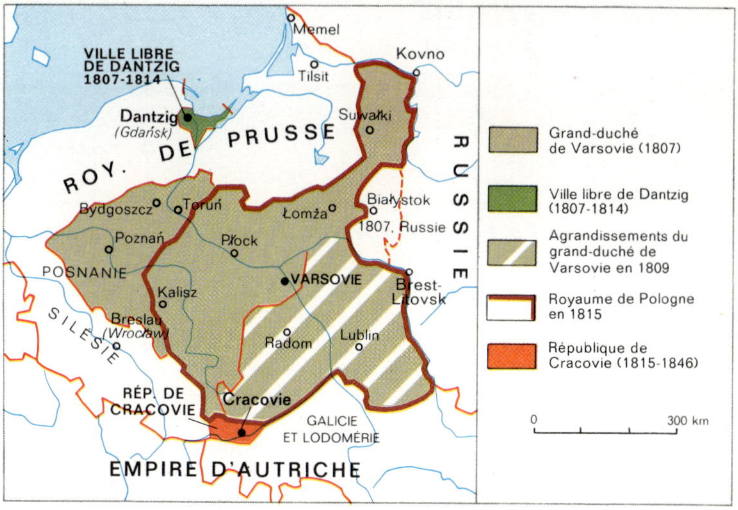

En 1807, Napoléon se contente de reprendre à la Prusse l'essentiel de sa part de Pologne, et y ajoute, en 1809, une partie de la Galicie autrichienne. Au congrès de Vienne (1815), la Prusse reçoit Poznań et Gdańsk ; l'Autriche retrouve sa part du premier partage ; la Russie, celle des deux premiers partages. Les négociateurs créent un « royaume du Congrès », lié à jamais à la Russie et dont le tsar est roi. Cracovie devient république indépendante.

La Pologne après la Première Guerre mondiale

La création d'une « Pologne indépendante avec accès à la mer » : ce principe, proclamé le 8 janvier 1918 par le président Wilson dans son « treizième point », est accepté par tous, même par l'Autriche et l'Allemagne qui, pendant la guerre, avaient promis aux Polonais l'indépendance pour obtenir leur appui. Outre le problème de la cohésion du nouvel État, qui regroupe des régions séparées depuis plus d'un siècle, la question essentielle est celle des frontières. A l'ouest, le traité de Versailles donne satisfaction aux Polonais, en restaurant à peu près le tracé immédiatement antérieur au partage de 1772 (voir carte p. 165). La Pologne recouvre la Posnanie ; un « corridor », qui coupe l'Allemagne en deux, lui donne accès à la Baltique par Dantzig (Gdańsk), qui est déclarée ville libre. Mais les Polonais sont déçus par les plébiscites en Mazurie (1920) et en Haute-Silésie (1921), qui leur sont défavorables. A l'est, la décision échappe aux Alliés : au nom des frontières de 1772, les Polonais disputent avec succès le grand-duché de Lituanie à l'armée rouge, dès le début de 1919. Refusant la ligne Curzon, ils lancent l'offensive jusqu'à Kiev (mai 1920). Après un recul jusqu'aux abords de Varsovie et une contre-attaque soutenue par les Alliés (« miracle de la Vistule », août 1920), le traité de Riga (mars 1921) trace à quelque 200 kilomètres à l'est du Bug la frontière orientale de la Pologne. Cette frontière sera reconnue en 1923 par les Alliés. Mais cet expansionnisme est dangereux, à la fois par ses implications internationales et par ses conséquences intérieures, le pouvoir revenant très vite aux militaires (Pilsudski, puis Rydz-Śmigly et Beck).

La Pologne de 1939 à 1945

Ayant signé, le 23 août 1939, avec l'U.R.S.S. un pacte de non-agression assorti d'un protocole secret de partage de la Pologne en zones d'influence, l'Allemagne nazie attaque cette dernière le 1er septembre, sans déclaration de guerre. Privés de tout appui, les Polonais, dont l'armée a été surprise en cours de mobilisation, sont rapidement battus par les troupes allemandes. Le 28 septembre, le partage est accompli, la frontière entre l'U.R.S.S. et le Reich est établie sur le Bug et correspond en gros à la ligne Curzon. Après une consultation populaire, l'U.R.S.S. intègre les zones annexées aux républiques soviétiques d'Ukraine et de Biélorussie. Le 8 octobre, les territoires ayant appartenu à l'Allemagne avant 1918 et la région industrielle de Łódź sont incorporés au Grand Reich. Mais, dès 1940, la résistance polonaise est animée de Londres par le général Władysław Sikorski jusqu'en 1943, puis par Stanisław Mikołajczyk, qui forme en février 1942 une armée nationale de l'intérieur. Elle s'amplifie lorsque, après l'agression hitlérienne contre l'U.R.S.S. (qui entraîne l'occupation de toute la Pologne par les Allemands), celle-ci encourage la formation de la « Garde populaire », transformée, en 1944, en *Armia Ludowa* (A.L.) et soutient la création d'un Conseil national populaire, qui organise en 1944 le Comité de Lublin, présidé par le socialiste Osóbka-Morawski. Mais cette résistance suscite une très violente répression : déportations massives en camps de concentration, extermination des juifs, écrasement (été 1944) du soulèvement de Varsovie. A la fin de la guerre, on compte environ 6 millions de morts.

La Pologne depuis 1945

Refusant d'admettre en 1945 la reconstitution de la Pologne dans les frontières de 1921, Staline obtient à Yalta l'accord de principe des Anglo-Américains sur la translation vers l'ouest du territoire polonais, au profit de l'U.R.S.S. et au détriment de l'Allemagne. Retrouvant à l'est le tracé de la ligne Curzon, se fixant à l'ouest le long de la ligne Oder-Neisse, incorporant au nord la moitié de la Prusse-Orientale, les nouvelles frontières de la Pologne réduisent sa superficie de 380 000 à 300 000 km², mais la dotent d'une façade maritime de 400 km. Le problème du corridor de Dantzig disparaît, ainsi que celui des minorités, avec le rapatriement des deux millions de Polonais originaires de Galicie, de Polésie et de Volhynie, qui s'établissent dans les provinces occidentales dont sont chassés deux ou trois millions d'Allemands. Compte tenu des victimes de la guerre (6 millions dont 3 millions de juifs) et des déplacements de population, la Pologne ne compte donc plus en 1945 que 24 millions d'habitants contre 35 en 1938.

Le problème de la nature du régime politique est compliqué par l'existence de deux gouvernements rivaux : celui de Londres, soutenu par les Anglo-Américains ; celui de Lublin, appuyé par les Soviétiques. Leur fusion, le 28 juin 1945, en un seul gouvernement d'union nationale présidé par le socialiste Osóbka-Morawski, ne résiste pas à la guerre froide : Mikołajczyk s'exile en octobre 1947 et le parti ouvrier polonais (communiste) s'empare de tous les rouages du pouvoir. En 1949, la démocratie populaire est en place.

V. PORTUGAL pp. 109-110
ROUMANIE pp. 190-191

L'État de Kiev

Les tribus des Slaves orientaux qui ont donné naissance au peuple russe s'individualisent, au VIIIe et au IXe siècle, dans la région du Volkhov et du Dniepr, fleuves parcourus, au IXe et au Xe siècle, par les Varègues, marchands d'origine scandinave. Partant de la Suède, leur commerce converge vers Novgorod et Kiev. Les Varègues créent autour de ces villes les premières principautés russes sous l'autorité de Riourik et de son fils Oleg. Ce dernier fait de Kiev, vers 882, la capitale du premier État russe unifié. Combattant les Khazars, les Bulgares et les Polonais, Oleg (882-912) et ses héritiers étendent leur souveraineté sur l'ensemble des Slaves orientaux. Ils adoptent la foi chrétienne vers 988. La principauté de Kiev connaît son apogée en 1054, puis se désagrège aux XIe et XIIe siècles sous l'effet des luttes de succession et des assauts incessants des Coumans ou Polovtses. (V. cartes pp. 41 et 46.)

O. ARCTIQUE
Anglais, Hollandais XVIe s.
Kola
LAPONS
Obdorsk 1595
Cercle polaire
SAMOYÈDES
MER BLANCHE
Oust-Tsilma 1542
Petchora
Arkhangelsk 1584
MONTS OURAL
Ob
ROYAUME DE SUÈDE
FINLANDE
CARÉLIE
TERRE DE
Dvina septale
ZYRIANES
L. ONEGA
Åbo
Stockholm
L. LADOGA
Veliki Oustioug
Kama
Solikamsk
Narva
Ladoga
GDE-PRINCIPAUTÉ DE MOSCOU
ESTONIE
NOVGOROD
L. des Tchoudes (L. Peipous)
Novgorod
Perm
M. BALTIQUE
LIVONIE
L. Ilmen
Pskov
Viatka
COURLANDE
Riga
Iaroslavl
TCHÉRÉMISSES
VOTYAKS
BACHKIRS
Rostov
KHÂNAT DE KAZAN 1438 1552
Königsberg
Souzdal
Tver
Nijni-Novgorod
Polotsk
Vladimir
Kazan
Oufa 1574
PRUSSE
Wilno (Vilnious)
Vitebsk
Smolensk
MOSCOU
1521
1552
Kassimov
GD-DUCHÉ DE LITUANIE
Toula
Riazan
MORDVES
Varsovie
Briansk
Samara 1586
Koulikovo 1380
Desna
Orel 1566
Oka
1521
1556
Volga
Lublin
Pripet
Oural
Tchernigov
1571
Saratov 1590
HORDE D'OR jusqu'en 1502
1492
Voronej
1502
POLOGNE
Kiev
NOGAY
Belgorod 1593
Dniepr
Don
Boug
1501
Tsaritsyne, 1589
Saray
Dniestr
COSAQUES ZAPOROGUES
COSAQUES DU DON
KHÂNAT D'ASTRAKHAN 1466 - 1556
MOLDAVIE
1568
Perekop
Azak,1475 (Azov)
Astrakhan
KHÂNAT DE CRIMÉE v. 1430
VALACHIE
M. CASPIENNE
Bahçesaray
Kouban
Danube
Kefe,1475 (Feodossia)
TCHERKESSES
COSAQUES DU TEREK
Terek
MER NOIRE
DAGUESTAN
1579-80
Constantinople 1453
Koutaissi
Derbent
Tbilissi
Trébizonde 1461
GÉORGIE
Gandja
0
500 km
La principauté de Moscou en 1300
Victoire russe de Koulikovo sur les Mongols, 1380
État polono-lituanien en 1410
La grande-principauté de Moscou à l'avènement d'Ivan III, 1462
Territoire de l'État russe au début du règne d'Ivan IV, 1533
Acquisitions d'Ivan IV et de Fédor Ier, 1533-1598
Raids tatars
Expéditions d'Ivan IV contre les khânats de Kazan (1552) et d'Astrakhan (1556)
Campagne des Cosaques contre Azov, 1559
Forteresses russes avec date de fondation
Expédition de Iermak en Sibérie, 1581-82
Territoire ottoman et régions vassales en 1503

La Moscovie de 1300 à 1598

notice p. 172 →

La Russie de Pierre le Grand et de Catherine II (1682-1796)

notice p. 172 ⟶

← cartes pp. 170-171

LA MOSCOVIE DE 1300 À 1598

Née en 1263 du legs consenti par le prince de Vladimir-Souzdal, Alexandre Nevski, à son fils cadet Daniel, la petite principauté de Moscou lie habilement son sort à celui de la Horde d'Or, qui confère en 1328 à son souverain le titre de grand-prince. Aussi s'étend-elle rapidement autour du noyau originel. Après la conversion au catholicisme de la Lituanie, qui s'unit à la Pologne en 1386 et abandonne de ce fait à la Moscovie le rôle de seul rassembleur des terres russes et orthodoxes, la progression s'oriente vers le nord et vers l'est. Une victoire fugitive mais prestigieuse sur les Mongols à Koulikovo en 1380, la chute de Constantinople en 1453, le mariage en 1472 de Zoé Paléologue avec Ivan III (1462-1505) font d'ailleurs de Moscou la « troisième Rome », et de ses princes les héritiers des Césars byzantins, dont Ivan IV (1533-1584) prend pour la première fois le titre (tsar) en 1547. Ivan III, qui s'était proclamé souverain de toute la Russie dès 1494, puis Basile III (1505-1533) ont achevé déjà le rassemblement des terres russes en exploitant le déclin de la Horde d'Or. Annexant Kazan en 1552, puis Astrakan en 1556, Ivan IV laisse Iermak s'engager en 1581 sur la voie sibérienne (v. carte p. 174). Au nord, le port d'Arkhangelsk est construit sur les bords de la mer Blanche en 1584. C'est à l'ouest et au sud que se jouera, au XVIIe siècle, la survie de l'État.

LA RUSSIE DE PIERRE LE GRAND ET DE CATHERINE II

A la veille du règne de Pierre le Grand (1682-1725), la Russie s'affirme déjà comme une puissance continentale. Réformant les institutions, Pierre le Grand se proclame empereur en 1721. La flotte et l'armée régulière qu'il organise lui permettent d'acquérir une fenêtre sur la Baltique, où il fait construire Saint-Pétersbourg, la nouvelle capitale. Les excès du « règne des Allemands » ne remettent pas en cause son œuvre, dont Catherine II (1762-1796), adepte de la « philosophie des Lumières », est la véritable héritière. Elle charge Potemkine d'une certaine décentralisation administrative, libère la noblesse du service de l'État et de l'impôt, pour lui permettre de se consacrer à la création de richesses nouvelles (textile, métallurgie), favorise l'essor des communautés urbaines (marchands), et donc du commerce. Mais elle abandonne aux nobles 800 000 paysans libres, réduits au servage. Catherine II a les moyens de faire de la Russie une grande puissance européenne. Ses troupes, victorieuses des Ottomans, occupent la Crimée (1771). Elle obtient (traité de Kutchuk-Kaïnardji, 1774) un accès à la mer Noire ; elle annexe la Biélorussie, l'Ukraine occidentale, la Lituanie, à l'issue des trois partages de la Pologne (1772, 1793, 1795). Elle attire enfin les Ottomans dans la coalition de l'Europe contre la France (1792). Le réalisme l'emporte sur le rêve.

L'ASIE CENTRALE AU XVIIIe SIÈCLE

Région de bassins séparés par de hautes chaînes de montagnes, l'Asie centrale s'ouvre à l'ouest sur l'immensité des steppes de l'Eurasie, à l'est sur le désert de Gobi. Tout au long de son histoire se sont constitués, autour des vallées de l'Amou-Daria, du Syr-Daria et du Tarim, des États sédentaires, exposés aux attaques des nomades. Ils étaient traversés par la route de la soie

qu'empruntaient les pèlerins bouddhistes, nestoriens ou musulmans, ainsi que les caravanes marchandes. Deux pistes venant de Chine et contournant le désert central les conduisaient d'oasis en oasis : l'une atteignait le Fergana à travers Tourfan et Kachgar, l'autre Balkh et l'Iran à travers Khotan, Yarkand et le Pamir. Les routes terrestres du XVIIIe siècle empruntent les mêmes itinéraires.

À cette époque, le Khārezm et l'ancienne Transoxiane sont dominés par les Ouzbeks, maîtres des khānats de Khiva, de Boukhara et de Kokand, tandis que la Dzoungarie et la Kachgarie appartiennent à l'empire dzoungar, dernier empire mongol, fondé au XVIIe siècle par les Kalmouks ou Oïrats. Cet empire est anéanti par le souverain chinois Qianlong, qui en extermine la population. Ainsi, l'empire chinois des Qing, qui a déjà assujetti les Mongols Khalkas, conquiert la Dzoungarie, la région de l'Ili et la Kachgarie (1759).

Au XIXe siècle, les Russes enlèvent la région de l'Ili aux Chinois et soumettent Tachkent et Samarkand dans les années 1860. L'actuelle frontière sino-soviétique, séparant la Région autonome ouïgoure du Xinjiang (Sin-Kiang) des républiques soviétiques du Tadjikistan, du Kirghizistan et du Kazakhstan, entérine l'expansion russe vers l'est. Habitée par des peuples composés en majorité de Turcs et de musulmans, l'Asie centrale connaît actuellement un remarquable essor démographique. (V. cartes pp. 176-177 et 232.)

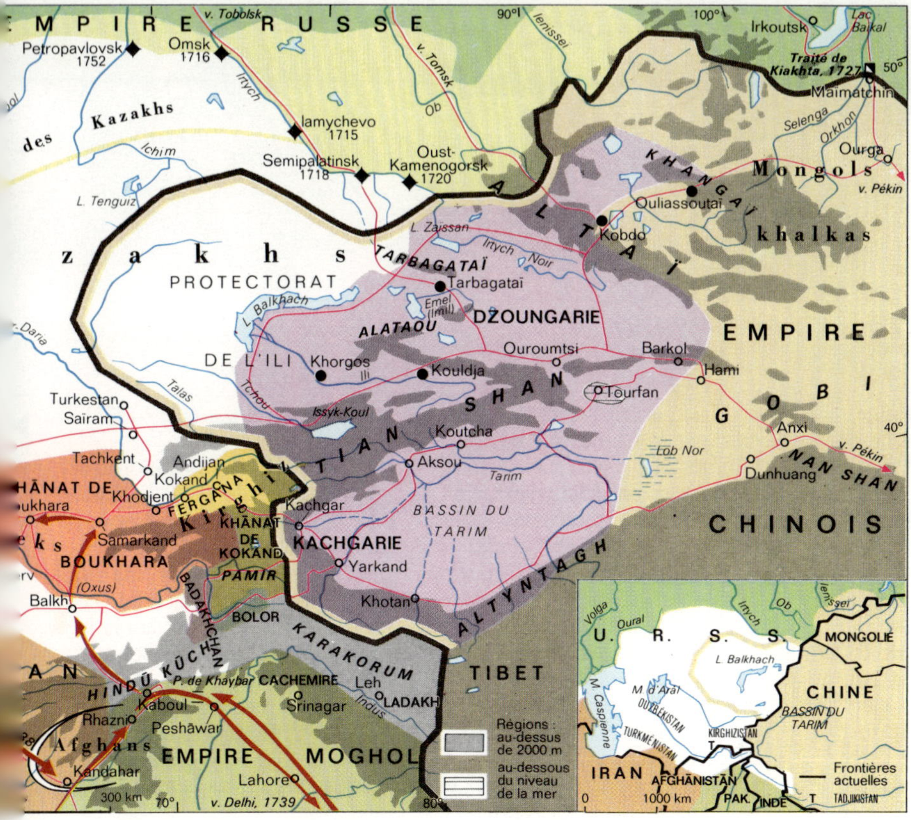

L'Asie centrale au XVIIIe s.

Formation de l'Empire russe (1689-1900)

Continental à l'origine, l'État russe cherche depuis la fin du XVIe siècle à s'assurer des fenêtres maritimes, et à jouer ainsi un rôle international de premier plan. L'expansion est menée au nord, où Arkhangelsk est fondée sur la mer Blanche (1584) ; à l'ouest, où Saint-Pétersbourg est édifiée sur la Baltique en 1703 ; au sud, où Catherine II étend à la mer Noire l'accès entrouvert au XVIIIe siècle sur la mer d'Azov ; à l'est, où les Russes atteignent le détroit de Béring dès 1648, puis, en 1860, la mer du Japon, après avoir été écartés durant deux siècles, par la Chine, des bassins de l'Amour et de l'Ossouri. Au XIXe siècle, un glacis destiné à protéger les terres russes est mis en place à l'ouest (Finlande, 1809 ; Bessarabie, 1812 ; Pologne, 1815) ; au sud du Caucase (Géorgie, 1801 ; Azerbaïdjan, Arménie, 1828), puis au sud de la Sibérie (Kazakhstan, 1846). En Asie centrale, un gouvernement général du Turkestan est créé en 1867, et un protectorat imposé aux khānats de Boukhara et de Khiva (1868 et 1873). (V. cartes pp. 170 et 171.)

LA GUERRE CIVILE (1917-1921)

Née de la révolution d'octobre de 1917, la Russie bolchevique se trouve confrontée à deux dangers immédiats : l'intervention maritime directe des Alliés qui relaie celle des Empires centraux après la signature du traité de Brest-Litovsk (3 mars 1918) et isole le régime du monde extérieur ; la rébellion intérieure des allogènes et des contre-révolutionnaires. Les premiers proclament leur indépendance (Finlande, États baltes, Pologne, Ukraine, Bessarabie, Transcaucasie), les seconds opposent des armées blanches (500 000 hommes) à l'armée rouge constituée par Trotski (5 millions d'hommes) à partir du 28 janvier 1918. Bénéficiant d'une position centrale, l'armée rouge l'emporte finalement sur des adversaires mal coordonnés, et qui font l'erreur de restaurer, dans les territoires reconquis, les grands propriétaires dans leurs droits, ou de réincorporer à la Russie les allogènes qui s'en sont détachés. Génératrices de jacqueries, de soulèvements nationaux, ces mesures contribuent aux échecs successifs de 1919 (ceux de Koltchak à l'est, Denikine au sud, Ioudenitch au nord-ouest, Miller au nord). Malgré la victoire des Polonais devant Varsovie (15 août 1920), l'ultime effort de Wrangel pour menacer Moscou (juin-sept. 1920) échoue. La guerre civile est quasiment terminée. Mais le pays exsangue et l'économie ruinée nécessitent un très vigoureux effort de reconstruction.

La guerre civile (1917-1921)

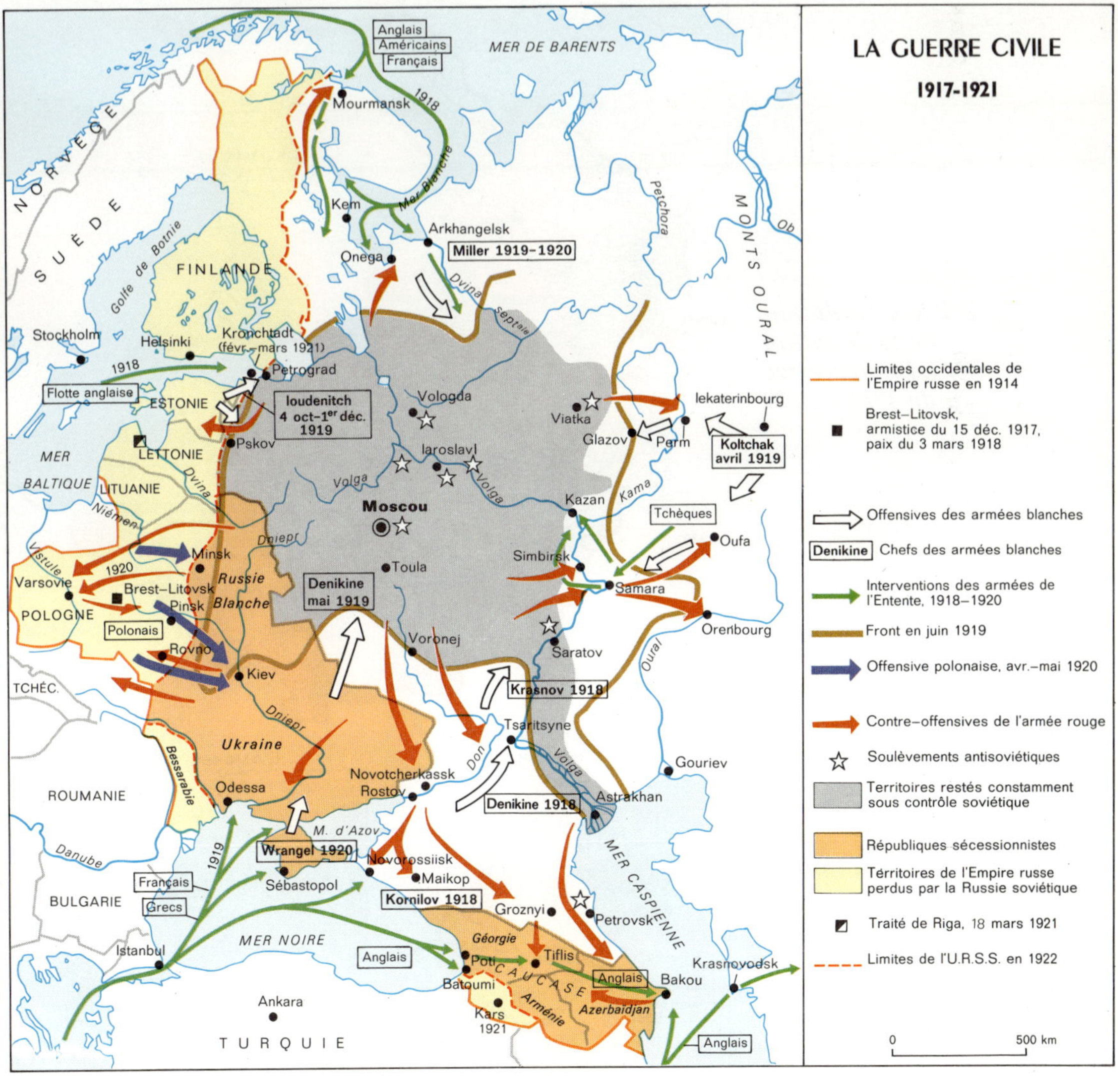

En affirmant le droit à la sécession, le décret sur les nationalités ou Déclaration des droits des peuples de Russie du 15 novembre 1917 témoignait à la fois du désir d'en finir avec le « chauvinisme grand-russe » et d'une reconnaissance réaliste d'un état de fait. Mais les succès bolcheviques dans la guerre civile permettent de récupérer les provinces perdues (Ukraine, Biélorussie, pays du Caucase, Asie centrale, Extrême-Orient), puis d'y installer des républiques soviétiques liées à la R.S.F.S.R. Le 30 décembre 1922, la création de l'U.R.S.S. soude ces républiques en une fédération hiérarchisée selon l'importance des groupes ethniques. Elle comprend des républiques fédératives (R.S.F.S.R. [Russie], Transcaucasie), des républiques socialistes (Ukraine, Biélorussie...), des républiques autonomes (Turkestan...), des ré-

U.R.S.S. Évolution de la situation administrative de 1921 à 1924

gions autonomes (des Komis, d'Ossétie du Sud...) ; elle est « ouverte », ce qui laisse la possibilité de remodelages (Asie centrale entre 1924 et 1929), de scissions et de réunions. (V. aussi pp. 97 et 296.)

LA SCANDINAVIE AU MOYEN ÂGE

Parallèlement à l'ébauche politique de trois royaumes (Suède VIIe siècle, Danemark VIIIe siècle, Norvège IXe siècle), la Scandinavie se convertit au christianisme sous l'influence des missionnaires venus de Brême et de Hambourg. Les rois s'appuient sur l'Église et combattent en son nom, renforçant leur autonomie par la création des archevêchés de Lund en 1103, de Nidaros (act. *Trondheim*) en 1152 et d'Uppsala en 1164. Plus largement ouvert aux influences occidentales, le Danemark construit, le premier, d'éphémères empires autour de la mer de Norvège (XIe siècle), puis sur les rives de la Baltique (XIIIe siècle) : Lübeck

carte p. 178 →

←

et Tallin (Reval) deviennent ainsi villes danoises. La Norvège, plus tardivement unifiée, crée un empire nord-atlantique comprenant, au XIIIe siècle, l'Islande et le Groenland. La Suède érige à la même époque un empire baltique grâce à la conquête de la Finlande (1250-1266). À la suite de mariages et d'héritages heureux, et après sa victoire sur le roi de Suède (1369), la reine Marguerite de Danemark devient souveraine de fait des trois États et consacre par l'Acte de Kalmar (1397) l'union personnelle et perpétuelle de ces États, qui restent pourtant des entités distinctes. L'Union de Kalmar ne survivra pas à l'avènement de Gustave Vasa au trône de Suède (1523). [V. cartes pp. 41, 46, 47, 62-63.]

La Scandinavie au Moyen Âge

LA SCANDINAVIE ET LES RÉGIONS BALTIQUES (XVIe-XVIIIe S.)

En rompant l'Union de Kalmar en 1523, Gustave Ier Vasa restaure l'indépendance de la Suède, désormais opposée au royaume dano-norvégien pour la maîtrise de la Baltique. Après avoir affranchi le commerce suédois du contrôle hanséatique, il réorganise l'État puis engage une guerre de sept ans (1563-1570) contre le Danemark et la Pologne afin de contrôler les détroits danois. La Réforme luthérienne ayant triomphé, les Scandinaves vont donner une dimension religieuse à leurs conflits avec les Polonais, les Impériaux catholiques et les Russes orthodoxes. Gustave II Adolphe (1611-1632) veut faire de la Baltique un lac suédois. Sa victoire sur les Danois exempte ses navires des droits de péage dans les détroits et sa victoire sur les Russes lui assure l'Ingrie et la Carélie orientale. La Suède s'engage ensuite aux côtés de la France dans la guerre de Trente Ans (1618-1648). Ses victoires lui permettent d'obtenir du Danemark les îles et provinces d'Ösel, de Gotland, de Halland, de Jämtland et de Härdjedalen. Elle annexe également la Poméranie occidentale et la Scanie. Sous Charles XII (1697-1718), la Suède poursuit son essor (victoire sur le Danemark, la Pologne et la Russie). Mais, au traité de Nystad (1721), elle doit accepter que prenne fin sa prépondérance en Baltique.
(V. cartes pp. 102, 164, 171.)

La Scandinavie et les régions baltiques (XVIe-XVIIIe s.)

Église catholique au début du XVIe s.
Archevêchés
Évêchés
Villes nouvelles
(1621) avec date de fondation
Liaisons commerciales
XVe-XVIe s.
fin XVIe-XVIIe s.
Batailles
Traités de paix
Roy. de Danemark à partir de 1537
Frontières du XVIe s.
B. Bornholm Br. Brömsebro, 1645
F. Frederiksborg, 1720
R. Roskilde S. Sund
Sö. Söderköping
MER DE BARENTS
Anglais, Hollandais
FINMARK
Kola
LAPONS
LAPONIE
Kandalakcha
Cercle polaire
MER BLANCHE
Luleå (1621)
Torneå (1621)
Piteå (1621)
Uleåborg
Arkhangelsk (1584)
MER DE NORVÈGE
TRONDHEIM
Nidaros Trondheim
JÄMTLAND 1645
1658-1660 à la Suède
Røros
Sundsvall 1621
HÄRJEDALEN
G. DE BOTNIE
Vasa
FINLANDE
CARÉLIE
L. ONEGA
ROY. DE NORVÈGE
Bergen
Hamar
ROYAUME DE SUÈDE
DALÉCARLIE
Nystad, 1721
(1616)
Åbo Turku 1743
ÅLAND
Viipuri (Vyborg)
L. LADOGA
Stolbova, 1617
Oslo Christiania, 1624
Kongsberg
Stavanger
Kristiansand
Fredrikshald 1718
Uppsala
Västerås
Stockholm
L. Vänern
Örebro
Strängnäs
Tallin (Reval)
INGRIE
St-Pétersbourg (1703)
Narva 1700
Novgorod
L. Ilmen
DAGÖ
ESTONIE
Dorpat
Lac des Tchoudes
ÖSEL
Pernau
MER DU NORD
Skara
Linköping
Sö.
Göteborg
RUSSIE
Pskov
Børglum
SMÅLAND
Visby
GOTLAND
LIVONIE
Riga
Tver
v. l'Angleterre
Viborg
Aarhus
HALLAND
Växjö
1710 Hälsingborg
SCANIE
Br.
ÖLAND
M. BALTIQUE
Volga
R. DE DANEMARK
Copenhague 1658
Ribe
Odense
R.
Lund
Malmö
Karlskrona
Mitau
Polock
Memel
Dvina
F.
S.
B.
Niémen
Witebsk
Kowno
Smolensk
Slesvig
Kiel
HOLSTEIN
Stralsund
Lübeck
Oliva 1660
D. DE PRUSSE
Königsberg
Wilno
Androussovo 1667
Mińsk
Oldenburg
Brême
Hambourg
POMÉRANIE
Gdańsk Dantzig
Mogilev
Grodno
BRANDEBOURG
Amsterdam
Stettin 1570
Fehrbellin 1675
ROY. DE
Vistule
Gd-DUCHÉ
Münster 1648
Osnabrück 1648
Magdeburg
Breitenfeld 1631
Brześć
Pińsk
Pripet
Desna
Erfurt
SAXE
Varsovie
DE LITUANIE
Mayence
Altranstädt, 1706
Lützen, 1632
Oder
Kliszów 1702
Kiev
POLOGNE
UKRAINE
Poltava 1709
Nuremberg
Prague
Cracovie
Lwów
SAINT EMPIRE
Rhin
PODOLIE
Dniepr
Munich 1632
Vienne
Danube
Boug
Dniestr
ROMAIN GERMANIQUE
Buda
Pest
EMPIRE OTTOMAN
HONGRIE
Bender Bendery 1709-1714
La Suède à la mort de Jean III Vasa, 1592
Conquêtes de Gustave II Adolphe, 1611-1632
Acquisitions de Christine de Suède, 1632-1654
Conquêtes de Charles X Gustave à la paix de Roskilde, 1658
Régions perdues par la Suède à la paix de Nystad, 1721
Interventions suédoises, 1625-1655
Campagnes de Gustave II Adolphe, 1630-1632
Campagnes de Charles XII de 1700 à 1718
0
300 km

La Confédération des huit cantons vers 1385

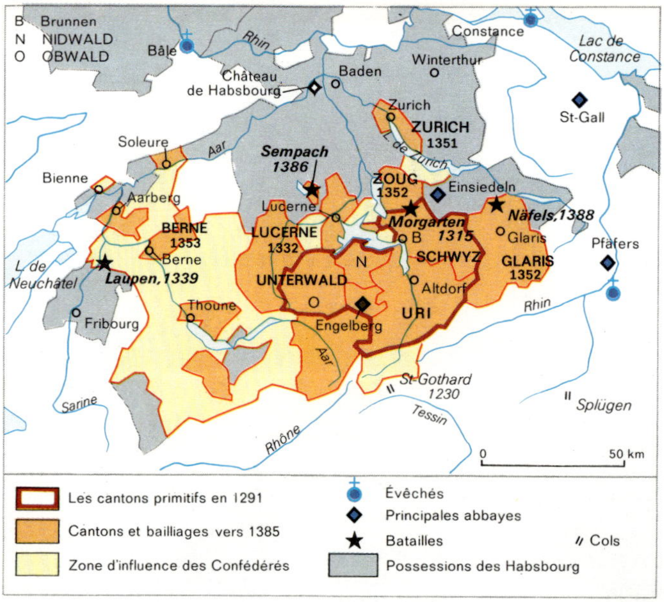

Menacés dans leurs libertés traditionnelles par les Habsbourg, les cantons montagnards *(Waldstätte)* de Schwyz, Uri et Unterwald s'unissent par un pacte perpétuel de défense, le 1er août 1291. Ainsi naît la Confédération suisse, du nom du principal canton associé. En conflit en 1313 avec la riche abbaye d'Einsiedeln qui est protégée par Frédéric de

La Confédération du XVe au XVIIIe s.

Habsbourg, les confédérés brisent, à Morgarten, le 15 novembre 1315, une tentative du frère de celui-ci, Léopold Ier, pour rétablir l'autorité de sa maison. Les adversaires des Habsbourg s'associent alors, selon des formes diverses, à la Confédération : Lucerne en 1332, Zurich en 1351, Glaris et Zoug en 1352, enfin Berne en 1353. S'étant déjà exercée aux dépens des seigneurs féodaux à Laupen en 1339, la puissance militaire bernoise aide les confédérés à vaincre les Autrichiens à Sempach en 1386 et à Näfels en 1388. Par l'armistice de 1389, les Habsbourg reconnaissent l'existence de la Confédération des huit cantons, dont la cohésion militaire est assurée en 1393 par le convenant de Sempach. (V. cartes pp. 60 et 66-67.)

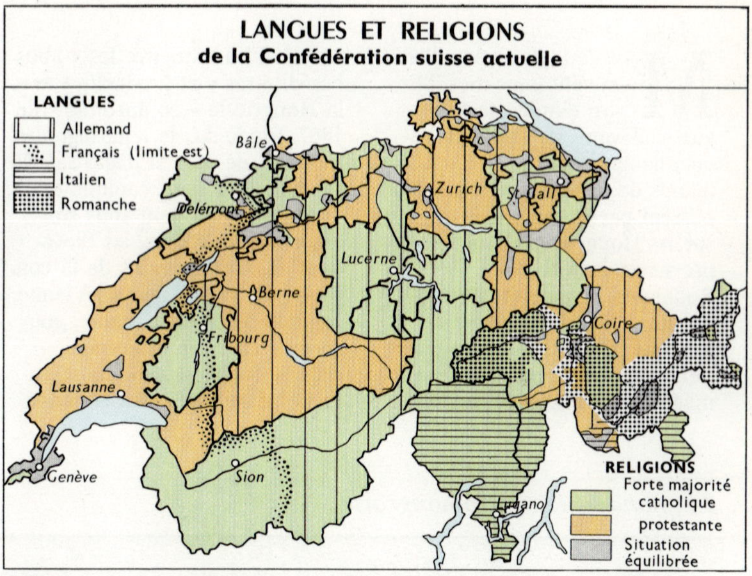

Langues et religions de la Confédération suisse actuelle

LA CONFÉDÉRATION DU XVe AU XVIIIe SIÈCLE

Au XVe siècle, les Habsbourg perdent leurs possessions en Suisse, la Confédération restant membre de l'Empire jusqu'en 1499, date à laquelle les cantons, vainqueurs de Maximilien dans la guerre de Souabe, obtiennent la reconnaissance de leur indépendance (traité de Bâle). La Confédération, qui compte 13 cantons en 1513, devient une puissance internationale, avec une excellente armée, pourvue d'une artillerie dès le XVe siècle. Manquant de terres, les Suisses s'engagent dans les armées étrangères, où leur valeur militaire est appréciée (alliance offensive et défensive avec le roi de France en 1521 : la Suisse mettra ses mercenaires au service de la France jusqu'en 1830). L'élite urbaine, passionnée de controverses théologiques, se jette dans la Réforme, prêchée par Zwingli (Zurich), puis Calvin (Genève), mais les cantons montagnards restent catholiques. La guerre civile qui en résulte rompt l'unité religieuse de la Confédération, dès lors divisée en deux groupes de cantons opposés : sept catholiques et quatre protestants, seuls Glaris et Appenzell admettant la liberté religieuse. Malgré la prospérité industrielle (textile, horlogerie) et bancaire, les classes populaires urbaines restent misérables, dominées par un riche patriciat très fermé, qui maintient immuables les institutions : aussi l'agitation grandit-elle au XVIIIe siècle, sous l'influence des Lumières et des idées du Genevois Jean-Jacques Rousseau, et la Révolution française dans ses débuts rencontre en Suisse un large écho.

En raison de sa situation au cœur de l'Europe alpestre, la Suisse est le point de rencontre de quatre ethnies (alémanique, romande, italienne, rhéto-romane), auxquelles s'ajoute un gros afflux d'étrangers (14,2 p. 100 de la population en 1982). L'allemand (parlé par 65 p. 100 de la population) domine dans seize cantons, le français (18 p. 100), dans six cantons, l'italien (10 p. 100), dans le Tessin, le romanche (1 p. 100), dans les Grisons. L'allemand et l'italien progressent en valeur absolue. Les protestants (44 p. 100 de la population totale) voient leur importance diminuer au profit des catholiques (48 p. 100), qui progressent rapidement par l'effet d'une plus forte natalité et de l'immigration de travailleurs étrangers, des Italiens pour la plupart. (V. cartes pp. 69 et 100.)

V. TCHÉCOSLOVAQUIE pp. 184-185
U.R.S.S. pp. 176-177

Mosaïque de nationalités souvent ennemies, l'Empire d'Autriche survit aux soulèvements italien, tchèque, hongrois de 1848 ; les Allemands de la région alpestre rétablissent par la force leur autorité sur les Hongrois (eux-mêmes oppresseurs des Croates et des Roumains). La défaite de 1859, qui lui enlève la Lombardie, celle de 1866, qui lui coûte la Vénétie et la suprématie en Allemagne, contraignent François-Joseph Ier à admettre les « abus héréditaires » et à conclure avec la Hongrie le « compromis » de 1867, fondé sur le « partage des hordes » de part et d'autre de la Leitha : Budapest, capitale de la Transleithanie, tient sous son autorité les Croates, les Slovaques, les Transylvains de la couronne de Saint-Étienne ; Vienne, capitale de la Cisleithanie, gouverne « l'autre moitié impériale », Tchèques, Polonais, Ruthènes, Italiens. Les Allemands empêchent le dualisme de devenir un « trialisme » au profit des Tchèques. En 1878, le congrès de Berlin autorise l'Autriche-Hongrie à occuper « provisoirement » la Bosnie-Herzégovine, peuplée de Slaves ; son annexion, en 1908, provoque les protestations des Serbes soutenus par la Russie. La guerre pourtant n'éclate qu'en 1914, après l'attentat de Sarajevo. (V. cartes pp. 82, 83, 84, 85, 104, 105 et 183.)

La monarchie austro-hongroise

En novembre 1918, l'empire des Habsbourg se disloque. Le Trentin, le Haut-Adige et l'Istrie sont rattachés à l'Italie ; le Banat de Timişoara et la Transylvanie à la Roumanie ; la Galicie à la Pologne. Slovénie, Croatie, Bosnie-Herzégovine, Dalmatie et Serbie forment le royaume des Serbes, des Croates et des Slovènes. La Tchécoslovaquie est créée au nord. Les traités de Saint-Germain-en-Laye (19 sept. 1919) et de Trianon (4 juin 1920) démembrent l'Empire austro-hongrois. Des plébiscites (1920) donnent la Silésie de Teschen à la Pologne, Klagenfurt puis le Burgenland à l'Autriche, Sopron à la Hongrie. Celui du 20 mars 1921, en Haute-Silésie, est favorable à l'Allemagne, mais celle-ci doit céder le tiers de ce pays à la Pologne. Peu peuplés, les nouveaux États, dotés de frontières démesurées et contestées, sont stratégiquement indéfendables. L'équilibre économique de l'Europe centrale est rompu, la Bohême, la Haute- et la Basse-Autriche industrielles étant coupées de la Hongrie et de la Transylvanie agricoles. Vienne échappe difficilement à l'attraction de l'Allemagne. Interdit par les traités, mais fruit fatal de leur application, l'*Anschluss* est réalisé par Hitler le 13 mars 1938. Cette décision porte en germe le second conflit mondial. (V. cartes pp. 91, 92, 93, 182, 184-188 et 190.)

Nouvelles frontières en Europe centrale (1919-1921)

Formation de la Tchécoslovaquie

L'idée de réunir en un seul État les peuples tchèque et slovaque, séparés depuis le xe siècle, apparaît lors de la révolution de 1848. À la fin du XIXe siècle, T. Masaryk la reprend à son compte. Mais il faut attendre le bouleversement de la Première Guerre mondiale pour que les deux nationalités sœurs envisagent de s'unir en dehors du cadre de la monarchie des Habsbourg. Masaryk, qui émigre en 1914, organise à Londres, puis à Paris un Comité national tchèque (1915), futur Conseil national des pays tchèques (1916), que les Alliés vont reconnaître comme gouvernement de fait (1918). Son action est soutenue en Bohême par le Comité national de Prague, qui prend le pouvoir le 28 octobre 1918, lors de l'effondrement du gouvernement impérial de Vienne. En novembre, une assemblée de 201 Tchèques et 69 Slovaques proclame à Prague la déchéance des Habsbourg et élit T. Masaryk président de la République.

Les traités de Versailles et de Saint-Germain-en-Laye (1919), puis de Trianon (1920), qui établissent les frontières de la Tchécoslovaquie avec l'Allemagne, l'Autriche, la Pologne et la Hongrie, avantagent le nouvel État. Mais celui-ci est très composite : la partie tchèque (Bohême, Moravie), issue de l'Autriche industrialisée, s'oppose à la partie précédemment hongroise, agricole et attardée. De plus, le pays englobe de très fortes minorités ethniques (35 p. 100 de la population, dont 3,2 millions d'Allemands des Sudètes). Aussi le nouvel État est-il déjà menacé.

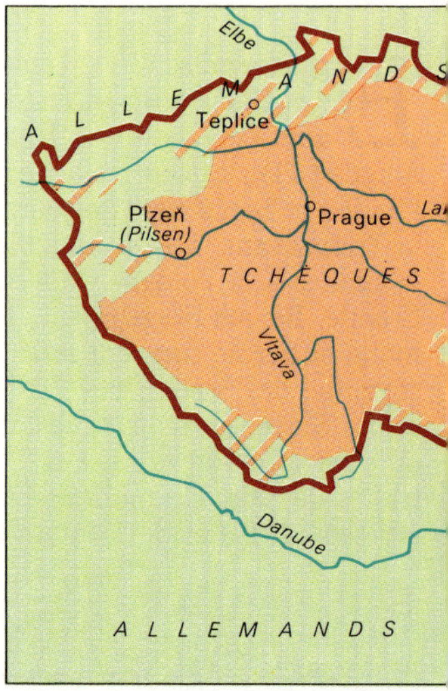

La Tchécoslovaquie de 1920 à 1945

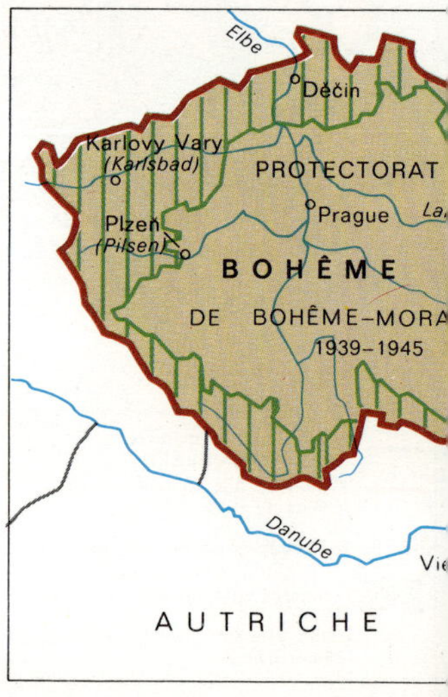

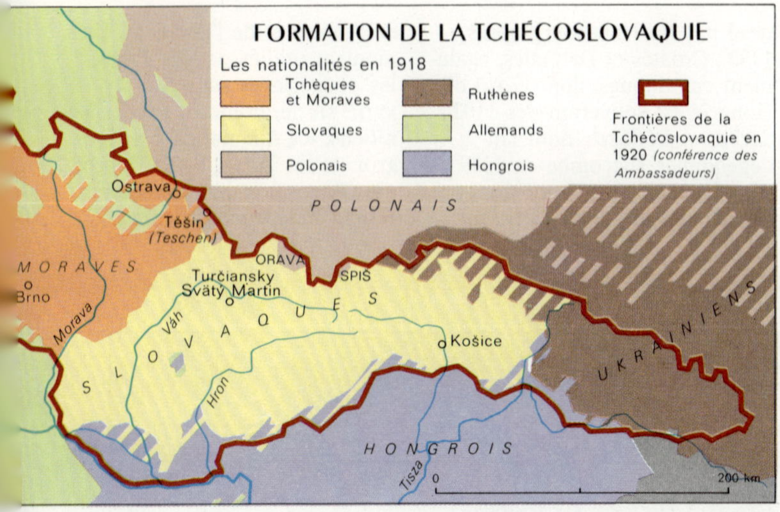

Le gouvernement, où domine la bourgeoisie tchèque (représentée par Tomáš Masaryk et Edvard Beneš) mène une politique de centralisation. Cette politique suscite des oppositions chez les Slovaques et surtout chez les Allemands, victimes de la « nostrification » économique (naturalisation des sociétés ayant leurs entreprises en Tchécoslovaquie) : l'Allemagne nazie profite de l'agitation entretenue par le *Sudetendeutsche Partei* (parti allemand des Sudètes) de Konrad Henlein pour intervenir et annexer, après la conférence de Munich des 29 et 30 septembre 1938, tout le pourtour de la Bohême, d'une grande importance stratégique. Le démembrement de la Tchécoslovaquie, désormais impuissante, est achevé, le 15 mars 1939, par la création du « protectorat (allemand) de Bohême-Moravie » et d'une Slovaquie théoriquement indépendante, en fait asservie à l'Allemagne. Libéré en 1945, le pays retrouve alors ses frontières de 1920 (sauf à l'est, où la Ruthénie – ou Ukraine subcarpatique – est annexée par l'U.R.S.S. en juin 1945), le problème des minorités étant réglé par l'expulsion des Allemands des Sudètes.
(V. pp. 92-93, 182 et 183.)

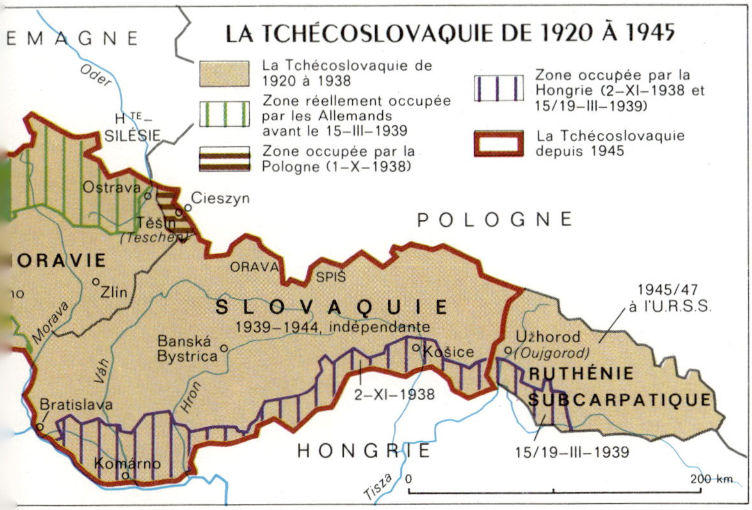

Diversité des origines, des confessions religieuses, ambitions des princes et compartimentation du relief opposent les Slaves du Sud, les livrant à des influences centrifuges : Slovènes catholiques, dont le pays est peu à peu annexé par les Habsbourg après 1282 ; Croates et Dalmates, également catholiques, dont le roi de Hongrie est souverain dès 1102 ; Serbes orthodoxes, dont l'indépendance succombe en 1389 sous les coups des Ottomans ; Bosniaques enfin, au carrefour de l'Orient et de l'Occident. Un moment unifiés par les Turcs, les Yougoslaves sont, au XVIIIe siècle, dominés par les Vénitiens, les Allemands, les Hongrois et les Turcs. Seuls Dubrovnik (Raguse) et le Monténégro restent indépendants.

Les régions « yougoslaves » du XVIe au XVIIIe s.

Formation de la Yougoslavie

En 1878, à l'issue du conflit russo-turc, les Serbes deviennent indépendants. Le royaume serbe, qui double son territoire lors des guerres balkaniques de 1912-13, attire à lui les populations « yougoslaves » de l'Empire austro-hongrois. Il entre en guerre avec ce dernier après l'attentat de Sarajevo (28 juin 1914). La défaite austro-hongroise permet l'unification yougoslave : le 1er décembre 1918 est créé le royaume des Serbes, des Croates et des Slovènes (royaume de Yougoslavie, 1929). Démembré par l'Allemagne nazie (1941), libéré par la résistance intérieure dirigée par Tito, le pays devient une république fédérale au socialisme original, indépendante politiquement de l'U.R.S.S. dès 1948.

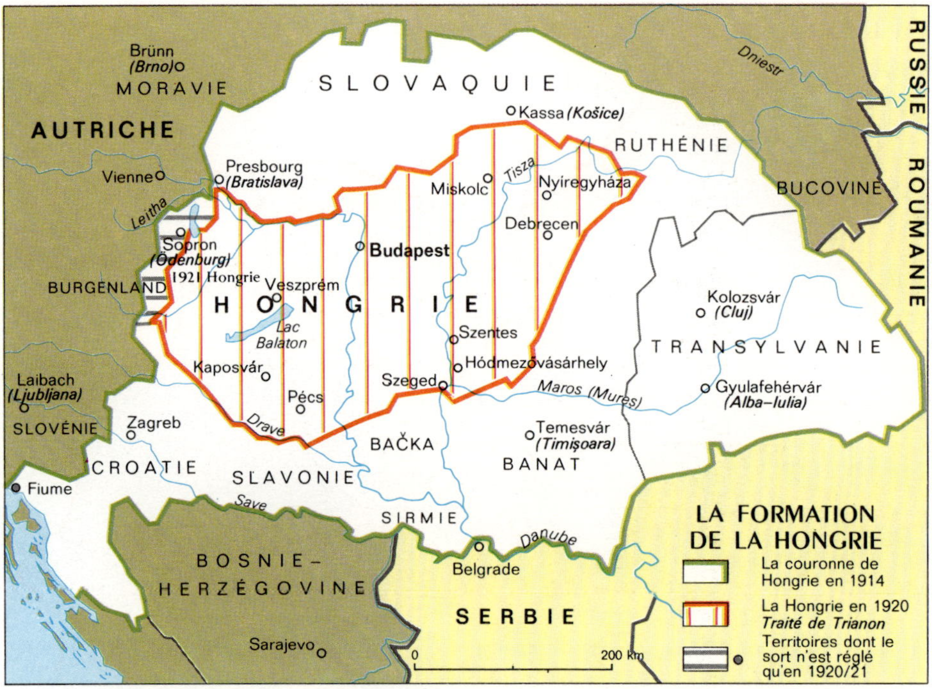

Formation de la Hongrie

L'ancienne Transleithanie, où est proclamée, le 16 novembre 1918, une république qui ne dure que 133 jours, sort démembrée de la guerre. Après la rupture officielle de ses liens avec l'Autriche (1er mars 1920), elle perd (traité de Trianon, 4 juin 1920) la Slovaquie, la Ruthénie, la Transylvanie, la Croatie, Fiume et le Banat. Les 11 millions de Slaves et de Roumains obtenant leur indépendance, la « petite Hongrie » ne compte plus que 8 millions d'habitants. Elle ne regroupe même pas tous les Magyars, dont près de 3 millions sont dispersés. Après un plébiscite, elle est amputée, en septembre 1922, du Burgenland. Cette situation explique la politique « révisionniste » de l'amiral Horthy, le rapprochement avec l'Italie fasciste (traité d'amitié de 1927) et avec l'Allemagne nazie : un pacte italo-austro-hongrois est signé dès 1934. En 1938, lors du démembrement de la Tchécoslovaquie, la Hongrie récupère une partie de la Slovaquie. Elle adhère au pacte anti-Komintern (févr. 1939), occupe la Ruthénie (19 mars), et obtient, le 30 août 1940, la restitution du nord de la Transylvanie. La collaboration avec l'Allemagne nazie pendant la guerre vaut à la Hongrie d'être ramenée, en 1945, à ses frontières du 1er janvier 1938. 500 000 Allemands sont expulsés du territoire. (V. carte p. 97.) Favorisé par la présence de l'Armée rouge, le parti communiste s'est reconstitué. Aux élections de novembre 1945, qui voient la victoire du parti agrarien, il n'obtient que 17 p. 100 des voix, mais contrôle le ministère de l'Intérieur, ce qui lui permet de préparer la prise du pouvoir. La République populaire hongroise est proclamée le 20 août 1949.

Formation de la Turquie contemporaine

Formation de la Grèce contemporaine

La frontière de Vólos à Árta, établie en 1830 lors de l'indépendance, n'est qu'une base de départ en vue de la résurrection de l'Empire byzantin *(Megali Idea)*. En 1864, la Grande-Bretagne cède les îles Ioniennes ; en 1881, l'Empire ottoman renonce à la Thessalie et au district d'Árta. Les guerres balkaniques procurent, en 1913, Salonique, une partie de la Macédoine, l'Épire du Sud, la Crète, Samos, Khíos, Lesbos ; après la Première Guerre mondiale, la Bulgarie lui cède la Thrace occidentale ; la Turquie, la Thrace orientale et Smyrne, reprises en 1923 (v. p. 190). Le Dodécanèse n'est récupéré qu'en 1947.

notice p. 190 ⟶

← carte p. 189

FORMATION DE LA TURQUIE CONTEMPORAINE

Vaincu en Iraq, en Syrie et en Thrace, l'Empire ottoman signe le traité de Sèvres, le 10 août 1920. Ne conservant en Europe qu'Istanbul, il est amputé en Asie de ses provinces arabes et arménienne. À l'ouest, la Grèce annexe la Thrace orientale et Smyrne. Au sud-est, le Liban, la Syrie, la Palestine et l'Iraq sont placés sous mandat français ou britannique ; l'Arabie devient indépendante. À l'est sont reconnues l'autonomie du Kurdistan et l'indépendance de l'Arménie. L'Anatolie méridionale et orientale est divisée en trois zones d'occupation : italienne (Antalya, Konya), françaisc (Cappadocc, Kurdistān occidental), britannique (Kurdistān septentrional). Établissant le siège de son gouvernement à Ankara en 1920 à l'issue des deux congrès d'Erzurum (juillet) et de Sivas (septembre 1919), Mustafa Kemal reconquiert l'Asie Mineure. Il reprend Kars et Ardahan en Arménie (traité de Moscou, 16 mars 1921), la Cilicie (accord d'Ankara, 20 octobre 1921) et, plus tardivement, le sandjak d'Alexandrette (23 juin 1939). Il repousse les Grecs à Inönü (7 janvier et 31 mars 1921), puis sur la Sakarya (23 août-13 sept. 1921), enfin à Afyonkarahisar (26 août 1922) et les contraint à évacuer Smyrne (9 sept.). L'armistice de Mudanya (11 oct.), puis le traité de Lausanne (24 juill. 1923) rendent aux Turcs la Thrace orientale, l'Arménie et le Kurdistān. Rassemblée autour d'un axe économique, le chemin de fer de Bagdad, la république de Turquie entre dans le monde moderne. (V. cartes pp. 70, 91, 92-93, 208, 209 et 210-211.)

L'originalité de la Roumanie (sensible encore aujourd'hui parmi les démocraties populaires) est d'abord d'ordre culturel : la persistance, dans un monde slave, d'une langue romaine héritée de l'occupation de la Dacie par des colons romains. Pourtant, malgré le bref épisode du prince valaque Michel le Brave en 1600-1601, la Roumanie, coupée en deux par les Carpates, ne réalise son unité qu'au XXe siècle : tandis que la

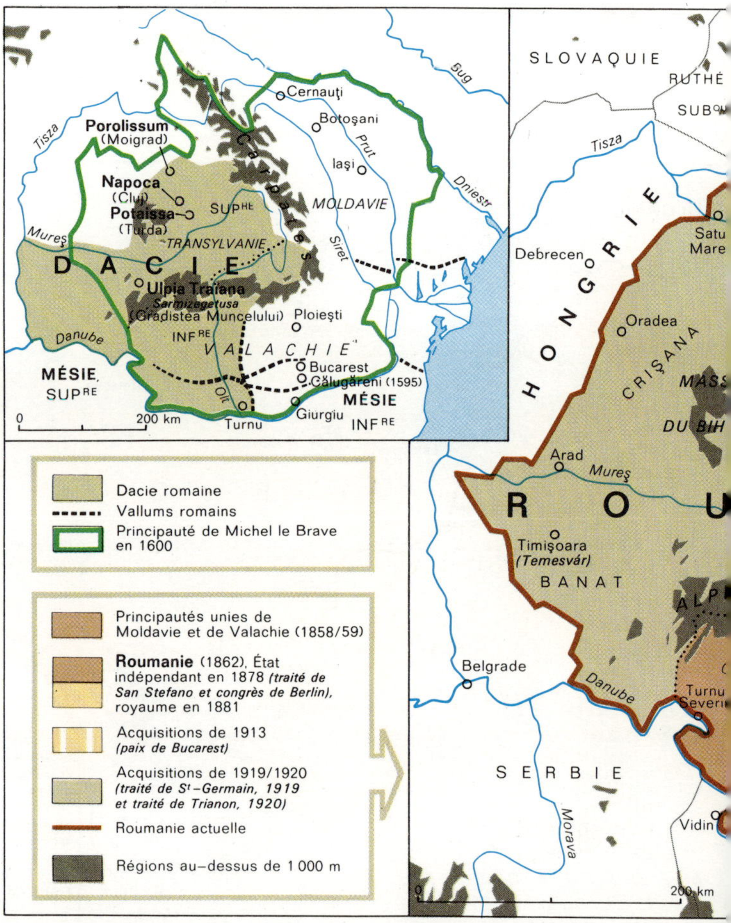

Transylvanie est englobée dans l'empire des Habsbourg en 1699, la Moldavie et la Valachie sont la proie des ambitions contradictoires des Ottomans et des Russes. Profitant de l'affaiblissement des premiers et de la guerre de Crimée, les deux principautés obtiennent une véritable autonomie en 1858. Unifiées en 1859, elles fusionnent en 1862 en un seul État, la Roumanie. L'entrée en guerre contre les Turcs aux côtés des Russes (1877-78) a pour conséquence l'indépendance totale du pays (mai 1877) ; à l'issue du conflit, la Roumanie annexe la Dobroudja, à majorité bulgare. Sa participation à la Première Guerre mondiale aux côtés des Alliés à partir de 1916 lui permet d'achever son unité. Par le traité de Trianon du 4 juin 1920, la Hongrie lui cède en effet la Transylvanie et le Banat de Timişoara (Temesvár). Entérinées par les Alliés en 1920, l'annexion de la Bessarabie et celle de la Bucovine le 28 novembre 1918 sont contestées par l'U.R.S.S., qui impose à la Roumanie leur rétrocession le 28 juin 1940. Celle-ci est confirmée le 10 février 1947 (traité de Paris), en même temps que la restitution de la Dobroudja méridionale à la Bulgarie, qui la détenait depuis le 7 septembre 1940. La Roumanie devient une démocratie populaire le 30 décembre 1947. (V. cartes p. 70, 182, 183, 193, 208 et 209.)

Formation de la Roumanie

Jean III Asen II restaure la Grande Bulgarie quatre cents ans après le tsar Siméon. Son empire, ouvert sur trois mers, se referme sur Constantinople. Il conserve la Thrace, conquise avec Andrinople par Kalojan en 1205, détruit à Klokotnica le despotat d'Épire (Albanie), qu'il annexe avec la Serbie orientale. Attirant des Italiens, il stimule la vie économique et culturelle. Sa capitale Tărnovo devient le siège de l'Église bulgare, autonome en 1235. Après Jean III, l'Empire, morcelé, est absorbé par les Ottomans au XIVe siècle.

La Bulgarie sous le règne du tsar Jean III Asen II (1218-1241)

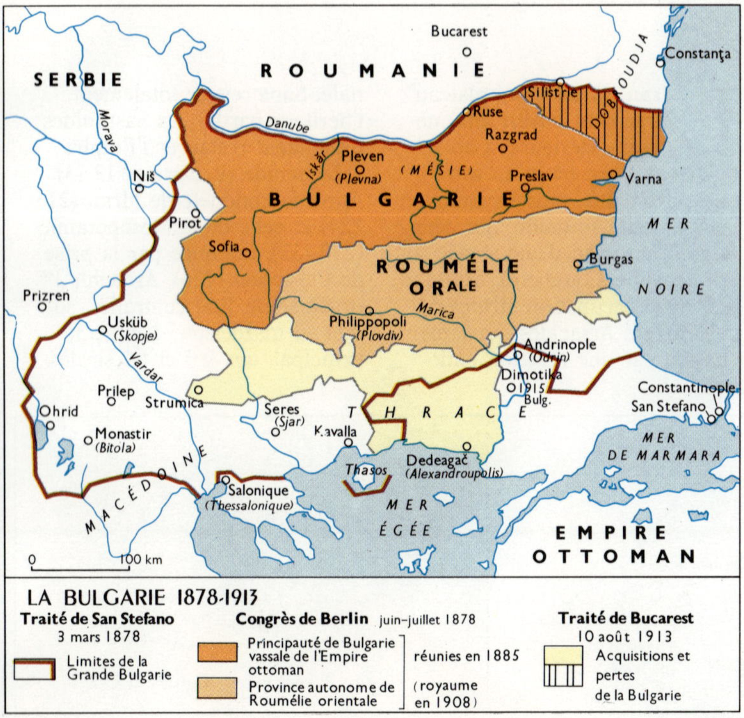

A u lieu de la Grande Bulgarie édifiée à San Stefano par les Russes, le congrès de Berlin crée une principauté de Bulgarie, vassale de la Porte, et une Roumélie orientale à demi autonome, qui s'unit à la Bulgarie en 1885. Indépendante en 1918, la Bulgarie sort victorieuse d'une première guerre contre les Ottomans (1912-13). Mais, vaincue par les Serbes, les Grecs, les Roumains et les Turcs au cours d'une seconde guerre, elle perd la Dobroudja méridionale et ne conserve qu'un fragment de Macédoine et la Thrace occidentale avec Dedeagač. (V. cartes pp. 84 et 85.)

La Bulgarie (1878-1913)

V aincue par l'Entente, la Bulgarie rétrocède en 1919 la Macédoine, enlevée à la Serbie en 1915, la Dobroudja du Sud, arrachée à la Roumanie en 1916, et enfin son débouché sur la mer Égée. Grâce à l'Allemagne, elle reprend en 1940 la Dobroudja méridionale et croit restaurer la Grande Bulgarie en occupant en 1941 la Macédoine, le port de Kavalla, Thasos et Samothrace. La paix de 1947 la refoule dans ses frontières de 1919, sauf au nord où l'appui de l'U.R.S.S. lui permet de conserver Silistrie et la Dobroudja méridionale. (V. cartes pp. 91, 92-93, 94, 96 et 97.)

La Bulgarie (1919-1947)

L'Asie

L'Iran est un vaste plateau largement ouvert aux menaces extérieures : nomades au nord-est et au sud-ouest, Romains, puis Byzantins à l'ouest ; cette situation, qui détermine la création d'une armée solide (cavaliers, archers), explique la longue occupation étrangère des Parthes Arsacides, finalement chassés par une réaction nationale. Sans rejeter totalement l'héritage parthe, les Sassanides prétendent restaurer l'Empire achéménide (v. carte p. 12-13). Après la conquête de l'Iran (216-224) et celle de la Mésopotamie (230-232), marquée par la prise de Ctésiphon (226), Ardachîr Ier organise un État centralisé, soumis au mazdéisme. L'ennemi principal, aux IIIe et IVe siècles,

L'Iran à l'époque sassanide

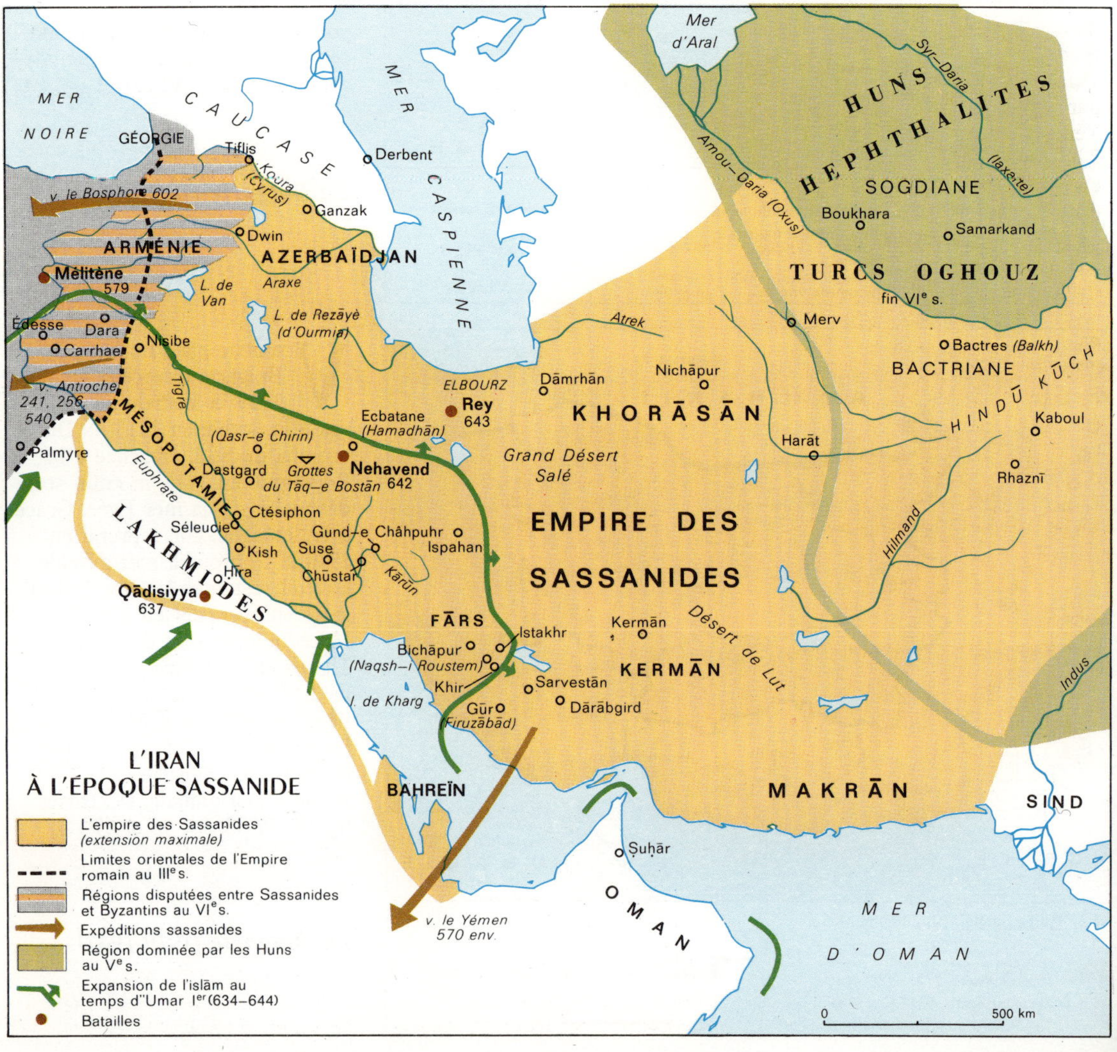

est Rome, qui résiste malgré d'humiliantes défaites infligées à des empereurs qui y trouvent la mort : Valérien en 260, Julien en 363. Au ve siècle, la menace vient des Huns Blancs, ou Hephtalites, et de l'Empire byzantin, qui affirme des ambitions territoriales et prend, en même temps, la défense des chrétiens établis en Iran. Khosrô Ier traite avec Justinien en 532, après une offensive victorieuse de Bélisaire, mais il anéantit le royaume des Huns Blancs avec l'aide des Turcs Oghouz ; vers 570, appelé par les Arabes, il intervient au Yémen contre les Éthiopiens. Khosrô II met en danger Constantinople, mais il est repoussé par Héraclius (610 et 622-627). Ces longues guerres, souvent victorieuses, rendent d'autant plus brutale la conquête arabe : les cavaliers musulmans venus du désert prennent Séleucie et Ctésiphon, après la bataille de Qādisiyya (637) ; à Nehavend (642), ils remportent la victoire décisive. L'Iran perd son indépendance. Yazdgard III s'enfuit, mais son assassinat près de Merv scelle le destin de la dynastie en 651. (V. cartes pp. 34 et 38-39.)

L'Arabie préislamique

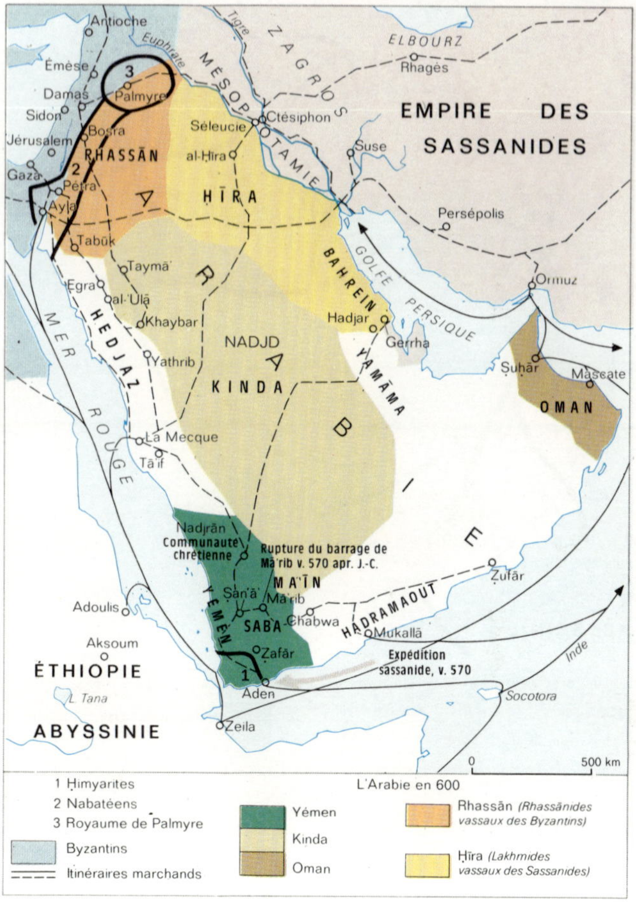

Après la conquête par Rome des royaumes nabatéen en 106 apr. J.-C. et palmyrénien en 272, l'Arabie connaît une période de déclin, aggravé par le dépérissement de la civilisation du Yémen envahi par les Sassanides vers 570. Protégée au nord par les tribus rhassānides et lakhmides, vassalisée par les Byzantins et par les Perses, l'Arabie bénéficie, au vi^e siècle, de l'affrontement perso-byzantin, qui détourne vers le Hedjaz une partie du trafic entre Méditerranée et Extrême-Orient. Dans une société à structure pourtant tribale, une telle situation a une double conséquence : croissance des villes et des oligarchies marchandes, notamment à La Mecque ; pénétration du monothéisme juif ou chrétien, qui se superpose à une religion à la fois fétichiste et polythéiste et qui influence la prédication de Mahomet. (V. cartes pp. 34-35, 38-39 et 194.)

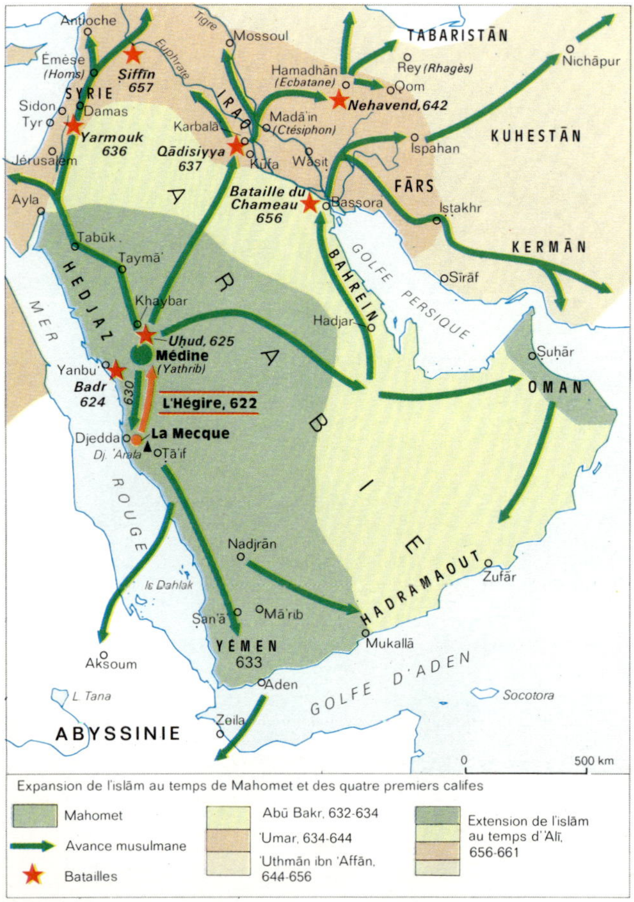

L'Arabie islamique

Contraint à fuir La Mecque en 622 pour Yathrib, qui devient alors Médine (la ville du Prophète), Mahomet organise une communauté ouverte à tous les musulmans, l'*umma,* bientôt assez forte pour unifier l'Arabie. Après sa mort (632), l'expansion vers le nord, au nom du *djihād,* est facilitée par la faiblesse des Empires byzantin et sassanide : en douze ans, les Byzantins perdent la Palestine, la Syrie et l'Égypte.

Amputé de l'Iraq dès 637, l'Empire sassanide disparaît en 655. L'expansion est alors interrompue par l'affrontement entre le calife 'Alī (656-661), gendre de Mahomet, et le gouverneur de Syrie, Mu'āwiyya. Légitimant son avènement par la capture d''A'icha, la jeune veuve du Prophète (bataille du Chameau, 656), 'Alī doit ensuite accepter l'arbitrage d'Adhruḥ, qui permet à son rival de l'éliminer.
(V. carte p. 194.)

L'élimination d''Alī par Mu'āwiyya (661-680) est à l'origine de violentes tensions religieuses : mouvement khāridjite, d'inspiration égalitaire, qui récuse l'arbitrage d'Adhruḥ et dont les adeptes assassinent finalement 'Alī ; mouvement chī'ite, de nature purement politique, qui estime que le califat doit être réservé aux membres de la famille de Mahomet, c'est-à-dire au cousin et gendre de ce dernier, 'Alī, et à ses descendants. Malgré cette rupture

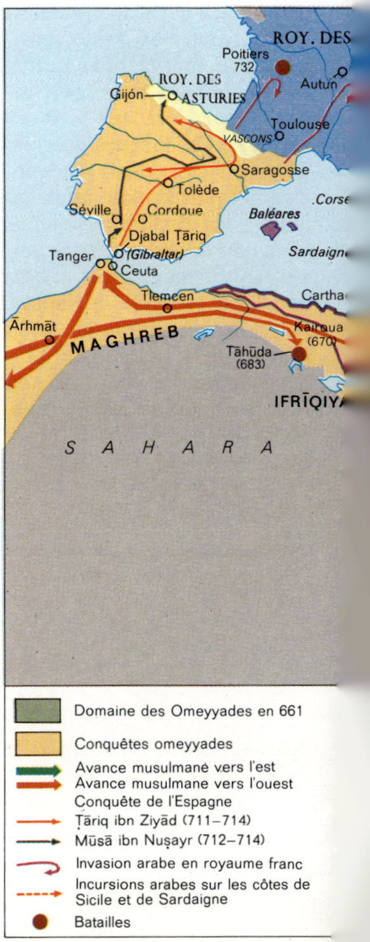

de l'unité spirituelle de l'Islam, la dynastie omeyyade en maintient l'unité politique, tout en faisant glisser son centre de gravité d'Arabie en Syrie, où elle recueille l'héritage byzantin et où naissent une civilisation nouvelle et un nouveau mode de gouvernement, synthèse des apports arabes et impériaux. Mais cette acculturation n'empêche pas un prosélytisme agressif.

Interrompue par les troubles consécutifs à la mort de Mu'āwiyya entre 680 et 690, l'expansion vers l'ouest est marquée par l'occupation de l'Ifrīqiya en 670 ; puis par celle, plus difficile, du Maghreb, à laquelle s'opposent les Berbères ; enfin, par la conquête de l'Espagne par Ṭāriq ibn Ziyād, agissant sur les ordres du gouverneur d'Afrique du Nord, Mūsā. À l'est, les Arabes atteignent les confins indiens (Multān, 713) et chinois (victoire du Talas en 751).

Mais deux difficultés majeures freinent cette expansion : l'essoufflement de l'élan initial, sous les murs de Constantinople en 717 et aux abords de Poitiers en 732 ; l'apparition de forces centrifuges, notamment en Perse où l'opposition chī'ite traduit un nationalisme vivace, traditionnellement hostile à la Syrie. Ainsi s'explique la révolte d'Abū al-'Abbās. Partie du Khurāsān en 747-48, celle-ci écrase l'armée des Omeyyades au Grand Zāb en 749 et permet l'avènement de son chef au califat en 750 : l'ère 'abbāsside commence. (V. cartes pp. 46, 198-199 et 258.)

L'expansion de l'Islām au temps des Omeyyades (661-750)

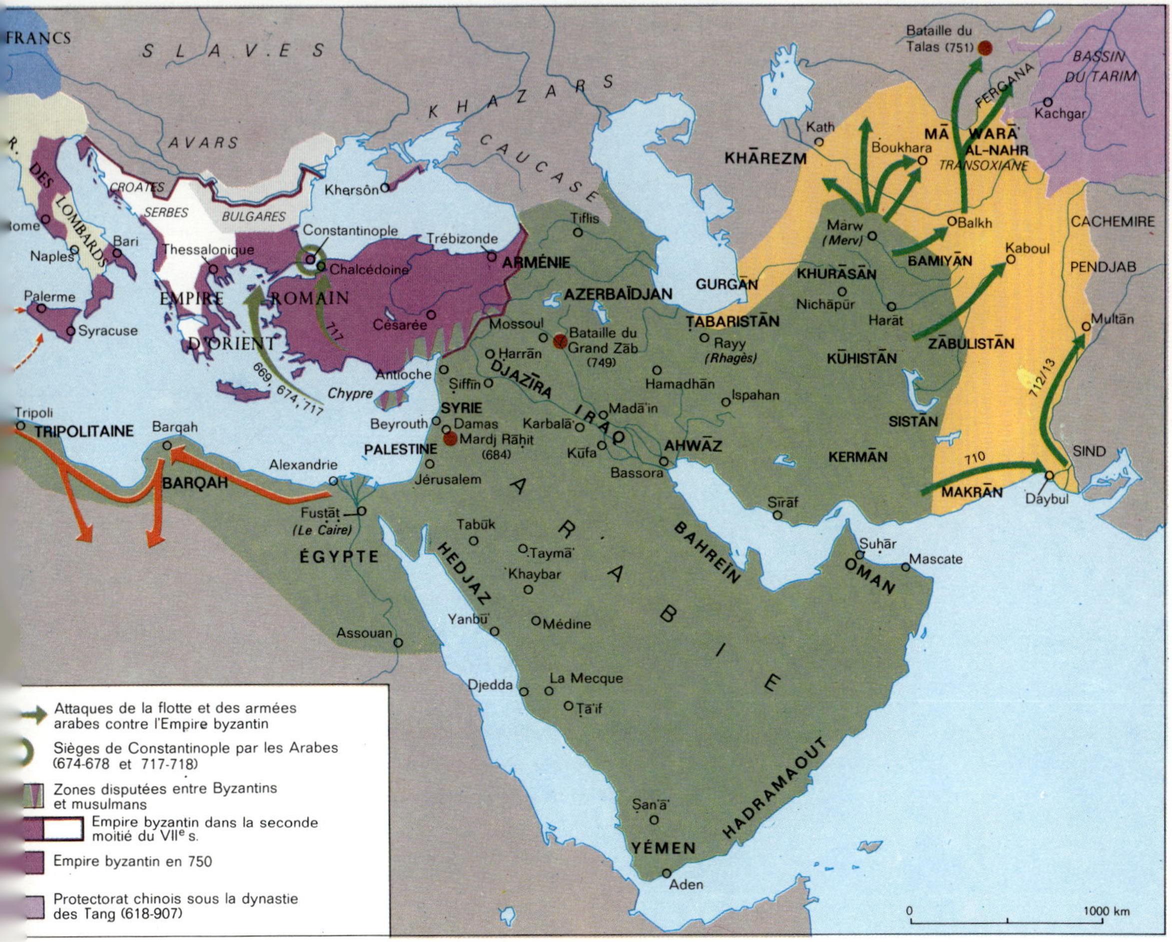

La dynastie 'abbāsside est portée au pouvoir par une véritable révolution. Un chef militaire, Abū Muslim, réunit des mécontents autour d'Ibrāhīm ibn Muḥammad, descendant d'al-'Abbās, oncle du prophète. Autour de lui se rassemblent des Arabes, des Iraniens, désireux d'un retour à un islām originel, plus ouvert. Abū Muslim est vainqueur au Grand Zāb (749). Ibrāhīm étant mort précocement, c'est Abū al-'Abbās qui devient le premier calife 'abbāsside. Son successeur, al-Manṣūr, transfère la capitale à Bagdad, fondée en 762 : c'est une revanche pour la Perse sassanide. Ainsi s'expliquent le rôle prépondérant des Persans dans la vie publique et l'adoption progressive de leurs traditions politiques (sacralisation du calife, administration complexe et hiérarchisée, dirigée par le tout-puissant *vizir*) ; ainsi s'explique surtout l'épanouissement d'une civilisation arabo-persane très brillante.

L'essor économique est considérable ; les villes se développent, ainsi que les transports. En matière religieuse, la dynastie entend appliquer l'islām idéal et sa loi religieuse (charī'a), considérée comme seule valable. Elle doit en même temps faire face à des soulèvements, inspirés par

des idéologies politico-religieuses, où l'égalitarisme social côtoie les affirmations théologiques. Les princes d'Occident y trouvent des appuis pour constituer des États relativement indépendants, en respectant l'autorité de Bagdad : émirat omeyyade de Cordoue (756-1031), érigé en califat en 929 ; principauté des Idrīsides au Maghreb (788-974), des Arhlabides en Ifrīqiya (800-909). Après le règne d'Hārūn al-Rachīd (786-809), qui marque l'apogée de l'Empire 'abbāsside, la décadence politique est rapide.

Hārūn se débarrasse des vizirs de la famille des Parmécides, devenus trop puissants. Cependant, les désordres financiers, les querelles doctrinales entre sunnites et chi'ites *mo'tazilites,* la place croissante des officiers turcs, qui tendent à dominer le califat, expliquent l'affaiblissement de l'État au IXe siècle. L'hostilité populaire amène les 'Abbāssides à transférer la capitale à Sāmarrā. Les gouvernements provinciaux se muent en dynasties plus ou moins indépendantes, aux confins iraniens et en Égypte, où les Tūlūnides s'imposent de 868 à 905. Le mouvement qarmaṭe, qui mêle les revendications égalitaristes d'inspiration khāridjite et le fanatisme chī'ite, accentue le déclin 'abbāsside à la fin du IXe siècle.

Les 'Abbāssides au VIIIe et au IXe s.

Les Seldjoukides (XIe-début XIIIe s.)

D'origine oghouz, les Seldjoukides partent de Djand à la conquête du Proche-Orient. Profitant des conflits opposant les Sāmānides d'Iran aux Karakhānides d'Asie centrale, ils occupent la Transoxiane, chassent du Khorāsān les Turcs Rhaznévides vaincus à Dandānqān (1040), s'emparent du Kharezm (1042), puis de l'Iran et de l'Iraq.

Leur chef, Toghrul Beg (1038-1063), prend Hamadhān en 1046 et fait de Rey (Ravy) sa capitale. Ispahan est prise peu après, l'Iraq est occupé. Toghrul, défenseur de l'islām sunnite face au chī'isme des *Buyides* (Buwayhides), est sollicité par le calife dans sa lutte contre ses adversaires : il entre à Bagdad en 1055. En 1058, il est proclamé roi et sultan, à côté du calife. Il bat à plusieurs reprises le général révolté al-Basārīrī. Son neveu Alp Arslan (1063-1073) lui succède : il consolide son pouvoir avec l'aide du vizir persan et sunnite Nizām al-Mulk.

Occupant Alep en 1070, écrasant en 1071 à Mantzikert l'empereur byzantin Romain IV Diogène, rejetant les Byzantins sur le littoral, Alp Arslan étend sa domination sur la majeure partie de l'Asie Mineure. Il conquiert ensuite la Syrie et la Palestine, avant de mourir en Transoxiane. Son fils Malik Chāh (1073-1092) prend la Transoxiane et soumet le Kermān révolté.

Ayant ainsi constitué à leur profit un immense empire, les Grands Seldjoukides en assurent la cohésion en défendant l'orthodoxie sunnite et en mettant en place une solide armature administrative, respectueuse des particularismes régionaux dans son recrutement (Iraniens, Arabes...) et dans sa gestion.

Mais les Seldjoukides ne peuvent stabiliser l'empire pour de nombreuses raisons : refus de la sédentarisation ; conception patrimoniale de l'État ; recours à des *atabeks* pour assurer la tutelle des princes mineurs, ce qui favorise la multiplication des dynasties, puis des usurpations, surtout après la disparition de Malik Chāh (1073-1092) et celle de son fils aîné Sandjar (1118-1157).

Établies dans le Kermān (1041-1186), en Iraq (1118-1194) et en Syrie (1078-1117), trois dynasties cadettes s'effacent rapidement, victimes la première des Oghouz, la deuxième des Khārezmiens, la troisième des atabeks mamelouks, les Zangīdes. La quatrième, celle de Rūm, survit de 1077 à 1308 en Anatolie, où naît la Turquie, dans une région retournée à la steppe, alors que la dynastie principale s'éteint en 1194. Ayant brisé la puissance des Dānichmendites de Sivas (1172-1176), ayant battu les Byzantins à Myrioképhalon en

1176, les sultans iranisés de Konya ouvrent leur pays au commerce international en 1207 et favorisent un large peuplement turc de l'Anatolie. Les mercenaires turcs se mettent au service des empereurs byzantins et interviennent dans les querelles autour du pouvoir. Le sultanat subit de rudes vicissitudes : passages des croisés occidentaux, intervention des Mongols qui assujettissent l'ensemble des terres seldjoukides entre 1221 et 1244. (V. cartes pp. 46, 47, 56-57, 58-59, 61, 198-199 et 225.)

Turc de Transoxiane qui se proclame roi à Balkh en 1370, Timūr Lang établit sa domination sur le Khārezm (1370-1379) puis entreprend de reconstituer l'empire de Gengis Khān par une série de raids audacieux. Pénétrant profondément dans les pays de la Horde d'Or en 1391 et en 1395, s'avançant à l'est jusqu'à Delhi en 1399, atteignant la mer Égée après avoir momentanément détruit l'Empire ottoman à Ankara en 1402, Timūr s'engage enfin sur la route de la Chine, mais il meurt le 19 janvier 1405.

Son œuvre reste inachevée car en fait, son autorité ne déborde pas les limites de l'ancien empire des Grands Seldjoukides. Il a abattu toutes les puissances musulmanes du Proche-Orient sans pouvoir leur substituer un État organisé ; au sein de l'empire, il a apanagé largement ses héritiers, dont un seul, son fils Chāh Rukh Mīrzā (1405-1447) réussit à restaurer temporairement la puissance tīmūride dans le respect de la culture de l'Iran. (V. cartes pp. 70, 170, 203, 208, 224-225.)

L'empire de Timūr Lang

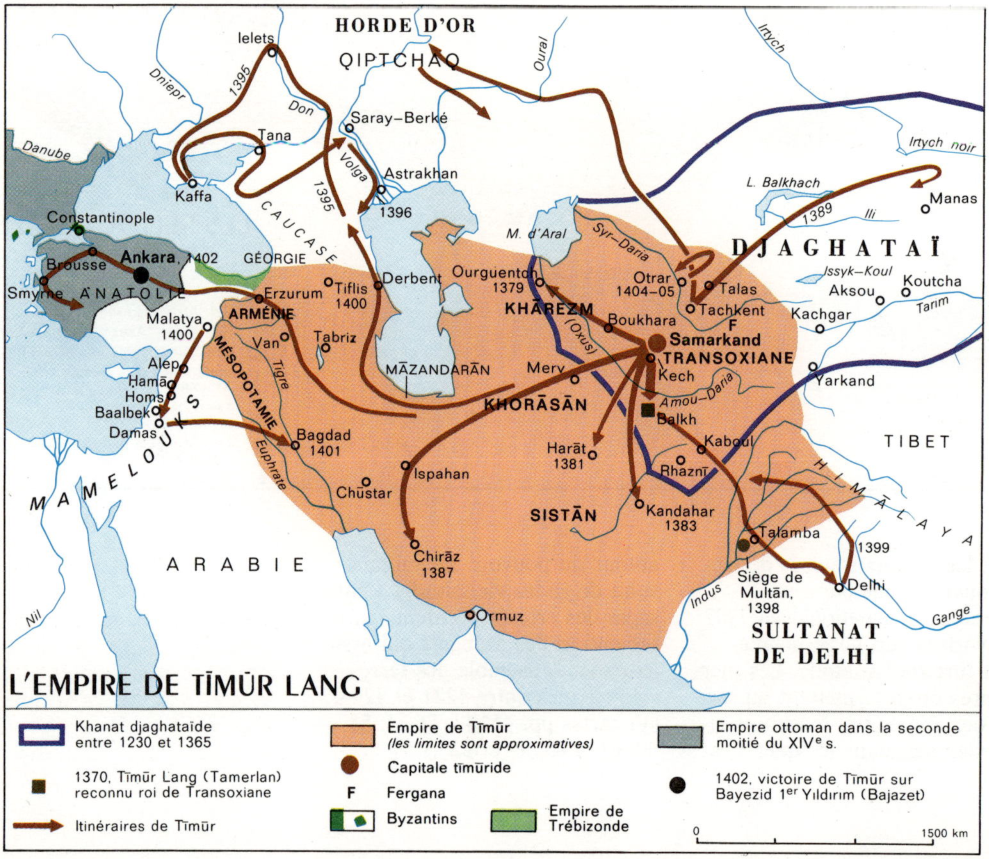

L'État séfévide

De souche iranienne, peut-être kurde, la dynastie des Séfévides, originairement sunnite, adhère au xve siècle au chī'isme qui est érigé en religion d'État par le premier roi séfévide, Chāh Ismā'īl Ier (1502-1524). Les Séfévides unifient facilement, sous leur autorité, l'Orient, de l'Afghānistān à l'Euphrate (1503-1510), mobilisant l'énergie de leurs sujets contre leurs adversaires sunnites : Ouzbeks et Ottomans, qui progressent sur les marches de l'Iran. L'alliance avec les Habsbourg jugule la poussée ottomane. Elle permet à la civilisation persane de s'épanouir dans les résidences successives de la cour : Tabriz, puis Ispahan. Chāh 'Abbās Ier (1587-1629) reconquiert Ormuz sur les Portugais et fonde le port de Bandar 'Abbās en 1622. Les Afghans usurpent la royauté en 1722, puis sont évincés en 1736 par Nādir Chāh. (V. carte p. 208.)

Le déclin de l'Iran, commencé dès le XVIIe siècle, n'est que temporairement enrayé par l'arrivée au pouvoir, en 1796, d'une nouvelle dynastie issue de la tribu turco-mongole des Qādjārs. Toutes les tentatives de réformes entreprises au XIXe siècle (notamment sous le règne de Nāṣir al-Dīn, 1848-1896) échouent devant l'agitation des seigneurs « féodaux », l'immobilisme de la classe sacerdotale, les affrontements tribaux et religieux (chī'ites contre ismaéliens ou babistes). Cette faiblesse interne favorise les entreprises de la Russie, qui s'empare, en deux guerres, des régions caucasiennes (1813 et 1828), puis de la région de Merv, au sud du Turkestan, en 1884-85 ; elle facilite aussi celles de l'Angleterre qui, à partir des Indes, étend son influence à l'est (Afghānistān) et au sud-est (Baloutchistan et golfe Persique). Cette domination politique s'accompagne d'une mainmise économique, par l'obtention de concessions ferroviaires ou minières (notamment pour le pétrole) ; seule la rivalité anglo-russe permet de maintenir l'indépendance politique. Celle-ci devient purement formelle, lorsque la réconciliation entre

L'Iran au XIXe et au début du XXe s.

Russes et Anglais aboutit, le 31 août 1907, à un partage en deux zones d'influence séparées par une zone tampon. Secoué par l'agitation nationaliste (née dans les centres chī'ites) contre la mainmise étrangère et le despotisme impérial, le pays sombre alors dans l'anarchie. Il n'en sort définitivement qu'en 1925-26 avec l'avènement à l'empire de Rezā Chāh Pahlavi, dont la dynastie régnera jusqu'à la révolution islamique de 1979. (V. carte pp. 210-211.)

L'Afghānistān devient indépendant en 1747, lorsque Aḥmad Khān fonde la dynastie des Durrāni. Le pays est gouverné de 1838 à 1973 par Dust Moḥammad (1834-1863) et ses descendants. Malgré sa résistance aux Britanniques (guerres de 1839-1842 et 1878-1880), il doit accepter leur contrôle sur sa politique étrangère (traité de Gandamak, 1879) et la fixation de ses frontières par une commission anglo-russe (1888-1893). Amān Allāh Khān obtient la reconnaissance de l'indépendance du pays par les Britanniques (1919) et par les Soviétiques (1921). La république est proclamée en 1973 et le coup d'État de 1978 porte au pouvoir les communistes. Ceux-ci, soutenus par les Soviétiques, qui interviennent militairement fin 1979, se heurtent à la résistance acharnée des *moudjahidin.* Sous ces régimes successifs, le pouvoir est resté l'apanage des Pachtous, qui ont réussi dans les années 1880 à imposer leur contrôle à l'ensemble des ethnies d'Afghānistān. (V. cartes pp. 203 et 245.)

L'Afghānistān (XIXe-XXe s.)

Dans le vaste cadre indo-méditerranéen conquis par l'Islām entre le VIe et le XVIIe siècle, l'unité de la foi et l'unité du climat imposent l'unité de civilisation à travers la diversité des traditions nationales.

À l'unité de la foi, le monde de l'Islām doit ses monuments les plus typiques. La mosquée, édifice cultuel, emprunte à Byzance son plan en rotonde et son décor de mosaïques (Coupole du Rocher, à Jérusalem, 688-691), puis s'adapte aux besoins de la nouvelle religion à Damas, où la Grande Mosquée est ornée, à partir de 705, d'un miḥrāb, nichc indiquant la dircction de La Mecque, et d'un minaret d'où est lancé l'appel à la prière. Le mausolée perpétue le souvenir des saints ou des grands hommes (Qubbat al-Ṣulaybiyya de Sāmarrā ; tombeaux de Timur Lang à Samarkand, 1404 ; de Chāh Djahān et Mumtāz Maḥall à Āgrā [Tādj Maḥall, 1630-47]). La *madrasa,* école religieuse dont le type monumental est né en Iran oriental à l'époque seldjoukide, donne naissance à des bâtiments de plan cruciforme (madrasa du Sultan Ḥasān au Caire, 1356). Dans les villes, les palais, de construction récente (Alhambra de Grenade au XIIIe siècle, palais moghols de Delhi et d'Āgrā, séfévides d'Ispahan aux XVIIe-XVIIIe s., ottomans d'Istanbul), traduisent dans leur parure le raffinement d'une civilisation intimiste : les demeures privées, closes sur l'extérieur, s'ouvrent sur une cour intérieure ou des jardins ceints de hauts murs. La multiplication des bassins, des canaux, des fontaines, l'importance des bains dans les villes de l'Islām soulignent l'influence dans l'art musulman du facteur climatique, qui impose au nomade la quête perpétuelle de l'eau. Manquant de bois, mais bénéficiant de la transparence et de la luminosité de l'air, architectes et décorateurs ont construit les plus nobles monuments à partir de simple terre. Sur leurs parois, la céramique, aux bleus et ors somptueux, dispose un décor calligraphique, géométrique ou floral, l'islām interdisant à l'artiste, à partir du IXe siècle, la reproduction d'êtres vivants. Mais les pays musul-

Les arts de l'Islām

mans, généralement non sémitiques et à forte individualité nationale, ne rejettent pas toute représentation de la vie : Espagne naṣride (fontaine de la cour des Lions, Grenade, XIVe siècle) ; Espagne chrétienne de la Reconquête, où l'art mudéjar synthétise les apports de l'Islām et de la chrétienté romano-gothique du XIIIe au XVe siècle (Alcázar de Séville, construit à partir de 1360) ; Perse chī'ite, où les miniaturistes des écoles de Tabriz et de Chirāz font de l'homme le centre de leur recherche au XIVe siècle ; Empire ottoman, où les apports iraniens et locaux créent un art musulman original, dont la peinture, attentive aux scènes de la vie quotidienne, restitue à la femme la dimension sensuelle que lui a accordée la tradition indienne, comme en témoignent les miniatures des XVIIe, XVIIIe et XIXe siècles. (V. cartes pp. 46, 47, 52, 54, 56, 58, 60, 61, 70, 195, 198, 200, 202, 208, 209, 244 et 245.)

Formation de l'Empire ottoman

Chassée du Khorāsān par les Mongols, cantonnée dans la région de Brousse par le sultan de Konya, la tribu turque des Ottomans est émancipée par Osman Ier (fin du XIIIe siècle) et obtient le Karasi (1335-45). Après la victoire de Kosovo (1389) et la prise de Constantinople (1453), la conquête de l'Europe se poursuit jusqu'aux portes de Vienne (1529). En Asie, Bayezid Ier est battu à Ankara par Timūr Lang (1402). Le sultan Selim Ier prend Trébizonde (1461), mais ne bat le Chāh de Perse qu'en 1514 à Tchaldiran. Il annexe le Kurdistān, la Syrie, les villes saintes d'Arabie, l'Égypte mamelouk, le Maghreb. Mais l'Empire ottoman, qui a unifié le monde islamique et le monde arabe, est menacé par l'action conjuguée des Habsbourg, des Vénitiens et des Séfévides. Sa défaite navale à Lépante (1571) révèle sa fragilité. (V. cartes pp. 66-67, 70, 74-75, 148-149, 200-201, 202, 203 et 218.)

Incapable de se réformer, miné par les tendances centrifuges et l'agitation des chrétiens des Balkans, l'Empire ottoman devient la proie des puissances étrangères à partir du XVIIIe siècle. L'Autriche étend sa domination dans la zone autour du Danube, la Russie s'empare des régions du nord de l'Empire et cherche à mettre la main sur les Détroits, mais se heurte à la politique britannique de contrôle de la Méditerranée et de la route des Indes. Après 1830, le déclin ottoman se marque plus par l'indépendance des populations balkaniques et l'emprise économique anglo-française que par de nouvelles annexions étrangères. La réaction nationaliste du mouvement jeune-turc (révolution de 1908) va précipiter la dislocation de l'Empire en l'engageant dans la Première Guerre mondiale. (V. cartes pp. 70, 84, 85, 182-183, 186-187, 189-193 et 208.)

Démembrement de l'Empire ottoman (1863-1920)

Le Moyen-Orient pendant et après la Première Guerre mondiale

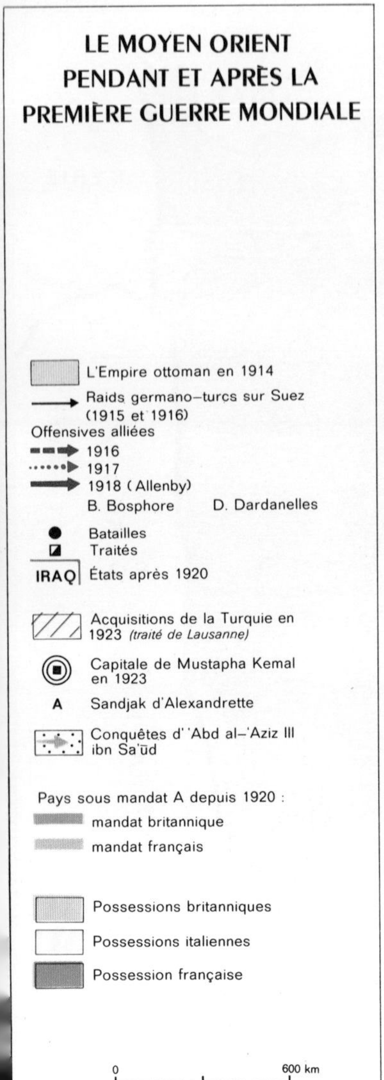

Entre 1915 et 1918, Français et Anglais convergent vers Istanbul (Constantinople) depuis Salonique, Bassora et Suez. Animées par des états-majors allemands, les forces ottomanes s'opposent aux Britanniques en Mésopotamie et en Palestine, et aux Russes sur le front du Caucase, où le grand-duc Nicolas remporte deux brillants succès en 1916, à Erzurum (janvier) et Trébizonde (avril). Pour les Anglais, au contraire, 1916 est une année difficile : le 28 avril, ils doivent capituler à Kūt al'Amāra (Mésopotamie) devant les assauts des Turcs, qui lancent en août un deuxième raid contre Suez. C'est alors que débute en milieu arabe l'action du jeune T. E. Lawrence, qui, ayant gagné la confiance d'Abdullah et de Fayṣal, fils d'Ḥusayn ibn 'Alī, roi du Hedjaz, organise avec eux la libération de la « nation arabe » du joug ottoman. En 1917-18, Lawrence obtient de brillants succès en préparant et en appuyant l'action des troupes d'Allenby dans la conquête de la Palestine. Le 1er octobre 1918, Lawrence et Fayṣal arrivent à Damas, et la foule proclame Ḥusayn roi des Arabes.

Mais de nombreux événements vont empêcher la constitution d'un Grand Royaume arabe promis par la Grande-Bretagne à Ḥusayn : à l'insu de Lawrence, Paris et Londres ont conclu en mai 1916 un accord partageant l'Empire ottoman en deux zones d'influence politique et économique : l'une, française, incluant la Syrie et le Liban, l'autre, anglaise, comprenant la Palestine, l'Iraq et la Transjordanie (accords Sykes-Picot). Le 2 novembre 1917, la Grande-Bretagne, qui entend jouer à la fois la carte sioniste et la carte arabe, affirme sa volonté de « créer après la guerre un Foyer national juif en Palestine » (déclaration Balfour). En 1920 enfin, la S.D.N. attribue un mandat sur la Syrie et le Liban à la France, sur la Palestine et la Mésopotamie à la Grande-Bretagne. En 1924-25, le Hedjaz est occupé par l'émir whahābite du Nadjd 'Abd al 'Azīz ibn Sa'ūd : les fils d'Ḥusayn ibn 'Alī, les Hāchémites Fayṣal Ier et Abdullah, deviennent respectivement roi d'Iraq en 1921, et émir de Transjordanie en 1922.

Imposant la démilitarisation des détroits turcs (1920-1923), se maintenant sur les rives du canal de Suez malgré l'indépendance de l'Égypte (1922), étendant progressivement depuis 1899 sa protection à tous les États du golfe Persique, partie prenante de l'Iraq Petroleum Company (Mossoul) et de l'Anglo-Iranian Company (Abadan), la Grande-Bretagne maîtrise la route des Indes et le pétrole du Proche-Orient. À la France, protectrice des chrétiens du Levant, reste le rôle ingrat de briser la révolte des Druses (1925-1927). (V. cartes pp. 91, 92-93, 209, 212 et 213.)

En avril 1920, la conférence de San Remo confie à la Grande-Bretagne le mandat sur la Palestine. La Transjordanie (rive orientale du Jourdain), exemptée en 1922 par la S.D.N. des clauses relatives au Foyer national juif, devient, le 15 mai 1923, un émirat indépendant dirigé par Abdullah, fils du chérif Ḥusayn ibn ʻAlī.

En Palestine, l'hostilité arabe à la déclaration Balfour (voir p. 210-211) et au régime mandataire suscite de violentes manifestations antijuives (1920-21). Londres annonce alors (Livre blanc du 3 juin 1922) que l'immigration juive sera désormais fonction de la capacité d'accueil économique de la Palestine, tandis que Juifs et Arabes se dotent d'institutions communautaires représentatives : Histadrouth (syndicat), Agence juive auprès de l'administration mandataire d'une part ; Comité exécutif arabe et Conseil musulman de Palestine d'autre part. Après la « Grande Révolte » arabe, la commission anglaise Peel suggère le partage de la Palestine entre un État arabe uni à la Transjordanie et un État juif, une zone restant sous mandat britannique (juill. 1937) mais ce projet n'aboutira pas. À la fin de la Seconde Guerre mondiale, les plans de règlement des Britanniques ayant tous échoué, ceux-ci confient à l'O.N.U. le soin de régler la question palestinienne (févr. 1947).

La Palestine sous mandat britannique

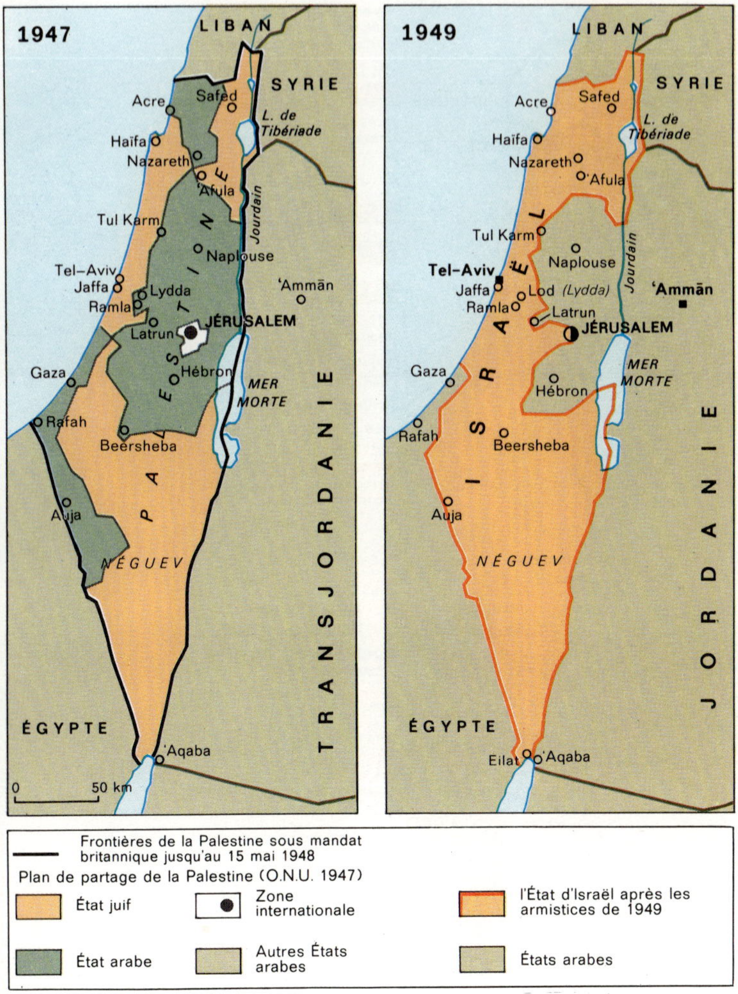

Formation de l'État d'Israël

Né de la recrudescence de l'antisémitisme à l'époque contemporaine, le mouvement sioniste milite en faveur de la création d'un État juif en Palestine (Theodore Herzl, 1896) ; il est renforcé par la Déclaration Balfour (1917) qui promet la constitution d'un Foyer national juif dans ce pays. Mais, devant l'hostilité arabe suscitée par l'afflux d'immigrants, les Britanniques bloquent l'immigration en mars 1940. Maintenue alors que 6 millions de Juifs sont exterminés en Europe, cette mesure provoque en 1946 une insurrection juive menée par l'armée de protection *(Haganah)* et par des mouvements de résistance (*Irgoun*, groupe *Stern*). Le 29 novembre 1947, l'O.N.U. décide le partage de la Palestine en deux États indépendants, aux territoires également éclatés en trois morceaux. Le refus des Arabes déclenche la guerre civile, qui s'internationalise le 14 mai 1948, quand David Ben Gourion proclame l'indépendance d'Israël. Vaincus malgré leur supériorité numérique, les cinq États arabes signent les armistices entre le 24 février et le 20 juillet 1949 ; l'exode des Palestiniens s'accentue. Les lignes de cessez-le-feu deviennent les frontières d'Israël, qui est alors doté d'un territoire continu, mais difficile à défendre et qui comporte une partie de la ville de Jérusalem.

I

Ire GUERRE ISRAÉLO-ARABE

Guerre d'indépendance mai 1948-juin 1949

Refusant le partage de la Palestine décidé par l'O.N.U. (nov. 1947), l'Égypte, l'Iraq, la Syrie, la Transjordanie et le Liban attaquent l'État d'Israël, fondé le 14 mai 1948. Après une trêve de quatre semaines (11 juin-8 juill.), les Israéliens refoulent les forces arabes lors de l'offensive des « dix jours ». Après une nouvelle trêve, ils repoussent les Égyptiens jusqu'à El-Arich et s'emparent du Néguev et de la Galilée (oct. 1948-janv. 1949). L'Égypte obtient un armistice (24 févr. 1949), suivie par le Liban (23 mars), la Jordanie (3 avr.), la Syrie (20 juill.). L'Iraq retire ses troupes. Les lignes de cessez-le-feu deviennent les frontières d'Israël.

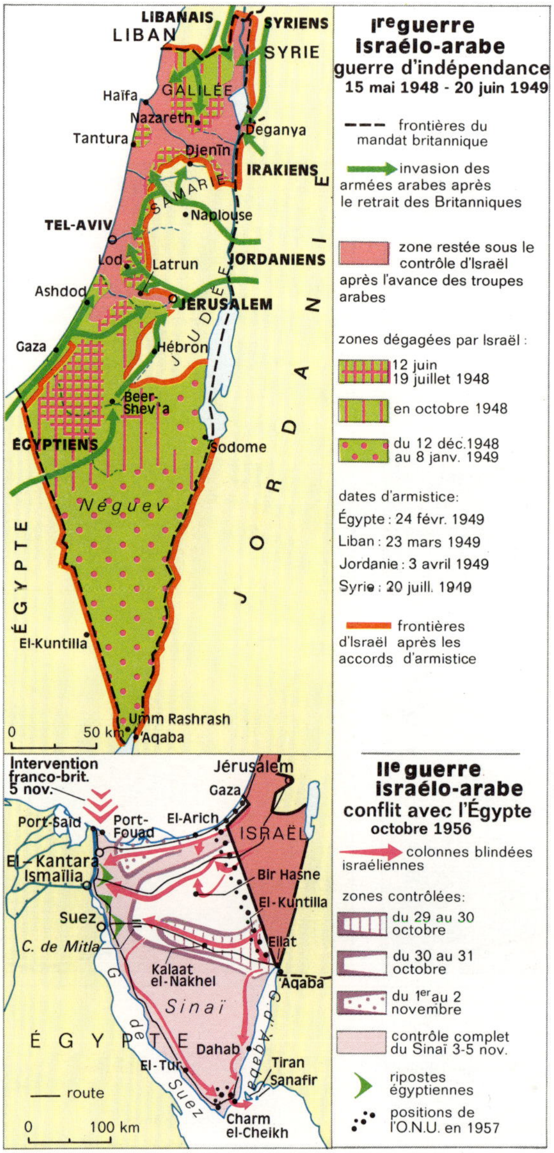

IIe GUERRE ISRAÉLO-ARABE

Conflit avec l'Égypte, oct. 1956

En juillet 1956, Nasser nationalise la Compagnie du canal de Suez. La France et la Grande-Bretagne décident d'intervenir en Égypte. Israël s'y associe secrètement. Lancées vers le Sinaï (29 oct.), trois colonnes blindées israéliennes mettent en déroute l'armée égyptienne, la quatrième prend Charm el-Cheikh. Un ultimatum anglo-français a été adressé (30 oct.) aux « belligérants » pour qu'ils retirent leurs troupes de 15 km de part et d'autre du canal. Le refus du Caire entraîne l'intervention franco-anglaise (5-6 nov.), qui est stoppée devant les vives réactions internationales. Le 15 novembre, une force de police internationale de l'O.N.U. réoccupe le Sinaï et rétablit la ligne de cessez-le-feu de 1949 entre Israël et l'Égypte.

IIIe GUERRE ISRAÉLO-ARABE

Guerre des six jours, juin 1967

L'alliance politico-militaire entre l'U.R.S.S. et l'Égypte s'est approfondie et, de leur côté, les Occidentaux ont fourni à Israël les armes les plus performantes. Le 19 mai 1967, Nasser obtient la relève des casques bleus de l'O.N.U. par sa propre armée et réoccupe Charm el-Cheikh. Les Israéliens, dès le 5 juin, répliquent par une campagne préventive de six jours, qui est un succès. Ils prennent la Cisjordanie, puis se tournent vers la Syrie et marchent sur Damas. Un cessez-le-feu, exigé par l'O.N.U., est accepté le 8 par l'Égypte et la Jordanie, le 9 par la Syrie, puis par Israël, qui occupe la poche de Gaza, le Sinaï (sauf Port-Fouad), la Cisjordanie et le Golan. Votée le 22 novembre 1967, la résolution 242 de l'O.N.U. détermine les conditions politiques d'un retour à la paix : retrait israélien des territoires occupés mais reconnaissance d'Israël par les États arabes, et solution raisonnable du problème des réfugiés palestiniens.

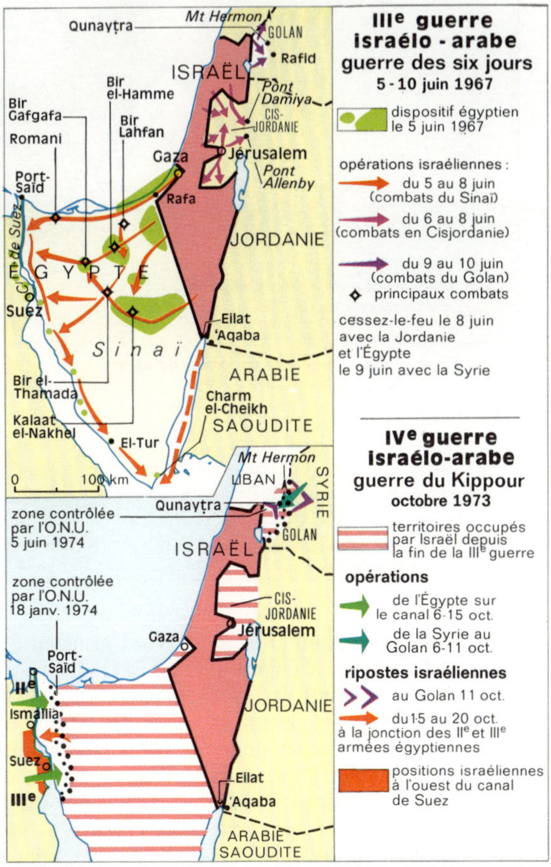

IVe GUERRE ISRAÉLO-ARABE

Guerre du Kippour, oct. 1973

Le 6 octobre 1973, une attaque surprise est déclenchée par la Syrie sur le front du Golan et en Égypte, sur le canal de Suez. L'Iraq, la Jordanie, le Maroc et l'Algérie participent à ce conflit, que le président égyptien Sadate paraît avoir provoqué pour déclencher une intervention internationale et faire appliquer la résolution 242. Surpris, les Israéliens contre-attaquent (11-15 oct.) dans le Golan et au nord des lacs Amers, où la IIIe armée égyptienne est isolée. Le 17 octobre, l'O.P.E.P. décide de réduire ses envois vers les pays occidentaux et hausse brutalement ses tarifs. Le 23 octobre, Israël et l'Égypte acceptent le cessez-le-feu exigé par les États-Unis, l'U.R.S.S. et l'O.N.U. Le 25, une force de l'O.N.U. est interposée entre les belligérants.

Les migrations de peuples en Eurasie du IVe au VIe s.

Au IVe siècle, l'Eurasie est dominée par les quatre grands Empires chinois, indien (gupta), perse (sassanide) et romain, bien défendus par des obstacles naturels (montagnes de l'Asie centrale et du Caucase) ou artificiels (Grande Muraille de Chine, *limes* romain). Mais à leurs frontières se pressent alors de nombreux peuples barbares, qui parfois s'introduisent même sur leurs territoires à titre de fédérés : nomades éleveurs des steppes asiatiques (Xianbei [Sien-pei] de Mandchourie, Xiongnu [Hiong-Nou] au nord-ouest du Huanghe) ; peuples pasteurs du Proche-Orient (Lakhmides, Rhassānides), et d'Afrique du Nord (Blemmyes, Berbères) ; chasseurs, éleveurs ou agriculteurs des forêts et clairières d'Europe (Germains) ; pêcheurs pirates des rives des mers du Nord et d'Irlande (Scots, Pictes, Germains).

Au IVe siècle, une possible dégradation du climat, plus sûrement une croissance démographique entraînant une surcharge pastorale des pâturages au rendement immuable lancent ces peuples à l'assaut des empires céréaliers. À l'est, les Xiongnu (Hiong-Nou) s'emparent de Loyang (Luoyang) en 311, avant d'être éliminés par le clan sienpei des Murong (Mou-jong), puis par celui des Tabghatchs (Toba [T'opa]), fondateurs du royaume de Wei qui domine la Chine du Nord jusqu'en 534/581 (v. carte p. 221).

Au cœur de l'Eurasie, la poussée des Xiongnu fait glisser les Huns Hephthalites de l'Altaï vers l'Asie centrale, puis les jette à l'assaut des Empires sassanide et gupta, à la jonction desquels ils se maintiennent jusque vers

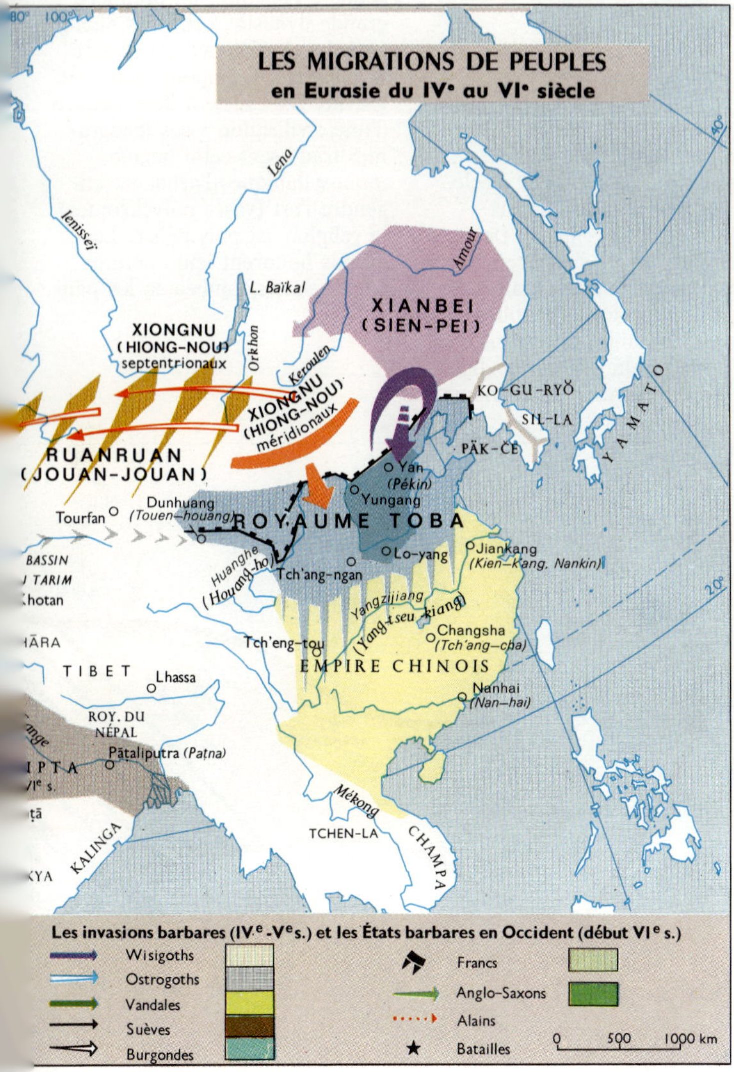

565. À l'ouest enfin, la progression de ces mêmes Xiongnu pousse Huns et Germains en quatre vagues successives à l'intérieur de l'Empire romain, à partir de 375 (v. carte p. 36).

Les Huns représentent l'élément le plus spectaculaire parmi les peuples en quête de terres libres. À proximité de l'Empire romain, un Empire hunnique est sur le point de se fixer en Europe au temps d'Attila, qui installe sa résidence en Pannonie et intervient là où les défenses sont les plus faibles. À la fin du ve siècle, ces Huns d'Occident se diluent dans la population européenne. L'Empire romain s'est effacé en Occident, laissant la place à des royaumes barbares. Le plus important est celui des Francs, principal État issu de l'invasion germanique. Vers le milieu du vie siècle s'opère un nouveau mouvement d'ensemble. Des Lombards arrivent en Italie. Ils sont passés par l'Autriche et la Hongrie et sont entrés au service de Byzance contre les Ostrogoths d'Italie. Ils sont suivis par les Avars, qui s'installent à leur tour en Pannonie. Ces cavaliers, souvent turcs, viennent probablement de l'Altaï. Les Bulgares, d'origine turque, quittent à la même époque leur berceau de la plaine du Don, pour se porter vers les confins de l'Empire byzantin. Les Khazars, partis plus tard, occupent les steppes entre le Don et le Dniepr. L'Europe est donc transformée par une multitude d'apports ethniques du Nord et de l'Est. Les contacts culturels entre la romanité et les peuples immigrés fondent les bases de la civilisation médiévale. (V. cartes pp. 34, 38-39 et 194.)

Les Turcs deviennent les maîtres de l'Altaï vers 540. Leur empire s'étend rapidement, se sépare un moment en deux empires, occidental et oriental, se réunifie avant que la partie orientale ne soit confisquée au profit de l'empire ouïgour (v. 744). Expansionnistes, certains Turcs prennent le chemin de l'ouest, harcelant les Byzantins à partir du xe siècle. Au sud, ils se heurtent aux Arabes en Asie centrale. De nombreux Turcs s'engagent alors comme mercenaires (mamelouks) au service des 'Abbāssides et des Sāmānides et fournissent un apport culturel non négligeable à la civilisation musulmane.

Après l'âge de la pierre, la Chine, à l'âge du bronze, passe lentement de la légende à l'histoire. La première grande dynastie, celle des Shang (xviiie-xiie siècle av. J.-C.), a le Henan (Ho Nan) pour centre de gravité. On assiste à la naissance d'une civilisation : des idéogrammes traduisent cette langue monosyllabique ; l'artisanat engendre l'art (vases polychromes) ; la religion est polythéiste. Les grands honorent leurs défunts par de vastes tombeaux, les pau-

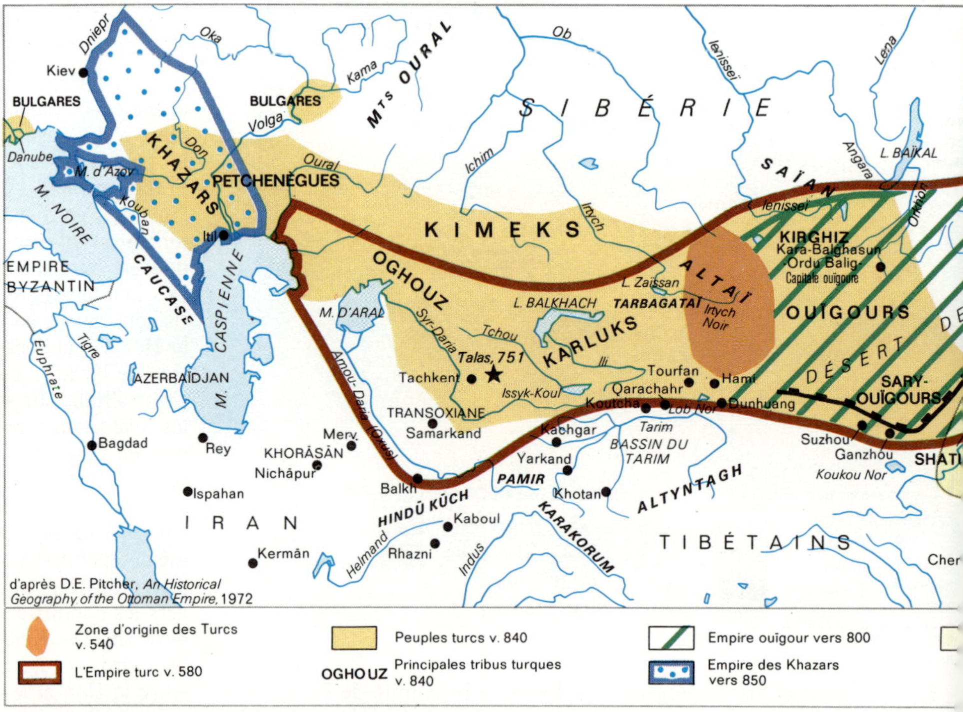

La conquête des steppes de l'Eurasie et les premiers Empires turcs (540-946)

vres implorent les génies de la nature. Avec les Zhou (à partir du XIIe siècle av. J.-C.), le centre géographique se déplace vers le Shănxi (Chen-si). Jusqu'en 771 av. J.-C., sous les Zhou occidentaux, le roi gouverne avec de nombreux fonctionnaires ; après cette date, sous les Zhou orientaux (722-221), le souverain est un véritable « roi fainéant » ; aux VIIe et VIe siècles, les *hégémons,* princes féodaux du Qi (Ts'i), du Jin (Tsin), du Chu (Tch'ou), du Wu (Wou) et du Yue, triomphent, car ils président aux rites d'alliance entre cités qui permettent aux plus puissantes de dominer les plus faibles. Depuis l'époque Shang, on s'efforce de suivre le *tao* (la « voie ») ; de grands philosophes apparaissent, Laozi (Lao-tseu) le mystique et Confucius. L'art produit des vases de bronze et des objets de jade. L'époque des Royaumes combattants (453-221) est une période de crise qui correspond aux débuts de la fonte du fer ; en 221 av. J.-C., la dynastie de Qin (Ts'in) réalise, sous le premier empereur Qin Shi Huangdi (Ts'in Che Houang-ti) [221-210 av. J.-C.], le premier rassemblement de toute la terre chinoise.

Préhistoire et période shang (XVIIIe-XIIe s. av. J.-C.)

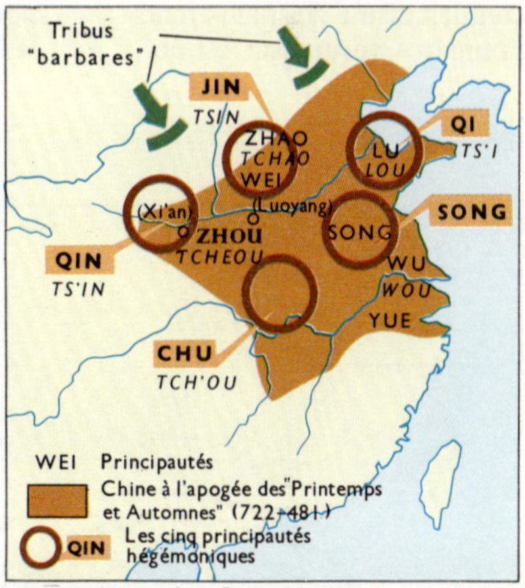

Les Zhou et la période des hégémons (VIIe-Ve s. av. J.-C.)

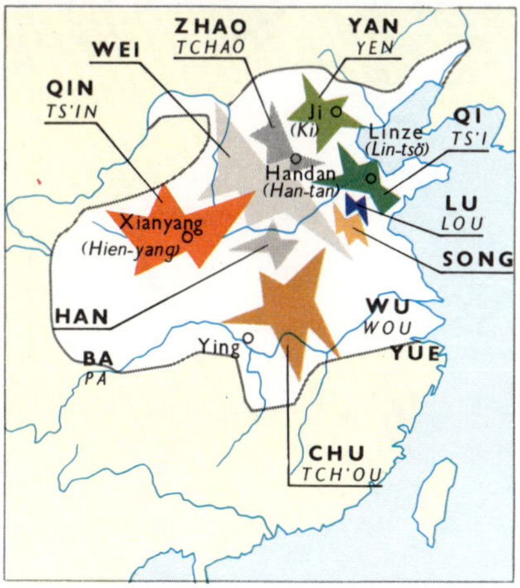

Les Royaumes combattants (V^e-IIIe s. av. J.-C.)

Les Qin (IIIe s. av. J.-C.)

Sous les Han, le pouvoir impérial, tyrannique, s'appuie sur une armée forte et sur des finances aisées (impôts élevés et monopoles d'État). La société, où s'imposent les lettrés, est dominée par une noblesse d'argent qui entretient esclaves et harems. Les paysans, métayers et libres le plus souvent, vivent mal. La religion tend à n'être plus que philosophie ; celle-ci est divisée en écoles correspondant aux aspirations de différents groupes : le confucianisme des hauts fonctionnaires, formaliste, est un athéisme de fait ; les humbles cherchent le salut par le taoïsme, puis par le bouddhisme ; les légistes, militaires, artisans ou commerçants, prônent l'établissement de la justice par la force. Les techniques (moulins à eau, papier) et les sciences (astronomie) brillent autant que les arts, bronzes, bijoux. Une telle prospérité assure à l'empereur Wudi (Wouti) [140-87 av. J.-C.] les moyens de dilater son empire dans trois directions : vers le nord-ouest et l'ouest, où, malgré les Xiongnu (Hiong-nou), est ouverte la route du Tarim où s'établit Ban Chao au Ier siècle apr. J.-C. ; vers le sud, où le royaume de Nayue (Nan-yue) est annexé en 111 av. J.-C. ; vers le nord-est, où celui de Luolang (Lolang) est plus difficilement occupé en 108-107 av. J.-C. Mais, à partir du milieu du IIe siècle apr. J.-C., le jeu des clans (eunuques, généraux, lettrés) et la misère (révolte des Turbans jaunes en 184) ainsi que les menaces barbares préparent la chute des Han. La Chine est alors partagée en trois royaumes.

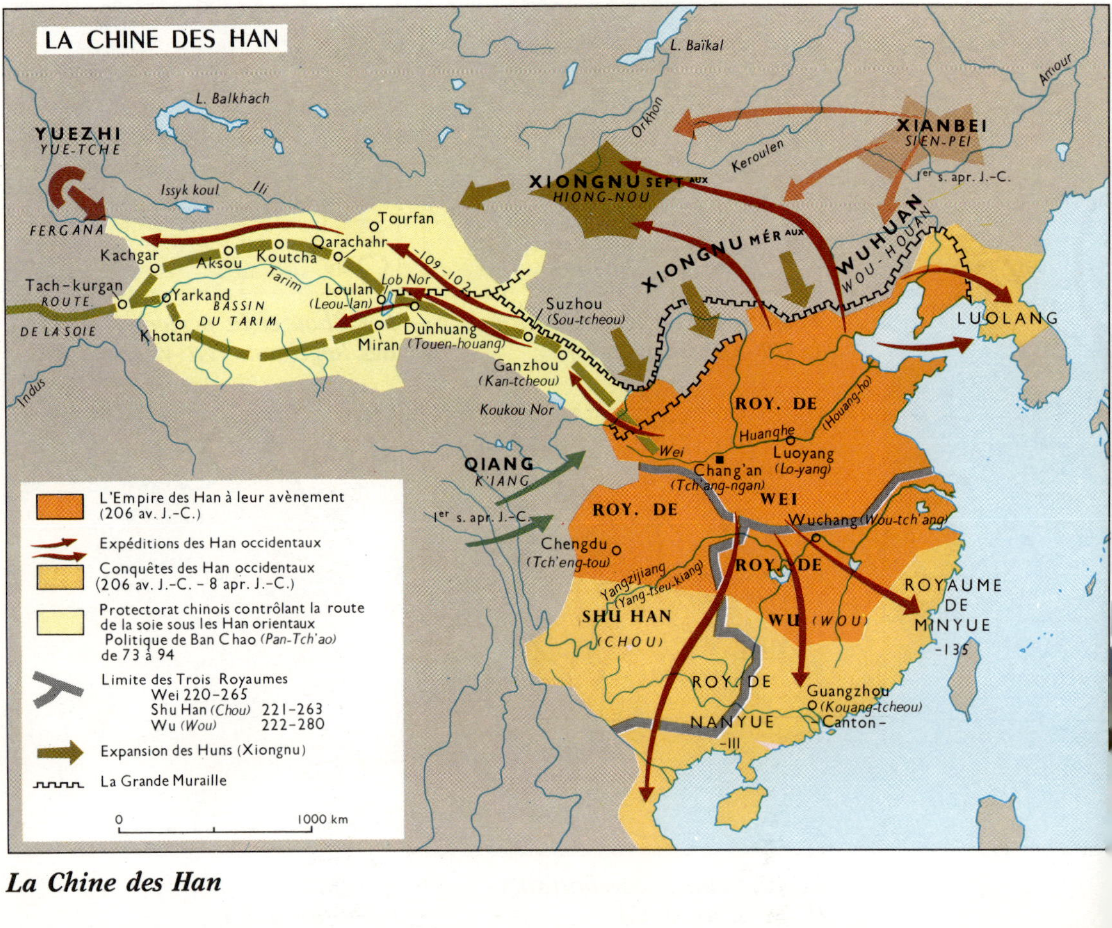

La Chine des Han

La Chine du IVe au VIe s.

S'exerçant contre la Chine depuis le Nord et le Nord-Ouest, la menace barbare s'ajoute, du IVe au VIe siècle, à la crise interne. Les pouvoirs du monarque sont limités, nombre de souverains meurent assassinés ; le pays est divisé, dès le IIIe siècle, entre les Trois Royaumes (Wei, Wu [Wou] et Shu [Chou] Han) [v. carte p. 220] ; après une brève réunification sous l'autorité des Jin (Tsin) de l'Ouest (280-316), il se trouve de nouveau divisé entre le Sud, où se succèdent cinq dynasties d'origine chinoise, et le Nord, où règnent des dynasties barbares pendant la période dite « des Seize Royaumes » (311-436), parmi lesquels émerge celui des Wei du Nord (386-534/557). Dite également « des Six Dynasties » (cinq dans le Sud, une dans le Nord), cette période (316-580) s'achève par le retour à l'unité imposée par les Sui (Souei) de 581 à 618. Dans le même temps, les mentalités et la société évoluent : recul du confucianisme devant le bouddhisme et le taoïsme ; apparition de deux nouveaux types d'homme : l'aventurier et le dilettante.

Les Sui

La dynastie des Sui (581-618) est fondée par la famille Yang. Elle adopte deux capitales, Chang'an et Luoyang. L'annexion des royaumes du Sud contribue largement à recréer l'unité chinoise (589). L'empereur Wendi fait face à la menace des deux empires turcs et profite de leurs dissensions. Son successeur, Jangdi (605-616), fait creuser le Grand Canal, qui facilite le ravitaillement de Chang'an et de ses environs. L'œuvre administrative de la dynastie est importante : les bases de la centralisation impériale sont fondées. Mais, après de graves revers militaires en Corée (615), suivis d'une grande révolte intérieure, l'empire tombe dans l'anarchie jusqu'à ce que la dynastie des Tang rétablisse l'ordre.

Issue d'un coup d'État militaire, la dynastie des Tang (T'ang) prétend descendre de Lao-tseu et favorise le taoïsme. Taizong (T'ai-tsong) [627-649], vainqueur des Turcs orientaux et occidentaux, rétablit le contrôle chinois sur la route du Tarim ou « route de la soie », par où pénètrent le bouddhisme, l'islām, le christianisme nestorien ; mais il échoue en Corée. Il organise une administration centralisée, recrutée par concours. Remariée à son successeur, sa veuve, l'ancienne concubine Wu Zetian (Wou Tsö-t'ien) [† 705], se proclame « empereur » (690), favorise le bouddhisme, prend pour capitale Luoyang (Lo-yang) ; elle fait régner la terreur, mais combat énergiquement les Tibétains. La dynastie Tang est restaurée par Xuanzong (Hiuan-tsong) [713-756] qui passe pour le plus grand empereur de l'histoire chinoise. Il répare les canaux, construit d'énormes silos, organise militairement les frontières ; le commerce prospère ; le règne est l'âge d'or des lettrés, mais sa fin est désastreuse : les musulmans prennent Tachkent, après une victoire écrasante sur le Talas (751) ; la rébellion d'An Lushan en 755 déchaîne l'anarchie, qui, malgré une courte rémission sous le règne de Hsien-tsong (Hien-tsong) [806-820], s'aggrave avec la terrible jacquerie de Huang Chao (Houang Tch'ao) [875-881]. Elle ne finit qu'avec le dernier Tang et le morcellement de l'Empire.
(V. carte pp. 196-197.)

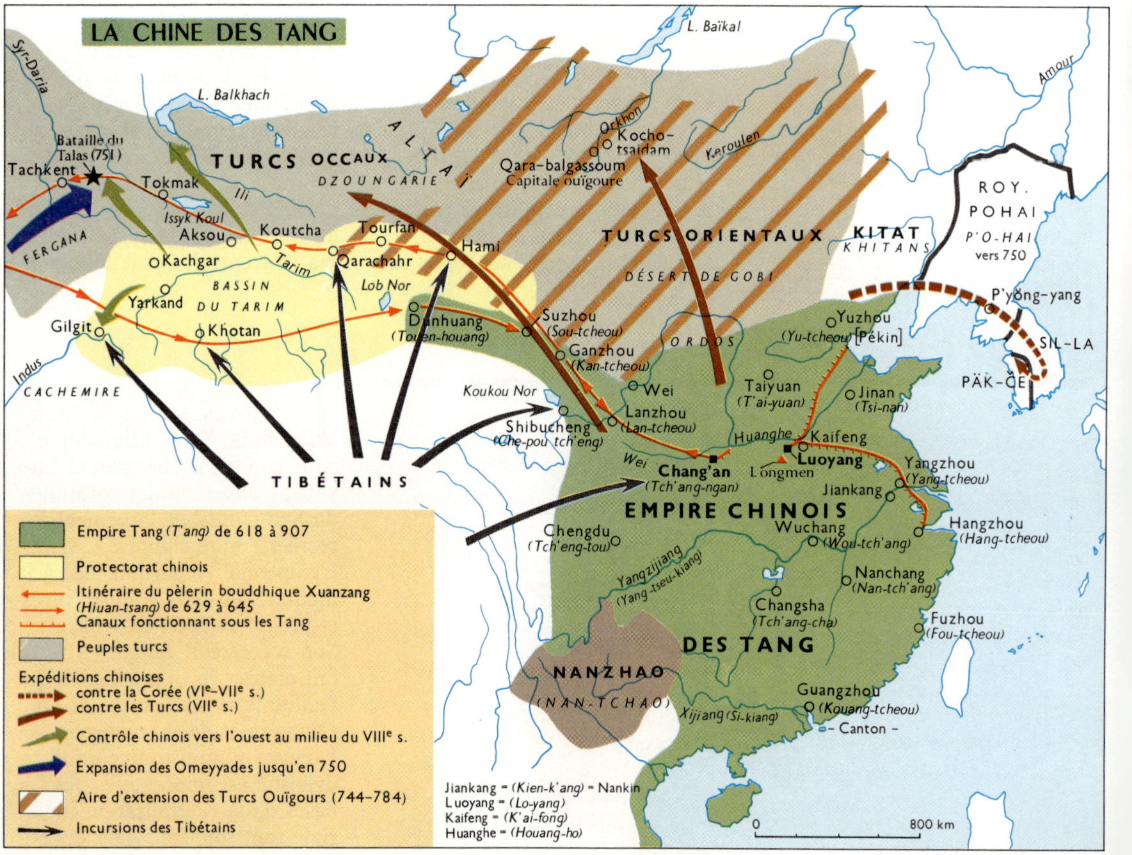

La Chine des Tang

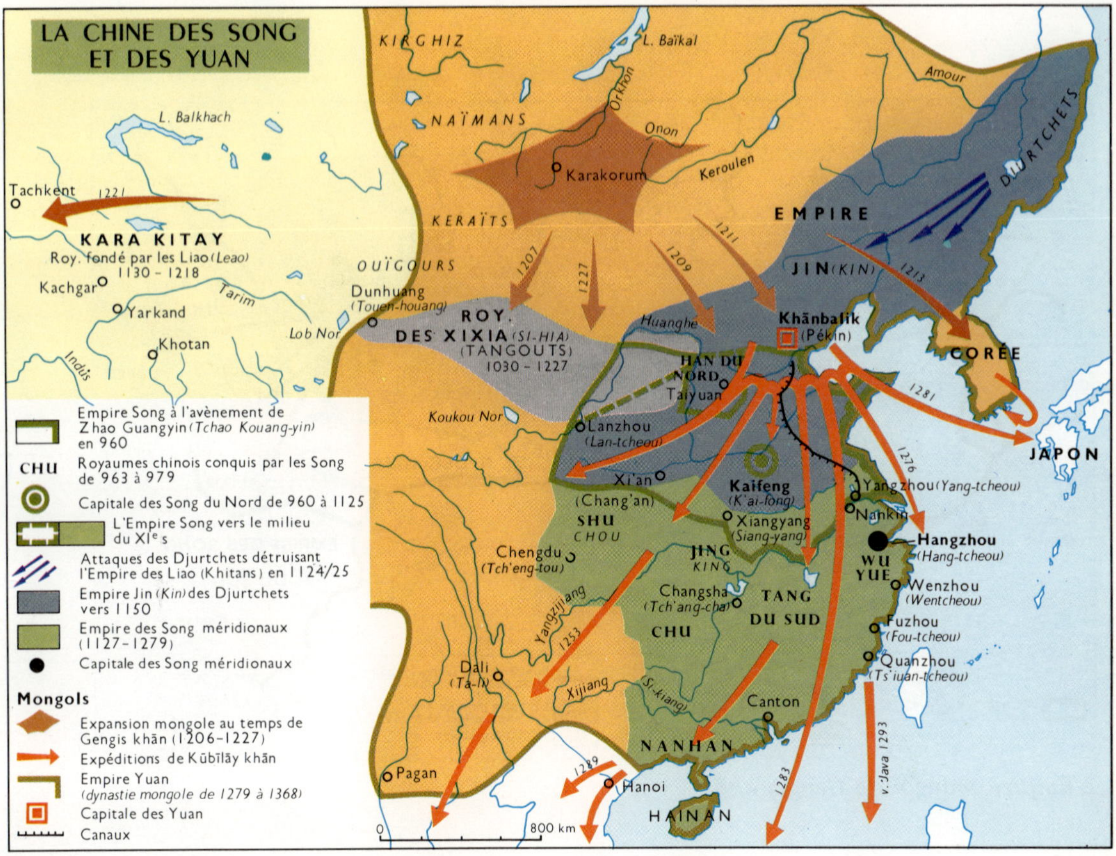

La Chine des Song et des Yuan

Les débuts des Song sont heureux : ils unifient la Chine, achètent en 1004 la paix avec les Khitans au nord et organisent une administration modèle. Puis, en 1122, les Khitans menacent les Xixia et, pour les secourir, Houei-tsong (1100-1125) s'allie aux Djurtchets ; ceux-ci rejettent vers l'ouest les Khitans, fondent à leur place l'empire Jin (*d'or*) et attaquent les Song, qui se replient à Nankin, puis à Hangzhou (1127). Il y a alors trois Chines : celle des Xixia, celle des Jin, celle des Song méridionaux (dont la civilisation reste brillante). Au début du XIIIe siècle, le Mongol Gengis khān submerge les Xixia et repousse les Jin ; après sa mort (1227), Ogoday domine les Jin, puis, en 1234, pénètre dans la Chine des Song, que Kūbīlāy élimine définitivement en 1279 pour fonder la dynastie Yuan, avec Khānbalik (Pékin) pour capitale. Il y héberge le Vénitien Marco Polo. Ses tentatives d'invasion du Japon, du Champa, de la Birmanie et de Java ne lui permettent que de faire reconnaître sa « suzeraineté » sur la péninsule indochinoise. Premiers étrangers à gouverner la Chine entière, les Yuan représentent, parmi les grandes dynasties, celle dont la durée est la plus brève : l'immense empire de Kūbīlāy dépasse les forces trop peu nombreuses de ses successeurs, qu'affaiblissent des querelles familiales. Diffusée à partir de 1351, la révolte chinoise aboutit à la restauration d'une dynastie nationale, celle des Ming (1368). (V. cartes pp. 224 et 225.)

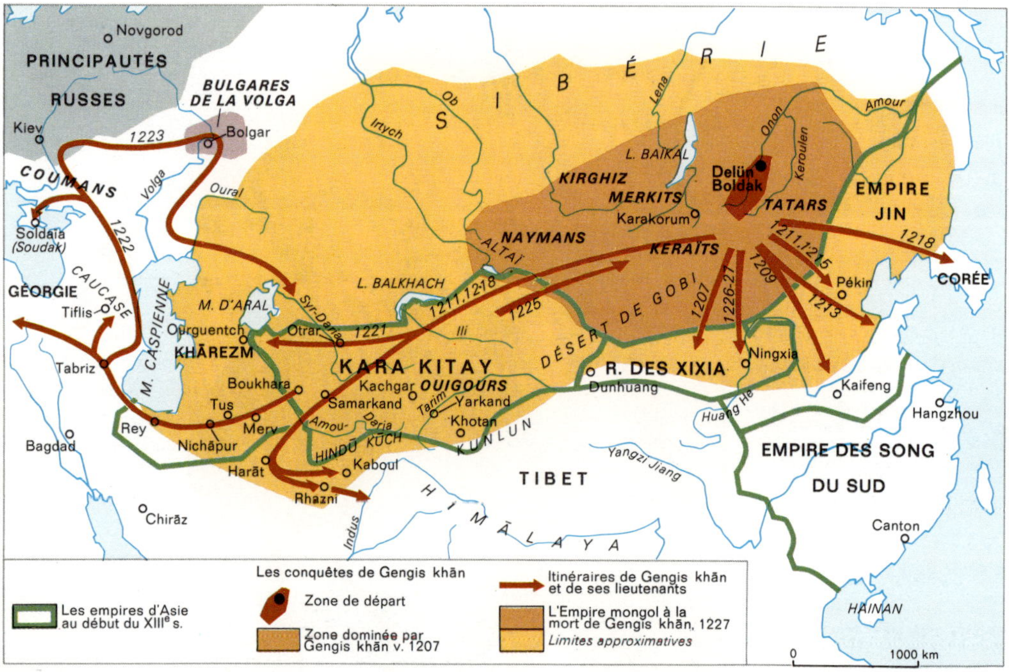

L'Empire mongol de Gengis khān

Élu khān des Mongols en 1196, Gengis khān (Tchingīz khan) unifie les tribus mongoles et turco-mongoles en les opposant avec habileté les unes aux autres : Tatars à l'est de 1198 à 1202 ; Keraïts au centre en 1203 ; Naïmans et Merkits à l'ouest en 1204 et en 1205. Proclamé khaghān (khān suprême) de toutes les tribus par le quriltay de 1206 (assemblée générale des chefs mongols), Gengis khān instaure alors un véritable État mongol, en empruntant aux Ouïgours leurs institutions administratives et en imposant à tous le respect du droit mongol. Surtout, il entreprend de dilater son État en un vaste empire qui englobe, au nord, les Oïrats (Kalmouks) et les Kirghiz en 1207 ; au sud et au sud-est, les Xixia (Shi-hia) de 1205 à 1207 et l'empire des Jin (Kin) jusqu'au Huanghe (Houang-ho), au sud-ouest, les Kara Kitay en 1218 et le Khārezm, au prix de rudes combats, de 1219 à 1224. Dirigé par ses fils Subutāy et Djebe, le raid dévastateur de 1222-23 ravage la Russie méridionale sur les rives de la Kalka, petite rivière qui se jette dans la mer d'Azov. Ces deux chefs mongols défont même totalement le prince de Kiev le 31 mai 1223. Mais la mort du conquérant, le 18 août 1227, laisse à ses héritiers le soin d'achever la conquête de l'Asie (sauf l'Inde et l'extrême Sud-Est) et de la pacifier sous la domination mongole. (V. cartes pp. 200-201 et 223.)

Héritiers de Gengis khān, les khaghāns Ogoday (1229-1241), Güyük (1246-1248) et Möngke (1251-1259) achèvent la conquête mongole. De 1229 à 1235, le premier élimine définitivement les Jin (Kin) de la Chine du Nord. Dotant alors l'Empire d'une capitale fortifiée, Karakorum, en 1235, il y convoque aussitôt un quriltay (assemblée des chefs de tribus), qui décide de lancer une offensive générale dans quatre directions : l'Europe, où, de 1236 à 1242, Batū khān sème la terreur jusqu'à l'Adriatique ; le Moyen-Orient, où l'Azerbaïdjan et la Transcaucasie sont conquis (1231-1239), le sultanat seldjoukide de Rūm vassalisé (1243), Bagdad occupée (1258) ; la Corée, qui est rapidement assujettie (1236-1241) ; la Chine méridionale, où les Song ne sont éliminés qu'en 1279 par Kūbīlāy khān (1260-1294) qui, de 1274 à 1293, tente de vassaliser en vain le Japon et Java, mais soumet l'Asie du Sud-Est.

La cohésion de l'ensemble est assurée par la grande armée impériale et par un remarquable système de postes (yam) qui permettent la libre circulation des hommes (Matteo, Niccolo et Marco Polo), des biens (soie), et des idées (christianisme). Mais cet Empire, le plus vaste qui ait jamais existé, ne résiste pas aux rivalités qui opposent les descendants de Gengis khān et qui le disloquent en khānats bientôt ennemis : *Qiptchaq* (Horde d'Or) et Horde Blanche détenus par les héritiers de l'aîné, Djūtchī ; Asie centrale possédée par ceux du second, Djaghatai ; Chine (empire des Yuan) et Perse (empire des Ilkhāns) fondées respectivement par Kūbīlāy (1249) et par Hūlāgū (1256), tous deux fils du cadet Tuli. Ainsi se trouve facilitée la renaissance des nations traditionnelles, qui assimilent leurs vainqueurs. (V. cartes pp. 170, 200-201, 233, 234 et 244.)

L'Empire mongol au XIIIe s.

Les seize empereurs Ming rendent la Chine à ses traditions et la rétablissent dans sa puissance du VIIIe siècle. Le fondateur, Hongwu (Hongwou) [1368-1398], gouverne de Nankin, avec l'aide d'un Grand Conseil de cinq ou six membres et celle d'une administration recrutée par concours et étroitement surveillée. Yongle (Yung-lo) [1403-1424] fait définitivement de Pékin, en 1421, une capitale d'aspect monumental. Ses successeurs exercent un pouvoir absolu, gêné par les intrigues des concubines et des eunuques, maintenu par des épurations sanglantes. Le pays reste prospère, à l'abri de la Grande Muraille, restaurée et prolongée ; l'époque produit une céramique superbe, des romans, des opéras encore populaires. Au début du XVIe siècle, les Portugais apparaissent, suivis des Espagnols, des Hollandais, tous mal reçus ; mais l'empereur Wanli (Wan-li) [1573-1620] accueille à la cour le père Matteo Ricci, jésuite. Au XVIIe siècle, les Mandchous franchissent la Grande Muraille (1629) et menacent Pékin, en même temps que les paysans du Shănxi (Chen-si) et du Henan (Honan), qui se sont révoltés sous la direction de Li Zicheng (Li Tseu-tch'eng, v. 1605-1645). Abandonné, l'empereur Tch'ung-tchen [Tchouang-lie-tï] (1628-1644) se pend ; les chefs militaires font appel aux Mandchous, qui mettent les rebelles en déroute, mais s'emparent de Pékin et du pouvoir (1644). Une résistance Ming persiste dans le Sud-Est pendant une trentaine d'années ; Koxinga (Zheng Cheng-gong) [Tcheng Tch'eng-kong] et son fils la prolongent à Taiwan jusqu'en 1683.

La Chine des Ming

La Chine des Qing

Les premiers Qing gouvernent en vrais et grands empereurs chinois. Kangxi (K'ang-hi) [1661-1722] et Qianlong (K'ien-long) [1736-1796] annexent la Mongolie, le Tibet, la vallée de l'Ili, le Xinjiang (Sinkiang) et arrêtent l'infiltration russe par le traité de Nertchinsk en 1689. Jamais l'Empire n'a été si vaste, si prospère, si peuplé, puisqu'il englobe dès lors le bassin de l'Amour : c'est la *Pax sinica,* de 1683 à 1830 environ. Puis, la corruption, les eunuques, les sociétés secrètes, les étrangers (Anglais, Français, Russes d'abord – Allemands, Japonais ensuite) minent les assises de la dynastie. Le traité de Nankin (ouverture de cinq ports et cession de Hongkong au Royaume-Uni, 1842) inaugure l'ère des « traités inégaux ». À Pékin (1860), les Anglo-Français imposent l'ouverture de nouveaux ports (onze), et les Russes, qui ont annexé les territoires au nord de l'Amour (Aihun, 1858), s'avancent jusqu'à la mer du Japon. En écrasant la révolte des Taiping (T'ai-p'ing), les Anglo-Américains raffermissent la dynastie au profit de l'impératrice douairière Zixi (Ts'eu-hi) [1861-1908], adversaire des réformes. Deux guerres perdues, contre la France (1883-1885) et le Japon (1894-1895), la défaite des Boxeurs (Boxers), société secrète antieuropéenne soutenue par Zixi (1900), la contraignent aux réformes – trop tard ! Peu après sa mort (1908), la révolution préparée par Sun Yat-sen part de Wuchang (Wou-tch'ang) le 10 octobre 1911, gagne Nankin (novembre) et force le régent à abdiquer au nom du dernier empereur, Puyi (P'ou-yi), un enfant (12 février 1912).

La révolution de 1911 débouche sur la proclamation de la république, avec à sa tête Sun Yat-sen (1912). Mais ce dernier est vite évincé par Yuan Che-K'ai (Yuan Shikai), qui instaure une dictature militaire. À sa mort (1916), la Chine, partagée en zones d'influence par les puissances étrangères, est alors plongée dans le chaos. Le Japon s'empare des concessions allemandes et le pays, devenu le jouet de généraux rivaux, est en voie de désintégration politique. Après 1927, Sun Yat-sen s'allie avec le parti communiste et obtient l'appui militaire soviétique. Après sa mort (1925), son successeur Tchang Kaï-chek (Jiang Jieshi) rompt cette alliance, lance l'« Expédition vers le Nord » dissident et entreprend la reconstruction politique et économique du pays, mais il ne peut empêcher les communistes de former une armée populaire paysanne. En 1931, Mao Zedong (Mao Tsö-tong) proclame une république soviétique chinoise dans la province du Jiangxi et, en 1934, commence la « Longue Marche », alors que se précise la menace japonaise (occupation de la Mandchourie en 1931).

La Chine de 1911 à 1934

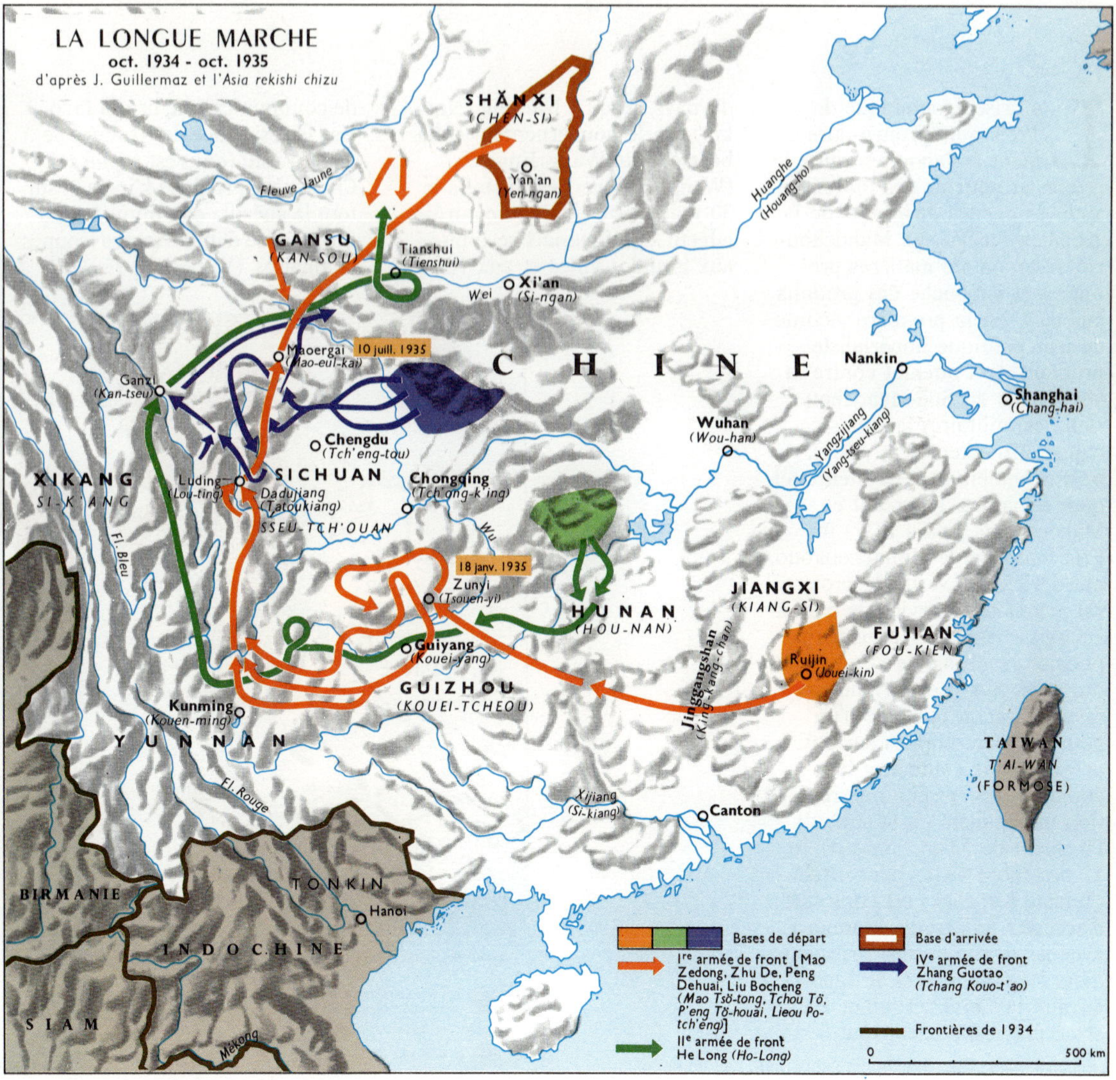

La Longue Marche (oct. 1934-oct. 1935)

Après 1927, le parti communiste chinois se replie vers les campagnes. Mao Zedong fonde dans le Jiangxi (déc. 1931) une république soviétique où apparaît déjà le particularisme du communisme chinois, militaire et paysan. Encerclés dès 1932 par les troupes de Tchang Kaï-chek, les communistes doivent s'enfoncer dans les montagnes de l'Ouest. La « Longue Marche », qui dure un an, est une épreuve épuisante (130 000 hommes au départ, 30 000 à l'arrivée), mais elle permet aux troupes communistes d'entrer en contact avec les paysans. Nommé « président du comité central » (janv. 1935), Mao Zedong poursuit son avance vers le Nord. Peu après, Tchang Kaï-chek se dirige vers le Sichuan. Mao Zedong fonde à Yan'an une nouvelle république soviétique (oct. 1935) où il adapte le marxisme à la Chine.

La crise économique de 1929, qui éprouve durement le Japon, entraîne le retour au pouvoir des militaires, appuyés par les dirigeants de la grande industrie. La Mandchourie, réservoir de matières premières et débouché des produits japonais, est la première victime de leur politique impérialiste : profitant d'un attentat contre la voie ferrée du Sud-Mandchourien, les militaires japonais occupent Moudken (sept. 1931), puis conquièrent le pays en quelques semaines. Ils créent en Mandchourie (mars 1932) un État fantoche, le Mandchoukouo, qui devient un véritable protectorat japonais. Il servira de base à l'élargissement de l'influence japonaise en Mongolie et en Chine du Nord. Mais ce « grignotage », favorisé par la passivité d'un gouvernement chinois surtout préoccupé de combattre les communistes, suscite une réaction nationaliste : à la suite de l'incident de Xi'an (Si-ngan), le 12 décembre 1936, Jiang Jieshi (Tchang Kaï-chek) est contraint d'accepter le « front commun » avec les communistes. Brusquant alors les événements, le Japon envahit la Chine en juillet 1937 et occupe rapidement tout l'est du pays, jusqu'à Nanjing (Nankin), où le gouvernement collaborateur de Wang Jingwei (Wang Tsin-wei) est installé le 30 mars 1940. Mais le contrôle effectif des Japonais se limite aux grandes villes et aux voies de communication, ce qui favorise la résistance des troupes de Jiang Jieshi (qui s'est replié sur Chongqing [Tch'ong-k'ing]) et surtout la guérilla communiste, qui immobilise d'importantes troupes japonaises. (V. carte p. 95.)

L'invasion japonaise

Après la capitulation japonaise, communistes et nationalistes se retrouvent face à face, l'armée de libération de Mao Zedong (Mao Tsö-tong) [500 000 hommes] ayant refusé de se fondre dans celle de Tchang Kaï-chek (Jiang Jieshi). Les forces communistes dominent en Chine du Nord et pénètrent en Mandchourie, précédemment occupée par les Soviétiques. Le Guomindang récupère, lui, la plupart des grandes villes. Les négociations pour la création d'un gouvernement national commun (visite de Mao Zedong à Tch'ong King [Chongqing], 1946) sont un échec, de même que la mission de médiation du général américain Marshall : le rapport du général accablant les dirigeants nationalistes, les États-Unis suspendent leur aide militaire. La guerre civile est inévitable. Jusqu'en 1948, les adversaires engagent une course de vitesse dans le but de récupérer les territoires abandonnés par les Japonais.

Ensuite, la supériorité numérique et la stratégie militaire des forces communistes leur permettent de l'emporter partout. Elles prennent T'ien-tsin (Tianjin) et Pékin (janvier 1949), écrasent les troupes nationalistes restées au nord du Yangzijiang, occupent Nankin (avril), Hang-tcheou (Hangzhou), Shangai (Chang-hai) en mai, Canton en octobre. Le 1er octobre 1949, la République populaire de Chine est proclamée. Le gouvernement de Tchang Kaï-chek se réfugie à Taiwan (Formose).

La Chine de 1945 à 1949

L'organisation administrative chinoise obéit à deux impératifs : un souci de centralisation mais aussi la volonté de respecter le particularisme des populations allogènes. La Chine se partage en 22 provinces et 5 régions autonomes. Le gouvernement donne ses ordres directement aux comités révolutionnaires des provinces, ainsi qu'aux trois grandes villes : Beijing (Pékin), Tianjin et Shanghai. Un rôle essentiel est dévolu aux 75 000 communes créées en 1958. La commune populaire est la collectivité de base de la société ; c'est une unité économique et sociale autonome, placée sous la direction d'un comité révolutionnaire élu. La Chine est un État multinational et les minorités ethniques jouissent d'un statut particulier. Ces minorités vivent dans cinq grandes régions qui couvrent de 50 à 60 p. 100 de la superficie de la Chine : Guangxi, Xizang, Xinjiang, Ningxia, Neimenggu. Elles représentent 60 millions de personnes (6 p. 100 de la population chinoise), partagées en 50 ethnies et 55 minorités nationales.

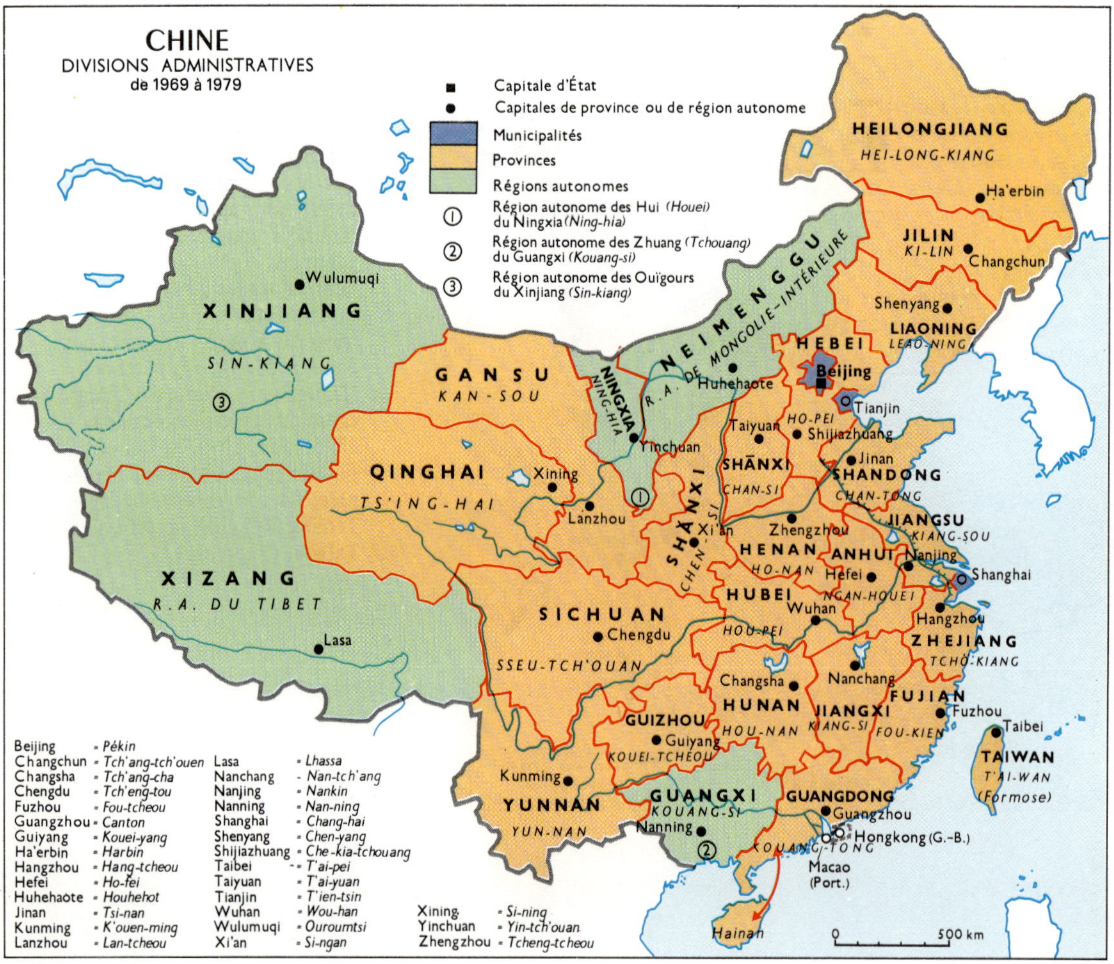

Chine : divisions administratives

Le morcellement physique et humain n'a pas permis l'éclosion d'une civilisation indépendante dans la péninsule indochinoise, située dans la zone de convergence des civilisations indienne et chinoise. La première pénètre tous les peuples indochinois, à l'exception des Vietnamiens, et aboutit à la formation, aux premiers siècles de notre ère, de royaumes totalement indianisés. Au IXe siècle, l'émigration des habitants de Prome à Pagan donne réellement naissance à la Birmanie. Les Khmers édifient de vrais empires, porteurs d'une brillante civilisation : après la domination du Fou-nan du IIe au VIe siècle, le relais est pris par la principauté des Kambujas du Tchen-la qui l'absorbe au milieu du VIe siècle. Ainsi se constitue un puissant empire khmer, dont l'apogée au XIIe siècle se reflète dans la splendeur des monuments d'Angkor Vat. Mais, à partir de la fin du XIIIe siècle, la décadence khmère témoigne du recul de l'influence indienne et des progrès des éléments mongoloïdes.

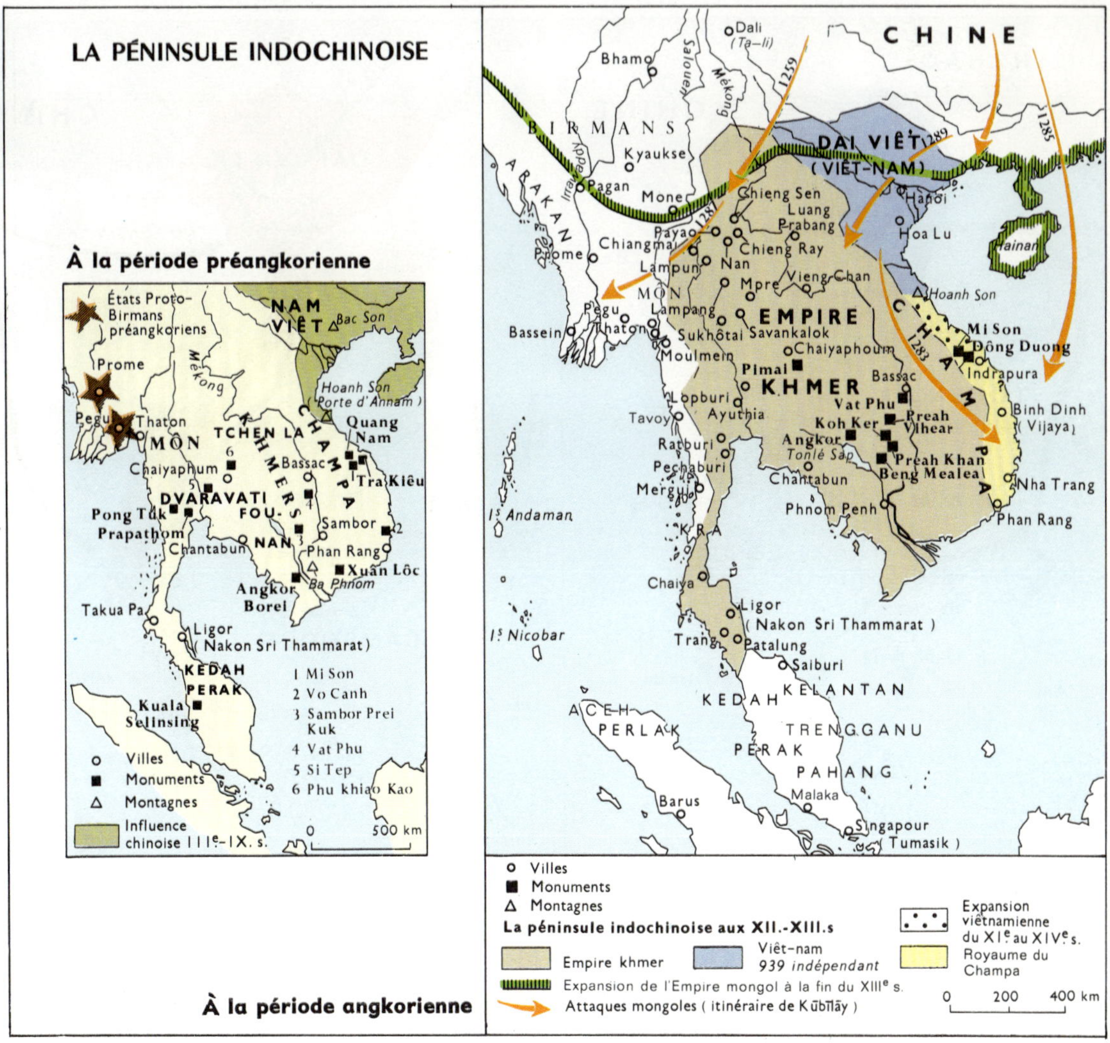

La péninsule indochinoise

LE VIÊT-NAM
DES ORIGINES AU Xᵉ SIÈCLE

Le Viêt-nam apparaît divisé en deux aires culturelles. Au sud, les Chams subissent l'influence indienne par l'intermédiaire du Fou-nan (Oc-èo, centre du commerce international), puis du Tchen-la ; en 192, ils fondent le royaume du Champa. Au nord, les Vietnamiens sont marqués par l'influence chinoise, qui devient prépondérante à partir de la création du royaume du Nam Viêt (en chin. Nanyue [Nan-yue]), en 208 av. J.-C. Annexé en 111 av. J.-C. par les Han et englobé dans le Nanyue, le nouveau royaume du Nam Viêt (Tonkin, Thanh-hoa, Je-nan) subit une sinisation. Le sentiment national provoque des révoltes et, en 939, le pays se libère des Chinois. Après un siècle d'anarchie, l'arrivée au pouvoir de la dynastie Ly consolide définitivement le nouveau royaume du Dai Viêt. (V. cartes pp. 222 et 233.)

Le Viêt-nam des origines au Xᵉ s.

Le Viêt-nam du XIᵉ au XVIIIᵉ s.

L'Indochine française

LE VIÊT-NAM DU XIe AU XVIIIe SIÈCLE

L'organisation d'un pouvoir central fort, établi en 1020 à Thang Long (Hanoi), s'appuyant sur une classe de mandarins, permet de développer la puissance du Dai Viêt, qui pratique une politique d'expansion. Impossible vers le nord en raison de la présence menaçante des Chinois, cette expansion s'exerce au sud, aux dépens du Champa, qui perd ses provinces septentrionales (en deux étapes [1069 et 1307]), puis le Centre-Annam après une bataille décisive en 1471. Le pays se divise au XVIe siècle. Tandis que le Nord est soumis à la dictature du clan Trinh, les Nguyên, établis à Phu Xuân (Huê), reprennent à leur compte la marche vers le sud, atteignant, à la fin du XVIIe siècle, le delta du Mékong, d'où ils refoulent peu à peu les Khmers. Ayant retrouvé son unité en 1789, le Dai Viêt semble atteindre alors son apogée. (V. cartes pp. 222, 223, 225 et 226.)

Pour protéger les chrétiens persécutés, Napoléon III fait occuper Saigon en 1859, la Cochinchine orientale (1862-1864), puis occidentale (1867), le Cambodge étant placé, en 1863, sous protectorat français et ainsi soustrait aux ambitions du Siam. Le désir de conquérir le marché chinois explique l'extension vers le nord. Francis Garnier remonte le Mékong (1866-1868), prend Hanoi en 1873, mais il est tué le 21 décembre. L'assassinat du commandant Rivière à Hanoi (1883) provoque l'intervention décisive : le 25 août, l'Annam accepte le protectorat français, étendu au Tonkin le 6 juin 1884. Malgré l'incident de Lang Son en mars 1885, la Chine accepte le fait accompli. Regroupés en 1887 en une Union indochinoise, accrue en 1893 du Laos, conquis pacifiquement, ces territoires sont soumis à une centralisation systématique et connaissent un essor économique favorisé, à la veille du second conflit mondial, par les chemins de fer transindochinois et du Yunnan.

Conséquence de la défaite française en Europe, l'occupation japonaise, à partir du 23 septembre 1940, a renforcé le nationalisme indochinois ; aussi, le 2 septembre 1945, profitant du vide du pouvoir dû à la capitulation japonaise, Hô Chi Minh, chef du mouvement nationaliste et communiste viêt-minh, proclame à Hanoi l'indépendance du Viêt-nam. Pour se réinstaller au Tonkin, les Français doivent donc négocier avec lui ; mais malentendus et suspicions concernant l'interprétation des clauses de l'accord du 6 mars 1946 engendrent deux incidents graves qui créent l'irréparable : le bombardement de Haiphong par l'artillerie française le 23 novembre ; l'attaque de Hanoi par Vô Nguyên Giap le 19 décembre. Pendant trois ans, les Français se heurtent à la guérilla menée par le Viêt-minh qui, par la propagande ou la terreur, s'assure le contrôle de vastes régions rurales en Cochinchine et au Tonkin ; à partir de 1950, l'aide massive que lui assurent les communistes chinois permet au général Giap de remporter d'importants succès dans le nord du Tonkin. En renforçant les effectifs franco-vietnamiens (près de 450 000 hommes à la fin de 1953) et en obtenant l'aide des États-Unis, déjà alertés par la guerre de Corée, le général de Lattre de Tassigny opère pendant deux ans un redressement militaire, mais le désastre de Diên Biên Phu, le 7 mai 1954, précipite la fin de la guerre : dans la nuit du 20 au 21 juillet, à la conférence de Genève, Pierre Mendès France entérine le partage provisoire du Viêt-nam en deux zones, de part et d'autre du 17e parallèle nord, et confirme l'intégrité des États du Cambodge et du Laos, dont l'indépendance a été affirmée dès 1953.

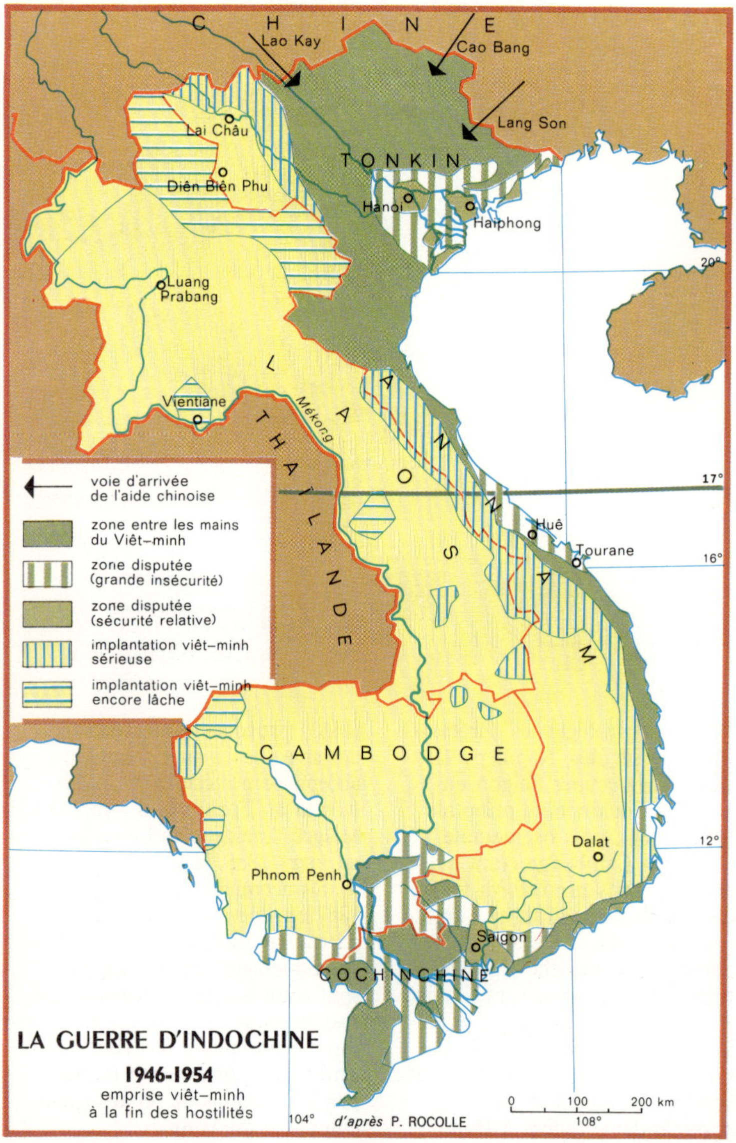

La guerre d'Indochine : emprise viêt-minh à la fin des hostilités

La guerre du Viêt-nam Situation approximative (déc. 1967)

La guerre du Viêt-nam est née du refus de Ngô Dinh Diêm, chef de la république du Viêt-nam (sud), de procéder aux élections prévues par les accords de Genève. Regroupant communistes et progressistes sud-vietnamiens, le Front national de libération (F.N.L.) coordonne les opérations de guérilla menées contre le régime en place dès sa fondation en 1960.

Deux facteurs contribuent à l'internationalisation rapide du conflit : l'intervention directe des États-Unis (165 000 hommes en 1965 ; 510 000 en 1968) pour éviter l'effondrement du Viêt-nam du Sud ; l'aide apportée au F.N.L., via la « piste Hô Chi Minh », par les armées du Viêt-nam du Nord, appuyées par le Pathet Lao et largement ravitaillées en matériel par l'U.R.S.S. et par la Chine. Aussi les combats s'aggravent-ils dans le Sud et la guerre s'étend-elle au Nord, bombardé par les Américains.

L'échec de la politique de « pacification » est révélé par l'« offensive du Têt » du 30 janvier 1968 et par l'hostilité de l'opinion américaine, ce qui entraîne l'arrêt des bombardements sur le Nord, l'ouverture de négociations et la mise en œuvre d'une nouvelle stratégie en 1969. Mais, ni la « vietnamisation » de la guerre, ni son extension au Cambodge en avril 1970, pour couper la « piste Hô Chi Minh », ni la reprise des bombardements sur le Nord, ni le blocus naval du golfe du Tonkin ne viennent à bout de la résistance du peuple vietnamien. Aussi les États-Unis se retirent-ils du conflit, auquel il est mis un terme théorique par les accords de Paris du 27 janvier 1973. Ne recevant plus, dès lors, qu'une aide américaine limitée, le gouvernement sud-vietnamien du général Nguyên Van Thiêu s'effondre le 30 avril 1975, après deux ans de résistance.

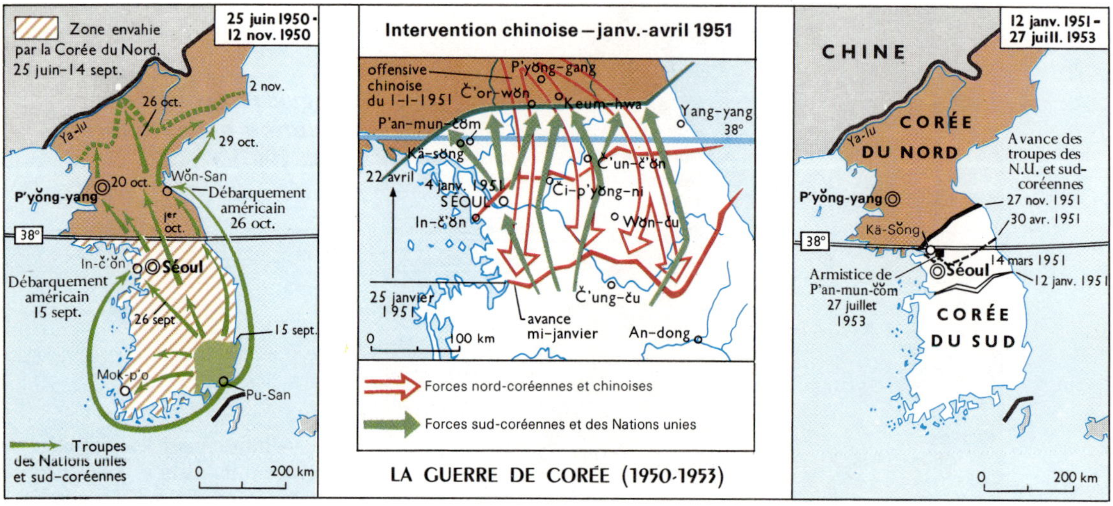

La guerre de Corée (1950-1953)

En 1945, après la défaite du Japon, la Corée est divisée en deux zones d'occupation, américaine et soviétique, de part et d'autre du 38ᵉ parallèle nord. La guerre froide rendant la réunification impossible, la « république de Corée » (au sud) et la « république démocratique populaire de Corée » (au nord) sont créées en 1948. Encouragés par les succès communistes en 1949 (première bombe atomique soviétique, victoire communiste en Chine), les Nord-Coréens franchissent le 38ᵉ parallèle par surprise le 25 juin 1950 et marchent sur Séoul. Le Conseil de sécurité de l'O.N.U., dont l'U.R.S.S. se trouve volontairement absente, et qui ne peut donc user valablement de son droit de veto, enjoint à la Corée du Nord de cesser son agression, puis, dès le 27 juin, fait appel aux nations membres pour porter militairement assistance à la Corée du Sud. Le même jour, le président Truman s'y engage au nom des États-Unis. Le 28, Séoul est prise par les Nord-Coréens et, dès le 30, les divisions américaines stationnées au Japon interviennent sous le commandement de MacArthur. Aux troupes américaines se joindront des contingents plus ou moins symboliques de pays occidentaux (Grande-Bretagne, France, Belgique, Turquie) ou asiatiques (Thaïlande, Philippines). Les troupes débarquent à In-čŏn (Inchon) le 15 septembre 1950, prennent Séoul, et atteignent le Ya-lu le 26 octobre. Elles sont rejetées aussitôt par les « volontaires » chinois jusqu'au sud de Séoul, qui tombe le 4 janvier 1951, avant d'être reprise le 14 mars par les troupes de MacArthur. Celles-ci sont renforcées par le président Harry Truman, qui refuse cependant de recourir à l'arme nucléaire, de peur de déclencher une troisième guerre mondiale. MacArthur est rappelé le 11 avril, et son successeur, le général Ridgway, stabilise le front entre le 23 mai et le 27 novembre 1951, un peu au nord du 38ᵉ parallèle. Après deux ans de négociations, l'armistice est signé à P'an-mun-čŏm (Panmunjom) le 27 juillet 1953 : il rétablit le *statu quo ante*, sans résoudre le problème coréen.

Conquête de l'archipel par les Japonais (IVe-XVIIIe s.)

D'abord peuplé par des groupes venus de Sibérie ou de l'Asie méridionale, le Japon reçoit, au Ier millénaire avant notre ère, de nouveaux arrivants. Leur avance technique (riziculture, métallurgie), l'unification des clans primitifs en petits royaumes permettent la formation, au milieu du VIe siècle, d'un « empire » : l'État du Yamato. Au terme de violents affrontements, les Aïnous sont refoulés au VIIIe siècle au nord de Honshū. Mais cette expansion est freinée, à partir du XIIe siècle, par le développement progressif d'une « féodalité » et par l'affaiblissement d'un pouvoir impérial trop éloigné (à Heijō-kyō [Nara], 710-794 ; puis à Heian-kyō [Kyōto], 794-1185) : après l'expulsion définitive des Aïnous d'Honshū, seule la restauration d'un pouvoir central fort (qui s'installe à Edo [auj. Tōkyō] en 1603) permet d'engager la colonisation d'Hokkaidō.

DISTRIBUTION DES GRANDS SEIGNEURS AU XVIe SIÈCLE

L'usurpation de vastes domaines, qu'ils concèdent en fiefs à des vassaux, fait des gouverneurs provinciaux de véritables « seigneurs féodaux » *(daimyō)*, disposant d'une vaste clientèle, et pratiquement indépendants du pouvoir du *shōgun* résidant à Kyōto. Le morcellement politique affaiblit l'autorité centrale ; le pouvoir est en effet accaparé par une trentaine de grands daimyō, par une centaine de petits seigneurs révoltés, enfin par les sectes religieuses (Ikkō). Les guerres sanglantes plongent le pays dans l'anarchie et le ruinent en suscitant de nombreuses jacqueries, qui aggravent les désordres.

LES SOIXANTE-SIX PROVINCES TRADITIONNELLES À L'ORIGINE

Dans un cadre provincial qui n'a guère changé depuis le VIIe ou le VIIIe siècle, le rétablissement, au XVIIe siècle, de l'autorité centrale par la dynastie shōgunale des Tokugawa entraîne un nouveau style de gouvernement local, mélange de féodalité et de centralisation. Le processus de féodalisation semble achevé, puisque les provinces sont concédées en fiefs aux daimyō ; mais le shōgun y assure son autorité en « domestiquant » les seigneurs, contraints de résider une année sur deux dans la capitale, Edo (aujourd'hui Tōkyō).

cartes p. 240 ⟶

← notices p. 239

Japon : distribution des grands seigneurs au XVIe s.

Les soixante-six provinces traditionnelles à l'origine

Contraint de s'ouvrir aux étrangers (1854), le Japon assimile rapidement les apports occidentaux, l'empereur Mutsuhito inaugurant l'ère « Meiji » (1868-1912), marquée par d'importantes réformes politiques et sociales. Parallèlement, le Japon s'engage dans une politique impérialiste : il s'empare de Taiwan (1895) et de la Corée (1905) et étend son influence en Mandchourie. La crise de 1929 lui fermant de nombreux marchés, le Japon engage alors une nouvelle politique de conquêtes : occupation de la Mandchourie (1931), invasion de la Chine (1937). Mais il se heurte à la résistance communiste.
(V. cartes pp. 94-95 et 230.)

Le Japon (1868-1939)

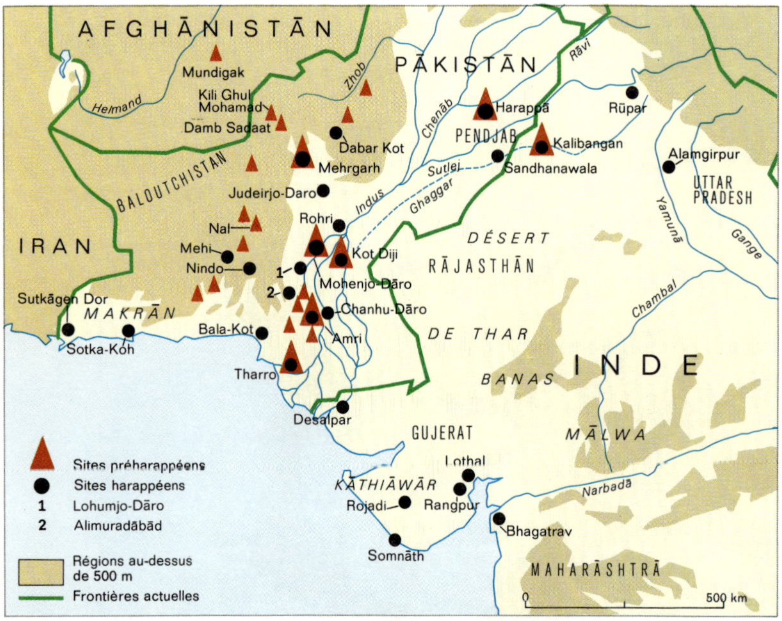

La civilisation de l'Indus

On appelle « civilisation de l'Indus » ou « de Harappā », du nom du premier site étudié, la culture qui, dans le bassin de ce fleuve (au sens le plus large), correspond à la période protohistorique et se caractérise par la diffusion du cuivre (v. 2500-v. 1500 av. J.-C.). Les principaux sites sont Mohenjo-Dāro, Chanhu-Dāro et, surtout, Harappā ; on y voit les vestiges des villes comportant une citadelle et des quartiers d'habitation. L'existence de surplus agricoles (vastes greniers) explique cette floraison urbaine et alimente un commerce lointain, attesté par la découverte de sceaux jusqu'en Mésopotamie. La destruction de la culture d'Harappā correspondrait à l'arrivée de cavaliers armés de fer, les Aryens (Indo-Européens venus d'Iran).

L'EMPIRE D'ASOKA ET SON DÉMEMBREMENT

Le règne d'Aśoka (v. 268-v. 232) marque l'apogée de la dynastie des Maurya et, pour l'Inde, sa première unification. Sacré à Pātaliputra, sa capitale, le roi est converti au bouddhisme et se montre fervent prosélyte, comme l'attestent ses édits gravés sur le roc ; il embellit les sanctuaires existants et en construit d'autres, provoquant l'essor d'un art admirable. Profitant du reflux des Grecs consécutif à la mort d'Alexandre en 323 (v. carte pp. 18-19), exploitant l'héritage de Candragupta, le Sandrakottos des historiens grecs, Aśoka étend son empire : celui-ci comprenait les bassins de l'Indus et du Gange, le nord-ouest de l'Inde et l'Afghānistān oriental ; il atteint les limites de l'Inde actuelle, à l'exception de l'Assam et du sud du Deccan. Le gouvernement est religieux sans excès, la civilisation mixte : au fonds indien s'ajoutent des influences iraniennes et grecques (bilinguisme de Kandahar en Afghānistān). L'unité ne survit pas à Aśoka : on a incriminé sa politique de non-violence, une possible réaction des brahmanes contre le bouddhisme ; il faut aussi tenir compte de l'excessive pression économique exercée par l'État.

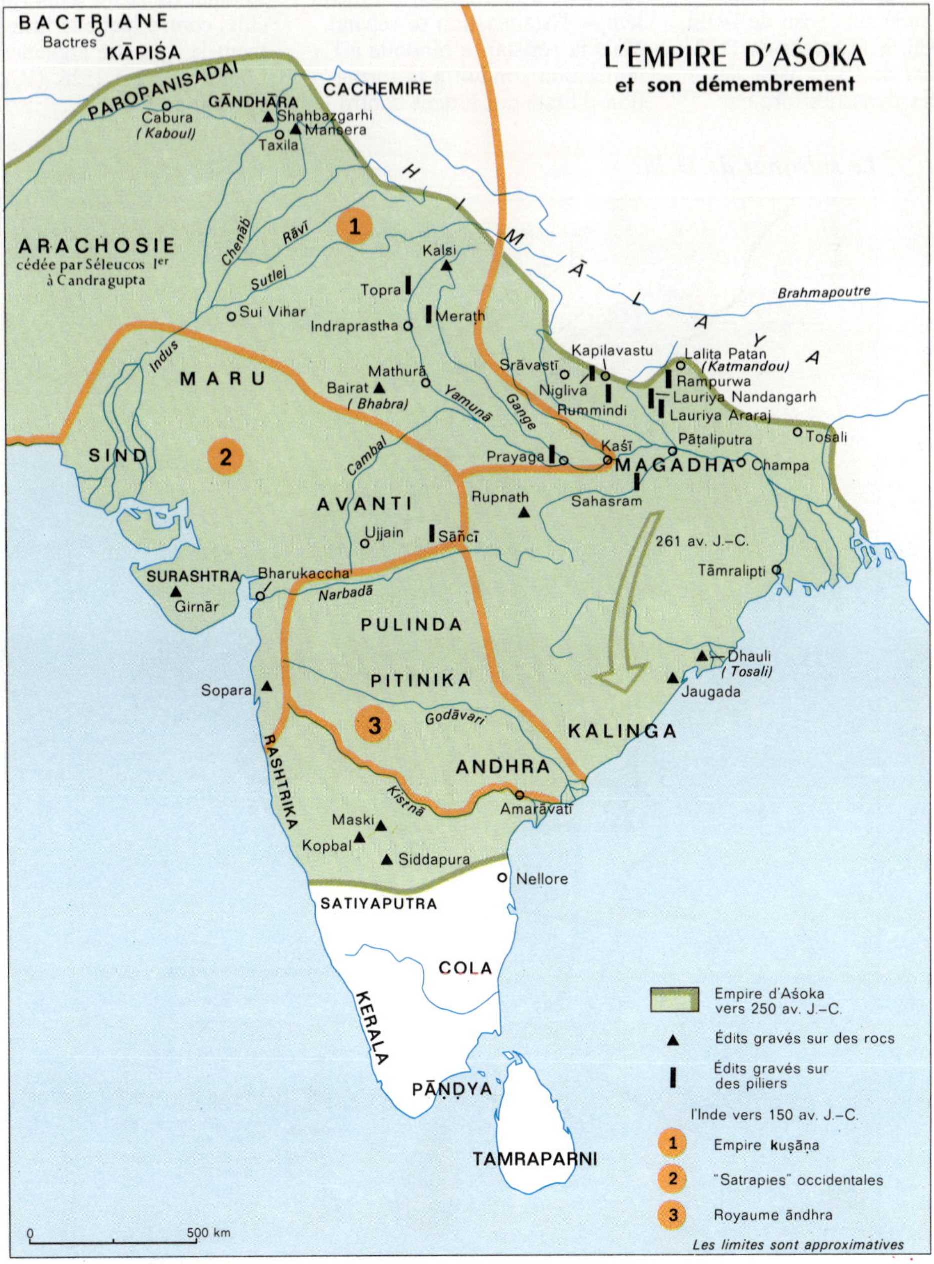
L'EMPIRE D'AŚOKA
et son démembrement
BACTRIANE
Bactres
KĀPIŚA
PAROPANISADAI
Cabura
(Kaboul)
GĀNDHĀRA
Shahbazgarhi
Mansera
Taxila
CACHEMIRE
HIMĀLAYA
ARACHOSIE
cédée par Séleucos Ier
à Candragupta
Chenāb
Rāvī
Sutlej
Kalsi
Topra
Meraṭh
Indraprastha
Sui Vihar
Brahmapoutre
Indus
MARU
Mathurā
Bairat
(Bhabra)
Yamunā
Gange
Śrāvastī
Kapilavastu
Nigliva
Rummindi
Lalita Patan
(Katmandou)
Rampurwa
Lauriya Nandangarh
Lauriya Araraj
Pāṭaliputra
Tosali
Kaśī
Prayaga
MAGADHA
Champa
SIND
Cambal
Rupnath
Sahasram
AVANTI
Ujjain
Sāñcī
261 av. J.-C.
Tāmralipti
SURASHTRA
Girnār
Bharukaccha
Narbadā
PULINDA
PITINIKA
Dhauli
(Tosali)
Jaugada
Sopara
Godāvari
KALINGA
RASHTRIKA
ANDHRA
Kistnā
Amarāvatī
Maski
Kopbal
Siddapura
Nellore
SATIYAPUTRA
COLA
KERALA
PĀṆḌYA
TAMRAPARNI
Empire d'Aśoka vers 250 av. J.-C.
Édits gravés sur des rocs
Édits gravés sur des piliers
l'Inde vers 150 av. J.-C.
1 Empire kuṣāṇa
2 "Satrapies" occidentales
3 Royaume āndhra
0
500 km
Les limites sont approximatives

L'empire d'Aśoka et son démembrement

Commencée au XIe siècle par les raids de Mahmūd de Rhazni, la mainmise des musulmans sur l'Inde septentrionale est achevée par la victoire de Muhammad de Rhūr (ou de Ghor) sur le roi de Delhi, Prithvī Rāj, à Thānesar en 1192. Le sultanat de Delhi passe dès 1206 à des dynasties turques. Étendant sa domination du Sind au Bengale, cet État vassalise, au début du XIVe siècle, presque tous les royaumes hindous du Deccan, à l'exception de l'extrême Sud Tamoul. En même temps, l'islamisation se répand. Mais la résistance hindoue à l'islamisation conduit à la formation d'États qui luttent contre le sultanat (confédération rājpūt, Orissa de la dynastie Ganga, Pāndya et, surtout, empire de Vijayanaga). Après 1398, le raid de Timūr plonge définitivement le sultanat de Delhi dans l'anarchie, contre laquelle lutte vainement la dynastie afghane des Lōdī de 1451 à 1526. (V. cartes pp. 200 et 202.)

Le sultanat de Delhi

La faiblesse du sultanat de Delhi permet au prince tīmūride Bābur (1483-1530) de constituer un Empire moghol après ses victoires de Pānīpat (1526) et de Khānuā (1527). Son petit-fils Akbar (1556/1561-1605) renforce l'Empire en annexant toute l'Inde du Nord, du Sind à l'Orissa, et en le protégeant par un système de glacis (Afghānistān, Cachemire, Baloutchistan) ; de plus, après la destruction du royaume de Vijayanagar en 1565, il vassalise les États du Deccan central. À la fin du XVIIe siècle, Awarangzīb (1658-1707) conquiert la majeure partie du Deccan, mais la politique anti-hindoue suscite de violentes révoltes : Jāts en 1669 ; Rājpūts, surtout Marathes, qui édifient, à partir de 1674, un véritable État. L'affaiblissement de la puissance moghole est mis à profit par les Européens pour renforcer leurs positions sur les côtes.

L'Empire moghol

Maîtresse du Bengale après la victoire de Plassey en 1757, bénéficiaire indirecte de la défaite infligée à Pānīpat, en 1761, aux Marathes et aux Moghols par l'Afghan Aḥmad khān, la Compagnie anglaise des Indes orientales arrache à sa rivale française la suprématie sur l'Inde (traité de Paris, 1763). Pour empêcher un retour en force de la France et pour briser les soulèvements indiens, la Compagnie étend peu à peu sa domination sur l'Inde. En 1849, l'Inde est entièrement contrôlée, soit directement (Inde britannique), soit indirectement (États princiers). Une fois réprimée la grande révolte des cipayes (1857), l'Inde devient colonie directe de la Couronne. L'administration locale est renforcée par l'institution de l'Indian Civil Service. On essaie de désarmer les oppositions par une plus grande souplesse vis-à-vis des princes, par un effort d'éducation pour créer une élite « occidentalisée ». L'exploitation économique de la colonie, érigée en Empire des Indes en 1877, en fait la pièce maîtresse de l'Empire britannique, défendue par un système de « glacis » (Népal, allié dès 1816 ; Birmanie, annexée en 1886 ; Afghānistān, neutralisé entre Russie et Angleterre en 1895). Mais la destruction de l'économie traditionnelle suscite un nationalisme virulent. (V. carte p. 205.)

L'Inde à l'époque coloniale

Animé à partir de 1885 par le Congrès national indien, le mouvement nationaliste se développe après la Première Guerre mondiale sous l'influence de Gāndhī (campagne de désobéissance civile, boycott des produits anglais). Jouant sur les dissensions religieuses, la politique britannique renforce, en fait, les éléments extrémistes et creuse le fossé entre hindous et musulmans. La Ligue musulmane d'Alī Jinnah, fondée dès 1906, exige la création d'un Pākistān regroupant les régions à majorité musulmane. Le 18 juillet 1947, les Britanniques reconnaissent l'indépendance de deux États : l'Union indienne, qui achèvera son unité en annexant (déc. 1961) les territoires portugais de Goa, Diu et Damão ; le Pākistān englobant deux territoires éloignés de 1 500 km. Aux franges du sous-continent, deux autres États sont créés : Ceylan en 1947 (Sri Lanka depuis 1972), et l'Union birmane en 1948. Dans l'Union indienne et le Pākistān, le retrait précipité des Britanniques crée un vide politique, qui favorise de nouvelles violences (massacres au Pendjab, assassinat de Gāndhī le 30 janv. 1948), notamment lors des échanges de populations ; l'hostilité entre l'Inde et le Pākistān, aggravée par le problème du Cachemire, semble irréductible, alors même que la Chine conteste le tracé des frontières.

L'indépendance et la partition de l'Inde

En 732 se constitue dans le centre de Java un État dont les rois deviennent vassaux, à la fin du VIIIe siècle, des Śailendra de Sumatra. Sur le plan culturel, l'indianisation de l'île a débuté dès le Ve siècle, ainsi que l'attestent des textes épigraphiques dérivés du sanskrit. Elle progresse du VIIe au IXe siècle au centre de Java, où sont édifiés de magnifiques monuments : sanctuaires dédiés, dès 732, à Śiva sur le plateau de Dieng, ou à la trimūrti hindouiste à Prambanan ; célèbre stūpa bouddhique édifié à Bārābudur vers 750.

La dynastie est remplacée par des rois hindouistes qui transfèrent la capitale dans l'Est. Le centre de la civilisation se déplace en même temps (Xe-XIe s.). C'est dans la région orientale de Java que sont désormais édifiés du Xe au XIVe siècle des sanctuaires, à Gurah au XIIe s., au XIIIe s. à Singasari, capitale d'une dynastie fondée en 1222. Le roi Kertanagara (1268-1292) étend la puissance de Java, dont la prédominance dans l'archipel est bien établie. Il favorise les progrès du bouddhisme tantrique. Après lui, la capitale se fixe à Majapahit, et, au cours du XIVe siècle, le royaume exerce son autorité sur tout l'archipel. L'art est de plus en plus imprégné de culture indigène, aux dépens de la tradition indienne. L'islām commence à pénétrer dans l'île au début du XVe siècle avec Malik Ibrāhīm et triomphe ver 1520.

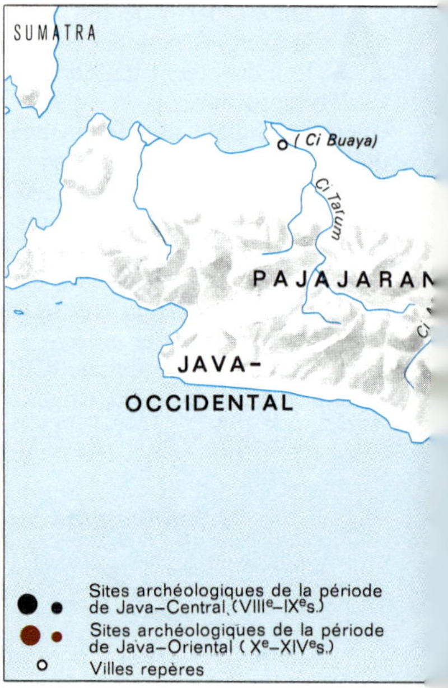

La pénétration hollandaise à Java (1800-1830)

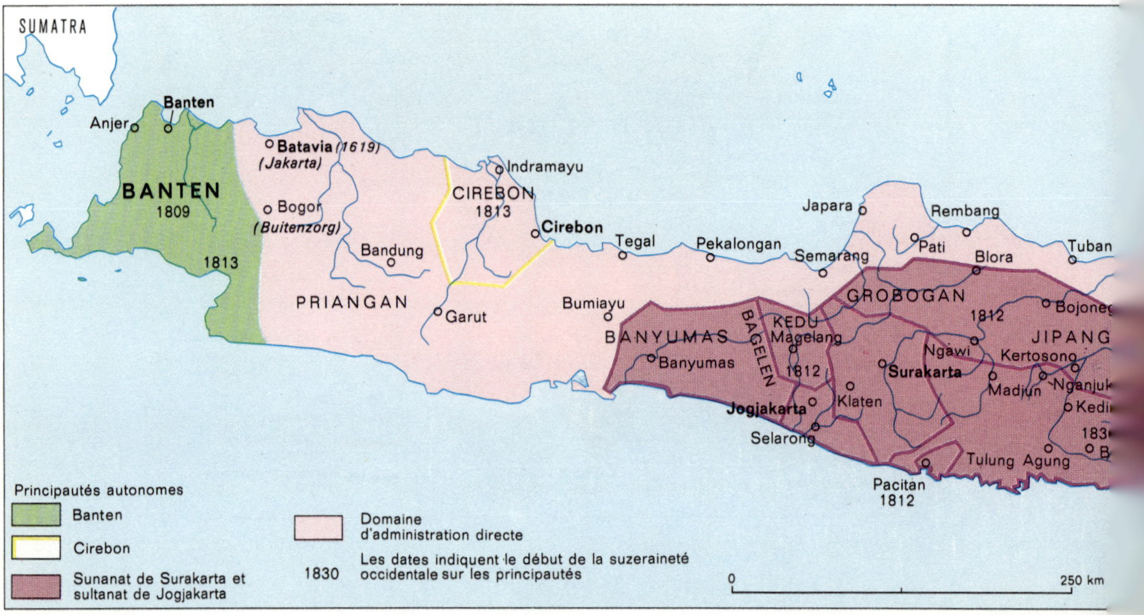

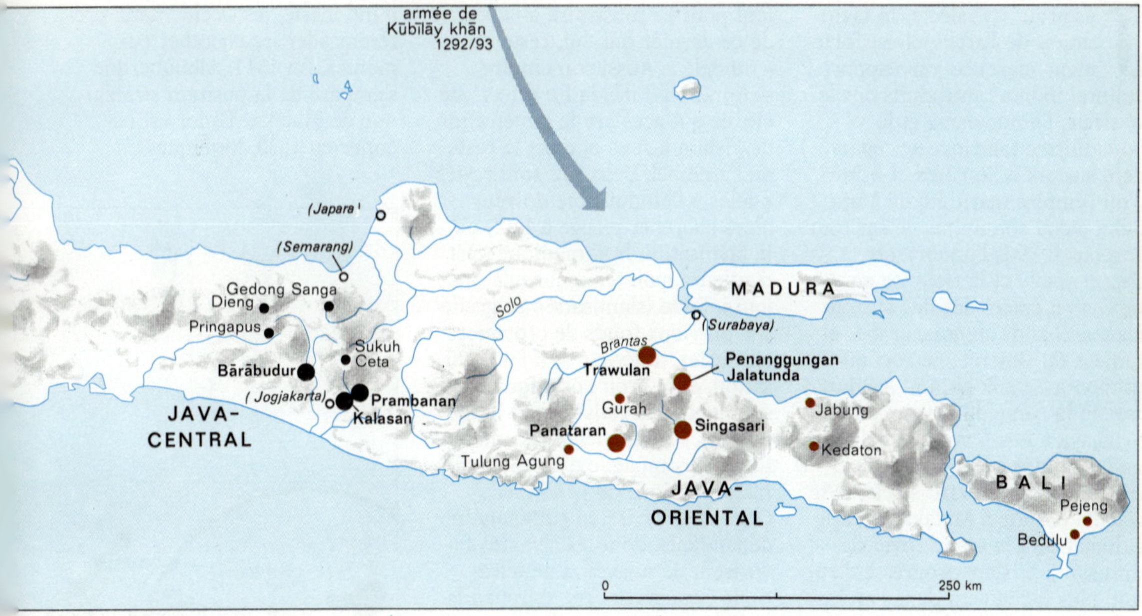

Java du VIIIe au XIVe s.

Installés dès le début du XVIIe siècle à Java, où ils fondent Batavia en 1619, les Hollandais s'assurent, au XVIIIe siècle, le contrôle de la côte nord de l'île et vassalisent le sultanat de Mataram, divisé (1755) en deux principautés, Jogjakarta et Surakarta. La Compagnie hollandaise des Indes orientales, fondée en 1602, exploite l'île à son profit avec l'aide des intermédiaires chinois. Mais les variations de la conjoncture économique mondiale aboutissant à la remise en cause du principe des compagnies à monopole, la Compagnie hollandaise disparaît en 1799. La République batave, alliée de la France depuis 1795, voit son domaine colonial tomber aux mains des Anglais, qui occupent les Moluques (1809-1810), Batavia (1811) et reprennent la politique d'intervention et d'annexion de la Compagnie. En 1816, les Hollandais retrouvent toutes leurs possessions et renforcent leur mainmise sur Java. L'économie coloniale est alors désorganisée et plusieurs rébellions se succèdent jusqu'en 1830. Un certain calme ayant été rétabli, Johannes Van den Bosch est nommé gouverneur (1830-1833), avec pour mission de rétablir l'économie. C'est lui qui instituera le *cultuurstelsel* (« système des cultures »), chaque village devant abandonner au gouvernement un cinquième de ses terres, et chaque paysan fournir un cinquième de son temps.

Jusqu'au XIVe siècle, la civilisation de l'archipel est fortement marquée par l'apport culturel indien : introduits dès le Ve siècle, l'hindouisme et le bouddhisme tantrique se répandent surtout à Sumatra et à Java, d'où l'empire maritime de Majapahit étend son influence sur tout l'archipel. Mais l'importance commerciale et la richesse en bois et en épices des îles attirent les marchands chinois, arabes et indiens du Gujerāt ; ceux-ci apportent avec eux l'islām. À Sumatra, où la ruine du royaume de Srīvijaya a laissé un vide politique et culturel, l'islām est introduit dès la fin du XIIIe siècle. Il se répand ensuite à Malaka (dont le sultanat sera le grand foyer de diffusion). L'islām progresse d'autant plus facilement dans l'archipel que les princes vassaux de l'empire de Majapahit en profitent pour se soustraire à l'autorité de ce dernier qui, lui, reste un « infidèle ». Aussi son empire s'effondre-t-il dès la fin du XVe siècle, ce qui accélère la pénétration de l'islām à Java et dans le reste de l'archipel. Ceux qui sont restés fidèles à l'hindouisme doivent alors chercher refuge à Bali, où la civilisation brahmanique s'est d'ailleurs maintenue jusqu'à nos jours. Cette islamisation se greffe sur un vieux fonds de croyances animistes, antérieures à l'indianisation, et le droit coranique ne supplante pas l'adat (droit indonésien). En revanche, l'islamisation s'accompagne d'un morcellement politique de l'archipel. Celui-ci se divise en sultanats indépendants, dont les rivalités favorisent de nouvelles pénétrations étrangères : les marchands indiens et surtout arabes leur ayant fait connaître les épices d'Indonésie, les Occidentaux préfèrent aller les chercher eux-mêmes. En 1511, Albuquerque s'empare de la position stratégique de Malaka. Timor est occupée en 1520, Moluques en

Islamisation de l'archipel

1521, Flores en 1667. À partir du XVIIe siècle, les Européens s'attaquent aux grands sultanats (Mataram, Banten, Aceh), surtout à l'instigation des Hollandais. Avec la pénétration européenne, le christianisme s'introduit dans l'archipel. Les missionnaires (François Xavier à Ternate, 1546) entament rapidement une évangélisation dont Flores et Timor ont gardé des traces.

L'Afrique

Les premiers États soudaniens naissent de la rencontre des pasteurs berbères et des agriculteurs noirs. L'intensification des échanges avec le Maghreb, grâce à l'usage du dromadaire, assure, à partir du ve siècle, la prospérité du royaume du Ghāna, qui contrôle le commerce de l'or et du sel. Celui-ci domine ainsi, au xe siècle, plusieurs États vassaux. Au xie siècle, la diffusion de l'islām par les Berbères perturbe le Soudan. Le royaume Songhaï et le Kanem deviennent musulmans. Le chef almoravide Abū Bahr s'empare du Ghāna en 1076-1077. Les progrès de l'islām permettent la constitution de grands États, dont le Kanem-Bornou et le Mali. (V. carte p. 268.)

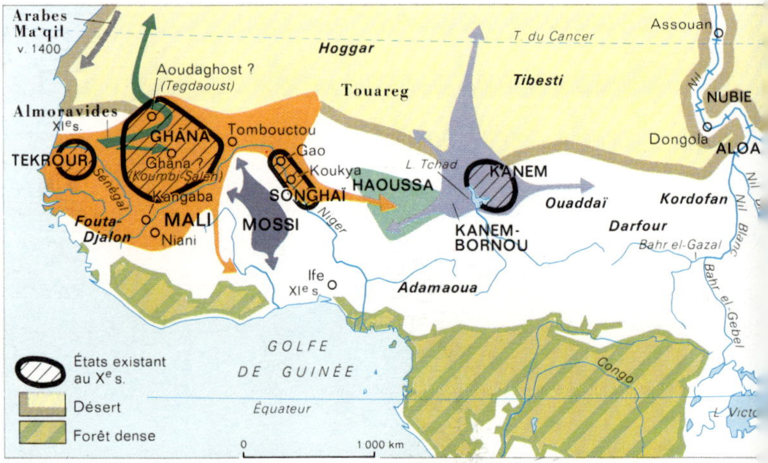

Les États soudaniens (X^{e}-XIVe s.)

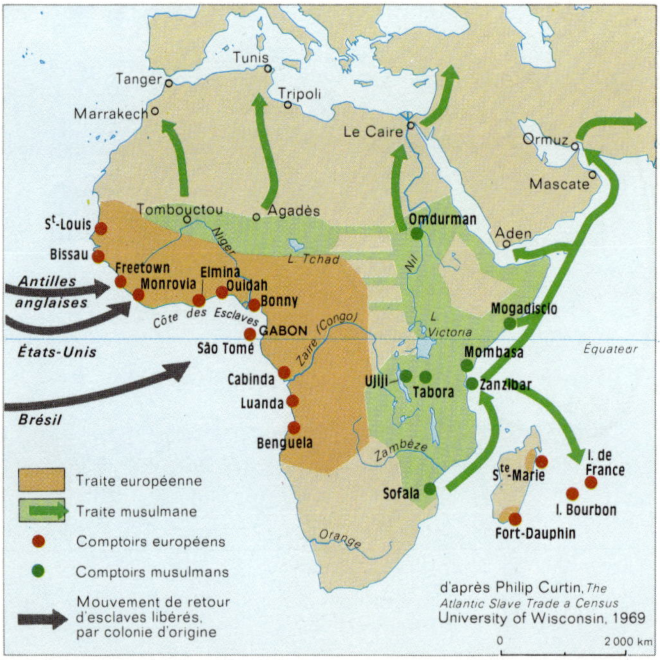

Aux esclaves acheminés du viie au xixe siècle vers le monde arabe s'ajoutent, à partir du xvie siècle, ceux qui sont troqués, entre le cap Vert et le golfe de Guinée, contre des produits européens, puis échangés en Amérique contre des denrées comme le sucre. 15 à 20 millions de Noirs ont ainsi été déportés, sans compter les morts au cours du voyage. Pratiqué par le Portugal, les Pays-Bas, le Danemark, la Grande-Bretagne, la France, ce commerce est déclaré illégal (1815 par la France) , mais se maintient pourtant au cours du xixe siècle.

La traite des esclaves

À partir de 1522, la migration des Gallas, nomades païens venus du lac Rodolphe, entraîne le déclin de l'empire chrétien d'Éthiopie ; en Afrique sud-orientale, celle des Hereros affaiblit les États bantous (Congo, Monomotapa) ; le Bénin est à son apogée ; au Soudan, enfin, les Sadiens, en 1591, détruisent l'Empire songhaï, ce qui facilite le maintien des États haoussas et mossis et surtout la montée du Bornou. Affaiblie, l'Afrique noire s'ouvre aux chrétiens et aux musulmans. Les Espagnols s'établissent aux Canaries entre 1404-1405 et 1496, à Melilla en 1497 et à Oran en 1509. Désireux de commercialiser les épices des Indes orientales, les Portugais colonisent les îles atlantiques et fondent des comptoirs côtiers (Elmina, 1482 ; Sofala, 1505-1506) ou fluviaux (Tete, 1530-1531) : ils drainent ainsi l'or et les esclaves de l'Afrique guinéenne et du Monomotapa. Établis depuis le VIIIe siècle sur la côte orientale du continent, entre Mogadiscio et Sofala, les Arabes y diffusent l'islām avant que les Ottomans n'aient unifié à leur profit la quasi-totalité de l'Afrique blanche entre 1517 (occupation de l'Égypte) et 1587 (constitution de la Régence d'Alger). (V. carte p. 268.)

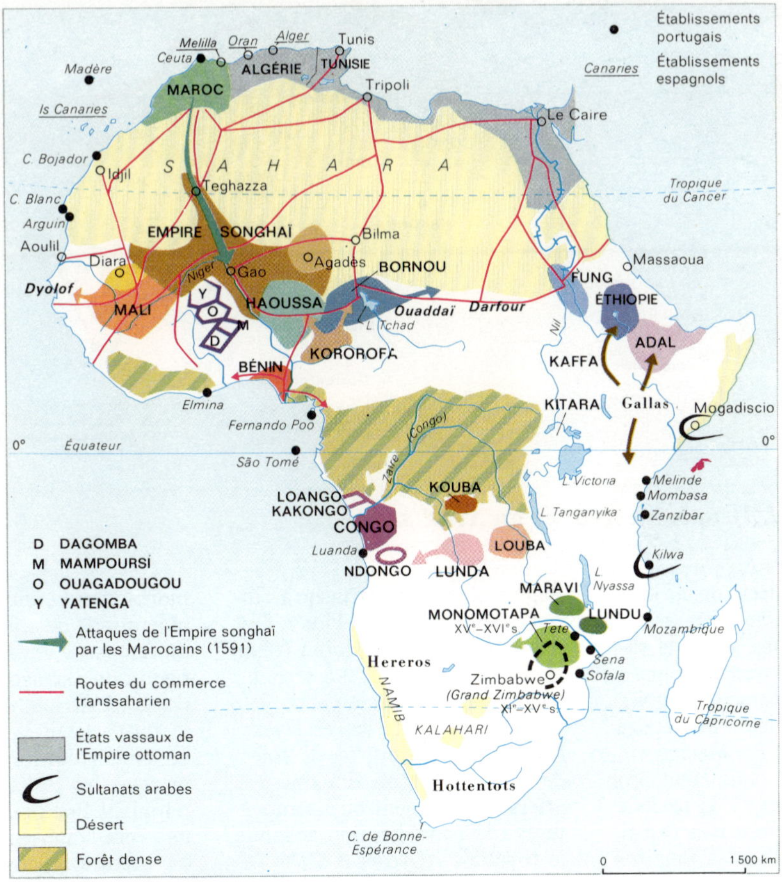

L'Afrique au XVIe s.

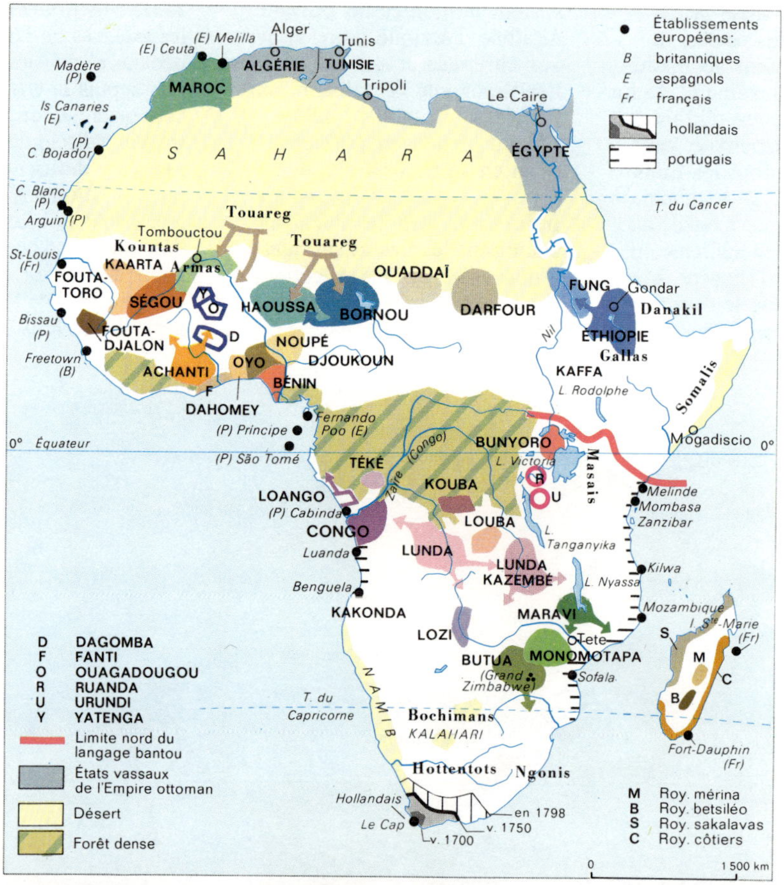

L'Afrique au XVIIe et au XVIIIe s.

Au XVIIIe siècle on ne voit plus de grands empires en Afrique nigérienne et sénégalaise. Des royaumes plus modestes (Bambaras de Ségou, Peuls et Toucouleurs au Sénégal, au Fouta-Djalon, au Macina et au Nigeria, Mossis de Haute-Volta) coexistent jusqu'à la période coloniale. Au centre et à l'est de la zone soudanaise, les Empires du Bornou, du Ouaddaï et du Baguirmi survivront jusqu'à l'arrivée des Européens. Plus à l'est, le Darfour et le Kordofan (réuni au Darfour au XVIIIe s.) seront soumis au XIXe siècle par l'Égypte. La traite des esclaves favorise l'essor, près de la côte de Guinée, de trois États négriers relativement bien structurés : la confédération achantie, le royaume d'Oyo et le Dahomey. La zone sud-équatoriale est moins bien connue, hormis les fédérations de tribus groupées un temps en royaume dans la région du Loango et du bas Congo. L'Afrique du Sud est, dès le XVIIIe siècle, la seule zone où la colonisation prend un tour marqué, les Hollandais du Cap refoulant Bochimans et Hottentots vers l'intérieur, avant d'être eux-mêmes repoussés par les Anglais après 1815.

Limitée jusqu'en 1882 à l'Afrique du Sud et à l'Afrique du Nord, la présence européenne ne peut empêcher le réveil africain, marqué dès 1804 par l'émancipation de fait de l'Égypte. Rejetant l'autorité ottomane, Méhémet-Ali conquiert le Soudan nilotique à partir de 1820. En Afrique occidentale s'édifient des États théocratiques : Empires peuls de Sokoto (fondé par Ousmane dan Fodio en 1804) et du Macina (par Cheikhou Ahmadou en 1818) ; Empire toucouleur du Niger, créé vers 1850 par El-Hadj Omar et maintenu jusqu'en 1890 ; Empire mandingue, établi en Guinée orientale par Samory Touré entre 1870 et 1898 ; État créé par le Mahdī de 1881 à 1898 dans le Soudan anglo-égyptien. L'État esclavagiste de Zanzibar et, de 1886 à 1900, celui du sultan noir Rabah se réclament aussi de l'islām, auquel restent étrangers quelques peuples : Fantis, Achantis, Dahoméens du golfe du Bénin, Mérinas de Madagascar, Zoulous d'Afrique du Sud. Enfin, grâce à l'énergie des empereurs Théodoros (1855-1867) et Ménélik (1867-1913), les Éthiopiens parviennent seuls à se soustraire à la colonisation européenne, qui, en 1914, a recouvert le reste de l'Afrique. (V. cartes pp. 86-88, 256, 260, 267, 269-271.)

L'Afrique au XIXe s.

Le mouvement antiesclavagiste, la curiosité scientifique de la fin du XVIIIe siècle suscitent un intérêt nouveau pour l'Afrique. Le mouvement d'exploration est renforcé au XIXe siècle par les préoccupations missionnaires et les intérêts économiques. D'abord consacrées à l'Afrique musulmane, à la liaison Maghreb-Soudan, à la quête des sources du Nil, les explorations s'orientent ensuite vers l'Afrique équatoriale après les voyages de Livingstone. Dès 1875-1880, les préoccupations politiques l'emportent : les voyages de Stanley et de Wissmann pour le compte de Léopold II, de Brazza et de Binger pour la France, de Serpa Pinto pour le Portugal, de Bottego pour l'Italie, ouvrent la voie de la colonisation. Après 1890, des missions militaires (mission Foureau-Lamy) se chargent de relier les territoires déjà colonisés.

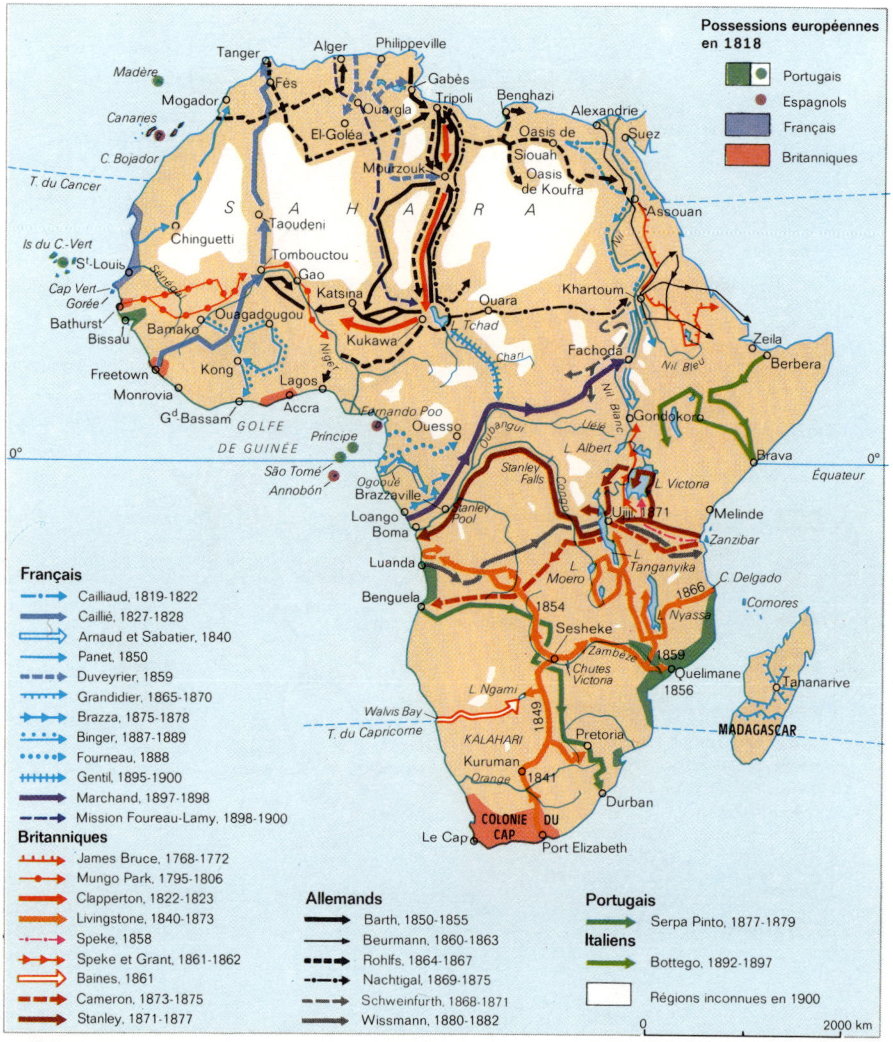

L'exploration de l'Afrique au XIXe s.

Le partage de l'Afrique (1924)

Pour éviter les conflits nés de la ruée des puissances européennes en Afrique, la conférence de Berlin (1884-85) réglemente la colonisation sur ce continent. De nombreux traités de partage sont conclus à partir de 1890, sans toujours tenir compte de l'unité des ethnies. Le partage n'est remis en cause, entre les deux guerres mondiales, que par l'attribution, en 1919-20, par la S.D.N. des colonies allemandes aux puissances mandataires (Belgique, France, Royaume-Uni) et par la conquête de l'Éthiopie par l'Italie en 1936.

L'Afrique blanche suit le mouvement d'émancipation du monde arabe après 1945, la révolution égyptienne l'amplifiant après 1952. En Afrique noire, des insurrections mal organisées laissent place à une décolonisation pacifique : les cadres européens sont relayés par les élites africaines occidentalisées. Du Ghāna (1957), le mouvement s'étend à toute l'Afrique française en 1960, puis à l'Afrique orientale britannique. Mais le « pouvoir blanc » se maintient en Afrique du Sud.

La décolonisation

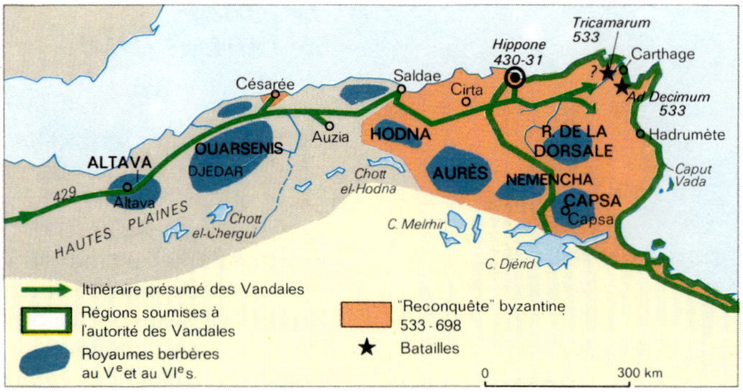

Le Maghreb au Ve et au VIe s.

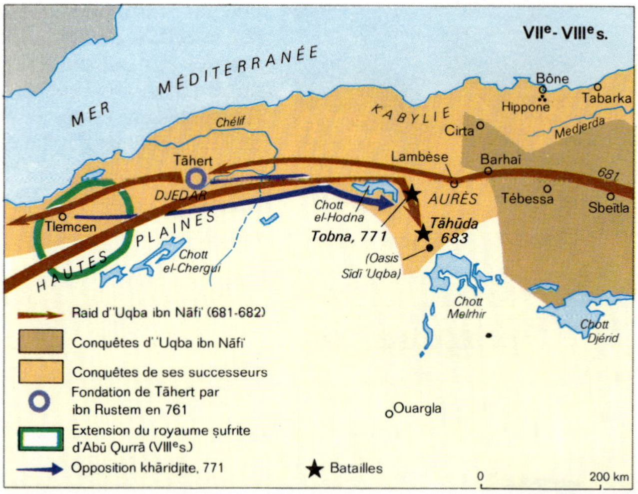

La conquête arabe – VIIe-VIIIe s.

IXe-début Xe s.

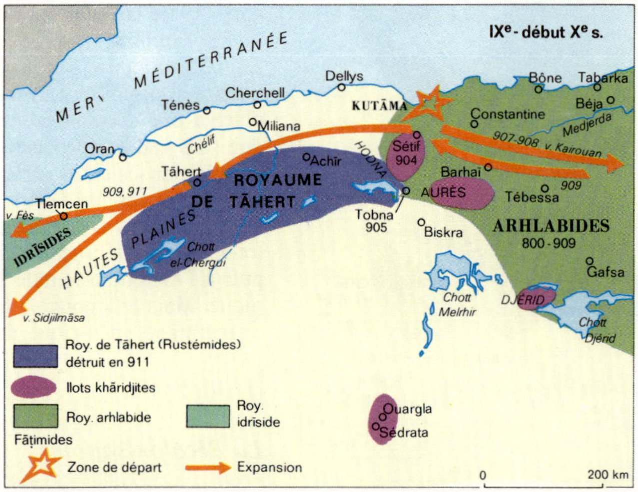

Après avoir suivi le sort de l'Empire d'Occident, le Maghreb est occupé par les Vandales venus d'Espagne. Ils assiègent Hippone (auj. Annaba), s'emparent de Carthage (439) et s'enracinent. Mais ils sont menacés par les royaumes berbères et les raids des chameliers du Sud. En 533, en deux batailles (Tricamarum et Ad Decimum), le général Bélisaire conquiert le royaume au profit de l'Empire byzantin.

En 647, les premiers conquérants arabes pénètrent au Maghreb. Leur installation est lente car Byzantins et Berbères résistent. Au début du VIIIe siècle, le Maghreb est soumis. L'islamisation est rapide. L'aristocratie arabe doit coexister avec les Berbères, qui se révoltent régulièrement, tandis que le pays se morcelle en émirats assez indépendants. Les Berbères découvrent dans le khāridjisme, mouvement hérétique, un élément moteur de leur opposition à la dynastie arhlabide établie à Kairouan (800-909). À la fin du VIIIe siècle, Tāhert (auj. Tihert) devient la capitale d'un royaume khāridjite gouverné par la dynastie des Rustémides (761-911), jusqu'à sa destruction par les Fāṭimides, dès leur arrivée dans le pays.

Les Hammādides

Au XIe siècle, les Ḥammādides, dynastie berbère sanhādjienne (1017-1152) issue d'une branche des Zīrides, règnent sur le Maghreb central à Qal'a des Banū Ḥammād, qu'ils abandonnent en 1091 pour Bougie, fondée en 1063. Le dernier Ḥammādide, Yaḥiya, est détrôné par les Almohades.

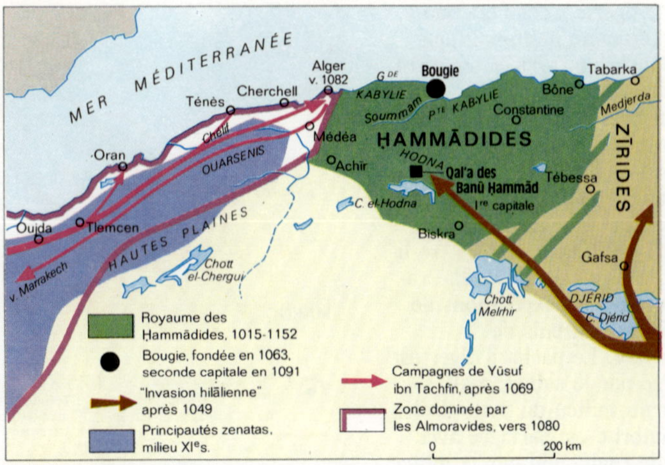

Les Berbères almohades, issus de l'Anti-Atlas marocain, se révoltent au début du XIIe siècle, sous l'influence d'Ibn Tūmart, partisan de l'interprétation allégorique du Coran. Ils occupent rapidement le Maghreb et s'emparent d'une partie de l'Espagne.

les Almohades

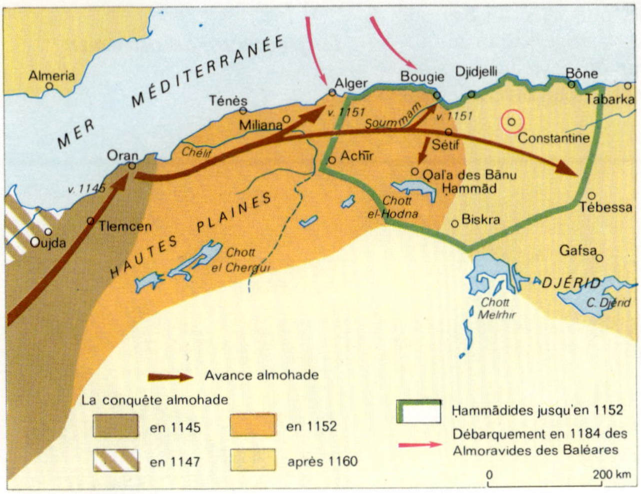

La dynastie berbère des 'Abdalwādides règne à Tlemcen (auj. Tilimsen) après l'effondrement des Almohades au XIIIe siècle. Les Marīnides prennent Tlemcen en 1337, mais les 'Abdalwādides reviennent au pouvoir avec Abū Ḥammū Mūsā (1339-1389). Le royaume tombe aux mains des Turcs en 1550.

Les 'Abdalwādides

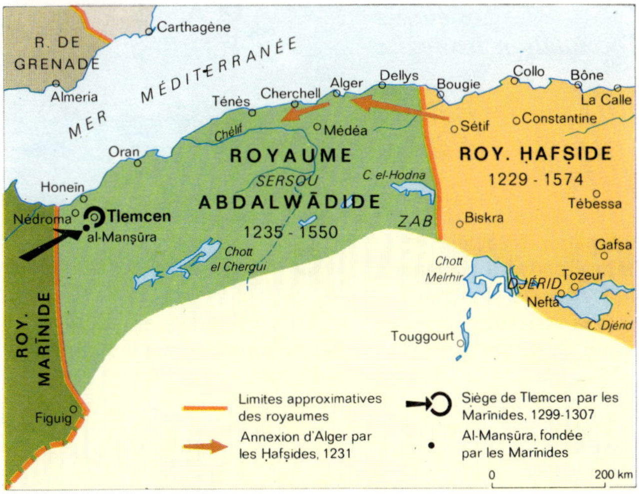

L'Algérie n'acquiert une certaine unité politique qu'avec l'arrivée, en 1514, des corsaires turcs, Bāba 'Arūdj et Khayr al-Dīn. En 1518, Khayr al-Dīn place le pays sous le protectorat de Selim Ier, sultan de Constantinople. Ainsi protégé, le nouvel État, qui est rattaché à l'Empire ottoman en 1533, se livre à la piraterie en Méditerranée, malgré les expéditions de Charles Quint, puis de Louis XIV. Le pacha d'Alger est nommé par le sultan, mais, à partir du milieu du XVIIe siècle, son autorité est partagée avec celle de l'agha, élu par la milice algéroise, puis avec un dey qui, en 1771, s'arroge l'autorité. À l'intérieur du pays, les beys administrent et perçoivent les impôts.

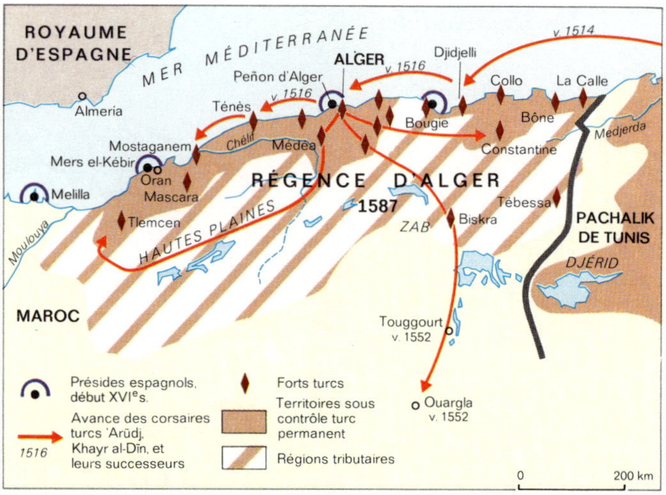

Le protectorat ottoman

Les étapes de l'occupation française

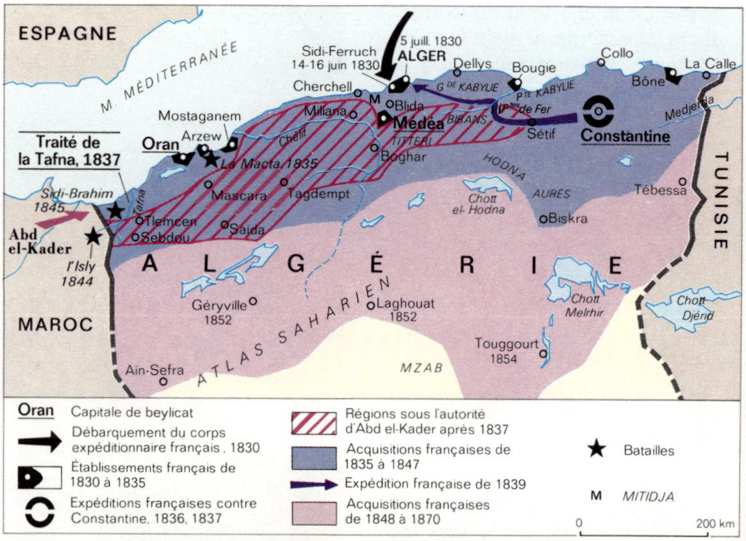

L'occupation française se limite d'abord à quelques villes côtières, dont Alger. Devant la résistance des émirs locaux, le gouvernement négocie d'abord avec eux, notamment avec Abd el-Kader, créateur d'un État algérien indépendant des Turcs (traité de la Tafna), puis il conquiert l'arrière-pays, débordant sur les confins marocains (bataille de l'Isly). Abd el-Kader se soumet en 1847. La colonisation permet certes d'importants progrès économiques, et donc une forte croissance démographique, mais l'afflux de colons européens en Algérie et surtout leur mainmise sur les terres des autochtones contraignent souvent ceux-ci à émigrer en France ou les incitent parfois à l'insurrection (1871). La politique d'intégration se veut assimilatrice mais fait des musulmans des citoyens de seconde zone.

Né vers 1930, le mouvement national algérien est stimulé par la Seconde Guerre mondiale. La répression brutale du soulèvement constantinois (mai 1945), l'hostilité des Français d'Algérie et des musulmans au statut libéral de 1947 expliquent en partie l'insurrection du 1er novembre 1954 et la création d'un Front de libération nationale (F.L.N.). La guerre s'accentue à partir de 1955-56 : les nationalistes modérés (Farḥāt 'Abbās) se rallient à la rébellion, qui se dote d'institutions au congrès de la Soummam (20 août 1956). L'aide du Maroc et de la Tunisie indépendants, la solidarité arabe, les interventions diplomatiques anglo-américaines contribuent à l'internationalisation du conflit. En reconnaissant le droit de l'Algérie à l'autodétermination (16 sept. 1959), de Gaulle modifie le cours de la guerre, qui se complique des réactions de désespoir d'une partie de l'armée française et des « Pieds-Noirs ». La flambée de violence qui en résulte ne peut empêcher la signature des accords d'Évian (18 mars 1962), la proclamation de l'indépendance de l'Algérie (3 juill.) et l'exode de la majorité des « Pieds-Noirs ».

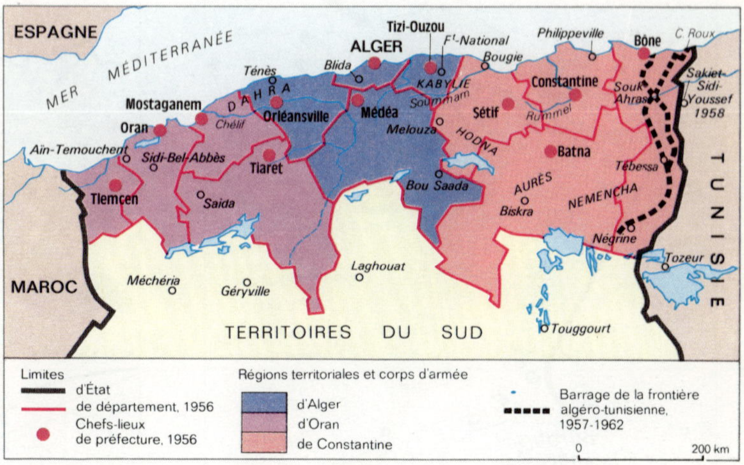

L'Algérie de 1954 à 1962 – L'organisation française

La guerre d'Algérie (1954-1962)

Carthage et Rome

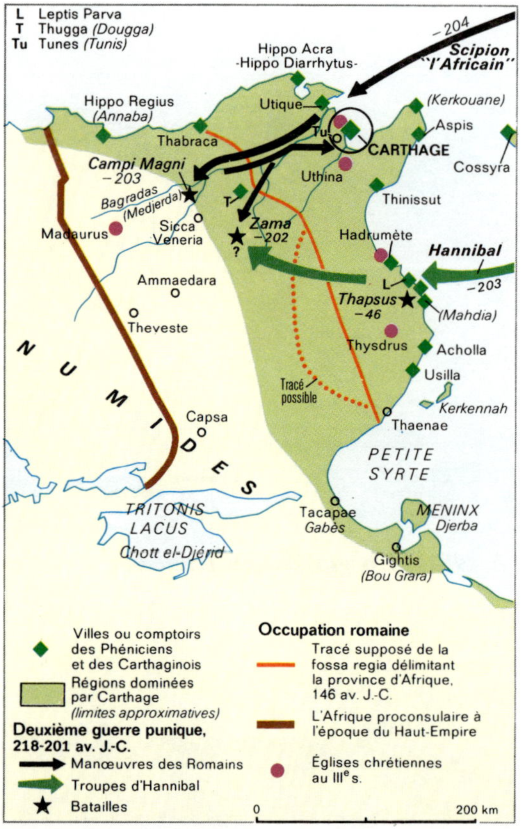

L'Afrique romaine et byzantine

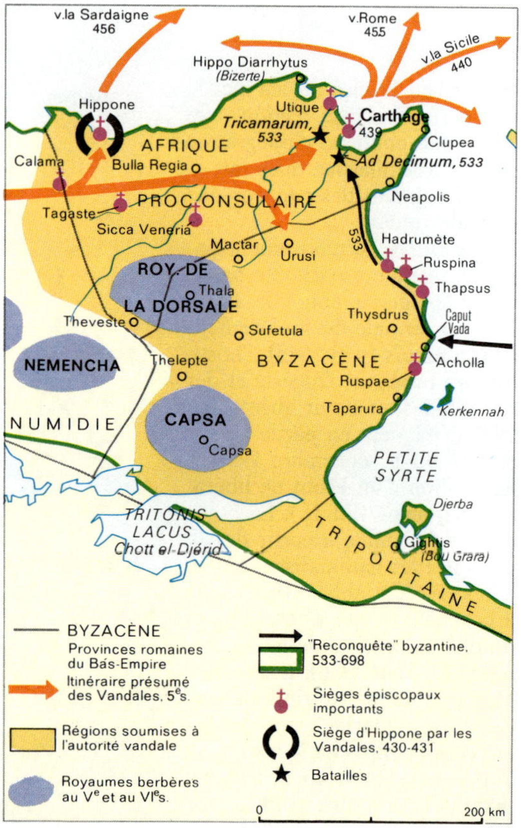

CARTHAGE ET ROME

Pendant la deuxième guerre punique (v. carte p. 21), Carthage domine un territoire limité, approximativement, par la *fossa regia* de 146 av. J.-C., auquel il faut ajouter les *Campi Magni* et le pays au sud de Zama ; au traité de 201, Carthage garde ce territoire africain. À l'issue de la troisième guerre punique (149-146), la province d'Afrique est constituée ; sa limite est la *fossa regia.* César, en 46 av. J.-C., annexe la Numidie de Cirta ou *Africa Nova* (par opposition à l'ancienne province dite dès lors *Africa Vetus.* Auguste fond les deux provinces en une seule, à une date qui reste imprécise : les régions de Cirta, Theveste, Capsa en font déjà partie ; les Flaviens atteignent l'Aurès, qui est encerclé sous Trajan et Hadrien. Avec Septime Sévère, l'apogée territorial est atteint : au sud, l'Afrique romaine s'étend de *Castellum Dimmidi* à Ghadamès.

L'AFRIQUE ROMAINE ET BYZANTINE

L'Afrique connaît au IVe siècle une remarquable renaissance mais les donatistes, les circoncellions et la révolte de Gildon en 396-397 affaiblissent le pays. Les Vandales débarquent en Tingitane (429), traversent l'Afrique et battent les Romains (431) ; organisés en royaume, ils confisquent des terres et s'établissent. En 533, sur ordre de Justinien, Bélisaire débarque à Caput Vada, bat Gélimer (Ad Decimum, Tricamarum). Les troupes de Byzance occupent le pays jusqu'à la fin du VIIe siècle. (V. cartes pp. 36 et 38-39.)

La conquête arabe du VIIe au Xe s.

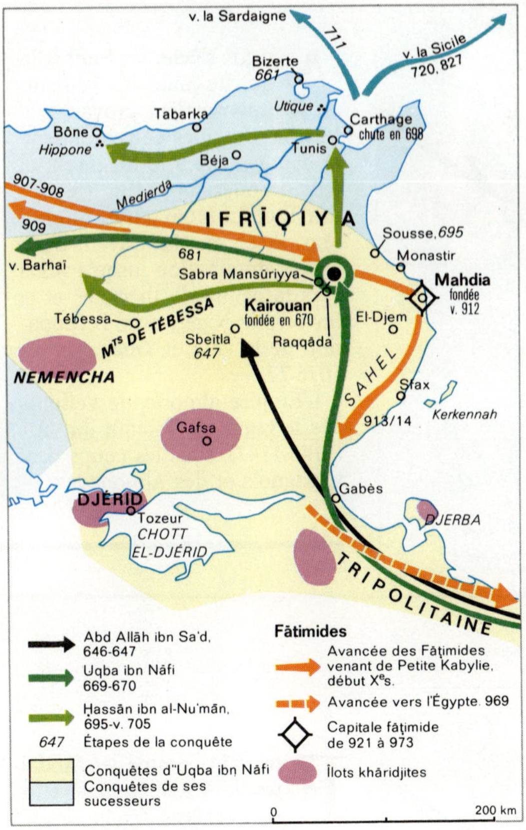

L'Ifrīqiya du XIe au milieu du XIIe s.

LA CONQUÊTE ARABE DU VIIe AU Xe SIÈCLE

La décomposition de l'Afrique byzantine, l'irrédentisme berbère facilitent la conquête de l'Ifrīqiya par les Arabes. Celle-ci est amorcée par le raid d'‘Abd Allāh ibn Sa‘īd, vainqueur des Byzantins à Sbeïtla en 647. Elle est poursuivie par ‘Uqba ibn Nāfi‘, fondateur de Kairouan, place forte et ville sainte de l'islām, qui est finalement tué à Tāhūda en 683 par les Berbères (v. carte p. 258).

La conquête de l'Ifrīqiya est achevée par Hassān ibn al-Nu‘mān, qui occupe Carthage en 698 et brise la résistance berbère en 702 lorsque meurt Al-Kāhina, héroïne qui l'avait pendant longtemps animée.

Rapidement islamisée et arabisée, l'Ifrīqiya est placée, par le calife ‘abbāsside Harūn al-Rachīd, sous l'autorité des Arhlabides, qui fondent un émirat héréditaire (800-909). La capitale est transférée par Ibrāhīm II (875-952) à Raqqāda. Éliminant en 909 les Arhlabides, la dynastie chī‘ite des Fātimides fonde la ville d'al-Mahdiyya (Mahdia), capitale jusqu'en 973 de l'Ifrīqiya. (V. cartes pp. 196-97 et 198-99.)

L'IFRIQIYA DU XIe AU MILIEU DU XIIe SIÈCLE

Combattant pour le compte des Fātimides, le Berbère sanhadjien Yusuf Bulukkīn ibn Zīrī reçoit le gouvernement de l'Ifrīqiya en 973. Lorsque les Zīrides décident de faire allégeance au califat de Bagdad en 1048, les Fātimides livrent l'Ifrīqiya en 1051-52 à des nomades, les Banū Hilāl : Kairouan est mise à sac en 1057, et les Zīrides se réfugient à al-Mahdiyya (Mahdia). L'Ifrīqiya tente alors les Normands qui occupent le littoral oriental du royaume entre 1134 et 1156. Les Almohades chassent du Maghreb les Normands en 1160 et occupent l'Ifrīqiya.

Les Almoravides (1056-1147)

Au XIe siècle, les Sanhādjas, de rite malékite, veulent imposer leur croyance. Les Almoravides entreprennent la conquête vers le Maghreb, où leur premier souverain Yūsuf ibn Tāchfīn (1061-1106) fonde Marrakech en 1062, avant d'étendre sa domination jusqu'à Alger, vers la péninsule Ibérique, et enfin vers le Niger, avec l'occupation de la ville de Ghāna en 1076-77.

L'Empire almoravide s'effondre dès le règne de Tāchfīn ibn 'Alī (1143-1147), sous les coups des Espagnols et des Almohades.

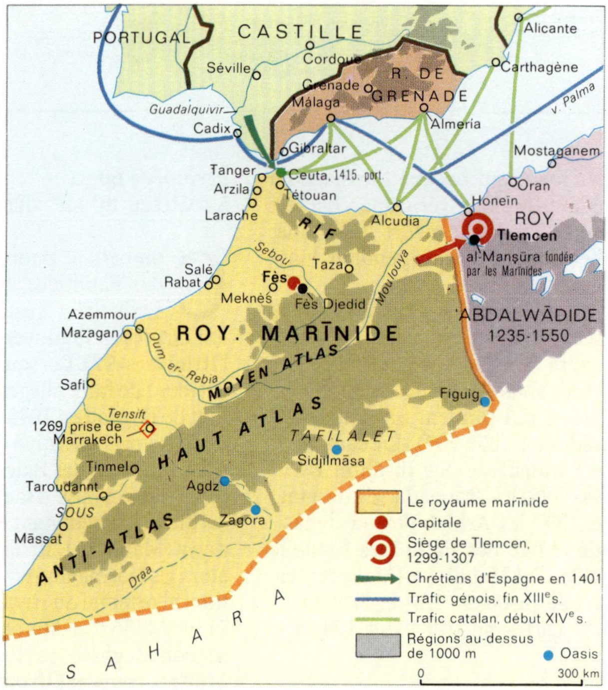

Formant comme les 'Abdalwādides une confédération de Berbères Zenāta, les Marīnides mettent un terme à la domination almohade dans le Maghreb occidental en s'emparant de Meknès en 1244, de Fès en 1248 et de Marrakech en 1269. De multiples expéditions en Espagne échouent. À l'est, la lutte contre les 'Abdalwādides se cristallise autour de Tlemcen, de 1299 à 1389. Aux prises avec leurs divers adversaires de la péninsule Ibérique, les Marīnides sont finalement éliminés par les Wattāsides (1465). [V. cartes pp. 60 et 61.]

Les Marīnides (1269-1465)

Les Almohades (1147-1269)

Fondée par Ibn Tūmart, la communauté des Almohades naît dans le Maroc du Sud. Elle se révolte en 1145 et prend Tlemcen, Fès en 1146, Marrakech en 1147. Ensuite, le Maroc atlantique, le Rif et al-Andalus (jusqu'au Guadalquivir) sont occupés dès 1147. L'ensemble du Maghreb est conquis entre 1151 et 1160. Ébranlée par la victoire des chrétiens ibériques à Las Navas de Tolosa en 1212, la puissance almohade s'effondre sous les coups des Berbères Zenāta entre 1244 et 1269. (V. cartes pp. 47 et 110.)

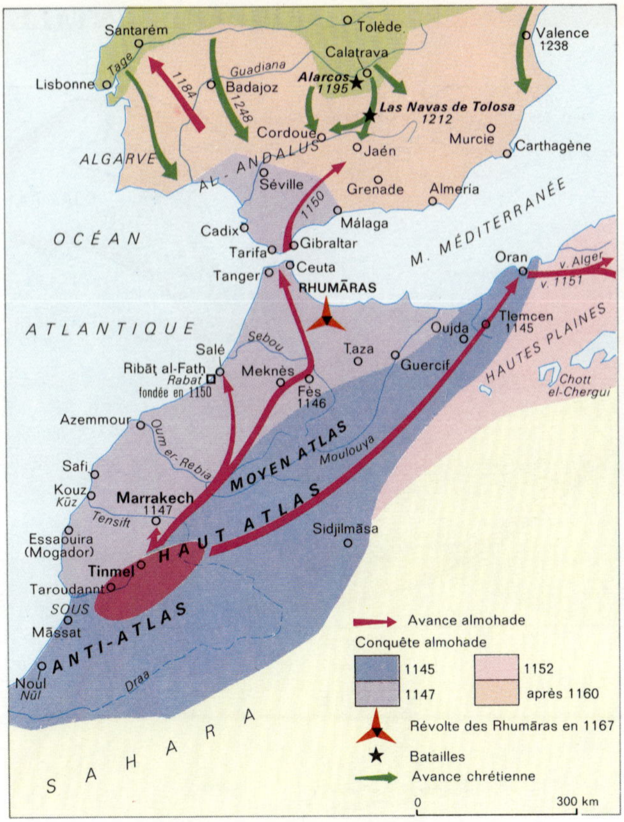

Tuteurs des Marīnides (1420-1465), les Wattāsides s'emparent définitivement du pouvoir en 1471, mais ne peuvent empêcher Portugais et Espagnols de s'établir sur la côte marocaine. Ils sont chassés du pouvoir en 1553 par les Sa'diens. Ces derniers, fondateurs de l'Empire chérifien, organisent de fructueuses expéditions vers le continent noir ; mais ils doivent céder le pouvoir à une autre dynastie chérifienne, celle des 'Alawītes du Tafilalet, fondée par Mūlāy al-Rachid (1660-1672), unificateur du Maroc, dont ont été chassés les Européens.

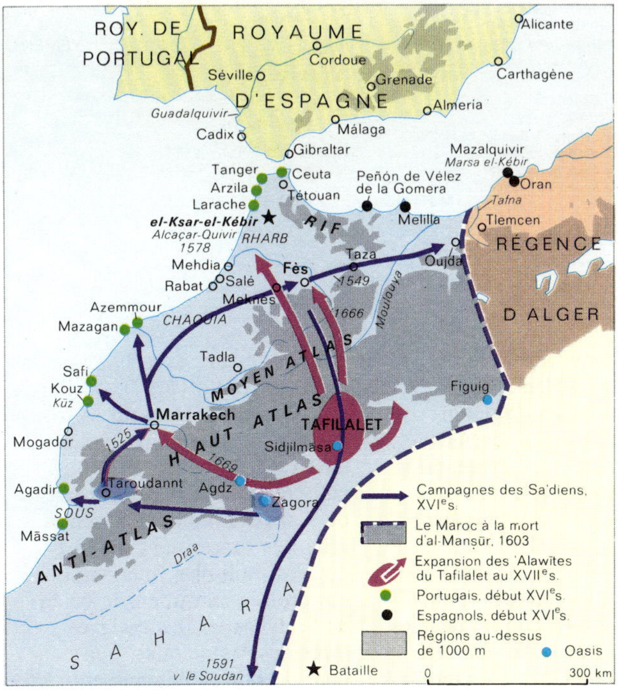

Le Maroc (XVIe-XVIIIe s.)

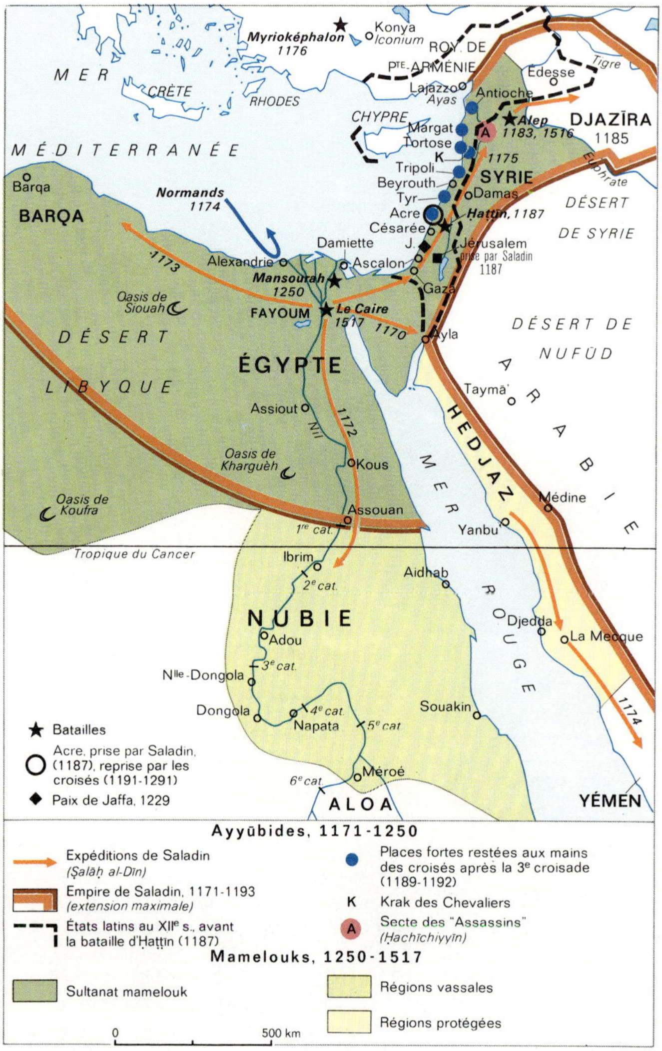

L'Égypte du XIIe au XVIe s.

Lieutenant au Caire du prince d'Alep Nūr al-Dīn, Ṣalāḥ al-Dīn (Saladin) se substitue en 1171 au dernier prince fāṭimide en Égypte, où il restaure aussitôt le sunnisme. Fondateur de la dynastie ayyūbide (1171-1250), il reprend à Damas (1174), puis à Alep (1176) l'héritage de Nūr al-Dīn. Pour renforcer la cohésion de peuples si divers, il proclame alors la guerre sainte contre les États latins du Levant, dont il écrase les forces à Ḥaṭṭīn (1187). De Barqa et d'Assouan à Mossoul se trouve ainsi reconstituée l'unité des pays du Croissant fertile jadis réalisée par les pharaons du Nouvel Empire. La médiocrité des successeurs de Saladin, les multiples interventions des croisés entraînent le déclin de la dynastie. Des esclaves turcs, les Mamelouks, qui viennent de sauver l'Égypte en capturant Saint Louis à Mansourah, l'éliminent en 1250. Chassant définitivement les Latins du Levant en 1291, ils maintiennent, pour l'essentiel, le cadre territorial de l'ancien Empire ayyūbide. Amputée de la boucle de l'Euphrate, mais agrandie de la Nubie, dont les souverains de Dongola (chrétiens jusqu'en 1315, musulmans depuis lors) sont réduits à la condition de tributaires, l'Égypte islamique domine le Proche-Orient au XIVe siècle. Mais, en 1517, les Ottomans portent un coup fatal à sa puissance en l'occupant et en la réduisant à l'état de pachalik. (V. cartes pp. 7, 56-57 et 61.)

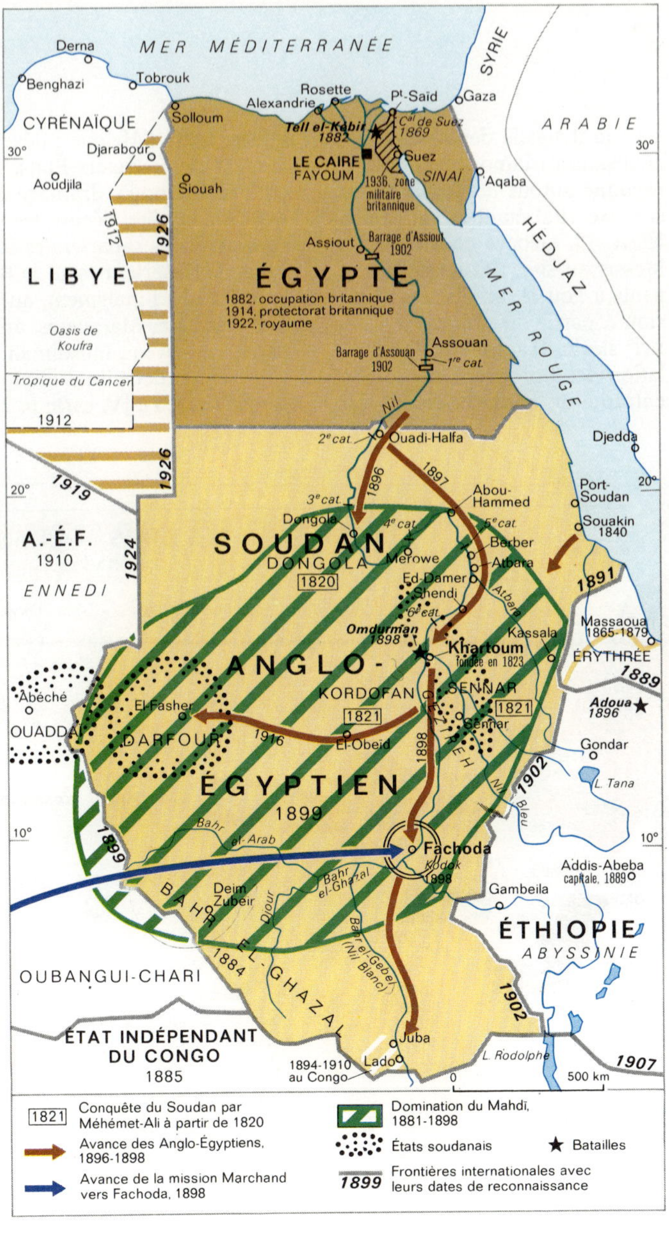

Égypte et Soudan
(XIXe-début XXe s.)

Devenue pratiquement indépendante de l'Empire ottoman, l'Égypte commence à se moderniser sous l'impulsion de Méhémet-Ali (1804-1849) et, à partir de 1820, elle étend sa domination sur le Soudan, où l'islamisation s'accentue. Toutefois, cette modernisation la rend de plus en plus dépendante, d'abord de la France, qui fait creuser le canal de Suez (1859-1869), puis de l'Angleterre, qui veut contrôler seule la route des Indes. En 1882, les Anglais établissent un protectorat de fait sur l'Égypte ; il ne sera proclamé en droit qu'en 1914. Quant au Soudan, où se révoltent des disciples du Madhī, un prophète qui avait instauré dans ce pays un islām purifié, il est occupé par l'Anglais Kitchener en 1898. Kitchener rêve alors de construire une Afrique anglaise allant du Cap au Caire et évince le Français Marchand, dont la mission visait la création d'une route Dakar-Djibouti (incident de Fachoda, 1898). Devenu gouverneur général du Soudan, lord Kitchener installe un condominium anglo-égyptien sur le pays. Mais la puissance britannique à son apogée renforce, par réaction, le nationalisme égyptien. La Grande-Bretagne doit renoncer, le 28 février 1922, à son protectorat sur le royaume d'Égypte. (V. carte p. 87.)

Prenant le relais du Mali, l'Empire songhaï représente la dernière des grandes civilisations soudaniennes. Partis de Gao, émancipés de la tutelle du Mali au xvᵉ siècle, les Songhaïs, convertis à l'islām, édifient au xvɪᵉ siècle un vaste empire dont l'influence s'étend sur le Sénégal, les États haoussas et le Sud saharien, sous la dynastie des Askias. Une civilisation islamo-soudanaise rayonne autour de Tombouctou, son axe vital étant la vallée du Niger. La menace constante des Mossis au sud, des nomades peuls à l'ouest, affaiblit sa cohésion à partir du milieu du xvɪᵉ siècle. D'autre part, l'installation des Européens sur la côte entraîne un bouleversement qui affecte toute l'Afrique : développement de nouveaux États, comme le Congo, drainage de l'or vers la côte, déclin des voies commerciales sahariennes et des États de l'intérieur (sauf le Bornou, à l'est). Finalement, au xvɪᵉ siècle, les Marocains, animés par le renouveau musulman, envahissent et détruisent l'Empire songhaï (1591). [V. carte p. 253.]

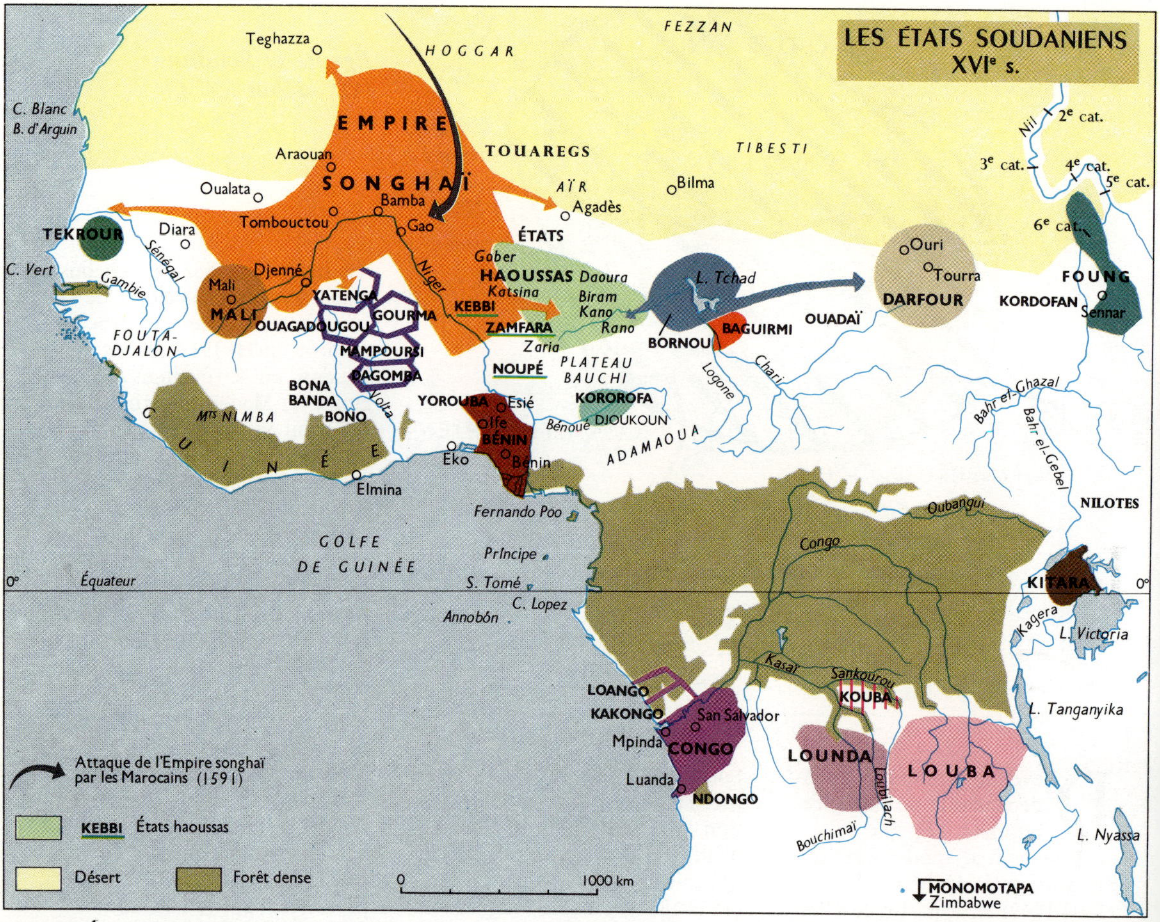

Les États soudaniens (xvɪᵉ s.)

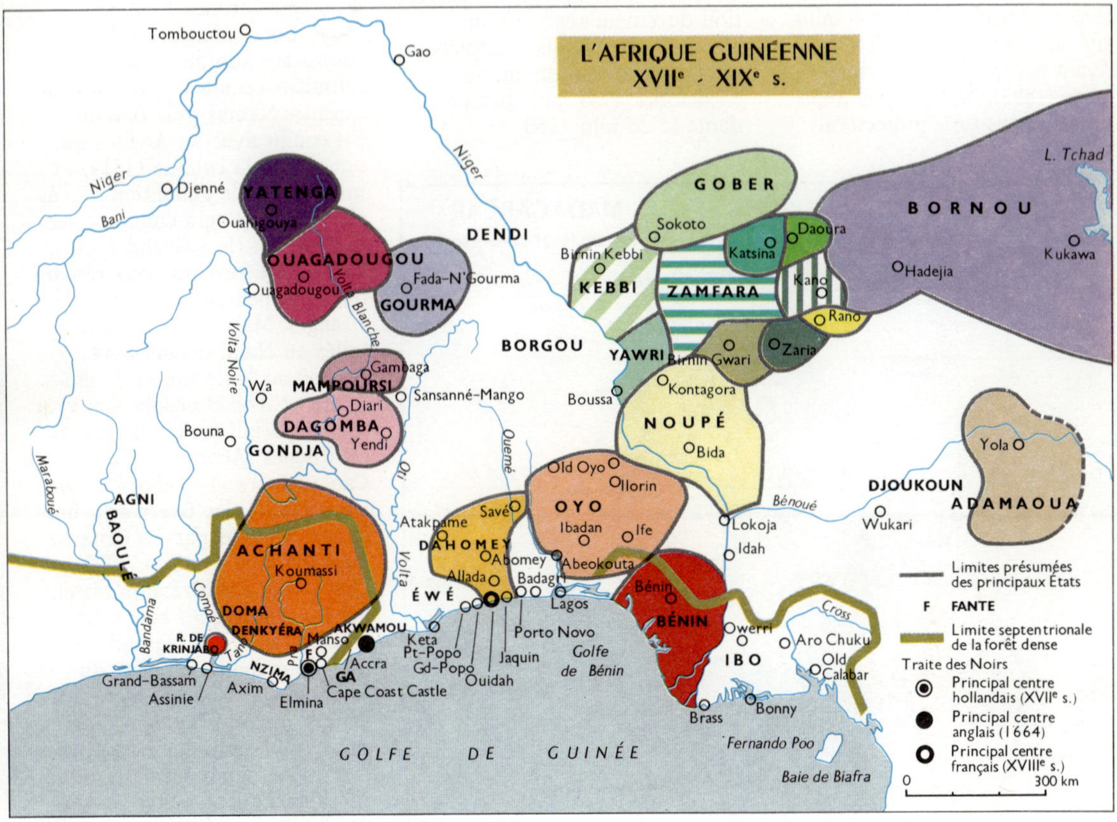

L'Afrique guinéenne (XVIIe-XIXe s.)

Les Portugais au XVIe siècle, les Hollandais et les Anglais qui les supplantent au XVIIe siècle, les Français au XVIIIe siècle pratiquent la traite des esclaves à partir des comptoirs côtiers. La perte de 11 millions d'habitants au cours de ces trois siècles provoque la décadence des civilisations qui avaient brillé aux XIIIe et XIVe siècles. En revanche, trois États négriers prennent leur essor près de la côte de Guinée : la confédération achantie, le royaume d'Oyo, le royaume d'Abomey (Dahomey). Ces États bloquent l'accès à l'intérieur du continent, où ils pillent le « bois d'ébène ». Aussi les États soudaniens – Mossis au sud du Niger, Haoussas au nord de la Bénoué et Bornou – n'ont-ils aucun contact avec les Européens. Cependant, les États négriers s'affaiblissent par les guerres perpétuelles qu'ils se livrent pour le monopole du commerce des esclaves. Quand les Européens entreprennent la colonisation systématique de l'Afrique guinéenne au XIXe siècle, ils en ont facilement raison, seuls certains peuples (Achantis de 1807 à 1901, Adjas du Dahomey, 1892-1894) s'opposant à la colonisation.

Etablis à Madagascar dès le XVIIe siècle, les Français ne s'y maintiennent que par intermittence. Au XIXe siècle, le royaume mérina, des hautes terres centrales, étend son autorité sur les deux tiers de l'île. Ayant occupé les principaux ports (1883), les Français imposent au pays un « protectorat fantôme » (1885). Annexée en 1896, l'île, avec Gallieni, jouit d'une relative prospérité. Aussi l'émancipation se fera-t-elle sans trop de heurts (malgré l'insurrection durement réprimée de 1947). La république malgache est proclamée autonome le 14 octobre 1958, puis indépendante le 26 juin 1960.

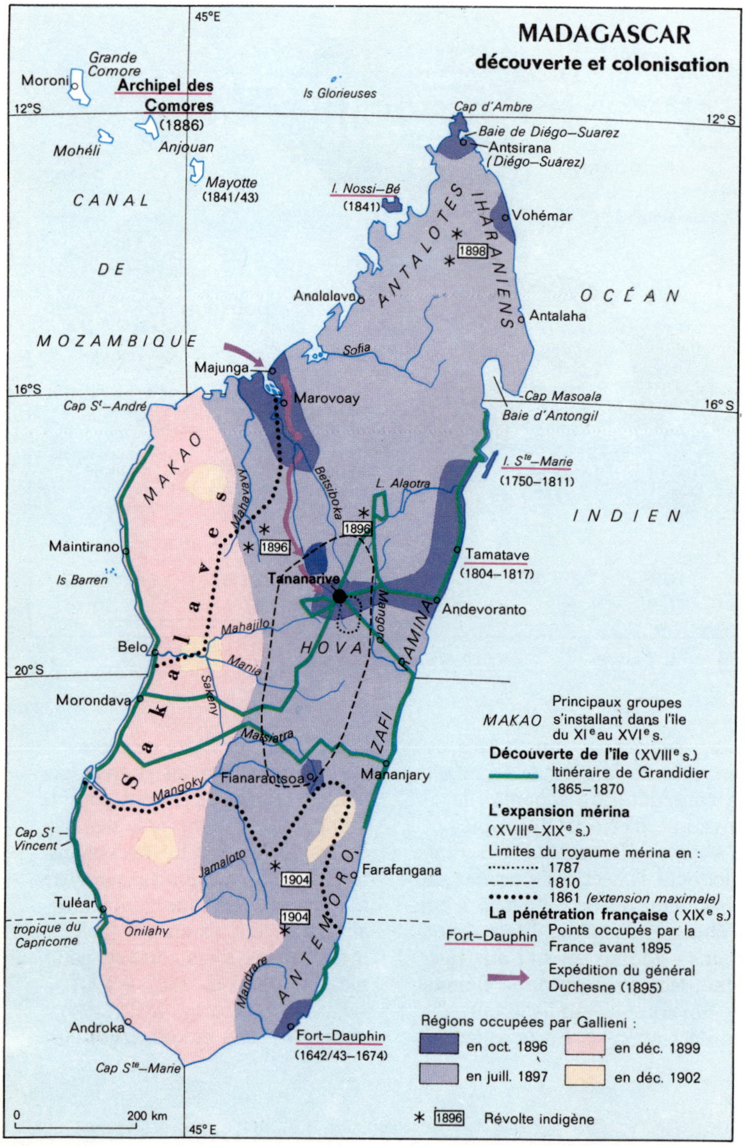

Madagascar, découverte et colonisation

Formation de l'Afrique du Sud ▶

Colons hollandais installés au Cap dès 1652, les Boers élargissent leur territoire africain au XVIIIe siècle, refoulant ou asservissant les indigènes, Namas puis Bantous. En conflit avec les Anglais qui ont acquis la colonie (1814) et mécontents de l'abolition de l'esclavage, les Boers émigrent vers le Nord-Est (le « Grand Trek », 1834-1852) formant deux républiques indépendantes (Transvaal et Orange). Mais les Anglais, installés au Natal depuis 1844, convoitent leurs mines de diamants et d'or et cèdent aux visées impérialistes qu'incarne Cecil Rhodes (Afrique anglaise « du Cap au Caire »). D'abord victorieux (1881), les Boers sont finalement vaincus par les Britanniques (paix de Pretoria, 1902). Une Union sud-africaine rassemble les républiques boers, Le Cap et le Natal (1910), agrandis, à titre de mandat, en 1920, du Sud-Ouest africain. Modéré à ses débuts, le gouvernement cède ensuite à une politique d'apartheid, née du refus inquiet de la minorité blanche d'admettre l'égalité des droits avec la forte majorité noire.

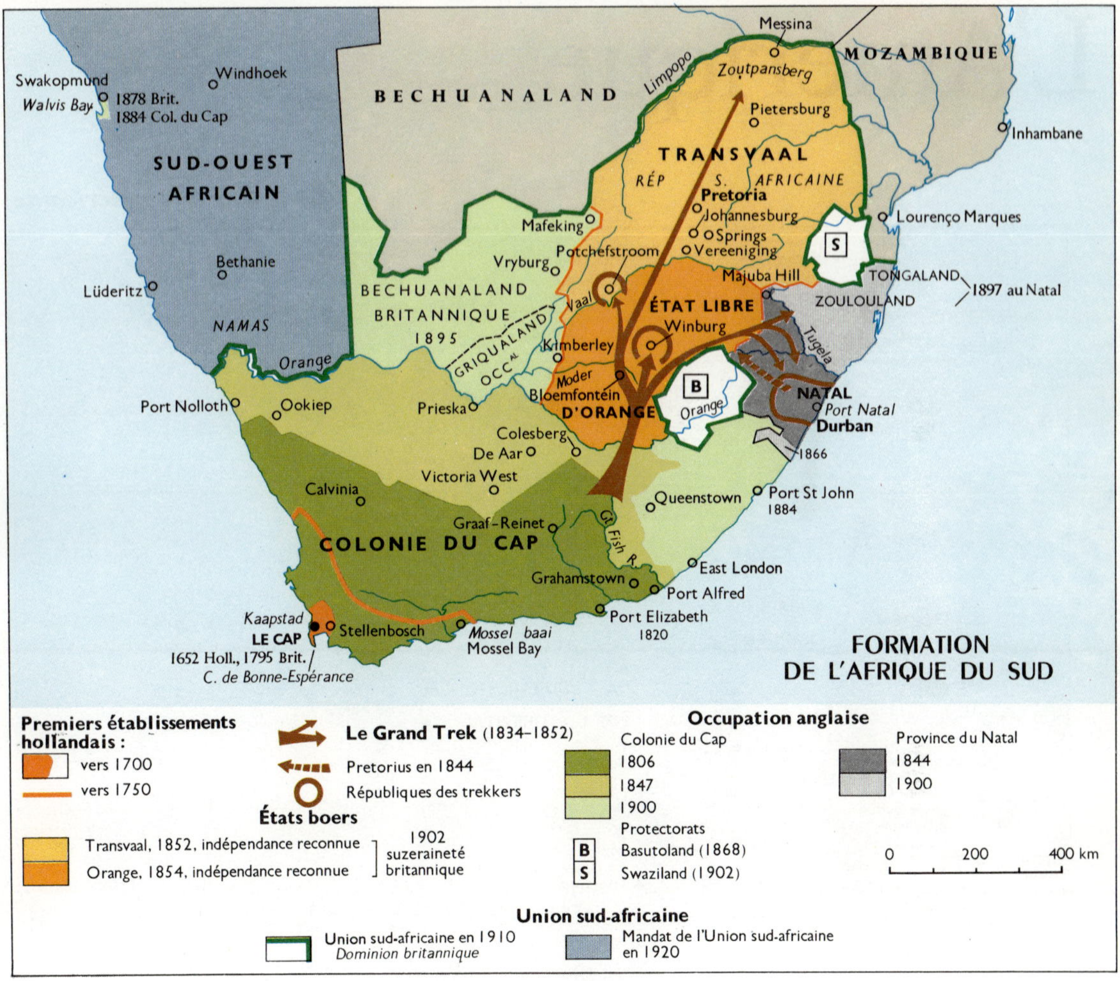

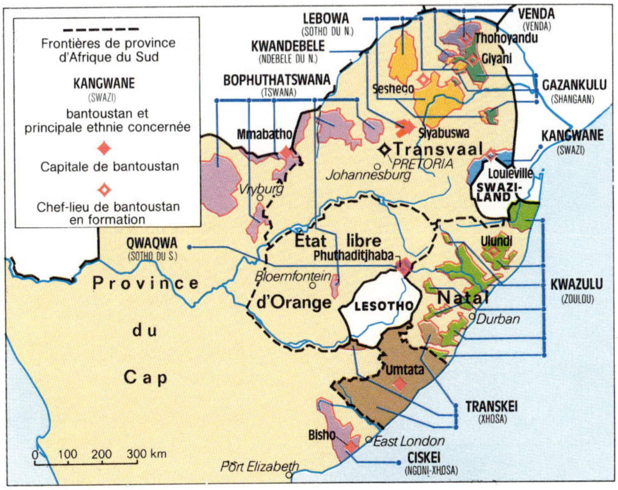

Les bantoustans sont les « foyers nationaux » attribués aux Noirs sud-africains. Au nombre de 13, ils occupent 13 p. 100 de la surface de l'Afrique du Sud et rassemblent 73 p. 100 de la population. Indépendants ou autonomes, mais soumis économiquement au pouvoir blanc, ils favorisent le maintien de l'apartheid.

Les bantoustans en 1985

L'Amérique

La préhistoire américaine

ASIE
Détroit de Béring
OCÉAN GLACIAL ARCTIQUE
Okvik
Punuk
Trail creek
Denbigh
Choris
Palisades
ALASKA
Ipiutak
Cap Krusenstern
Birnik
Onion Portage
Anaktuvuk pass
Engigstciak
Old Crow
Blue Fish cave
Yukon
Mackenzie
A R C T I Q U E
Independence
GROENLAND
Thulé
Sarqaq
Cercle polaire arctique
Dorset
Gd Lac de l'Ours
Gd Lac de l'Esclave
Mgnes ROCHEUSES
PLATEAU
SUBARCTIQUE OCCIDENTAL
Fraser Valley
Monts Cascade
INTR
L. Winnipeg
SUBARCTIQUE ORIENTAL
L'Anse Amour
OCÉAN
CALIFORNIE
Danger cave
GD BASSIN
Eden
GRANDES
Scottsbluff
L. Supérieur
L. Huron
St-Laurent
L. Michigan
Sta Rosa
Tule Spring
Gypsum cave
Anasazi
Sandia
Folsom
San Diego
La Jolla
Lac Mohave
Pinto Basin
Patayan
Hohokam
Cochise
PLAINES
Adena
Hopewell
Lucy
Plainview
SUD-OUEST
Mogollon
Clovis
Lewisville
TERRES FORESTIÈRES DE L'EST
Mississippi
ATLANTIQUE
SUD-EST
Friesenhahn
El Diablo
El Cedral
PLATEAU CENTRAL
Tropique du Cancer
Tlapacoya
Zohapilco
Tequixquiac
Santa Isabel
Ixtapan
Valsequillo
YUCATÁN
Vallée de Tehuacán
Amérique du Nord
Principaux gisements et sous-aires culturelles
ALASKA Aires culturelles
Axe probable de la migration d'Asie en Amérique
Régions au-dessus de 2 000 m
Régions au-dessus de 4 000 m
0
2000 km
Amérique du Sud et Mésoamérique
Gisements antérieurs à 13 000 av. J.-C.
Gisements occupés entre 13 000 et 8 000 av. J.-C.
Gisements occupés entre 8 000 et 4 000 av. J.-C.
Premiers villages à partir de 3 000 av. J.-C. environ
Foyers de domestication connus

Les premiers habitants de l'Amérique sont des Sibériens venus d'Asie par le détroit de Béring et installés en Alaska. Entre 70 000 et 15 000 av. J.-C., on découvre des indices de la présence humaine jusqu'en Californie et au Mexique. Dans les Grandes Plaines, la chasse prospère grâce au bison et à l'invention du forçage des hordes vers les précipices. Les Californiens, réfractaires à l'agriculture, tirent de mieux en mieux parti du milieu marin. La culture de Cochise utilise les plantes cultivées originaires de la Mésoamérique et adopte la céramique. La culture de Dorset se partage avec celle de Thulé les régions arctiques. Au Ier millénaire av. J.-C., les hommes de la culture de Dorset usent de microlames, construisent des habitations massives et semi-souterraines et sont équipés pour la chasse hivernale. Ceux de Thulé se répandent d'autant mieux qu'ils associent au traîneau l'oumiak, bateau de peau : ils se déplacent ainsi de l'Alaska au Groenland. Ils précèdent immédiatement les Esquimaux.

Le peuplement du Nouveau Monde se fait du Nord au Sud. Mais les traces de la présence →

humaine sont aussi anciennes au Mexique et au Brésil que dans le Grand Nord. En Mésoamérique, les sites les plus anciens sont El Bosque, Tlapacoya, Tequixquiac, Valsequillo. La domestication des animaux est limitée et tardive, l'agriculture précoce. L'activité horticole s'épanouit au Ve millénaire avec l'avocat, l'amarante, la courge, suivis du maïs. Dès lors, vers 3 000-2 500 av. J.-C., se construisent de gros villages (Tehuacán).

En Amérique du Sud, le Brésil possède les sites les plus anciens (Toca do Boqueirão). Au Chili, à Monte Verde, on a découvert, dans un habitat de 12 000 av. J.-C. environ des bolas et des traces d'habitations en bois et peaux. La domestication des animaux s'observe à partir de 4 000 av. J.-C., comme le témoigne le gisement de Telarmachay (Ayacucho). Vers 3 000-2 500, le Pérou connaît déjà une bonne partie des productions agricoles précolombiennes. Le reste du continent suit avec retard, mais découvre la poterie vers 3 000.

Dès le Ier millénaire av. J.-C. la civilisation olmèque est déjà très évoluée (villes avec temples en pierre et marchés, calendrier et système de numérotation) ; aussi étend-elle son influence, à partir de la côte atlantique (La Venta [v. 100-v. 400 av. J.-C.], puis Tres Zapotes [à partir de 31 av. J.-C.]), sur toute la zone mésoaméricaine ; elle donne alors naissance à de nouvelles civilisations qui, au Ier millénaire apr. J.-C., s'individualisent en deux grandes aires. Au sud, dans les basses terres guatémaltèques du Petén (Tikal, Uaxactún, Seibal), les Mayas édifient à partir du IVe siècle la plus brillante civilisation de la région, qui rayonne au Chiapas (Palenque, Bonampak, Yaxchilán), au Yucatán et vers le sud-est (Kaminal-

juyú, Amatitlán, Copán). Dans l'aire mexicaine, la civilisation de Teotihuacán étend son influence sur tout le plateau central (Xochicalco, Cholula) et jusqu'en pays maya ; elle domine, par la splendeur de ses monuments, les cultures voisines des Zapotèques, dans l'Oaxaca (Monte Albán), et des Totonaques, en Veracruz (El Tajín). À la fin du Ier millénaire apr. J.-C., toutes ces civilisations disparaissent, pour des raisons mal connues, peut-être sous les coups de chasseurs nomades venus du Nord : dans un premier temps, les Toltèques, dans la région de Tula, recueillent l'héritage de Teotihuacán ; mais, au XIIe siècle, ils sont balayés par de nouveaux envahisseurs (affrontement mythique entre Quetzalcóatl, le serpent à plumes toltèque, et Tezcatlipoca, le dieu de la Guerre) ; aussi se réfugient-ils au Yucatán, où ils revivifient la civilisation maya, à Uxmal, à Chichén Itzá et à Mayapán. À la même époque, les Aztèques s'imposent au Mexique central ; réalisant la synthèse de la civilisation toltèque et de leurs traditions guerrières, ils édifient, en cent cinquante ans, un empire couvrant tout le Mexique.

La Mésoamérique. Archéologie

L'Amérique du Sud précolombienne présente de grandes différences culturelles, liées à la variété des conditions naturelles. Au sud, les populations ignorent encore l'agriculture : pêcheurs de l'archipel fuégien (Yahgans, Alakalufs) ; chasseurs de guanacos des pampas (Tehuelches, Puelches) ; tribus du Chaco et du Sud brésilien, combinant chasse et cueillette. Les régions tropicales et l'Est sont peuplés d'Indiens pratiquant une agriculture itinérante sur brûlis (manioc, igname, patate), répartis en trois grands groupes culturels : Tupi-Guaranis, Arawaks au sud de l'Amazonie, (qui édifient la civilisation Marajoara sur l'Amazone) et Caríb au nord, d'où ils envahissent les Antilles. Enfin la région andine connaît, depuis le IIe millénaire, une véritable agriculture sédentaire, fondée sur la culture du maïs, qui permet l'éclosion de civilisations évoluées. Mais le relief accidenté des Andes entraîne un morcellement en petites aires culturelles, qui ne sont que tardivement unifiées. Malgré leurs remarquables réussites dans la métallurgie de l'or (Atacames, Milagro), les civilisations des franges septentrionales pâlissent auprès de celles des Andes centrales.

En Colombie, toutefois, le site de San Agustín, dont les débuts sont antérieurs à l'ère chrétienne, peut s'enorgueillir de ses statues colossales. Les Andes sont d'abord marquées par l'influence mésoaméricaine (civilisation de Chavín, qui rayonne sur toute la côte, à Cupisnique, à Ancón, à Paracas). Paracas est une zone de gisements d'époques variées, favorisée par un climat désertique qui a conservé la flore et les textiles. Un bon niveau technique (agriculture irriguée, artisanat développé) permet l'épanouissement, à partir de 300 av. J.-C., de cultures originales : sur la côte, la culture mochica au nord, celle de Nazca au sud. Le site de Nazca, d'épo-

Sites archéologiques de l'Amérique du Sud

que classique, s'est rendu célèbre grâce aux qualités de ses céramiques polychromes.

Ces civilisations sont bientôt éclipsées par celles des hauts plateaux où, à partir de Tiahuanaco, s'édifie, vers 600 apr. J.-C., le premier empire sud-américain. Son effondrement vers 1100 entraîne un nouveau morcellement en petits royaumes ou confédérations (Chincha, Chancay, surtout Chimú), dont la culture composite reprend les acquis des civilisations côtières et de celle de Tiahuanaco. Il faut attendre le XVe siècle pour que se construise, à partir des hautes terres, un nouvel empire qui unifie toute la région andine : venus de la vallée du Cuzco, les Incas étendent leur domination de l'Équateur au Chili central. De nombreux facteurs témoignent de leur haut degré de civilisation : perfection de l'organisation sociale, importance du réseau routier, ingéniosité du système comptable, splendeur des monuments.

Cuzco, capitale de l'ancien Empire inca, comporte de nombreux vestiges enfouis dans les constructions modernes. Machu Picchu, ville morte, aujourd'hui très accessible, est le site le plus étonnant.

Mais, comme chez les Aztèques, le manque de cohésion de l'Empire, aggravé par les luttes intestines (querelle dynastique entre Atahualpa et son demi-frère, Huàscar), favorise la conquête espagnole en 1532-33. (V. cartes pp. 280 et 281.)

Sites archéologiques de la région andine

Vers 982, Erik le Rouge, parti d'Islande, aborde au Groenland, qui est colonisé. De là, les navigateurs vikings atteignent le mystérieux Vinland et s'y établissent entre 1003 et 1006. Des traces de leurs installations ont été identifiées à la pointe nord de Terre-Neuve. La route du Nouveau Monde est ouverte véritablement par Christophe Colomb en 1492, suivi très vite par divers navigateurs espagnols. Dès 1497, Jean Cabot, au service des Anglais, retrouve le chemin de Terre-Neuve. À l'autre extrémité du continent nord, l'Espagnol Cabeza de Vaca pénètre dans les profondeurs du Mexique jusqu'à la Sierra Madre.

Découverte de l'Amérique du Nord

À la recherche d'un passage septentrional vers le Pacifique (le « passage du Nord-Ouest »), les Britanniques pénètrent, à la fin du XVIe siècle, dans le détroit de Davis (Martin Frobisher en 1576, John Davis en 1587), puis, au début du XVIIe siècle, dans la baie d'Hudson, à laquelle un anglais, Henry Hudson, donne son nom, en 1609-10.
Mais c'est dans le nord-est des actuels États-Unis qu'ils fondent leurs premiers établissements permanents (Jamestown en 1607, Boston en 1630), en concurrence notamment avec les Néerlandais qui achètent aux Indiens l'île de Manhattan en 1625 (Nieuw Amsterdam, auj. New York).
Entre ces deux zones d'établissement en majorité britanniques, explorateurs (Jacques Cartier au XVIe s.) et colonisateurs français (Samuel Champlain au XVIIe s.) pénètrent loin à l'intérieur du continent, le long de l'axe du Saint-Laurent, où sont fondés Québec (1608) et Montréal (1642). Autour de ces villes se constitue alors la colonie de la Nouvelle-France, noyau du Canada. Disposant d'une excellente voie de pénétration, le Saint-Laurent, les Français explorent la vallée du Mississippi (le P. Jacques Marquette et Louis Joliet, puis Robert Cavelier de La Salle) et s'aventurent jusqu'aux montagnes Rocheuses (Pierre de La Vérendrye et ses fils).
Partant de leurs établissements de la baie d'Hudson, dont la compagnie exploite les fourrures depuis 1670, les Anglais entreprennent l'exploration de la région de la Saskatchewan (Henday, 1754-55) et surtout celle du Grand Nord après 1763. Mackenzie atteint l'Arctique en descendant la rivière qui porte actuellement son nom (1789), puis le Pacifique, non loin de l'île du Prince-de-Galles (1793), déjà reconnue par mer par George Vancouver qui, relayant James Cook (1778), explore le littoral occidental de l'Amérique du Nord de 1792 à 1794. Pour l'essentiel, la reconnaissance du continent est achevée.

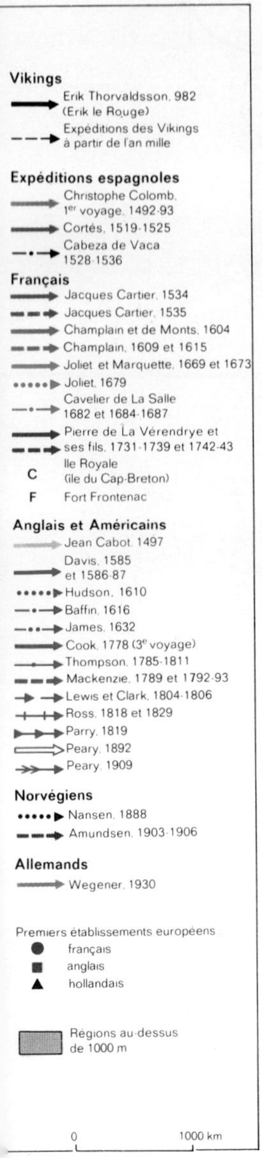

Découverte de l'Amérique du Sud

En 1492, l'arrivée de Christophe Colomb aux Bahamas ouvre la voie à la colonisation de l'Amérique du Sud. Dès 1494, le traité de Tordesillas partage le monde entre Espagnols et Portugais. En 1500, Cabral s'empare, pour le compte du Portugal, de la « Terre de la Vraie Croix », région du futur Brésil. Amerigo Vespucci longe jusqu'en Patagonie les terres du littoral sud-américain. L'intérieur du continent est exploré par des conquistadores (Almagro, Pizarro, Orellana) mais aussi par des aventuriers en quête d'eldorados. Vers l'Atlantique sud, Diáz de Solís pénètre dans le Río de la Plata dès 1516. La jonction avec les possessions andines est assurée, avant le milieu du XVIe siècle, par Irala ; les Portugais s'engageront plus tard à l'intérieur du Brésil, l'Amazonie restant en grande partie inconnue jusqu'au XIXe siècle.

En quelques années, les conquistadores se rendent maîtres des puissants empires amérindiens (Cortés au Mexique, Pizarro et Almagro au Pérou). Un vaste empire espagnol se constitue en trente ans, tandis que les Portugais s'installent lentement sur la côte brésilienne (arbitrage pontifical de 1493 ; traité de Tordesillas, 1494). La monarchie espagnole crée en Europe des organismes de contrôle des nouvelles colonies et, sur place, une administration locale. Les galions drainent vers l'Europe les métaux précieux de Colombie, du Mexique et du Pérou, rapportent les produits manufacturés et assurent, depuis Acapulco, la liaison avec les Philippines et l'Asie. Mais la colonisation entraîne l'effondrement de la population amérindienne, qui passe de 80 millions d'habitants à 11 ou 12 millions au cours du XVIe siècle.

L'organisation de la conquête

AMÉRIQUE

L'Amérique au XVIIe et au XVIIIe s.

A l'aube du XVIIe siècle, l'Amérique est, de la Floride à l'Argentine, le domaine réservé des Ibériques, notamment des Espagnols. Mais, en deux siècles, la situation est bouleversée. Les Portugais occupent peu à peu le désert humain qui va de l'Atlantique aux Andes. Si la présence hollandaise, de Nieuw Amsterdam (New York) au Brésil, est peu durable, les Français conquièrent depuis le Canada une bonne partie de l'Amérique du Nord. Faiblement implantés dans l'ensemble du continent au XVIIe siècle, les Anglais étendent au XVIIIe siècle leur influence commerciale dans l'Amérique espagnole. Après avoir évincé les Français du Canada et de Louisiane occidentale (traité de Paris, 1763), ils peuvent créer un vaste empire en Amérique du Nord. Dans la plupart des colonies, de grands latifundia se créent, exploités par des esclaves noirs. La minorité créole de la société coloniale s'impose aux esclaves, métis et indigènes, que les Européens tentent épisodiquement de protéger et d'évangéliser, notamment dans le cadre des réductions jésuites. Mais les colonies, surtout en Amérique espagnole, restent sous la tutelle politique des pays européens, dont la domination économique (pacte colonial) mécontente les colons.

L'INDÉPENDANCE DE L'AMÉRIQUE LATINE AU XIXe S.

La chute de la monarchie espagnole en 1808 provoque, à partir de 1810, une première vague révolutionnaire. Au Mexique, les prêtres Hidalgo et Morelos mènent l'insurrection. En Amérique du Sud, des mouvements séparatistes éclatent, animés par Miranda puis par Bolívar au Venezuela, Belgrano dans le vice-royaume de la Plata, O'Higgins au Chili. Mais les dissensions internes et la restauration des Bourbons en Espagne permettent partout le rétablissement de la souveraineté espagnole, sauf dans les pays de la Plata. En 1817, les révoltes reprennent : San Martín libère le Chili et le Pérou ; Bolívar prend les trois pays du Nord, qu'il fédère en une « Grande-Colombie » ; Iturbide proclame l'indépendance du Mexique en 1821. Entre 1821 et 1824, les pays d'Amérique centrale créent une république fédérale. Au Brésil, don Pedro, l'héritier du trône portugais, évite la révolution en acceptant la couronne impériale.

L'affirmation des tendances centrifuges en Amérique latine fait échouer les rêves fédéralistes de Bolívar (congrès de Panamá, juin-juill. 1826) : la Grande-Colombie se voit privée du Venezuela, puis de l'Équateur. En 1839, les Provinces-Unies d'Amérique se morcellent en cinq républiques, auxquelles se joint le Panamá en 1903.

FORMATION DES ÉTATS D'AMÉRIQUE LATINE (XIXe-MILIEU DU XXe S.)

L'indépendance en Amérique latine a renforcé le pouvoir des caciques (seigneurs locaux) sur les indigènes. Dès lors, se manifeste une tendance permanente à l'éclatement des États, évité seulement par l'instauration de dictatures militaires. Le rôle croissant de l'armée dans la vie politique exacerbe les nationalismes. Les guerres se multiplient, favorisant les modifications de frontières, au détriment, notamment, des États intérieurs (Paraguay, Bolivie) et au profit des États relativement solides (Chili, Pérou et surtout Brésil).
La faiblesse des États facilite l'impérialisme des grandes puissances : mainmise économique de la Grande-Bretagne sur le « triangle blanc » (Argentine, Uruguay, Chili) ; intervention militaire en 1862 des Français au Mexique, où ils créent l'éphémère empire de Maximilien (1864-1867) ; domination des États-Unis. Ayant annexé les provinces septentrionales du Mexique par le traité de Guadalupe Hidalgo en 1848, ceux-ci étendent leur influence, d'abord dans la région des Caraïbes ; après la Première Guerre mondiale et l'effacement britannique, cette influence s'exerce dans toute l'Amérique latine. La véritable émancipation, commencée au Mexique avec la révolution de 1911, reste à réaliser.

Cartes pp. 284-285 ⟶

← Notices p. 283

L'indépendance de l'Amérique latine au XIXe s.

Formation des États d'Amérique latine (XIXe-milieu du XXe s.)

FORMATION DES ÉTATS D'AMÉRIQUE LATINE XIXe - milieu du XXe s.
Ligne du traité de 1819 entre l'Espagne et les États-Unis
CALIFORNIE
1848
NOUVEAU-MEXIQUE
ÉTATS - UNIS
ANCIEN TEXAS ESPAGNOL
1853
TEXAS 1845
S. Antonio
R. Grande
MEXIQUE
Buena Vista 1847
1848-Traité de Guadalupe Hidalgo
Mexico 1847, 1867
Veracruz
Puebla 1867
Acapulco
YUCATÁN 1839-1843 ind.
HONDURAS BRIT.
HONDURAS
GUATEMALA
SALVADOR
NICARAGUA
COSTA RICA
PANAMÁ
Panamá
Zone du Canal 1903 É.-U.
La Havane
CUBA Santiago de Cuba
1898
Jamaïque G.-B.
HAÏTI
RÉP. DOM.
É.-U.
Bermudes G.-B.
Bahamas G.-B.
Tropique du Cancer
PORTO RICO 1898 É.-U.
Is. Vierges 1917 É.-U.
Guadeloupe Fr.
Martinique Fr.
Barbade G.-B.
Ste-Lucie
G.-B.
Tobago
Trinité
OCÉAN
ATLANTIQUE
OCÉAN
PACIFIQUE
Zone neutre 1850 - 1885
GUYANES
Georgetown
Paramaribo
Cayenne
G.-B.
HOLL.
FR.
Litige franco-brésilien. Règlement du 2 déc. 1900 au profit du Brésil
Caracas
VENEZUELA
1905-20
Bogotá
COLOMBIE
1922
Équateur
Is. Galápagos 1832 Éq.
Quito
ÉQUATEUR
Guayaquil
Marañón
1904
Leticia
Rio Branco
Amazone
Belém
São Luís
Santarém
Rio Gde do Norte
Ceará
Maranhão
Pará
Amazonas
Paraíba
Recife
Piauí
Pernambuco
Alagoas
Sergipe
BRÉSIL
1903
Acre
Trujillo
PÉROU
Ancón
Callao
Lima
1909
Cuzco
Arequipa
Tacna
Arica
L. Titicaca
La Paz
BOLIVIE
Sucre
Potosí
Guaporé
Mato Grosso
1927
Goiás
Bahia
Salvador (Bahia)
Guerre du Chaco 1928/29 1932/35
Minas Gerais
Espirito Santo
1938
1880
1870
São Paulo
Rio de Janeiro
Rio de Janeiro
Paraná
São Paulo
•1883 Traité d'Ancón: Tacna et Arica au Chili pour 10 ans
•1929 Traité de Lima: Tacna au Pérou Arica au Chili
Désert Antofagasta 1884 d'Atacama
PARAGUAY
1874
Asunción
1927
Sta Catarina
Rio Gde do Sul
Porto Alegre
Tucumán
Acquisition du Chili après la guerre du Pacifique 1879-1883
Santa Fe
URUGUAY
Valparaíso
Santiago
Buenos Aires
Montevideo
ARGENTINE
CHILI
Bahía Blanca
Zone colonisée à la fin du XIXe s.
Territoire contesté entre l'Argentine et le Chili 1899-1902
PATAGONIE
1881
Is. Falkland 1832/33 G.-B.
Terre de Feu
0
1 500 km
Territoires perdus au XIXe s. par le Mexique au profit des États-Unis
Zone contestée
Rectifications de frontières au profit:
de l'Argentine
du Brésil
du Chili
de la Colombie
du Paraguay
du Pérou
Objet du litige entre le Pérou et la Colombie (1932-1934)
Acquisition du Pérou en 1942 (accord de Rio de Janeiro)
Territoire de l'Acre
• 1898-à la Bolivie
• 1899-s'érige en république indépendante
• 1903-au Brésil
RÉP. DOM. République Dominicaine
• 1822-1844-unie à Haïti
• 1865-indépendante
• 1916-1924-occupation militaire des États-Unis
HAÏTI • 1915-1934-occupation militaire des États-Unis
CUBA • 1898-1902-protectorat américain
• 1903-1934-intervention des États-Unis
Capitales d'État
Frontières actuelles

Découvert par Jacques Cartier (1534), le Canada accueille en 1604, en Acadie, les premiers colons français (fondation de Québec en 1608, de Montréal en 1642). Pourtant, le Canada reste une colonie fragile, menacée par les Iroquois et les Anglais, malgré l'effort d'immigration et de colonisation agricole réalisé après 1673 sous le gouverneur Frontenac.

Canada : Les établissements français (XVIIe-XVIIIe s.) ▶

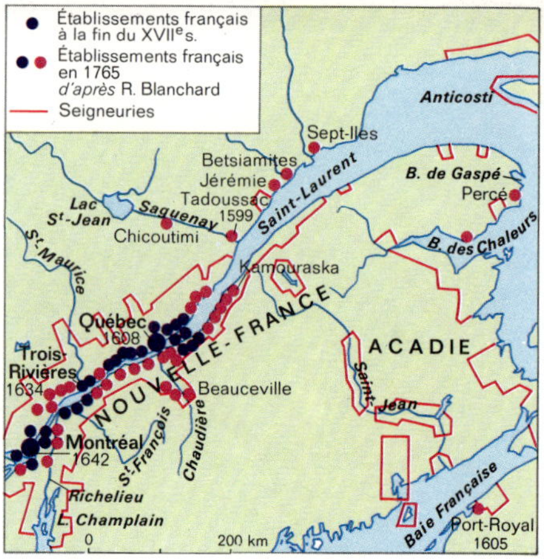

Dès 1670, la rivalité franco-anglaise en Amérique du Nord s'accentue avec le développement des colonies anglaises et avec la concurrence qui naît autour de la baie d'Hudson pour le trafic des fourrures. Les Hurons se rallient aux Français et les Iroquois aux Anglais. En s'étendant vers le sud-ouest (découverte du Mississippi par Joliet et Marquette, fondation de la Louisiane par Cavelier de La Salle en 1682), les Français bloquent l'expansion anglaise vers l'ouest. En 1690 s'ouvrent les hostilités. Au traité de Ryswick (1697), la France perd une partie de l'Acadie mais elle conserve presque tous les postes de la baie d'Hudson. Au traité d'Utrecht (1713), la France perd la baie d'Hudson, l'Acadie, Terre-Neuve. Le Canada n'est peuplé en 1754 que de 54 000 Français face aux 2 millions de colons anglais.

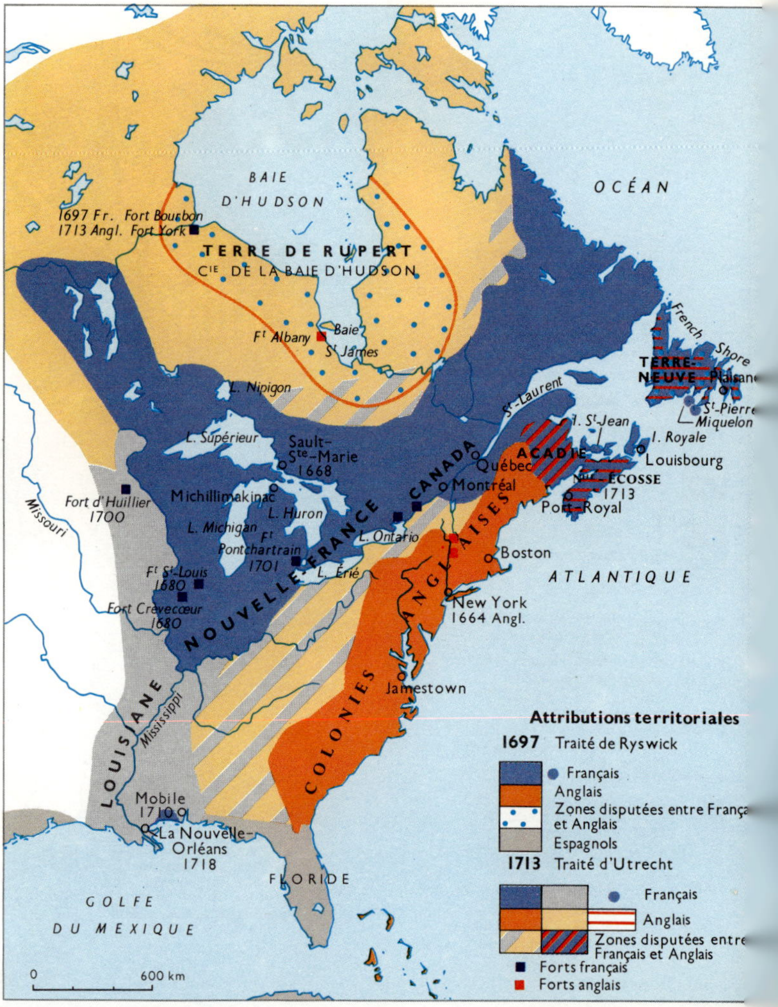

La colonisation de 1697 à 1713

Lors de la guerre de Sept Ans (1756-1763), l'affrontement franco-anglais aboutit inévitablement, en raison de la disproportion des forces, à la défaite française, scellée par la capitulation de Montréal le 8 septembre 1760. Après avoir dû céder la Louisiane occidentale à l'Espagne par le traité secret du 3 novembre 1762, la France perd, au traité de Paris du 10 février 1763, toutes ses possessions nord-américaines (sauf Saint-Pierre-et-Miquelon). La nouvelle Amérique anglaise est partagée en trois : le Nord est rattaché aux territoires de la baie d'Hudson ; la région des Grands Lacs et du Mississippi, théoriquement laissée aux Indiens, dépend directement de la Couronne ; seule une frange le long du Saint-Laurent est abandonnée aux francophones, par ailleurs brimés dans leurs convictions religieuse et pratiquement exclus de toute fonction publique par la loi du Test. Mais le pragmatisme anglais comprend la nécessité de bonnes relations avec les Canadiens français : l'Acte de Québec du 22 juin 1774 élargit le Québec (donc le champ d'extension des francophones) du Labrador au Mississippi, abolit le Test et rétablit les lois françaises. Aussi suscite-t-il le mécontentement des vieux colons anglais, dont l'expansion vers l'ouest est de nouveau impossible, et qui dénoncent la « collusion anglo-canadienne » ; la rupture qui s'ensuit en 1774 entre l'Angleterre et les Treize Colonies est le point de départ de la formation de deux nations anglophones en Amérique. (V. carte p. 87.)

L'Amérique du Nord de 1763 à 1774

Le régime bâtard instauré en 1867 ne peut durer. Dès 1869, le Canada achète les immenses territoires du Nord-Ouest, divisés géométriquement en districts entre 1876 et 1882. La promesse de l'établissement de liaisons ferroviaires facilite la création de nouvelles provinces : Manitoba en 1870 ; Colombie britannique en 1871 ; île du Prince-Édouard en 1873. Seule Terre-Neuve conserve son statut de colonie britannique.

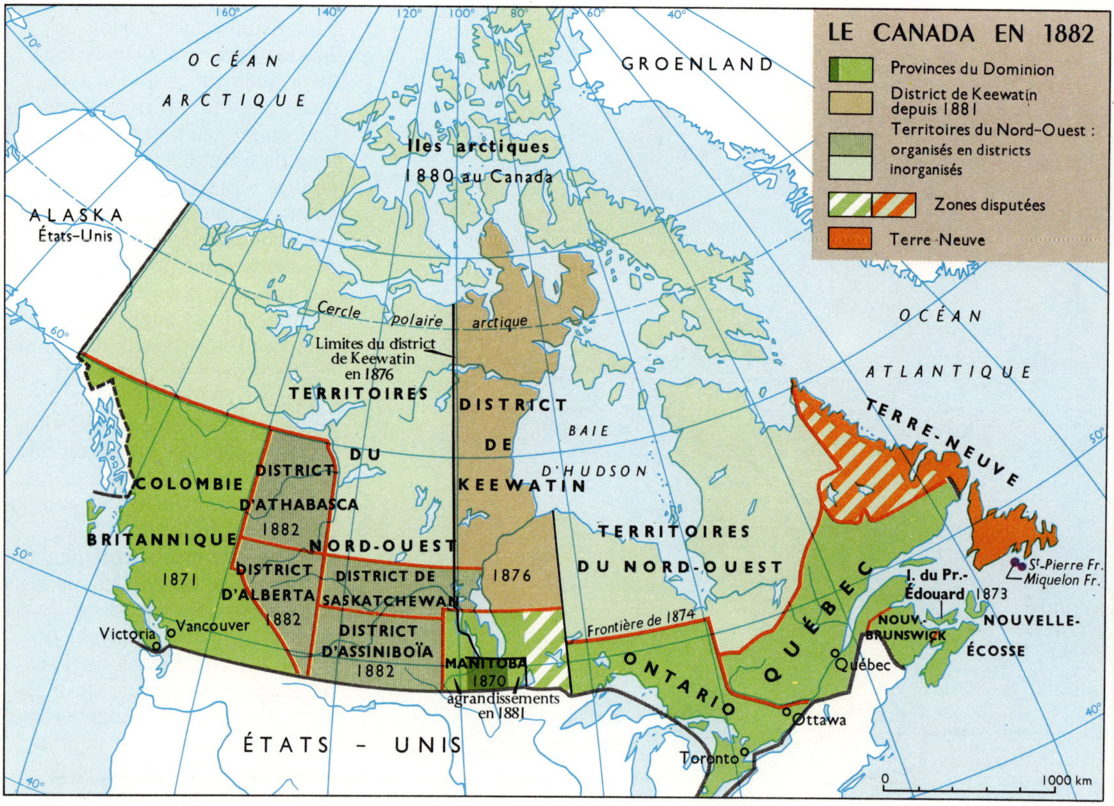

Le Canada en 1882

LA PÉRIODE COLONIALE JUSQU'AU TRAITÉ DE PARIS (1763)

Commencée en 1607 (premier établissement en Virginie), la colonisation britannique naît à la fois de raisons matérielles (croissance démographique, bouleversements ruraux dus au mouvement des enclosures, mutations de l'industrie textile) et de motivations religieuses (fuite des groupes minoritaires ou persécutés, tels les puritains du *Mayflower*). Ainsi, par fondations successives ou par annexion des territoires hollandais, se créent, de 1624 à 1732, treize colonies, où affluent nombre d'immigrants (50 000 Blancs en 1640, 450 000 en 1715, 3 millions en 1775) ; elles forment de petits États séparés, très jaloux de leur autonomie. Aussi les assemblées locales jouent-elles un rôle essentiel et développent-elles un sens aigu de la liberté individuelle. Ces facteurs renforcent le particularisme de chacune de ces colonies ; entre le Sud, « cavalier » (royaliste), dominé par une société de planteurs propriétaires de grands domaines exploités par des esclaves noirs, et le Nord, puritain ou quaker, à société plus égalitaire, où dominent artisans et marchands, l'unité n'est que négative : contre les Indiens, contre les Espagnols et les Français, et, après 1763, contre la tutelle économique anglaise.

LA GUERRE DE L'INDÉPENDANCE AMÉRICAINE (1775-1782)

Après 1763, l'aggravation du mercantilisme et des taxes imposées par l'Angleterre, le blocage de l'expansion vers l'ouest par l'Acte de Québec de 1774 (v. carte p. 287) suscitent une agitation qui prend vite une forme politique ; la répression britannique, maladroite et brutale, conduit à la rupture en 1775, officialisée par la Déclaration d'indépendance des treize États unis le 4 juillet 1776. Malgré la supériorité théorique des Anglais, les « insurgents », bien commandés par George Washington et aidés de volontaires étrangers tel La Fayette, chassent les Anglais du Nord par la victoire de Saratoga le 17 octobre 1777. La signature d'un traité d'alliance officielle avec la France le 6 février 1778 renforce leur posi-

Carte p. 290 →

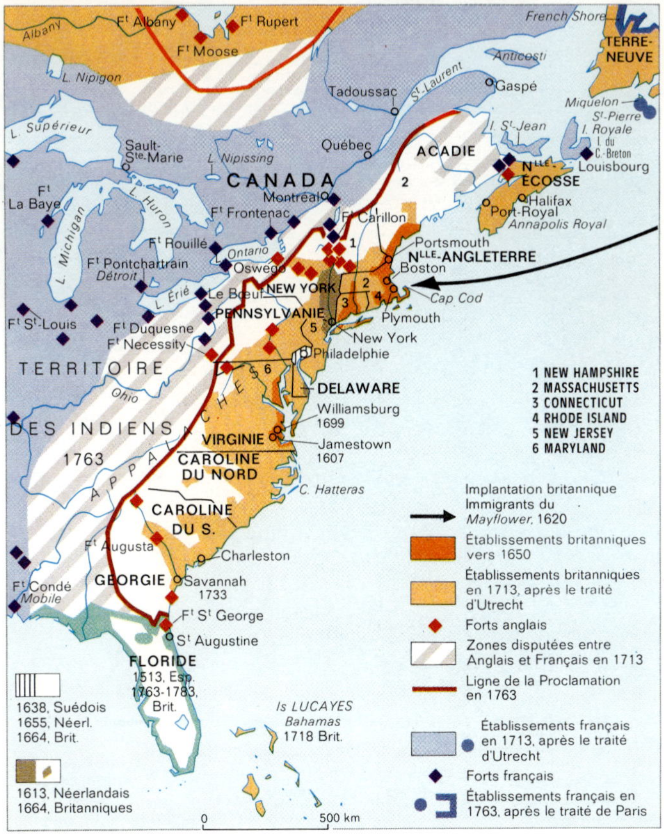

La période coloniale jusqu'au traité de Paris (1763)

tion militaire. Avec l'aide des troupes de Rochambeau et celle de l'escadre de l'amiral de Grasse, ils bloquent l'avance des Britanniques débarqués en Géorgie : la capitulation de Cornwallis à Yorktown le 19 octobre 1781 scelle la défaite anglaise. Le traité de Versailles, signé le 3 septembre 1783, reconnaît l'existence, de l'Atlantique au Mississippi, de la République fédérée des États-Unis. Mais il reste à organiser la nouvelle nation. (V. carte p. 292.)

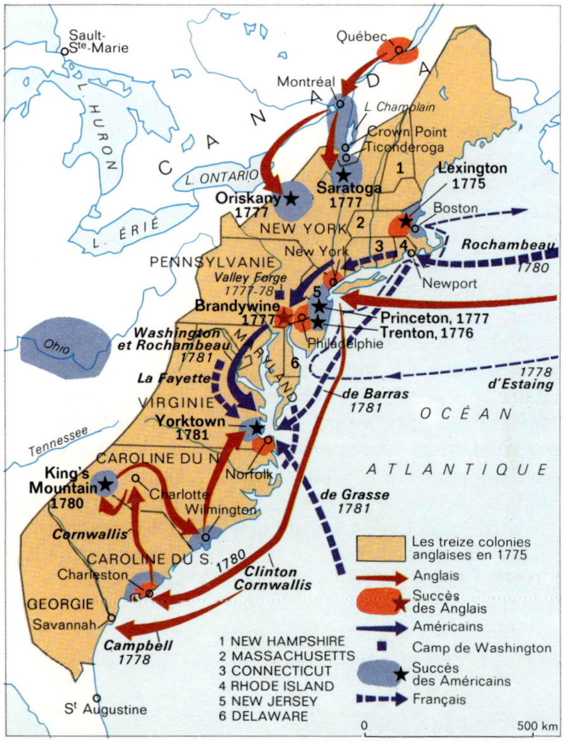

La guerre de l'Indépendance américaine (1775-1782)

La guerre de Sécession (1861-1865)

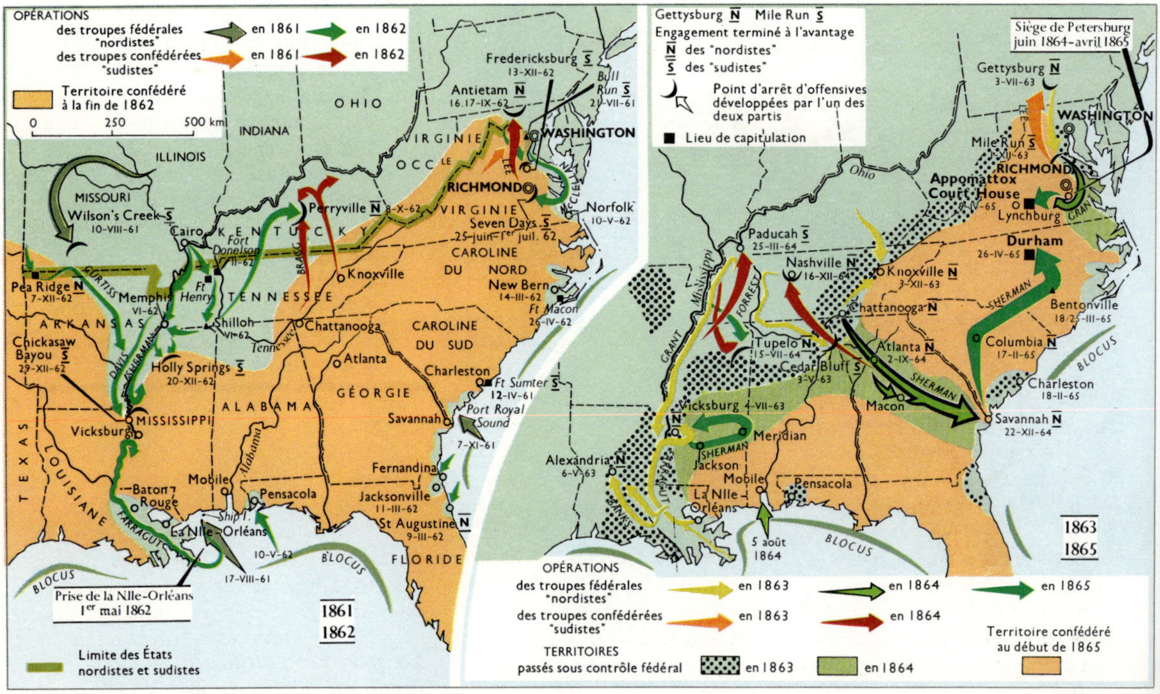

Localisation des Indiens au moment de la découverte

◀ LA GUERRE DE SÉCESSION (1861-1865)

Entre le Nord qui s'industrialise et le Sud agricole exportateur de coton, le fossé se creuse à partir de 1840. L'esclavage, stigmatisé par le Nord, est vital pour les sudistes. D'abord évité par des compromis, l'affrontement a lieu après 1850, le mouvement abolitionniste s'étant trouvé renforcé par la publication du roman *la Case de l'oncle Tom,* par la création du parti républicain (1854) et par l'élection de son chef, Abraham Lincoln, à la présidence des États-Unis. Onze États du Sud font sécession et s'organisent en confédération le 8 février 1861.

La guerre civile commence le 12 avril 1861 (bombardement de Fort Sumter). Jusqu'en 1862, les sudistes ont l'avantage grâce à l'excellence de leur commandement (Lee, Jackson), mais les nordistes l'emportent à partir de 1863, du fait de leur supériorité numérique et de leur incontestable prépondérance industrielle. Le général Grant isole les trois États de l'Ouest, puis lance une offensive en Géorgie, qui coupe en deux le territoire confédéré. Vaincus à Gettysburg (3 juill. 1863), au nord-est, et menacés au sud, les confédérés capitulent à Appomattox et à Durham les 9 et 26 avril 1865. Le problème noir n'est pourtant réglé qu'en apparence.

Les Indiens de la découverte au XIXe s.

Avant la colonisation, la population d'Amérique du Nord se réduit à un million d'Indiens. La faiblesse numérique des Blancs et la rivalité franco-anglaise permettent aux Indiens de résister longtemps. Devenus indépendants, les États-Unis entreprennent la conquête de l'Ouest, de là les guerres indiennes et la spoliation des tribus. Mais le génocide indien commence vraiment après 1848, avec la ruée vers l'or, la poussée pionnière dans les plaines et la construction des voies ferrées. Les indiens ne sont plus que 330 000 aujourd'hui.

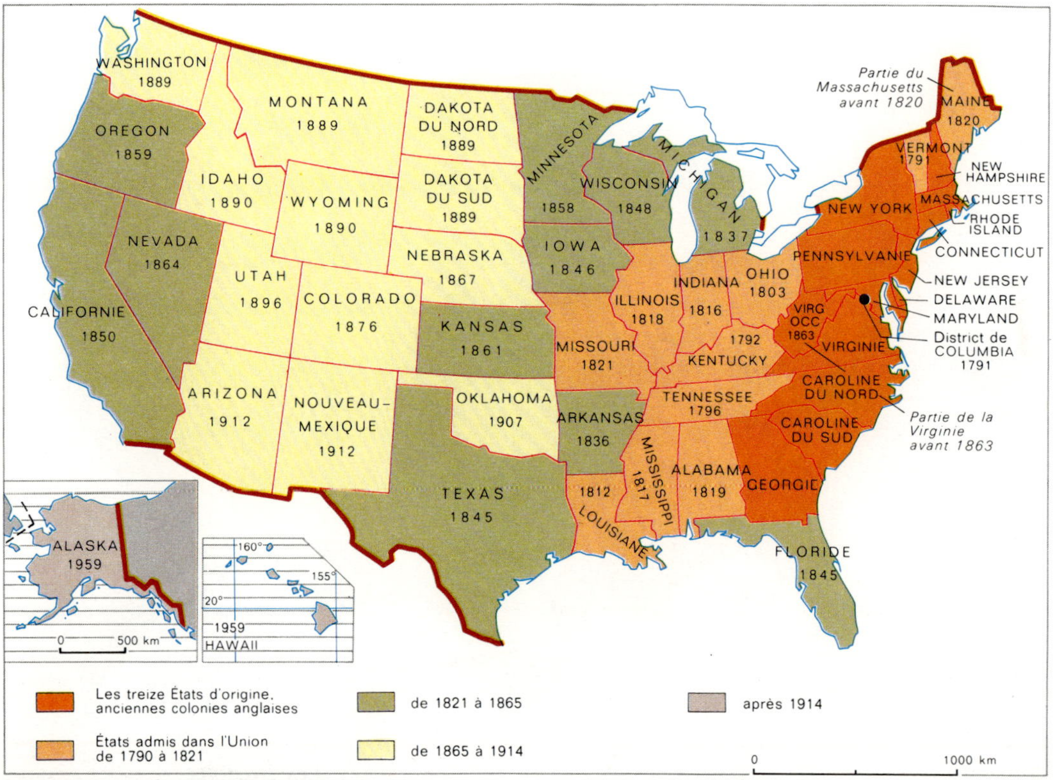

Entrée des États dans l'Union

Malgré les acquisitions territoriales réalisées en 1783, la poussée américaine vers l'ouest reste bloquée par les colonies européennes. Les pressions américaines et l'incapacité des métropoles à maintenir dans leurs colonies une présence efficace permettent d'acheter successivement en 1803 et en 1819 la Lousiane, redevenue française en 1800, et la Floride espagnole. Des accords avec la Grande-Bretagne fixent la frontière avec le Canada (annexion de l'Oregon en 1846). L'admission dans l'Union de la république du Texas en 1845 provoque une guerre avec le Mexique ; vaincu, celui-ci cède les territoires du Sud-Ouest, par le traité de Guadelupe Hidalgo, en 1848. En même temps, la croissance démographique et les déplacements de population provoquent l'érection en États des territoires dont la population dépasse 60 000 habitants, selon le principe édicté en 1787. En 1860, la *frontier* passe encore par le Missouri (mise à part la côte ouest, peuplée depuis la ruée vers l'or californien) ; la construction des transcontinentaux l'abolit dès 1890. L'Union est achevée en 1912 par l'intégration des territoires réservés aux Indiens. Mais, en 1959, elle s'accroît de l'Alaska et des îles Hawaii, qui en deviennent les 49e et 50e États membres. (V. carte p. 289.)

LA POPULATION NOIRE EN 1900

Privée d'apport extérieur depuis 1808, la population noire augmente pourtant en raison de sa fécondité supérieure à celle des Blancs, dont l'immigration vient gonfler le nombre. Elle passe de 8 833 000 personnes en 1900 (11,62 p. 100 de la population totale) à 22 672 000 en 1970 (11,16 p. 100). Encore cantonnés en 1900 à 90 p. 100 dans le Vieux Sud, les Noirs commencent alors leur exode vers les grandes villes du Sud et, surtout, vers le Nord industriel.

La population noire en 1900

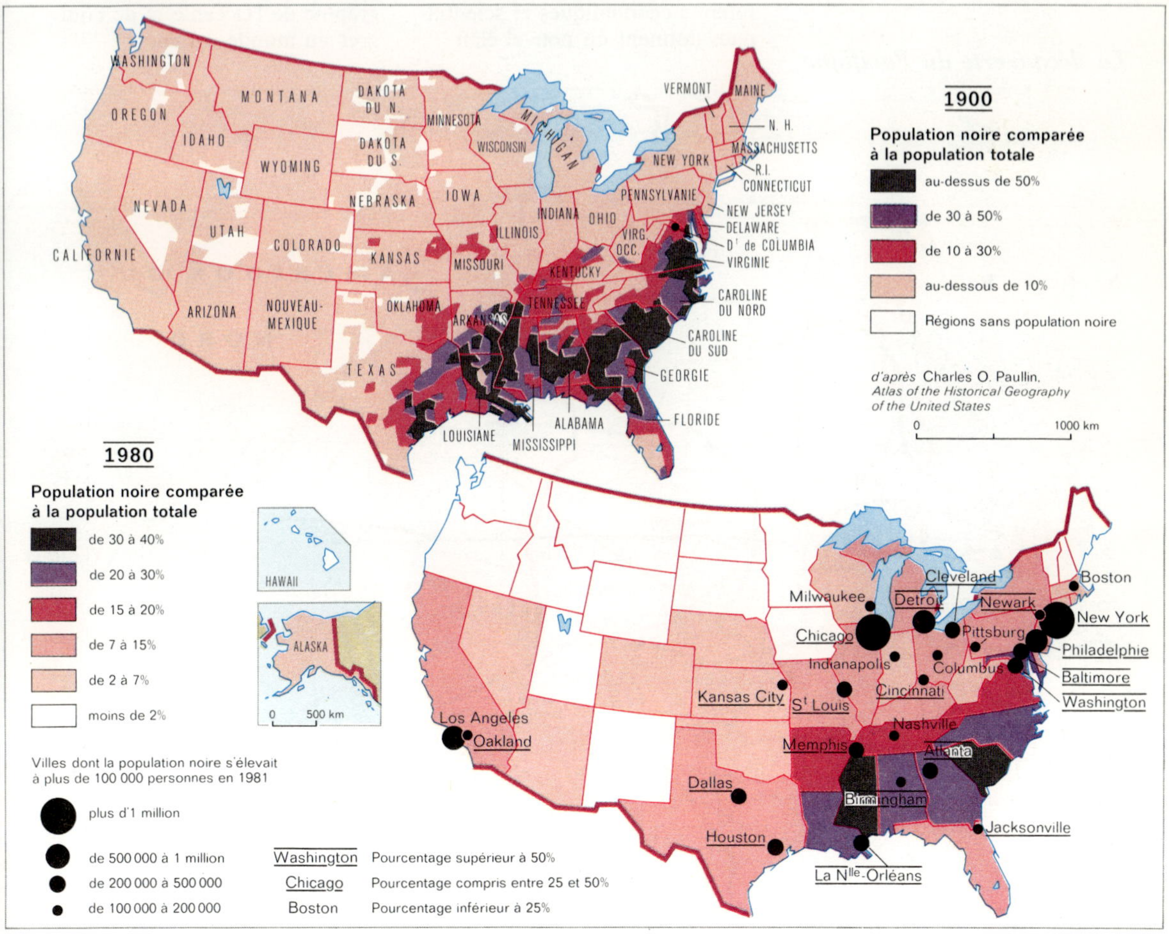

La population noire en 1980

LA POPULATION NOIRE EN 1980

A la crise rurale du xxe siècle et au chômage s'ajoute pour les Noirs le désir de fuir le racisme des « petits-blancs » du Sud. La population noire, longtemps concentrée dans le Vieux Sud, tend à se déplacer vers les métropoles du Nord et de l'Ouest, qui se gonflent d'immenses ghettos. Ce glissement crée de nouveaux problèmes : misère accrue, chômage, délinquance, exaspération du racisme.

L'Océanie

Le Pacifique suscite au XVIIe siècle l'intérêt des Hollandais. Installés en Insulinde, ils multiplient les explorations. Au XVIIIe siècle, les intérêts économiques et scientifiques donnent un nouvel élan aux expéditions. En l'espace de vingt ans, les voyages des explorateurs anglais (Cook) et français (Bougainville, La Pérouse) permettent d'établir la cartographie de l'Océanie et de l'intégrer au monde connu.

La découverte du Pacifique

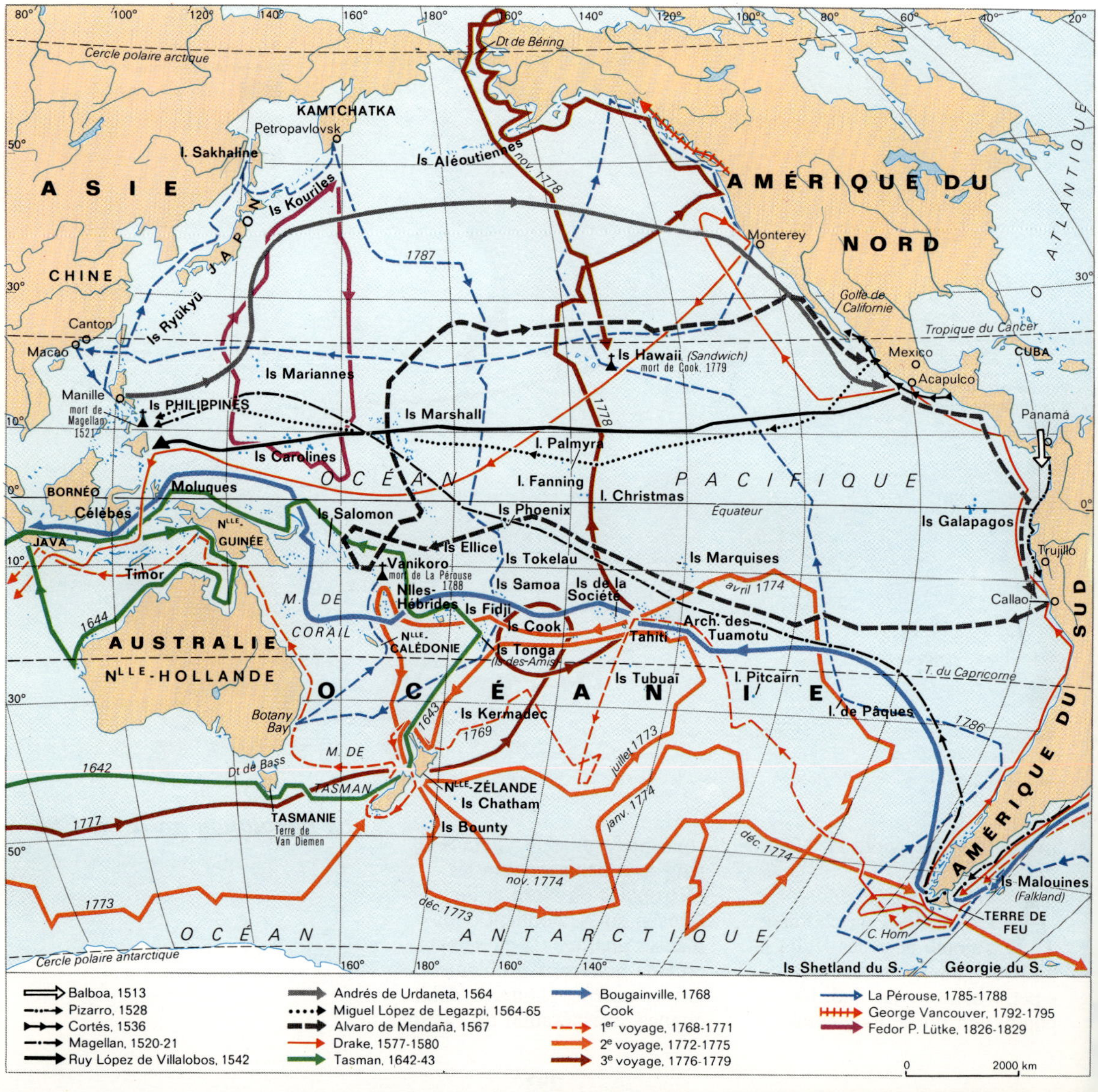

L'Antarctique

Le continent est abordé en 1831 par l'Anglais John Biscoe, qui ouvre l'ère des explorations scientifiques, longtemps limitées aux côtes (Dumont d'Urville, James Clarke Ross, George Nares, Jean Charcot). Commencée à la fin du XIXe siècle, l'exploration terrestre se précise après 1918 : création de la première station permanente (1929) et programme international de prospection lorsque l'Anglais E. Fuchs et le Néo-Zelandais E. Hillary réalisent le premier raid transantarctique (1957-1958).

La découverte de l'Antarctique

Le monde actuel

Le monde en 1987

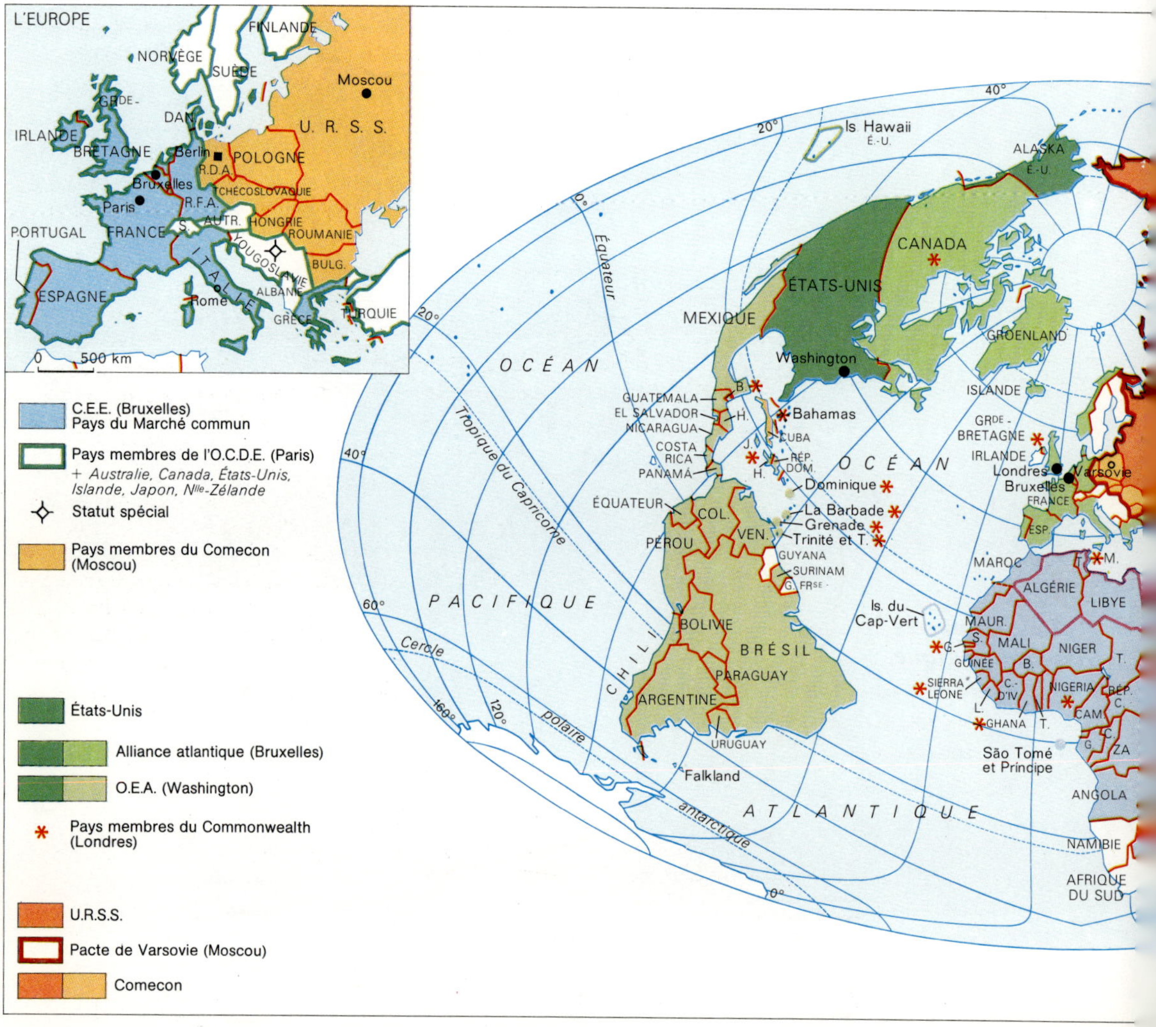
L'EUROPE
FINLANDE
NORVÈGE
SUÈDE
Moscou
GRDE-BRETAGNE
DAN.
IRLANDE
U. R. S. S.
Berlin
POLOGNE
R.D.A.
Bruxelles
Paris
R.F.A.
TCHÉCOSLOVAQUIE
PORTUGAL
FRANCE
S.
AUTR.
HONGRIE
ROUMANIE
YOUGOSLAVIE
BULG.
ESPAGNE
ITALIE
Rome
ALBANIE
GRÈCE
TURQUIE
0 500 km
C.E.E. (Bruxelles)
Pays du Marché commun
Pays membres de l'O.C.D.E. (Paris)
+ Australie, Canada, États-Unis, Islande, Japon, Nlle-Zélande
Statut spécial
Pays membres du Comecon (Moscou)
États-Unis
Alliance atlantique (Bruxelles)
O.E.A. (Washington)
Pays membres du Commonwealth (Londres)
U.R.S.S.
Pacte de Varsovie (Moscou)
Comecon
Is Hawaii
É.-U.
ALASKA
É.-U.
CANADA
ÉTATS-UNIS
MEXIQUE
Washington
GROENLAND
ISLANDE
GRDE-BRETAGNE
IRLANDE
Londres
Varsovie
Bruxelles
FRANCE
ESP.
OCÉAN
PACIFIQUE
OCÉAN
ATLANTIQUE
Équateur
Tropique du Capricorne
Cercle polaire antarctique
GUATEMALA
EL SALVADOR
NICARAGUA
COSTA RICA
PANAMÁ
B.
H.
J.
H.
Bahamas
CUBA
RÉP. DOM.
Dominique
La Barbade
Grenade
Trinité et T.
ÉQUATEUR
COL.
VEN.
GUYANA
SURINAM
G. FRSE
PÉROU
BOLIVIE
BRÉSIL
PARAGUAY
CHILI
ARGENTINE
URUGUAY
Falkland
Is. du Cap-Vert
MAROC
M.
ALGÉRIE
LIBYE
MAUR.
S.
MALI
NIGER
G.
GUINÉE
B.
T.
SIERRA LEONE
C.-D'IV.
NIGERIA
RÉP. C.
L.
GHANA
T.
CAM.
G.
C.
ZA
São Tomé et Principe
ANGOLA
NAMIBIE
AFRIQUE DU SUD
40°
20°
0°
20°
40°
60°
160°
120°
0°

A la fin du second conflit mondial, les Alliés mettent en place un système de maintien de la paix, avec l'Organisation des Nations unies (juin 1945). Mais les rivalités reprennent rapidement le dessus : la guerre froide (dès 1947) et la révolution chinoise (1949) donnent une dimension planétaire au conflit idéologique opposant dès cette époque les États socialistes aux États capitalistes. Cette structure bipolaire subsiste encore en 1987. Les États socialistes restent liés à l'U.R.S.S. par des accords économiques (Comecon) et militaires (pacte de Varsovie) ; les États capitalistes se regroupent autour des États-Unis dans le cadre d'organisations économiques (O.C.D.E.) et militaires (O.T.A.N. ; U.E.O.). Toutefois, de nouveaux clivages apparaissent. Le premier oppose les pays riches aux pays en voie de développement, qui, depuis la conférence de Bandung (1955), cherchent à constituer un front commun s'exprimant aujourd'hui surtout au sein de l'Assemblée générale des Nations unies. Un second clivage oppose, depuis 1973, les principaux pays exportateurs de pétrole, rassemblés au sein de l'O.P.E.P., aux pays consommateurs occidentaux. La cohésion interne des blocs est mise à l'épreuve par des tentatives d'« autonomisation » de certains pays. Ainsi, trois États socialistes ont pris leurs distances à l'égard de Moscou : la Yougoslavie (1948), La Chine (1959) et l'Albanie (1961). À l'Ouest, l'opposition entre les États-Unis et les autres pays occidentaux (notamment la C.E.E.) prend la forme d'une rivalité idéologique parfois, mais surtout technologique, commerciale et financière. Ainsi apparaissent entre les deux « super-grands » des relations paradoxales de solidarité et de concurrence. Solidarité, chacun s'efforçant de préserver la cohésion de sa sphère d'influence ; concurrence aussi, qui se déplace de l'Europe (apaisement du problème allemand) vers d'autres zones : Proche-Orient, où l'islām brouille les données idéologiques, Afrique et Amérique centrale, où les États-Unis et l'U.R.S.S. s'affrontent indirectement, comme en Angola et au Nicaragua.

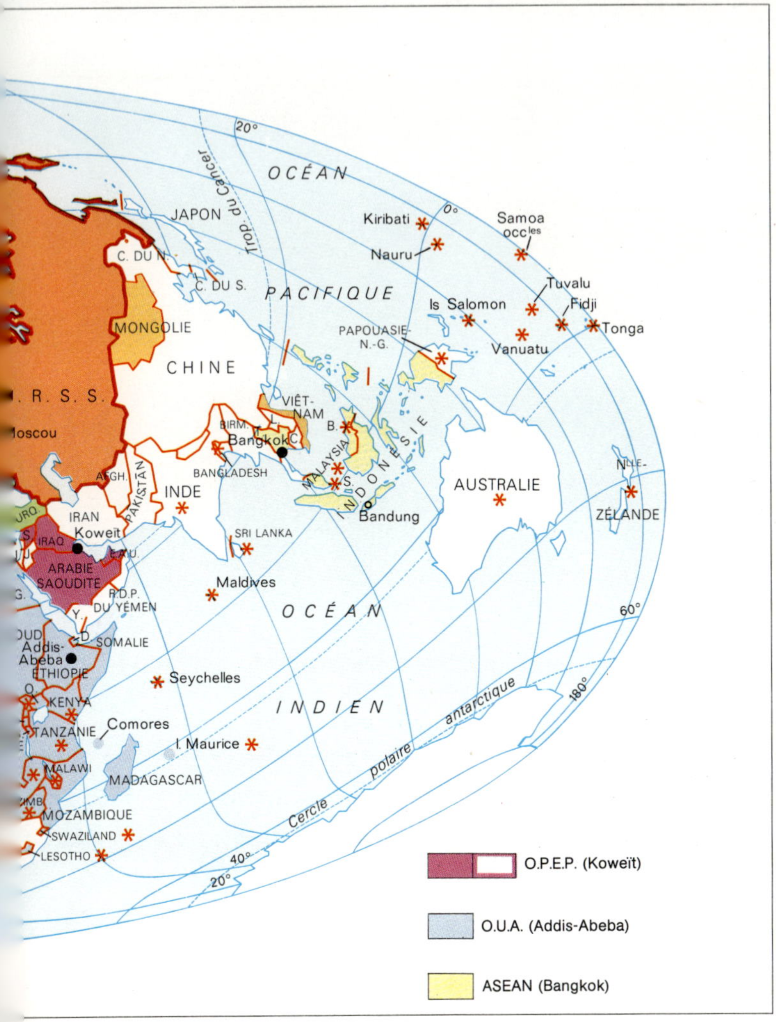

Index

Cet index répertorie par ordre alphabétique les principaux noms de lieux, de personnes et les sujets figurant dans les cartes de cet ouvrage.

A

B

C

D

E

F

G

K

L

M

N

O

P

Q

R

U

V

Table des matières

Le monde ancien jusqu'à l'an mille

L'Europe depuis l'an mille

cartes générales

les pays d'Europe

L'ordre des cartes se réfère aux classifications politiques contemporaines de l'Europe. Elles sont donc regroupées par États, rangés dans l'ordre alphabétique. Toutefois, les cartes concernant les pays de l'Europe centrale et des Balkans sont rassemblées en fin de chapitre.

L'Asie

L'Afrique

L'Amérique

L'Océanie

L'Antarctique

Le monde actuel

PHOTOCOMPOSITION-IMPRESSION – MAURY-IMP. S.A. MALESHERBES
Dépôt légal : mai 1987 – N° série éditeur : 14066
Imprimé en France *(Printed in France).* 503009-Mai 1987